Ohly/Strobl (Hrsg.) · Naturwissenschaftliche Bildung

Naturwissenschaftliche Bildung

Konzepte und Praxisbeispiele für die Oberstufe

Herausgegeben von Karl Peter Ohly und Gottfried Strobl

Beltz Verlag · Weinheim und Basel

Karl Peter Ohly, Dr. phil. nat., Diplombiologe, Akademischer Direktor, Lehrender am Oberstufen-Kolleg an der Universität Bielefeld seit 1975.

Gottfried Strobl, Dr. rer. nat., Akademischer Direktor, Lehrender am Oberstufen-Kolleg an der Universität Bielefeld seit 1981.

Das Werk und seine Teile sind urheberrechtlich geschützt.
Jede Nutzung in anderen als den gesetzlich zugelassenen Fällen
bedarf der vorherigen schriftlichen Einwilligung des Verlages.
Hinweis zu § 52a UrhG: Weder das Werk noch seine Teile dürfen
ohne eine solche Einwilligung eingescannt und in ein Netzwerk
eingestellt werden. Dies gilt auch für Intranets von Schulen
und sonstigen Bildungseinrichtungen.

© 2008   Beltz Verlag · Weinheim und Basel
www.beltz.de
Druck: Druck Partner Rübelmann, Hemsbach
Printed in Germany

ISBN 978-3-407-32095-7

Inhaltsverzeichnis

Karl Peter Ohly/Gottfried Strobl
Einführung 9

Teil 1: Überlegungen 15

Gottfried Strobl
1 Naturwissenschaftliche Bildung für alle auf der Oberstufe – Begründungen,
   Ziele und Realisierungsfragen 16
   Begründungen für naturwissenschaftliche Bildung 16
   „Bildung" als Zielhorizont 19
   Orientierung am Leitbild „freier Bürger" 21
   Bildung für Laien als zeitgemäßes Ziel für eine naturwissenschaftliche
   Allgemeinbildung 22
   Realisierung: Möglichkeiten und Schwierigkeiten 23
   Die (ehemalige) Grundfigur des Oberstufen-Kollegs – eine (Erinnerung an
   eine) zukunftsfähige Alternative? 27

Gottfried Strobl
2 Naturwissenschaftliche Bildung – fachorientiert oder Fächer übergreifend? . 31
   Hintergrund 31
   Ein Versuch: Ausprägungen des „Fächer Übergreifenden" in den
   Naturwissenschaften 36
   Rückblick und Ausblick 42

Gottfried Strobl
3 Naturwissenschaftliche Bildung und die Debatte um Scientific Literacy 46
   „Scientific Literacy" – was ist das? 47
   Konkretisierung statt Definition 50
   Scientific Literacy in PISA – ein bezeichnendes Adaptationsproblem? .. 53
   Nutzen für die Debatte um naturwissenschaftliche Bildung 55

Karl Peter Ohly
4 Naturwissenschaftliche Bildung und die Debatte um Kompetenzen 60
   Probleme bei der Bestimmung naturwissenschaftlicher Bildung über
   Kompetenzen 61

Zum Verhältnis vom Kompetenz zu Performanz 61
Zu Kompetenzmodellen und -taxonomien... 63
Zur Detailliertheit von Kompetenztaxonomien 66
Wozu kann die Auseinandersetzung mit Kompetenzmodellen gut sein? 69

Teil 2: Kursbeispiele... 73

Karl Peter Ohly/Gottfried Strobl
Übereinstimmung in den Zielen - Vielfalt der Realisierung: Einführung in die
Kursbeispiele 74

Gottfried Strobl
1 „Umwandlungen" – ein Weg in die Naturwissenschaften zwischen
 eigenem „Forschen" und Nachdenken... 79
 Zielsetzung und Adressaten.. 79
 Begründung für die Kurskonzeption 79
 Struktur der Kurssequenz als Übersicht 83
 Darstellung des Vorgehens an ausgewählten Elementen des Kurses....... 84
 Erfahrungen und Einschätzung der Wirksamkeit 96
 Beispiele von Aufgaben zur Leistungsüberprüfung: 97

Annette Habigsberg/Karl Peter Ohly/Andreas Stockey
2 In und über Naturwissenschaften lernen – Ein Kurs zur Einführung in
 naturwissenschaftliche Denk- und Arbeitsweisen............................. 101
 Das Grundschema des hypothetisch-deduktiven Vorgehens. 102
 Beobachtung, Erhebung, Experiment.. 106
 Historische Fallbeispiele – Daten und Deutungen 115

Annette Habigsberg/Karl Peter Ohly
3 Die Rassen des Menschen: Orientierung an Naturwissenschaften als Mittel
 der Aufklärung für politische Bildung 117
 Zur Begründung der Problematik.. 117
 Das Kurskonzept 118
 Die Wurzeln des modernen Rassegedankens in der Aufklärung............ 119
 Das 19. Jahrhundert 124
 Grundlagen der klassischen Genetik.. 127
 Das frühe 20. Jahrhundert: „Wissenschaft und Rassehygiene" bei
 Alfred Ploetz und Eugenikbewegung zu Beginn des 20. Jahrhunderts..... 129
 Die Genetik nach Mendel: menschliche Stammbaumanalysen,
 Populationsgenetik, Molekulargenetik... 129
 Der Rassismus nach 1945: Die US-amerikanische Rassenpolitik und
 Rassenauseinandersetzungen 130

Die Stellung des Menschen in der Natur: Grundlagen der
Humanevolution.. 131
Menschliche Variabilität 134
Rassismus heute... 135
Ursachen und Funktion von Rassismus 135

Silke Roether
4 „Physik macht Geschichte" – Naturwissenschaften als Vermittler eines
modernen Weltbilds und als Fortschrittsmotor. 141
Kursablauf.. 142
Erzielte Kompetenzen 143
Beispielhafte Unterrichtssituationen 144
    a) die Keplerschen Gesetze... 144
    b) Elektrizität und Telekommunikation 145
Lernerfolgskontrolle... 145
Bewertung 148

Andreas Stockey/Barbara Rösel
5 Environmental Systems – Structure, Function and Evolution.
Eine bilinguale Grundkurssequenz zur Einführung in die
Naturwissenschaften... 150
Einleitung... 150
Kurskonzept und angestrebte Kompetenzen 151
Kursorganisation und Kursablauf... 156
Beispielhafte Unterrichtssituationen 160
Lernerfolgskontrolle... 164

Teil 3: „Alles, was man wissen muss" Bausteine für ein Fächer übergreifendes Kerncurriculum Naturwissenschaften
Joachim Kupsch... 171

1 Einleitung... 172

2 Physikalische, chemische, biologische, geologische Grundlagen.................. 178
   2.1   Im Anfang war der Wasserstoff 178
   2.2   Isotope und Radioaktivität... 186
   2.3   Dann kamen die Elemente des Periodensystems............................. 187
   2.4   „Sonne, Mond und Sterne" 189
   2.5   Plattentektonik 191
   2.6   Später kamen chemische Verbindungen 193
   2.7   Photosynthese.. 197
   2.8   Dann bildeten sich Makromoleküle.. 198

	2.9	Eiweiße	199
	2.10	Zellen	201
	2.11	Gene	202
	2.12	Evolution	206
	2.13	Die Seelenmaschine	208
3	Wissenschaftstheoretisches		213
	3.1	Was ist Wissenschaft?	213
	3.2	Erkennen heißt Unterscheiden	215
	3.3	Methoden	216
	3.4	Messen	217
	3.5	Einige erkenntnistheoretische Sätze	218
	3.6	Algorithmische Kompression	219
	3.7	Chaos	221
	3.8	Erhaltungssätze	223
	3.9	Atomismus	224
	3.10	Idee der Quantentheorie	227
	3.11	Zufall	229
	3.12	Ordnen und das Periodensystem	229
	3.13	Urknall vs. Schöpfung	230
	3.14	Momente naturwissenschaftlicher Vorgehensweise	231
	3.15	Reflexion über naturwissenschaftliche Arbeitsweisen	235
4	Aktuelle gesellschaftliche Kommunikation		237
5	Starter		239
6	Beispiele für die Behandlung von Medienmeldungen		243
	6.1	Supernova	243
	6.2	Intelligent Design	247
	6.3	Rassismus	251
7	Überprüfungen des Gelernten		257
	7.1	Themen von Referaten	257
	7.2	Klausur aus dem ersten Teil der Sequenz	258
	7.3	Klausur aus dem zweiten Teil der Sequenz	259
	7.4	Einige Aufgabenstellungen in mündlichen Abiturprüfungen	260
8	Beschreibung des Kurses durch Kompetenzen		262
	8.1	Kompetenzbereich Fachkenntnisse	264
	8.2	Kompetenzbereich Methoden	265
	8.3	Kompetenzbereich Kommunikation	267
	8.4	Kompetenzbereich Reflexion	267
Literatur			269

Karl Peter Ohly/Gottfried Strobl

Einführung

Der Naturwissenschaftsunterricht ist eine Dauerbaustelle, auf der jeweils nach „Schocks", seien sie damals durch den Sputnik oder jüngst durch TIMSS und PISA ausgelöst, nicht nur die Betriebsamkeit jeweils an Intensität zunimmt. Auch der Bauplan des Gebäudes, etwa sein Grundriss und die Aufteilung der Zimmer, selbst die verwendeten Baumaterialien ändern sich von Zeit zu Zeit, während weitergebaut und auch schon im Haus gewohnt wird. Diese Komplexität lädt zum Mitdiskutieren ein und kann auch Vorschläge vertragen, die nicht ganz in die gerade aktuellen Abläufe passen.

Zwar ist im Staub, den allgemeine schulpolitische Aktivitäten und „Reformen" manchmal demonstrativ aufwirbeln, derzeit oft schwer zu erkennen, ob von einzelnen der ergriffenen Maßnahmen nun eigentlich Lösungen erwartet werden können oder eher das Gegenteil. Der Zusammenhang zwischen Diagnose und Therapie ist vor allem im Bereich des Unterrichts komplex, und die Entwicklung von Verbesserungsvorschlägen bedarf anderer Instrumente, Akteure und Methoden als die Diagnose. Im Bereich der Naturwissenschaften gibt es dazu einige recht interessante Programme. Modellversuche wie SINUS („Steigerung der Effizienz des mathematisch-naturwissenschaftlichen Unterrichts" – BLK 1997 und IPN o.J.), Chemie im Kontext, Physik im Kontext oder Biologie im Kontext, zusammen mit konzeptionellen Überlegungen, wie sie etwa in dem Band zum Thema „Kerncurricula" (Tenorth 2004) publiziert wurden, bringen nicht nur Bewegung in die Debatte um die Weiterentwicklung der naturwissenschaftlichen Bildung, sie zielen auch in eine Erfolg versprechende Richtung.

Viele dieser Vorschläge verändern partiell auch überkommene Sichtweisen auf das, was naturwissenschaftliche Bildung sein und was sie bewirken soll. Sie orientieren sich zunehmend an naturwissenschaftlichen Basiskonzepten, sinnstiftenden Kontexten mit Bezug zur Lebenswelt und Schülervorstellungen sowie naturwissenschaftlichen Denk- und Arbeitsweisen. Unter den die Arbeit strukturierenden Modulen werden z.B. „Naturwissenschaftliches Arbeiten", „Fächergrenzen erfahrbar machen – fachübergreifendes und fächerverbindendes Arbeiten" genannt.

Diese Begriffe für sich genommen sind nicht neu; es ist eher ihre Dynamisierung im Kontext neuer Zielvorstellungen, welche die gewohnte Stofforientierung in den Hintergrund schiebt und auch eine gewisse Hinwendung zu Ideen erkennen lässt, welche unter dem Begriff „Scientific Literacy" in angelsächsischen Ländern und weit darüber hinaus erfolgreich sind. Im Vergleich mit diesen Ansätzen wird allerdings auch spürbar, dass eine hierzulande offenbar als nicht veränderbar eingeschätzte Realität begrenzend wirkt, nämlich die Unterteilung des Naturwissenschaftsunterrichts in die Einzelfächer Biologie, Chemie und Physik.

Im Gutachten zur Vorbereitung des SINUS-Programms (BLK 1997) finden sich im Rahmen sorgfältiger Erörterungen deutliche Hinweise auf solche Desiderate: „Bislang fehlt allerdings ein theoretisch überzeugendes, naturwissenschaftsdidaktisches Bemühen, die naturwissenschaftliche Grundbildung als Gesamtaufgabe im Rahmen des allgemeinen Bildungsauftrages der Schule in den Blick zu nehmen" (BLK 1997, S. 17). Was Heymann (1996) für den Bereich der Mathematik ausgearbeitet hat, steht für Naturwissenschaften noch aus.

Dazu einen Beitrag zu leisten war die Absicht unserer Autorengruppe aus dem Oberstufen-Kolleg Bielefeld. Wir möchten in einer Ecke dieser Baustelle ein paar Bausteine in Form von Überlegungen und praktischen Anregungen vorstellen und zur Prüfung ihrer Brauchbarkeit einladen.

Dabei gilt unser Interesse innerhalb des Gesamtgebäudes besonders dem Stockwerk Oberstufe und innerhalb dessen der Frage, was eine naturwissenschaftliche Bildung „für alle" auf dieser Stufe sein soll und wie sie am besten ermöglicht werden kann. Ausgehend von der Grundfigur einer funktionalen Dialektik zwischen Leistungs- und Grundkursen beziehen sich unsere Überlegungen nur auf naturwissenschaftliche Grundkurse. Denn diese sollten sich an dem orientieren, was künftige Laien, also die Mehrzahl der Absolventen, von Naturwissenschaften können und verstehen sollen. Dass dafür eine andere Konzeption für Grundkurse entwickelt werden müsste als bisher, wo diese in der Regel „verkürzte Leistungskurse" darstellen, die „im Prinzip die gleichen Ziele" verfolgen, stellt denn auch die BLK-Expertengruppe (1997, S. 42) fest: „Das Problem ist nur im Rahmen eines eigenen Grundkurskonzeptes zu lösen".

Das explizite (und hoch anspruchsvolle) Ziel einer „Bildung für Laien" kann manches von einer angelsächsischen Praxis lernen, die selbstbewusst „Science for All" fordert. Dort steht oft das Gemeinsame der Naturwissenschaften („Nature of Science") im Mittelpunkt, von dem aus dann lebensweltliche Bezüge, Anwendungs- und Reflexionskontexte, aber auch fachliche Aspekte erschlossen werden können.

Damit verbunden wäre es auch an der Zeit, die hierzulande große Scheu vor Fächer übergreifenden Herangehensweisen zu überwinden, auf die auch das BLK-Gutachten hinweist: „Kaum strittig ist jedoch, dass die überfachliche Perspektive in unseren Schulen im allgemeinen zu kurz kommt. Dies gilt insbesondere für den mathematisch-naturwissenschaftlichen Unterricht" (BLK 1997, S. 17). Dass hier nicht das Ersetzen von Fachlichem durch Fächer Übergreifendes, sondern eine förderliche Beziehung zwischen beiden Polen gemeint ist, sei vorab betont, um Missverständnisse zu vermeiden.

Weiter plädieren wir dafür, über Zielsetzungen und Begründungen sowie die Wirksamkeit von Herangehensweisen für naturwissenschaftliche Bildung neu nachzudenken. In dieses Abwägen müsste mehr von dem einbezogen werden, was mit dem Begriff „Scientific Literacy" im angelsächsischen Sprachraum und darüber hinaus verbunden wird. Eine gründliche Auseinandersetzung mit der Frage nach Gemeinsamkeiten und Differenzen zwischen diesem angelsächsischen Diskurs und dem hiesigen Bildungsbegriff steht an.

Schließlich gilt es, über Impulse nachzudenken, die mit Macht an heutigen Unterricht herangebracht werden: Wie verhält sich naturwissenschaftliche Bildung zu den aktuellen Bemühungen einer Kompetenzorientierung und den Forderungen nach Standardisierung? Welche Gewinne lässt eine präzisere Beschreibung der erwartbaren Wirkungen in der Sprache von Kompetenzen erhoffen, welche Anstöße für die Unterrichts- und Aufgabenkultur können daraus entstehen – und was geht andererseits möglicherweise beim Blick auf die damit auch intendierte Standardisierbarkeit und Messbarkeit verloren?

Die Besonderheiten und die Grenzen des Beitrags, den wir mit diesem Buch zur Bearbeitung dieser Fragen leisten wollen, sind geprägt durch unsere Arbeitsweise und die Rahmenbedingungen einer Versuchsschule: Eine Gruppe von Lehrenden, Fachvertreter für Biologie, Chemie, Physik und Mathematik, von denen die meisten schon lange im Bereich fachübergreifender naturwissenschaftlicher Kurse gearbeitet haben, wandten sich diesem Thema in einer Weise zu, welche Theorie und Praxis aufeinander bezieht: Annette Habigsberg (Biologie), Joachim Kupsch (Physik), Karl Peter Ohly (Biologie), Silke Roether (Physik), Horst Rühaak (Mathematik), Andreas Stockey (Biologie), Gottfried Strobl (Chemie).

Die Theorie-Seite bestand aus gemeinsamen gedanklichen Spaziergängen, deren Ausgangspunkte Auseinandersetzungen über fachdidaktische Artikel, Diskussionen über Konzepte und Erfahrungen mit Gelungenem sowie mit Schwierigkeiten im Unterricht waren. Als „reflektierende Praktiker" mit dem Auftrag und einer gewissen Freiheit, quer zum Regelsystem und „ohne kleinliche Einschränkungen durch Schulaufsicht oder Lehrplanvorgaben"[1] grundlegender nachzudenken, konnten wir im gemeinsamen Gedanken- und Erfahrungsaustausch fachdidaktische Zugänge nicht nur theoretisch entwickeln, sondern wir haben sie auch praktisch im Unterricht erprobt.

Arbeitsgruppen, die sich als Lerngemeinschaften verstehen und Kooperation als Mittel der Selbstvergewisserung, welche die Integration neue Konzepte in die Praxis erleichtert: Auf diese tragenden Elemente setzt auch das SINUS-Projekt – ein vielleicht zukunftsweisendes Muster?

In diesem Wechselbezug von Theorie und Erfahrung kann auch für Leser ein Nutzen des Buches liegen. Die erörterten Themen liegen durchaus im Horizont aktueller Fragen und Entwicklungen. Aber sie dürfen nicht auf der Ebene didaktischer und bildungstheoretischer Diskurse verbleiben, sondern sie müssen auf der des praktischen Unterrichts ankommen. Daher stellen wir unsere Arbeitsergebnisse auch in einer entsprechenden Weise vor:

Im ersten, „theoretischen", Teil finden sich – durch die Herausgeber verarbeitete – Reflexionen zu denjenigen Schwerpunkten, zu welchen unserer Gespräche immer

---

1 So beschreibt der Abschlussbericht des SINUS-Programms (IPN o.J., S. 32) eine der Erfolgsbedingungen dieses Modellversuchs, die auch für unsere Gruppe bedeutsam war

wieder und von verschiedenen Ausgangspunkten her zurückkehrten: Ziele und Begründungen, fachübergreifende Herangehensweisen, Scientific Literacy und die Beziehung zu Kompetenzen. Die Überschneidungsbereiche zwischen diesen Themen sind groß, sodass sich gewisse Wiederholungen nicht vermeiden lassen; eher ist es so, dass immer wieder dieselben Fäden zusammenfinden, auch wenn die Erörterungen von unterschiedlichen Punkten ausgehen. Die Themen selbst sind komplex und umfangreich. Sie können im Rahmen unserer Arbeit lediglich ein Stück weit aufgefächert und dem eigenen Nachdenken und Weiterlesen empfohlen werden.

Der zweite und der dritte Teil des Buches zeigen mögliche Realisierungsformen für die Praxis. Dazu werden konkrete, von uns entwickelte und selbst unterrichtete Beispiele für Fächer übergreifende naturwissenschaftliche Grundkurse vorgestellt. In diese Darstellungen sind umfangreiche Aufgabenbeispiele und Materialien eingeschlossen, die in unterschiedlichen Situationen und Kurszusammenhängen verwendet werden können, ohne dass die Notwendigkeit bestünde, den gesamten Kurs so zu übernehmen.

Ein Punkt, der uns Anlass zum Nachdenken gab, ist die Unterschiedlichkeit der Kursbeispiele, die auf diese Weise entstanden: Trotz des gemeinsamen Lektüre- und Diskussionshintergrundes und bei weitgehender Übereinstimmung auf der Zielebene haben sich auf der Umsetzungsebene nicht nur verschiedene thematische Ausgangspunkte, sondern auch unterschiedliche methodische Herangehensweisen in der konkreten Gestaltung der Kurse herausgebildet. In den Diskussionen und Auseinandersetzungen darüber kamen immer wieder fach- und sozialisationsbedingte Heterogenitäten zwischen uns Lehrenden als mögliche Ursachen zum Vorschein, und wir wurden gewahr, wie sehr subjektive Theorien unsere Herangehensweisen in der Planung und Durchführung von Unterricht beeinflussen.

Vielleicht zeigt sich darin ein Moment, das bei der Planung und den Vorgaben für Unterricht ohnehin stärker beachtet werden müsste: Konzepte allein vermögen wenig, es sind immer Menschen, die sie umsetzen. Die unterschiedlichen Hintergründe und Eigenheiten der beteiligten Personen sind neben den jeweiligen Rahmenbedingungen eine wichtige Komponente. So bietet vielleicht gerade die Unterschiedlichkeit der Kurskonzepte die Chance für vielfältige Anschlussmöglichkeiten und Nutzungen durch interessierte Kolleginnen und Kollegen.

Der Praxisteil des Buches unterteilt sich noch einmal: Zunächst, in „Teil 2", werden Kurskonzepte vorgestellt, deren Schwerpunkte vor allem in folgenden Bereichen liegen:
- Natur der Naturwissenschaften
- Methoden und Prozesse naturwissenschaftlicher Erkenntnisgewinnung
- Bedeutung und Rolle der Naturwissenschaften für gesellschaftliche Diskurse
- kultureller und geschichtlicher Kontext der Naturwissenschaften

Den Teil 3 des Buches bildet ein Kurs, der vor allem in Form eines ausführlichen Skripts präsentiert wird. Er stellt Bausteine für ein „Kerncurriculum Naturwissenschaften" vor, das sich an „den" „großen Ideen" bzw. „Erzählungen" der Naturwissenschaften orientiert und konsequent das Ziel verfolgt, Lernenden eine Beteiligung an gesellschaftlicher Kommunikation zu ermöglichen.

Das, was wir selbst auf unserem Weg gelernt haben, lässt uns hoffen, dass die hier beschriebenen Erfahrungen und Überlegungen, auch wenn sie nur Zwischenstände markieren können, Theoretikern wie Praktikern nützlich sind und weitere Versuche und Entwicklungen anregen können.

Unser großer Dank gilt besonders Ludwig Huber, aber auch Falk Rieß und Jürgen Langlet, deren Kritik und Anregungen unseren Beiträgen zu mehr Klarheit verholfen haben, aber auch Horst Rühaak, der die Durchsicht und Korrektur des Manuskripts maßgeblich unterstützt hat.

Literatur

BLK (Bund-Länder-Kommission für Bildungsplanung und Forschungsförderung) (1997): Gutachten zur Vorbereitung des Programms „Steigerung der Effizienz des mathematisch-naturwissenschaftlichen Unterrichts. Materialien zur Bildungsplanung und Forschungsförderung, Heft 60. Bonn (http://www.blk-bonn.de/papers/Heft60/index.htm)

Heymann, W. (1996): Allgemeinbildung und Mathematik. Weinheim: Beltz

IPN (Institut für die Pädagogik der Naturwissenschaften) (o.J.): BLK-Modellversuchsprogramm „Steigerung der Effizienz des mathematisch-naturwissenschaftlichen Unterrichts" Abschlussbericht. http://sinus-transfer.uni-bayreuth.de/fileadmin/MaterialienBT/abschlussbericht.pdf (Zugriff 14.2.2008)

Tenorth, H.-E. (Hrsg.) (2004): Kerncurriculum Oberstufe II, Weinheim: Beltz

Chemie im Kontext: http://www.chik.de/ (Zugriff 12.12.2007)

Physik im Kontext: http://www.uni-kiel.de/piko (Zugriff 12.12.2007)

Biologie im Kontext: http://bik.ipn.uni-kiel.de/typo3/index.php?id=3 (Zugriff 12.12.2007)

Teil 1:
Überlegungen

Gottfried Strobl

1 Naturwissenschaftliche Bildung für alle auf der Oberstufe – Begründungen, Ziele und Realisierungsfragen

Begründungen dafür, dass alle jungen Menschen naturwissenschaftliche Bildung erwerben sollten, scheinen eigentlich nicht erforderlich. In einer Gesellschaft, die so sehr von Naturwissenschaften geprägt ist, in welcher nach allem, was man hört, der wichtigste Rohstoff das Wissen ist und die Zukunft von den Fortschritten im Bereich der Moleküle, Bits, Gen- und Nano-Strukturen abzuhängen scheint, versteht sich das Ziel einer naturwissenschaftlichen Bildung für alle scheinbar von selbst.

Begründungen für naturwissenschaftliche Bildung

Bevor die Frage, worin eine naturwissenschaftliche Bildung bestehen sollte, genauer fokussiert wird, soll – trotz der scheinbaren Selbstverständlichkeit – doch auch noch einmal der Bereich der Begründungen etwas ausgeleuchtet werden:

Millar (1996) unterscheidet zwei Gruppen von Argumenten: Intrinsische („Schönheit und Verstehen") und utilitaristisch-instrumentelle („praktischer Nutzen und gesellschaftliche Notwendigkeit"). Begründungen, die etwas weiter entfaltet werden, wiederholen – mit geringen Akzentverschiebungen (z.B. Gräber et al. 2002, S. 7f., Shamos 2002, S. 46) – meist folgende Argumente für die Wichtigkeit einer naturwissenschaftliche Grundbildung:

a) Die Wissenschaft braucht Nachschub für naturwissenschaftliche Studiengänge und qualifizierte Forscher.
b) Der Arbeitsmarkt braucht naturwissenschaftlich-technisch versierte Arbeitskräfte.
c) Für Alle ist naturwissenschaftliches Wissen wichtig, um im persönlichen Alltag (als „Verbraucher") sachgerechte Entscheidungen treffen zu können.
d) Naturwissenschaftliche Bildung fördert das Wohlfühlen in und die Teilhabe an unserer von den Errungenschaften der Naturwissenschaften geprägten Kultur. Sie eröffnet Zugänge zum Begreifen der natürlichen Welt und stellt die Basiswerkzeuge zur naturwissenschaftlichen Selbst- und Welterschließung zur Verfügung.
e) Sie ermöglicht die Teilnahme an Diskursen und die informierte und verantwortliche Mitwirkung an gesellschaftlich-politischen Entscheidungsprozessen.
f) Sie schult den Intellekt und stärkt damit viele Fertigkeiten, die Menschen bei der Lebensgestaltung helfen, z.B. kreatives Problemlösen, kritisches Denken, Nutzen von Technik, lebenslanges Weiterlernen.

Diese Gründe sollen einem kritischen zweiten Blick unterzogen werden (siehe dazu auch Shamos 2002, S. 46), um daran unsere Zielsetzung für eine naturwissenschaftliche Bildung für alle auf der Abiturstufe zu verdeutlichen.

Das erste Argument (a) betrifft den wissenschaftlichen Nachwuchs und damit zumindest nicht direkt die hier aufgeworfene Frage einer naturwissenschaftlichen Bildung für alle. Ob die Ausbildung von Spezialisten durch eine Förderung der „Breite" erreicht werden kann und ob beide Zielsetzungen konzeptionell miteinander verträglich sind, ist bei genauerem Hinsehen nicht einfach zu beantworten. Auch im Sport werden Talente sehr früh eigens gefördert und vom allgemeinen Sportunterricht wird nicht die Herausbildung der „Spitze" erwartet. So legt Heymann (1996, S. 150) am Beispiel der Musik dar, wie unterschiedlich die Zugänge gestaltet werden, je nachdem, ob eine Allgemeinbildung für die Mehrheit der Bürger oder eine Förderung von Spitzenmusikern angezielt wird.

Zudem scheint eine Entscheidung für ein naturwissenschaftliches Studium von vielen Faktoren abzuhängen. Shamos (2002, S. 46) berichtet, dass sich die meisten der (wenigen) Schüler, welche den Nachwuchs für Natur- und Ingenieurwissenschaften stellen, dafür entscheiden „aus Gründen, die mit dem naturwissenschaftlichen Pflichtunterricht überhaupt nichts zu tun haben"; der Gedanke gewinnt Plausibilität, wenn man an das Fach „Technik" denkt, das hierzulande ja an vielen Schulen gar nicht vorkommt.

Die Gemengelage und das Zusammenspiel der jeweils wirksamen Motive und Einflussfaktoren dürften jedenfalls nicht einfach aufzuklären und zu verallgemeinern sein. Schließlich würde man für die Oberstufe, um die es hier vor allem gehen soll, die exemplarische Einführung in Spezialisierung und Vertiefung als Beitrag zur Studierfähigkeit, vielleicht auch die fachliche Hinführung zum Studium, eher als eine Aufgabe für Leistungskurse ansehen. So verliert dieses Argument für die Zielsetzung einer Bildung „für alle" an Bedeutung - was nicht bedeuten soll, dass nicht auch gerade durch eine Begegnung mit Naturwissenschaften auf einem für Laien gedachten Weg Interesse von Jugendlichen an Naturwissenschaften bis hin zur Entscheidung für ein Naturwissenschaftsstudium geweckt werden kann.

Das zweite Argument (b), die naturwissenschaftlich-technische Qualifikation der Arbeitskräfte, wäre nur im Zusammenhang mit einer Analyse der Anforderungen der modernen Arbeitswelt zu diskutieren. Angesichts der tiefgreifenden Veränderungen vieler Beschäftigungssektoren wäre zu fragen, ob neben den von Arbeitgebern erwarteten allgemeinen Qualifikationen wie „Lesen, Schreiben Rechnen, praktische, soziale und persönliche Kompetenzen" (Arbeitsgruppe der Arbeitgebervereinigungen 1999), Haltungen und Sekundärtugenden naturwissenschaftliches Wissen für heutige Arbeitnehmer wirklich noch so wichtig ist wie dies oft unbesehen angenommen wird. Auch die Frage, welche Arten von Fähigkeiten mit einer solchen naturwissenschaftlichen Bildung eigentlich genau gemeint sind, wäre lohnend zu untersuchen. So würde dieses Argument dann immerhin zu einem Anlass, über Inhalte, Konzeptionen und Herangehensweisen für den Naturwissenschaftsunterricht erneut nachzudenken.

Die in (f) vorgebrachte Behauptung des allgemeinen intellektuellen Wertes – Schulung des logischen Denkvermögens, bei Dewey als „naturwissenschaftliche Geisteshaltung" bezeichnet (Shamos 2002, S. 46) – wird in analoger Weise oft auch von anderen Schulfächern bemüht, traditionell beispielsweise von Latein, und man könnte damit sicher auch gut ein Schulfach Schach begründen. Es wäre zu prüfen, durch welche Themen und Inhalte solche Fähigkeiten, die ja auch bereichsspezifisch sind, am Besten gefördert werden. Die Zielsetzung verweist jedenfalls nicht automatisch und spezifisch auf Naturwissenschaften, und die Fähigkeit zum Transfer hängt weniger von den fachlichen Inhalten ab als von der Art und Weise, wie sie gelernt werden.

Auch die Behauptung „Naturwissenschaftliches Wissen bringt Nutzen für den persönlichen Alltag" (Argument c) verdient eine Nachfrage: Es trifft sicher zu, dass unsere Kultur von Naturwissenschaft und Technik geprägt ist. Andererseits verlangt sie aber – genauer besehen – vom Einzelnen kaum naturwissenschaftliches Wissen und Verständnis: Man kann es in unserer Gesellschaft auch ohne naturwissenschaftliche Kenntnisse zu etwas bringen, das zeigen viele „gesellschaftliche Vorbilder", und das finden auch gerade Schülerinnen und Schüler schnell heraus. Man muss nicht naturwissenschaftlich erklären können, wie Computer, Fernseher und Handy funktionieren – aber man muss wissen, wie man sie nutzt und wirkungsvoll einsetzt, z.B. für die Gestaltung der sozialen Beziehungen. Wer sich in seiner Umwelt definieren und platzieren muss, Freunde und soziale Beziehungen finden und gestalten will – eine wichtige Beschäftigung besonders für Jugendliche in der Adoleszenz – der braucht eher anderes als Naturwissenschaften.

Heymann (1996) hat dieses Problem für den Mathematikunterricht ausführlich untersucht und gezeigt, dass man allein für den Alltagsnutzen von der (Oberstufen-) Mathematik des Gymnasiums fast nichts braucht. Analogien zu den Naturwissenschaften, die ja ebenfalls und zunehmend in die Alltagsgegenstände bereits gebrauchsfertig eingebaut sind, drängen sich förmlich auf.

Auch Oelkers (2002) weist in einer Auseinandersetzung mit den Begründungen für den naturwissenschaftlichen Unterricht pointiert darauf hin, was man *nicht* von ihm erwarten sollte, nämlich: unmittelbaren Verwendungsnutzen für Alltags-Situationen oder für die Zukunft. Diese Hoffnung hielte einer Analyse nicht stand, das Image der „nützlichen Ausrüstung für Alltags-Situationen" mag legitimatorisch hilfreich sein, wird aber bei genauerem Hinsehen zum unhaltbaren Paradox. Die Nützlichkeit des naturwissenschaftlichen Unterrichts kann nicht in Befähigung für vorhersehbare Alltagssituationen bestehen, sie muss tiefer gegründet werden.

Heymanns Folgerung für den Mathematikunterricht lautet, dass dieser nur in einem Zielhorizont von „Bildung" bzw. „Allgemeinbildung" begründbar ist – analoge Überlegungen für den Naturwissenschaftsunterricht würden nach unserer Überzeugung zum gleichen Ergebnis führen. „Die Bildung definiert den Nutzen, nicht der Nutzen die Bildung", lautet entsprechend auch ein zentrales Statement von Oelkers (2002, S. 111).

„Bildung" als Zielhorizont

Das Argument (e), dass Naturwissenschaften jungen Menschen helfen sollen, zu sachlich informierten und entscheidungsfähigen Mitgestaltern der Gesellschaft zu werden, bringt erhebliche Anforderungen mit sich – bis hin zu Zweifeln an seiner Erfüllbarkeit: Kann naturwissenschaftlicher Unterricht in der Schule, auch in der Oberstufe, ernsthaft bis zu einer Tiefe von Sachkenntnis und kritischem Verständnis führen, die dem Einzelnen ein eigenständiges fundiertes Urteil in den wichtigen Fragen ermöglicht? Allein das Beispiel „Klimawandel" verbreitet, genauer besehen, Ernüchterung: Hinter den ersten leicht zugänglichen Aussagesätzen, die sich pädagogisch eingängig mit naturwissenschaftlichen Sachverhalten begründen lassen, beginnt erst der für das Gesamtproblem entscheidende Bereich von Komplexität und schwierigen Fragen: Die Gewichtungen und das Zusammenwirken einzelner Faktoren, die von Experten in die Modellkonstruktionen einbezogenen Annahmen, dazu die Frage von Absichten und politischen Interessen, die mit den jeweiligen Vorgehensweisen verbunden sein können, machen das Thema desto komplexer, je tiefer man eindringt.

Das in der Schule vermittelbare „Wissen für Alle" kann nicht annähernd alle inhaltlichen Dimensionen umfassen, die für ein sachlich begründetes Urteil nötig wären. Erst recht schwierig wird diese Vorstellung, wenn man an die Vielfalt so verschiedener aktueller Debatten denkt wie z.B. Gentechnik, Atomenergie, Handystrahlung, deren Beurteilung jeweils unterschiedliche und hoch spezialisierte Wissenskontexte erfordert. Und selbst damit wären weder mögliche Themen und Probleme eingeschlossen, die erst in der Zukunft aktuell werden und die heute noch niemand kennt, noch wäre der Wissensentwicklung Rechnung getragen, die gerade in solchen gesellschaftlich relevanten Fragestellungen rasant fortschreitet.

Wenn aber in allen diesen Problemen die entscheidenden Fragen so komplex sind, dass nur Experten die mit den Ansätzen jeweils verbundenen Unsicherheiten handhaben können: Führt dann nicht eher ein Unterricht weiter, der, statt auf der Ebene plakativer Vereinfachungen und manipulierbarer Vorstellungen zu operieren, ein strukturelles Verstehen der Vielschichtigkeit fördert und dabei Möglichkeit zu interessengeleiteten Einflussnahmen erkennbar und kritisierbar macht?

Naturwissenschaftliche Bildung hat sich aus dieser Perspektive nicht am Ziel einer möglichst breiten Sach-Information zu orientieren. Anzustreben wären statt dessen für alle: Ein über die Schulzeit hinaus anhaltendes Interesse an naturwissenschaftlichen Themen, ein begründetes Zutrauen in eigene Fähigkeiten, naturwissenschaftliche Denkweisen im Prinzip selbst reflektiert nachvollziehen und ansatzweise auf Fragen des eigenen Lebens anwenden zu können; dazu die Fähigkeit und Bereitschaft, Expertenwissen kritisch nutzen zu können, die mediale und gesellschaftliche Kommunikation über Fragen, die mit Naturwissenschaften zusammenhängen, zu verfolgen und sich dort, wo es einem wichtig erscheint, weiter einarbeiten und sich daran beteiligen zu können: Mit einem wachen Bewusstsein der Möglichkeiten, Probleme und Grenzen dieser spezifischen Art, die Welt zu sehen und einem kritischen Bewusstsein der Möglichkeiten, Interessenverwicklungen und Gefahren, welche die gesellschaftlich institutionalisierte Form der Naturwissenschaften mit sich bringt.

Damit wird das Argument der „Mitwirkung an gesellschaftlichen Prozessen" durch eine „innere", personale Seite vertieft und ergänzt: Es geht – auf einer sehr allgemeinen und abstrakten Ebene – um eine innere Haltung und personale Ausstattung, welche die Verankerung eines Individuums in einer Kultur fördert und die „Bildung" genannt werden kann: „Bildung ist Kultur nach der Seite ihrer subjektiven Zueignung" (Adorno 1978, S. 90). In unserem kulturellen Verständnis wird unter Bildung der Prozess des selbsttätigen Wachsens und der „Mensch-Werdung" durch die Auseinandersetzung mit „formenden" Denk- und Handlungs-Anlässen verstanden, durch relevante „bildende" Erfahrungen, die „Eindrücke" hinterlassen, die einen Menschen verändern. Heymann (1996, S. 37) analysiert ausführlich Bildung als „offener Prozess der individuellen Lebensgestaltung in Auseinandersetzung mit einer gegebenen Kultur" und zitiert zahlreiche Klassiker (1996, S. 39ff.): „Der Mensch ist, was er als Mensch sein soll, erst durch Bildung." (Hegel); der „Mensch als Werk seiner selbst" (Fichte); „soviel Welt als möglich zu ergreifen und so eng, als er nur kann, mit sich zu verbinden ... durch die Verknüpfung unseres Ichs mit der Welt" (Humboldt).

Als Ergebnis dieses Prozesses bezeichnet Bildung dann „das, was übrig bleibt, wenn man alles vergessen hat, was man gelernt hat." (Heisenberg 1973, S. 106). Von Hentig bezeichnet, individuelle wie gesellschaftliche Dimension verbindend, Bildung als den Prozess und die Fähigkeit, ein gelingendes Leben in Teilhabe an der Gesellschaft und Kultur zu führen.

Der Gefahr, mit einem solchen „Containerwort" (Lenzen 1997, S. 949) wie „Bildung" beliebigen bzw. interessengeleiteten Inhalten eine höhere Weihe zuzusprechen, kann man wohl nur mit einer umfassenden Erörterung und vor allem mit einer Konkretisierung der Begriffsverständnisse von Bildung und Allgemeinbildung begegnen, wie sie von Heymann (1996, S. 50ff.) geleistet wurden und auf welche hier erneut ausdrücklich Bezug genommen werden soll. Sein bildungstheoretischer Orientierungsrahmen konkretisiert sieben Aufgaben der Schule, welche die Bedingungen für das Gelingen von Bildung verbessern können: Lebensvorbereitung, Stiftung kultureller Kohärenz, Weltorientierung, Anleitung zum kritischen Vernunftgebrauch, Entfaltung von Verantwortungsbereitschaft, Einübung in Verständigung und Kooperation, Stärkung des Schüler-Ichs.

Die von ihm unterschiedenen (Heymann 1996, S. 35) drei Bedeutungsdimensionen: Bildung als Idee, als Produkt und als Prozess, und insbesondere deren Beziehung zu einander leiten auch unsere Überlegungen: Guter Unterricht, auch naturwissenschaftlicher, hat dann „Bildung als Prozess" so zu organisieren, dass dieser das „Produkt Bildung" hervorbringen kann, weil er im Sinn von „Bildung als Idee" gestaltet wird.

So rückt mit dem verbliebenen Argument (d), der „Teilhabe an der Kultur", „Bildung" als Zielhorizont auch für naturwissenschaftlichen Unterricht in den Mittelpunkt. Sie wird mit Heymann verstanden als doppelter Prozess: „Personwerdung und reflektierte Teilhabe am gesellschaftlichen, wirtschaftlichen und kulturellen Leben" (1996, S. 129). Dem, was eine naturwissenschaftliche Bildung „für alle" dazu beitragen kann und wie sie dazu angelegt sein sollte, gilt unsere Suche.

Orientierung am Leitbild „freier Bürger"

Um den Kern dieser Zielvorstellung, den Zusammenhang von personaler Dimension und der Teilhabe an gesellschaftlicher Kommunikation griffig zu fassen, entwickelten wir in unseren Debatten die Figur „freier Bürger" als Leitbegriff. Mit ihm verbindet sich in unserem Verständnis das für Individuen immer zumutungsreiche und riskante, dennoch seit der Epoche der Aufklärung nicht mehr hintergehbare, Ziel der „Freiheit" – wobei wir vor allem die realen Wahlmöglichkeiten in der Gestaltung des eigenen Lebens, die Fähigkeit, sich im öffentlichen Raum zu orientieren und zu behaupten sowie die Freiheit gegenüber Vereinnahmung und Bevormundung meinen. Alle sieben oben aufgeführten Aufgaben der Schule, die Heymann benennt (1996, S. 50ff.), haben mit diesem Ziel zu tun, am meisten aber korrespondiert ihm die „Anleitung zum kritischen Vernunftgebrauch" (S. 88). Mit Adorno (1971, S. 10) zu sprechen: „Mündig ist der, der für sich selbst spricht, weil er für sich selbst gedacht hat und nicht bloß nachredet".

Es geht um Freiheit und Autonomie des Subjektes und um dessen Fähigkeit, Bevormundung, Abhängigkeit und Fremdbestimmung zu durchschauen – womit die Freiheit entsteht, Bindungen und Empathie bewusst einzugehen und zu gestalten. Da das Ich als „frei" nur in der Beziehung zu seinem Gegenpol, der Bindung, gesehen und diskutiert werden kann, erscheint als Aufgabe die Gestaltung dieses Spannungsverhältnisses: Personalität entfaltet sich zwischen den Polen von Freiheit und Verantwortung, Unabhängigkeit und Bindungsfähigkeit, Eigenständigkeit und Verständigungsfähigkeit, freies Subjekt und empathie- sowie solidaritätsfähiges Gemeinschaftswesen.

Auch angesichts gewisser Abnutzungen, Überhöhungen und Überstrapazierungen von Begriffen im semantischen Umfeld dieser Zielsetzung (wie „Mündigkeit", „Emanzipation" und „kritische Vernunft") und gerade angesichts mancher gesellschaftlicher Gegenströmungen schließen wir uns dem Standpunkt an, dass an einer Weiterentwicklung und Stärkung der Aufklärung durch ihre Selbstaufklärung im Sinn einer „Dialektik der Aufklärung" kein Weg vorbei führen darf. Mit v. Hentig (1989, S. 315) sehen wir im „kritischen Vernunftgebrauch, der seine eigenen Grenzen mitreflektiert" und in der Prüfung des Denkens durch das aufgeklärte Denken die einzige seriöse Möglichkeit, um den mit Freiheit immer verbundenen Schwierigkeiten zu begegnen.

Das Problem besteht nun nicht darin, dass Ziele dieser Art zu selten formuliert würden, ganz im Gegenteil: Festreden, Denkschriften (z.B. MNU 2003, S. IV) und Präambeln sind voll von solchen Formulierungen. Sie haben aber letztlich kaum

Einfluss auf das, was in der Wirklichkeit, etwa im Unterricht, geschieht. Schon dort, wo in den Lehrplänen nach den Präambeln „das Eigentliche" beginnt, verschwinden diese hehren Ziele der Bildung gewöhnlich und nach wie vor hinter den dann wieder dominierenden Gesichtspunkten der Fachinhalte, zunehmend auch der Standardisier- und Prüfbarkeit.

Bildung für Laien als zeitgemäßes Ziel für eine naturwissenschaftliche Allgemeinbildung

Eine Bildung, die gesellschaftliche und kulturelle Teilhabe anstrebt, kann die „Unterscheidung von Laien und Experten" nicht außer Acht lassen, die „zu den Strukturproblemen der modernen Welt" gehört und die heute „den Status des Laien universell" macht (Tenorth 1994, S. 79f.). „Wir müssen lernen, mit der Differenz von Laien und Experten zu leben, ohne den Experten zu erliegen", sagt Tenorth und folgert daraus: „Die Spezialfunktion des Bildungssystems und seine universelle Leistung bestehen dann darin, für alle Rollen und für die Struktur funktionaler Differenzierung zugleich kommunikationsfähig zu machen" (1994, S. 81).

Auch Heymann (1996, S. 113ff.) weist darauf hin, dass zwar das Funktionieren unserer Gesellschaft einerseits von der richtigen Handhabung hoch spezialisierten Expertenwissens abhängt, dass andererseits dieses Spezialwissen noch nicht die Weisheit seiner Anwendung in einer Demokratie verbürgt und in einer pluralistischen Gesellschaft auch keine Hilfe bei den Entscheidungen bietet, welchem Expertenrat in welchen Fragen zu folgen ist, weder im privaten (z.B. Gesundheit) noch im politischen Bereich. Da heute jeder Bürger Experte (höchstens) in einem kleinen Gebiet und Laie in allen anderen Bereichen ist („Jeder ist Patient, nur wenige sind Ärzte" – Tenorth 1994, S. 80) müssen Heranwachsende lernen, mit beiden Rollen produktiv umzugehen. Vor allem müssen sie lernen, wie man als Laie Orientierung und Übersicht gewinnen, Probleme angehen und sachgerecht persönliche und gesellschaftliche Entscheidungen treffen kann.

Ein solches Ziel „Allgemeinbildung für Laien" erfordert eine grundsätzlich neue Herangehensweise bei der Suche nach Inhalten und Methoden des Unterrichts. Standpunkte außerhalb der Fächer sind für die Entscheidung heranzuziehen, was von einem Fach gelernt werden soll, wie Heymann (1996, S. 131) betont. Nur mit Hilfe außerfachlicher Blickwinkel lassen sich die wichtigen, weil bildungswirksamen Verbindungsstellen zwischen Fach und der übrigen Kultur identifizieren. Am Beispiel des Mathematikunterrichts zeigt Heymann (1996, S. 149) dass ein allgemein bildender Unterricht „in eine andere Richtung optimiert werden" müsste als ein spezialisierender.

Diese „Differenz der Wissensformen" (Tenorth 1994, S. 82) zwischen Experten- und Laienwissen verlangt qualitativ andere Zugänge zur Bestimmung der Inhalte einer naturwissenschaftlichen Bildung:

Der (künftige) Experte muss „an Naturwissenschaften lernen", wie er auf seinem Gebiet spezialisiertes Sachwissen erwerben und einsetzen kann, um in seinem Fach etwas „machen" zu können.

Der (künftige) Laie dagegen braucht Orientierungswissen für das Entscheiden und Handeln in nicht vertrauten Gebieten. Er muss sich in Fragen einarbeiten, Informationen beschaffen und bewerten können; er muss implizite Interessen erkennen, Vorschläge von Experten kritisch bewerten und schließlich begründet entscheiden können, welcher der möglichen Alternativen er vor dem Hintergrund persönlicher Werthaltungen, politischer und kultureller Orientierungen den Vorzug geben möchte. „Wenn also von Allgemeinbildung die Rede sein soll, dann ist notwendigerweise von Laienbildung die Rede" fordert z.B. Liebau in einer Auseinandersetzung mit den Zielen des Gymnasiums (1997, S. 289).

Für einen Laien ist die Einordnung des Wissens in Zusammenhänge als Grundlage für seine Urteilsbildung wichtig. Er muss nicht wie die Spezialisten fachliche Probleme lösen können, er muss statt dessen deren Problemzugänge und Lösungsalternativen in einem Kontext sehen, vergleichen und bewerten und er muss sich dazu das für ihn jeweils relevante Wissen von Spezialisten besorgen, dessen Kern verstehen, es nutzen und in den Horizont seiner persönlichen Werthaltungen einordnen können.

Bei der Bildung von verantwortungsvollen und handlungsfähigen Laien sind also Anlässe zu schaffen, die mit mehreren Ebenen, Kontexten, Quervernetzungen und Beziehungen arbeiten. Expertenwissen (dessen Charakteristiken und Grenzen an Beispielen kennen gelernt werden sollte) muss aufgefunden, entschlüsselt und selbst zu Problemen und Sachverhalten in Beziehung gesetzt werden können, es geht also vor allem um Meta-Kompetenzen.

Die Beschreibung zeigt, dass dieses Ziel alles andere als anspruchslos ist. Dennoch mag der Begriff des „Laien" als Bildungsziel in den Ohren Mancher – Lehrer wie Bildungspolitiker – wie ein Unding klingen. Vielleicht liegt darin mit eine Ursache dafür, dass ein der modernen Laienrolle verpflichtetes Konzept von Allgemeinbildung trotz mehrfacher Forderungen bisher noch wenig entwickelt und vor allem nicht in die Fächer hinein entfaltet worden ist.

Immer wieder schlägt statt dessen, auch beim Nachdenken über Allgemeinbildung, die Orientierung an den Inhalten und am Ziel, „kleine Wissenschaftler" zu produzieren, durch. Dabei wäre es an der Zeit, die Herausforderung anzunehmen, die eine „Allgemeine Bildung als Antwort auf die funktionale Differenzierung und die Trennung von Laien und Experten" (Tenorth 1994, S. 83) erfordert.

Realisierung: Möglichkeiten und Schwierigkeiten

Für das Ziel, naturwissenschaftliche Allgemeinbildung auf der Oberstufe bewusst im Sinne einer „Befähigung zur kompetenten Wahrnehmung der Laienrolle zu begreifen" (Tenorth 1994, S. 81) und zu gestalten, stünde grundsätzlich mit dem Instrument der naturwissenschaftlichen Grundkurse eine geeignete Organisationsform und Struktur zur Verfügung.

Dieser Gedanke liegt umso näher, als regelmäßig Kritik an der mangelhaften konzeptionellen Ausprägung der Grundkurse geübt wurde, die als Version „light" weitgehend dieselben Inhalte wie Leistungskurse hatten und lediglich etwas geringere Anforderung in derselben Fachwissenschaft stellten. Seit der Einführung des Kurssystems in der gymnasialen Oberstufe sind die Grundkurse die Sorgenkinder geblieben, ausgedünnte Leistungskurse ohne eine eigene tragfähige Konzeption.

Dabei war im Modell der neuen Gymnasialen Oberstufe von 1972 die Dialektik der Funktionen zwischen Leistungs- und Grundkursen angelegt, deren fehlende Ausarbeitung wurde noch 1995 durch die KMK-Expertenkommission kritisiert (Huber 2007, S. 9). Die BLK-Kommission stellt in der Expertise zur „Steigerung der Effizienz des mathematisch-naturwissenschaftlichen Unterrichts" noch 1997 fest: „Mangel an curricular konzeptioneller Arbeit besteht hinsichtlich der mathematisch-naturwissenschaftlichen Grundkurse in der gymnasialen Oberstufe. Die Grundkurse haben bislang hinsichtlich der Auswahl von Unterrichtsstoffen und deren Sequenzierung sowie hinsichtlich ihrer didaktisch-methodischen Gestaltung noch keine Form gefunden, die im Rahmen des gymnasialen Bildungsauftrages, der vertiefte Allgemeinbildung, Wissenschaftspropädeutik und Studierfähigkeit verbindet, wirklich überzeugt. Die Expertengruppe hält didaktische Entwicklungsarbeiten für dringend" (BLK 1997, S. 76).

Es gab in all den Jahren zahlreiche Vorschläge dafür, die Unterschiede zwischen den Kursarten im Sinn einer funktionalen Ergänzung auszugestalten (z.B. Huber 1996). Sie wurden jedoch nie in der Breite realisiert. Möglicherweise haben die anhaltenden Angriffe auf diese Reform von 1972 ebenso wie die dadurch erforderlichen permanenten Verteidigungsanstrengungen (Golecki et al. 1996, Blumbach et al. 2000) die notwendigen Freiräume für Entwicklungen zugestellt, welche als Möglichkeiten in diesem Modell angelegt waren und welche seine Stärken noch besser zur Entfaltung hätten bringen können.

Eine qualitativ andere Ausrichtung dieser Grundkurse hätte gerade auch für das Ziel einer „Bildung zum Laien" wichtige Möglichkeiten eröffnen können. Es hätte jedoch einer klaren Entscheidung bedurft, die spezifischen Aufgaben dieser Kursart bewusst im Sinne dieser Zielsetzung zu definieren und entsprechende Konzeptionen zu entwickeln. Diese „traurige Geschichte der Grundkurse" (Huber 2000, S. 17) erscheint heute mehr denn je als vergebene Chance. Denn durch die neue KMK-Vereinbarung (KMK 2006) wird nun selbst die Möglichkeit einer solchen Neuorientierung bis auf Weiteres institutionell beseitigt. Statt seiner Weiterentwicklung wird das System der Grund- und Leistungskurse insgesamt abgeschafft und durch eine Rückwärtswendung zum gewichteten Fächersystem der 50er-Jahren ersetzt – „eine Wiederbelebung wesentlicher Strukturen von vor 1972, ohne jede Phantasie darüber, ob und welche ganz anderen Anforderungen, aber auch Möglichkeiten die Zukunft mit sich bringen könnte" (Huber 2007, S. 9).

Statt der wünschenswerten funktionellen Ausdifferenzierung bringt die Neustrukturierung der Oberstufe nun gerade die Nivellierung der Leistungs- und Grundkurse. Die dialektische Struktur von vertiefender Wissenschaftspropädeutik und Allgemeiner Bildung verschwindet zugunsten einer Trennung in verbindliche Haupt- und in Nebenfächer, wie Huber (2007) ausführlich darstellt.

Abgesehen von den damit vergebenen Möglichkeiten der Differenzierung sind die Auswirkungen dieser Umstellung auf die Rahmenbedingungen einer naturwissenschaftlichen Bildung unklar; zumindest wird sich die Konzentration auf die (faktischen) Kernfächer und „die Vorrangstellung von Mathematik auch in der Abiturprüfung" (Huber 2007, S. 10) negativ auswirken. Die Vorgaben für die Steuerung der Prüfungsfächer dürften ein Übriges dazu tun, dass Naturwissenschaften eher noch weniger gewählt und weiter an den Rand gedrängt werden, unabhängig davon, ob innerhalb der Naturwissenschaften ein Fach vierstündig oder zwei Fächer zweistündig vorkommen.

So ist zu befürchten, dass eine ohnehin schon höchst unbefriedigende Situation sich weiter verschlechtert: Denn auch die bisherige Situation war eigentlich kaum zu rechtfertigen:

Wenn schon nur ein Grundkurs in einem naturwissenschaftlichen Fach (meist in Biologie) gewählt werden kann, dann müsste dieser doch bewusst das Allgemeine der Naturwissenschaften erfahrbar machen. Wie ungeeignet ein „verdünnter Leistungskurs" nur eines einzigen Faches für das Ziel einer naturwissenschaftliche Allgemeinbildung ist, wird erst so richtig deutlich, wenn man vergleichend betrachtet, was Ansätze, die unter „Scientific Literacy" rangieren, darunter verstehen. Darauf wird im Abschnitt 1.3 genauer eingegangen.

Konzepte für eine naturwissenschaftliche Laienbildung könnten sich an Ideen orientieren, die im angloamerikanischen Raum unter Scientific Literacy verstanden und gepflegt werden. Ein solcher Vorschlag hat es hierzulande aber schwer, da jede Suche nach angemessenen Problemlösungen durch die offenbar unumstößliche Vorgabe begrenzt wird, dass es nur Fachkurse in den drei Fächern geben darf.

Damit setzt sich, bezogen auf den naturwissenschaftlichen Unterricht, der Widerspruch fort zwischen offiziellen Beschwörungen seiner Wichtigkeit und einer Realität, die sich unbeeindruckt zeigt gegenüber zahlreichen schon lange bekannten Problemen wie Motivationsverlust, Unbeliebtheit und Unwirksamkeit.

Zwar gibt es verschiedene Initiativen für einen integrierten Anfangsunterricht, doch in der Mittelstufe werden statt integrierter Lösungen, welche zudem Vernetzung und kumulatives Lernen besser ermöglichen könnten, naturwissenschaftliche Fächer weiterhin oft im Wechsel unterrichtet und ausgesetzt, wodurch die anderen Fächer in ganzen Jahrgängen ausfallen. „Ein offensichtliches Desiderat, zu dem es bislang kaum überzeugende Vorarbeiten gibt, ist der theoretisch überzeugende Entwurf eines Gesamtprogramms für die naturwissenschaftliche Grundbildung in der Sekundarstufe I, in dem gemeinsame und spezifische Leistungen der naturwissenschaftlichen Fächer analysiert und in eine realistische Beziehung zu möglichen Stundenverteilungen gesetzt werden" (BLK 1997, S. 76). „Die inhaltliche Abstimmung zwischen den mathematisch-naturwissenschaftlichen Fächern ist trotz tatsächlicher und gut vorstellbarer thematischer Überschneidungen relativ gering. Der Versuch, die Behandlung von Stoffgebieten zwischen den mathematisch-naturwissenschaftlichen Fächern zu synchronisieren, ist kompliziert und nach Ansicht der Expertengruppe derzeit auch nicht erfolgversprechend" (BLK 1997, S. 76).

Wenn man damit einmal vergleicht, wie die „Benchmarks for Science Literacy" (AAAS, o.J.) naturwissenschaftliche Grundbildung durch organisierende Themen wie „Die Natur der Naturwissenschaften", „Die lebende Umwelt", „Die Natur der Technik" usw. anstreben, sieht man, wie sehr das unverrückbare Festhalten an einer Trennung nach Fächern die Möglichkeiten besserer Strukturierung entlang von lebensnahen Zusammenhängen erschwert.

Prenzel (2002, S. 21) legt dar, dass die TIMSS-Studie keine Belege für die Überlegenheit von integriertem gegenüber fachlich getrenntem Naturwissenschaftsunterricht ergibt. Eine Schlussfolgerung daraus könnte allerdings auch lauten, dass „integriert" als Merkmal zu undefiniert ist und dass es entscheidender sein könnte, welche Konzeption und welche Realisierungsformen dabei vorliegen. Zu fragen wäre, ob die Gründe, die er als ausschlaggebend für die Mängel benennt, z.B. „schematisches Bearbeiten von Aufgaben, wenig Anwendungsbezüge, zu schwache Berücksichtigung naturwissenschaftlicher Denk- und Arbeitsweisen" nicht durch andere konzeptionelle Zugänge leichter zu vermeiden wären.

Einen solchen schlägt die Gesellschaft Deutscher Naturforscher und Ärzte vor (Schäfer, 2002). Diese Denkschrift sieht in einem „fächerübergreifenden Fachunterricht" den Weg, um die seit langem von dieser Gesellschaft als notwendig erkannte fächerübergreifende Zielsetzung und die Betonung der Gemeinsamkeiten der naturwissenschaftlichen Einzeldisziplinen zu stärken – ohne die historisch überkommene Fachsegmentierung des Naturwissenschaftsunterrichts in Frage zu stellen.

Hierin – wie auch in dem genannten Beitrag von Prenzel (2002) – wird aber vor allem deutlich, dass „fachlich" und „fächerübergreifend" zunehmend nicht mehr als Alternativen und Entgegensetzungen gesehen werden, sondern dass das Bemühen zunehmend in die Richtung geht, beides im Sinn einer Ergänzung funktional aufeinander zu beziehen. Die aktuelle Frage geht eher dahin, wie das am besten geschehen könnte.

Ein entscheidendes Hindernis dafür, auf das neben anderen auch Schäfer (2002, S. 14) und Prenzel (2002, S. 22) hinweisen, liegt aber darin, dass fachliche Lehrpläne, wie sie hierzulande vorliegen, dazu unabdingbar zuerst auf einander bezogen, vertikal und horizontal miteinander verknüpft werden müssten. Das lässt sich leicht fordern und wird seit langem und immer wieder gefordert. Es erweist sich aber gerade aus Sicht der Praxis als beinahe unlösbar, und zwar deshalb, weil jedes Einzelfach, so lange es seiner eigenen Logik folgt, im Aufbau der Lerninhalte zu seiner eigenen Zeitstruktur tendieren wird, die sich nicht im Sinn eines „Ineinandergreifens" synchronisieren und sachlogisch mit den Nachbarfächern vernetzen lässt.

Zwar besteht, worauf die Expertengruppe der BLK (1997, S. 42) hinweist, „die Problematik der vertikalen und horizontalen Vernetzung [...] auch dann, wenn Biologie, Chemie, Physik nicht in getrennten Fächern, sondern in einem Einheitsfach Naturwissenschaften unterrichtet werden."

Aber die angelsächsischen Beispiele vermitteln doch einen Eindruck davon, wie viel mehr an Möglichkeiten durch eine grundsätzlich andere Art der Strukturierung gewonnen werden könnte. Das Problem könnte sich lösbarer darstellen, wenn spannende und lebensnahe Themen den strukturierenden Fokus für den naturwissenschaftlichen Unterricht bilden könnten – ohne dass jeweils zuerst die „ungelöste Aufgabe der Koordination der Fächer Biologie, Chemie, Physik" (BLK 1997, S. 41) als Rahmenbedingung und Hindernis zutage treten würde.

Diese missliche Situation findet dann in der Oberstufe ihre Fortsetzung in der Belegverpflichtung zur Wahl eines naturwissenschaftlichen Grundkursfaches, womit das grundsätzliche Nichtvorkommen der beiden anderen Fächer zwangsläufig verbunden ist. Das, was gebildete Laien von den Naturwissenschaften insgesamt verstehen sollten, um deren Erklärungsmuster, Erkenntnisweisen, Möglichkeiten und Grenzen in das eigene Leben integrieren zu können, kann so kaum entstehen (Rost et al. 2004, S. 11).

Die (ehemalige) Grundfigur des Oberstufen-Kollegs – eine (Erinnerung an eine) zukunftsfähige Alternative?

Die Einsicht, dass eine gelingende Kommunikation zwischen allgemein gebildeten Experten und allgemein gebildeten Laien für das Funktionieren einer modernen Gesellschaft zentral ist und daher in Bildungsprozessen eingeübt werden muss, führte schon vor über 30 Jahren bei der Gründung des Oberstufen-Kollegs zur Grundfigur zweier sich ergänzender Unterrichtsarten: Der spezialisierende „Wahlfach-Unterricht" und der diese Spezialisierung kontrastierende problembezogene fächerübergreifende „Ergänzungsunterricht" (zusammen mit Projektunterricht) stellten in etwa gleichem zeitlichen Umfang die beiden Säulen einer zeitgemäßen Bildung auf der Oberstufe dar (v. Hentig 1971; Franzen/Schülert 1986; Krause-Isermann et al. 1994; mehr dazu auch im folgenden Abschnitt).

Erfahrungen aus der langjährigen Entwicklung und Erprobung solcher Konzepte flossen in die vorliegende Arbeit, besonders in die Konzipierung der dargestellten Fächer übergreifenden [1] naturwissenschaftlichen Grundkurse ein. Aus unserer Sicht könnte nämlich bei der Suche nach Lösungsmöglichkeiten für die dargestellten Probleme der naturwissenschaftlichen Bildung gut an diese Erfahrungen angeknüpft werden.

---

1 Wir verzichten hier auf die Erörterung organisatorischer Aspekte, die eine terminologische Differenzierung in „fachüberschreitend" bzw. „fächerverbindend" erfordern würde und bezeichnen mit „Fächer übergreifend" generell unsere Intention, die sich statt auf einzelne Fächer auf eine Domäne „Naturwissenschaften" richtet.

Gegenwärtige Entwicklungen, vor allem die aktuellen Veränderungen der Oberstufe (KMK 2006), laufen, wie Ludwig Huber (2007) darstellt, allerdings so sehr in eine entgegengesetzte Richtung, dass unsere Vorschläge im Moment als weltfremd erscheinen könnten. Selbst für unsere Einrichtung haben sich die Rahmenbedingungen im Verlauf dieser Arbeit massiv geändert: Noch 2004 erhielt das Oberstufen-Kolleg den ministeriellen Auftrag, domänenspezifisch fächerübergreifende Konzeptionen für eine (auch naturwissenschaftliche) Allgemeine Bildung auf der Oberstufe zu entwickeln. Schon 2006 wurde – durch dieselbe Landesregierung – dem Oberstufen-Kolleg die Unterwerfung unter die Regelungen der künftigen gymnasialen Oberstufe mit dem System von „Kernfächern" und „Nebenfächern" angekündigt; dies würde den eben erst erteilten Auftrag bereits wieder gegenstandslos machen. Auf der anderen Seite hört man, dass manche Bundesländer neuerdings „Seminarfächer" mit fächerübergreifenden Zielsetzungen auf der Oberstufe einführen oder erproben wollen.

Das alles weist auch auf eine gewisse Kurzatmigkeit und Vorläufigkeit bildungspolitischer Entscheidungen und jedenfalls – zumal bei 16 Landessystemen – auf schwer prognostizierbare Entwicklungen in der Zukunft hin.

Uns bestärkt das in der Auffassung, dass ein atemloses Hinterherlaufen hinter den jeweils neuesten Wendungen nicht sinnvoll wäre. Die zunehmend kürzer erscheinenden Wellenbewegungen und Konjunkturzyklen bildungspolitischer Richtungsentscheidungen legen eher nahe, gelassen die Möglichkeit einer nächsten Welle in Betracht zu ziehen, welche die soeben als unwichtig erklärten Entwicklungsrichtungen erneut – und vielleicht mit Priorität? – auf die Agenda setzt. Für diesen Zeitpunkt wollen wir mit unseren Überlegungen und Vorschlägen „schon mal vorarbeiten". Vielleicht dauert es bis dahin ja gar nicht mehr so lange, und vielleicht können überzeugende Vorschläge ein wenig zu einer solchen erneuten Wende auf der Baustelle des naturwissenschaftlichen Unterrichts beitragen?

Literatur

Arbeitsgruppe der Arbeitgebervereinigungen von sieben großen europäischen Mitgliedsländern (1999) (http://www.trainingvillage.gr/etv/Upload/Information_resources/Bookshop/119/20_de_employers.pdf) (Zugriff 8.11.2007)

AAAS (American Association for the Advancement of Science) (o.J.): Benchmarks on-line: http://www.project2061.org/publications/bsl/online/bolintro.htm (Zugriff 4.1.2008)

Adorno, T.W. (^{2}1971): Kritik. Kleine Schriften zur Gesellschaft. Frankfurt a.M.: Suhrkamp

Adorno, T.W. (1978): Theorie der Halbbildung. In: Pleines, J.-E. (Hrsg.): Bildungstheorien. Freiburg: Herder

Bildungskommission NRW (1995): Zukunft der Bildung – Schule der Zukunft. Neuwied: Luchterhand

BLK (Bund-Länder-Kommission für Bildungsplanung und Forschungsförderung) (1997): Gutachten zur Vorbereitung des Programms „Steigerung und Effizienz des mathematisch-naturwissenschaftlichen Unterrichts". Bonn: „Materialien zur Bildungsplanung und Forschungsförderung", Heft 60

Blumbach, M. (2000): Bildung braucht guten Grund. Beiträge zur Reform der Grundkurse in der gymnasialen Oberstufe und im beruflichen Gymnasium. Wiesbaden: HELP – Materialien zur Schulentwicklung, Heft 31

Franzen, G./Schülert, J. (1986): Das Konzept einer neuen Allgemeinbildung in der Entwicklung und Erprobung. In: Hoffmann, B. (Hrsg.): Allgemeinbildung. Bielefeld: AMBOS 22

Gräber, W./Nentwig, P. (2002): Scientific Literacy – Naturwissenschaftliche Grundbildung in der Diskussion, in: Gräber, W./Nentwig, P./Koballa, T./Evans, R. (Hrsg.): Scientific Literacy. Opladen: Leske und Budrich, S. 7–20

Heymann, W. (1996): Allgemeinbildung und Mathematik. Weinheim: Beltz

Golecki, R./ Ilsemann, C.v./Justus, M./Mebus, E./Pragal, J./Rauschnigg, G./Sievers, H.P. (1996): Die Gymnasiale Oberstufe nicht zurückbilden, sondern nach vorn entwickeln! In: Schnack, J.: Gymnasiale Oberstufe gestalten. Hamburg: Bergmann + Helbig, S. 144-170

Hentig, H.v. (1971): Das Bielefelder Oberstufen-Kolleg. Stuttgart: Klett

Hentig, H.v. (1989): Das Denken bestimmt die Grenzen des Denkens. In: Neue Sammlung 29, S. 315–319

Heisenberg, W. (1973): Schritte über Grenzen, Rede zur 100-Jahrfeier des Max-Planck-Gymnasiums. München: Piper

Huber, L. (1996): Einschränkung, aber auch Öffnung. In: Schnack, J.: Gymnasiale Oberstufe gestalten. Hamburg: Bergmann + Helbig, S. 171-182

Huber, L. (2000): Wissenschaftspropädeutik, allgemeine Studierfähigkeit und ihre unterrichtliche Umsetzung in Grundkursen. In: Blumbach, M.: Bildung braucht guten Grund. Beiträge zur Reform der Grundkurse in der gymnasialen Oberstufe und im beruflichen Gymnasium. Wiesbaden: HELP – Materialien zur Schulentwicklung, Heft 31, S. 17-46

Huber, L. (2001): Stichwort: Fachliches Lernen. Das Fachprinzip in der Kritik. In: Zeitschrift für Erziehungswissenschaft 3, S. 307-331

Huber, L. (2005): Warum fächerübergreifender Unterricht in der Sekundarstufe II? In: Huber, L./Tillmann, K.J.: Versuchsschulen und das Regelsystem – Bielefelder Erfahrungen. Bielefeld: AMBOS-IMPULS Sonderband, S. 109-124

Huber, L. (2007): Hochschule und gymnasiale Oberstufe – ein delikates Verhältnis, in: Das Hochschulwesen 55, H. 1; S. 8–14

KMK (Ständige Konferenz der Kultusminister) (2006): Vereinbarung zur Gestaltung der gymnasialen Oberstufe in der Sekundarstufe II. Beschluss der Kultusministerkonferenz vom 7.7.1972 i. d. F. vom 2.6.2006. Bonn (Typoskript)

Krause-Isermann, U./Kupsch, J./Schumacher, M. (Hrsg.) (1994): Perspektivenwechsel. Beiträge zum fächerübergreifenden Unterricht für junge Erwachsene. Bielefeld: AMBOS 38

Lenzen, D. (1997): Lösen die Begriffe Selbstorganisation, Autopoiesis und Emergenz den Bildungsbegriff ab? In: Zeitschrift für Pädagogik, 43, S. 949-968

Liebau, E. (1997): Allgemeinbildung als Laien- und Bürgerbildung: eine Aufgabe für das Gymnasium? In: Liebau, E./Mack, W./Scheilke, Ch. (Hrsg.): Das Gymnasium. München: Juventa, S.281-302

Millar, R. (1996): Towards a Science Curriculum for Public Understanding. In: School Science Review 77, S. 7–18

MNU (Deutscher Verein zur Förderung des mathematischen und naturwissenschaftlichen Unterrichts e.V.) (2003): Lernen und Können im naturwissenschaftlichen Unterricht. Positionspapier. http://www.mnu.de/download.php?datei=57&myaction=save (Zugriff 3.1.2008)

Oelkers, J. (2002): „Wissenschaftliche Bildung": Einige notwendige Verunsicherungen in beide Richtungen. In: Gräber, W./Nentwig, P./Koballa, T./Evans, R (Hrsg.): Scientific Literacy. Opladen: Leske + Budrich, S. 105–120

Prenzel, M. (2002): Naturwissenschaftlicher Fachunterricht. In: Schaefer, G. (Hrsg.): Allgemeinbildung durch Naturwissenschaften. Köln: Aulis, S. 21-23

Rost, J./Prenzel, M./Carstensen, C.H./Senkbeil, M./Groß, K. (2004): Naturwissenschaftliche Bildung in Deutschland. Methoden und Ergebnisse von PISA 2000. Wiesbaden: Verlag für Sozialwissenschaften

Shamos, M. (2002): Durch Prozesse ein Bewusstsein für Naturwissenschaften entwickeln. In: Gräber, W./Nentwig, P./Koballa, T./Evans, R. (Hrsg.): Scientific Literacy. Opladen: Leske + Budrich, S. 45–68

Schaefer, G. (Hrsg.) (2002): Allgemeinbildung durch Naturwissenschaften. Köln: Aulis

Tenorth, H.E. (1994): Alle alles zu lehren. Möglichkeiten und Perspektiven einer allgemeinen Bildung. Darmstadt: Wissenschaftliche Buchgesellschaft

Gottfried Strobl

2 Naturwissenschaftliche Bildung – fachorientiert oder Fächer übergreifend?

Hintergrund

Die Beispiele in diesem Band stellen Zugangsweisen zu einer naturwissenschaftlichen Bildung auf der Oberstufe vor, die sich alle – wenn auch auf unterschiedliche Weise – als Fächer übergreifend verstehen. Das hat mit der institutionellen Besonderheit fächerübergreifender Grundkurse am Oberstufen-Kolleg, aber auch mit dem Erfahrungshintergrund zu tun, der hier über Jahrzehnte erarbeitet wurde. Erfahrungen hier wie anderswo (z.B. Reinhold/Bünder 2001, S. 339) deuten darauf hin, dass Fächer übergreifender Unterricht auf einige Probleme antworten kann, auf welche aktuell wieder TIMSS und PISA hingewiesen haben.

Dabei ist diese Erkenntnis nicht neu. Seit den ersten konzeptionellen Überlegungen und Begründungen (Deutscher Ausschuss 1966, S. 527ff., v. Hentig 1969, S. 309, v. Hentig 1971) ist für das Oberstufen-Kolleg der Fächer übergreifende Unterricht – zusammen mit seinem Gegenpol, der fachlichen Spezialisierung, und diesen ergänzend – als konstitutives Element einer Allgemeinen Bildung verstanden und mehrfach ausführlich begründet worden (z.B. Huber 1996 und 1998).

Seine Aufgabe ist das Ergänzen, Kontrastieren und Reflektieren fachwissenschaftlicher Kenntnisse und Perspektiven, deren Einordnung in Kontexte und Problemhorizonte mit dem Ziel einer Erschließung bedeutsamer Zusammenhänge. Das Spannungsverhältnis zwischen Spezialisierung im Fach und deren produktiver Aufhebung im Fächer übergreifenden Unterricht wird als Weg zu einer angemessenen Allgemeinbildung in einem wissenschaftsgeprägten Zeitalter gesehen, das allgemein gebildete Experten und allgemein gebildete Laien sowie gelingende Kommunikation zwischen ihnen braucht.

Hoffmann (1986, S. 27) nennt als wichtige Ziele des Fächer übergreifenden Vorgehens am Oberstufen-Kolleg:
- Wissenschaft als soziale Praxis erfahrbar zu machen
- das Trennende und Gemeinsame in den Wissenschaften zu verdeutlichen
- die Beziehungen wissenschaftlicher zu nicht-wissenschaftlichen Erklärungsweisen aufzuzeigen.

Später rücken mit dem Konzept des Perspektivenwechsels (Krause-Isermann et al. 1994) weitere Bildungsziele des Fächer übergreifenden Unterrichts in den Vordergrund: Reflexion von Fächern über die Analyse der sie leitenden Perspektiven und damit Einsicht in die Perspektivität der Erkenntnis allgemein, wobei diese Meta-

Ebene der Akzeptanz „fremder" Perspektiven und der Fähigkeit zur Verständigung über unterschiedliche Perspektiven hinweg dienen soll.

Im Oberstufen-Kolleg, das – trotz veränderter Rahmenbedingungen – entsprechend einem 2004 erteilten Auftrag des Schulministeriums NRW (der, wie dargestellt, aktuell gefährdet ist durch die bereits 2006 erfolgte Ankündigung desselben Ministeriums, dass auch das Oberstufen-Kolleg der neuen Struktur der gymnasialen Oberstufe unterworfen werden soll) weiterhin an der Konzipierung Fächer übergreifender Modelle für Oberstufen-Grundkurse arbeitet, wird „Fächer übergreifend" stets im Zusammenhang einer umfassend verstandenen Allgemeinen Bildung gesehen – was sich nicht mit den derzeit modernen „cross-curricular-competencies" deckt (Boller et al. 2006, S. 73). Der spezifische Ertrag von Fächer übergreifenden Modellen wird in verbesserter Metareflexionsfähigkeit (Boller et al. 2006) vermutet, die sich in Kompetenzbereichen wie Urteilsfähigkeit, Reflexionsfähigkeit, Kommunikationsfähigkeit zeigen sollte. Aktuell arbeitet eine Forschungsgruppe am Oberstufen-Kolleg daran, Modelle des Fächer übergreifenden Unterrichts auf Kompetenzdimensionen zu beziehen (Boller et al. 2007).

Ergänzend und im Unterschied dazu beschränkt sich unsere Arbeitsgruppe auf einen kleinen Ausschnitt dieses Problemfeldes, auf Fächer übergreifende Konzepte für naturwissenschaftliche Grundkurse, welche diese in kontextorientierte Zugänge hinein öffnen.

Schon 1995 hat die KMK-Expertenkommission Fächer übergreifenden Unterricht gerade auch auf der Oberstufe ausdrücklich gefordert und seine Aufgabe wie folgt bestimmt:

„In der gymnasialen Oberstufe und für das wissenschaftspropädeutische Lernen in der Sekundarstufe II kann das Schulfach allein den Rahmen des Lernens nicht mehr abgeben. Fächerübergreifende Themen und fächerübergreifender Unterricht sind innerhalb der Fächer und in eigenen Lernaktivitäten unentbehrlich, wenn nicht nur die Einführung in wissenschaftspropädeutisches Arbeiten ermöglicht, sondern auch die notwendige Reflexion wissenschaftlicher Denkweisen und der Rolle der Wissenschaft im Alltag bewusst werden sollen" (KMK 1995, S. 166).

Ungeachtet solcher und vieler weiterer (z.B. Popp 1997) Erkenntnisse sind in Deutschland Fächer übergreifende Ansätze (und auch Institutionen, die an ihnen arbeiten, wie z.B. das Oberstufen-Kolleg) weitgehend Inseln geblieben. Wo andere Länder pragmatisch und mit großer Selbstverständlichkeit Fächer übergreifende und fachbezogene Konzepte je nach Wirksamkeit anwenden, zu neuen Bereichen kombinieren und, wo nötig, ein integriertes Fach „Science" anbieten, herrschen in Deutschland oft verkrampfte, unproduktive Abgrenzungen und Bekenntnisse vor, wobei „fachlich" – „Fächer übergreifend" nicht als aufeinander verweisend, sondern als Gegensätze positioniert und zum Gegenstand politisch-ideologischer Abgrenzungen stilisiert werden. So hat beispielsweise Frau Merkel, jetzige Kanzlerin – und Physikerin –, auf ihrer Bielefelder NRW-Wahlkampf-Veranstaltung 2005 tatsächlich öffentlich gesagt, dass die CDU auch die Schüler aus NRW für so klug hält, dass sie fachlichen Unterricht in Chemie, Biologie und Physik verstehen können und daher keinen fächerübergreifenden Unterricht in Naturwissenschaften brauchen. Konsequenter Weise hat die neue CDU-Landesregierung diesen Versuch dann auch – als eine ihrer ersten Amtshandlungen – wieder abgeschafft, nachdem ihn die rot-grüne Vorgängerregierung kurz zuvor für die Klassen 5 und 6 eingeführt hatte.

Wie „zwei Welten" kommen denn auch einem Betrachter (Labudde 2003, S. 48) die Verhältnisse vor, die sich allein innerhalb des deutschen Sprachraums auftun, wenn man an die schiere Unmöglichkeit denkt, in Deutschland ein „Grundlagenfach Naturwissenschaften" einzuführen, wie es anderswo selbst in den Oberstufen möglich ist. Ähnliches wurde auch in anderen Untersuchungen konstatiert (z.B. Lang 2002).

Die Ursachen dieses in Deutschland beinahe ritualisierten Streites erschließen sich nicht ohne Weiteres. Liegt hier eine besondere Verhaftung in Traditionen vor – oder führen bildungspolitische Frontverläufe zu solchen Absonderlichkeiten? Reinhold/Bünder (2001, S. 334f.) weisen darauf hin, dass in Deutschland Fächer übergreifender Unterricht von Anfang an eng mit der Idee der Gesamtschule verbunden war. Hat die Tatsache, dass die meisten Modelle für Fächer übergreifenden und integrierten Naturwissenschaftsunterricht im Umkreis von Gesamtschulen entstanden, dieser Idee den Makel eines weniger anspruchsvollen und für Gymnasien daher „unzumutbaren" Vorgehens aufgeprägt? Und da laut Reinhold/Bünder (2001, S. 338) Fächer übergreifender Unterricht immer als eine „Antwort auf die Krise des naturwissenschaftlichen Fachunterrichts" gesehen wurde: Gefährdete diese Idee vielleicht andere Vorstellungen davon, worin diese Krisen bestehen und wie (und zu wessen Gunsten?) sie behoben werden können? Auch ob und welchen Anteil an diesem Festhalten an den getrennten Fächern die Partialinteressen der in Deutschland traditionell starken Fachverbände der Chemiker, Physiker und Biologen haben, bleibt offen.

Huber (2001) erörtert die Frage der Beharrungskraft des Fachprinzips allgemein und ausführlich. Die Lektüre seiner Überlegungen kann noch einen Strauß weiterer Assoziationen hervorbringen: Disziplinierende Wirkung einer Disziplin, Verankerung in einem Fach als Basis des beruflichen Identitäts- und Sicherheitsgefühls von Lehrern, das Fach als Mittel gegen Angst und Ambiguität in einem Berufsalltag, der viele Unsicherheiten und Infragestellungen bereit hält; damit zusammenhängend eine Fachsozialisation, welche besonders die auf Fächern basierende Gymnasiallehrerausbildung in Deutschland ausgeprägt vermittelt, mit allen Begleiterscheinungen und Varianten von Machtspielen, Statuskämpfen, Gruppeninteressen.

Zum Glück mehren sich aktuell die Anzeichen dafür, dass – trotz gelegentlich noch vernehmbarer ideologischer Begleitmusik und zum Teil sicher auch als Folge der internationalen Vergleichsstudien – vorsichtig und allmählich auch bei uns eine Abkehr von der dominierenden Fachorientierung im Naturwissenschaftsunterricht einsetzt. Zumindest wird die Kritik daran vernehmlicher (z.B. Rost et al. 2004, S. 125) und die Vorstellung einer wechselseitigen Ergänzungsbedürftigkeit fachlicher und fachübergreifender Ansätze gewinnt an Boden (GDNÄ 2002). Im Gefolge dieser Entwicklungen wird auch über geeignete Realisierungsformen neu nachgedacht, etwa darüber, ob z.B. kontextorientierte Zielsetzungen besser innerhalb eines Faches oder in eigenen Fächer übergreifenden bzw. integrierten Organisationsformen erreicht werden können oder auch in einer Kombination mehrerer Formen (vgl. Rabenstein 2007, S. 6f.).

Die Untersuchungen, welche zunehmend angestellt werden, um nach PISA und TIMSS die Bedingungsfaktoren des naturwissenschaftlichen Unterrichts zu ermitteln, gestalten sich aufwändig (z.B. NCSE 2006). Auch Studien zur Wirkung des Fächer übergreifenden Unterrichts sind bisher wenig zahlreich und nicht ohne methodische Probleme (Labudde 2003, S. 61f.). Es zeigt sich dabei, dass es oft schwierig ist, die Wirkungen des fachübergreifenden Unterrichts von denjenigen zu trennen, die anderen Faktoren, etwa Verbesserungen im Bereich von Unterrichtsmethoden oder der Lehr- und Lernkultur, zugeschrieben werden müssten. Auf solche Probleme weist auch Bennett in ihrer Auswertung der wichtigsten internationalen Studien zur Wirkung kontextbezogener Ansätze hin. Immerhin gelangt sie zu der vorsichtigen Schlussfolgerung, dass kontextbezogene Ansätze gegenüber herkömmlichen eine Anzahl von Vorteilen haben: Schüler mögen solchen Naturwissenschaftsunterricht lieber, entwickeln ein mindestens eben so gutes Verständnis für Naturwissenschaften und ihre Einstellung gegenüber Naturwissenschaften wird positiver. Sie warnt aber davor, diese Ergebnisse zu verallgemeinern, denn: „ it is not programmes that work, but people co-operating and choosing to make them work" (Benett 2006, S. 65).

Das gilt auch für die nachstehend dargestellten Befunde Labuddes, der darauf hinweist, dass das, was jeweils als „Fächer übergreifend" verstanden wird, höchst unterschiedlich sein kann, gerade hinsichtlich der Realisierung im Unterricht, sodass auch eine sorgfältige Untersuchung nie ganz sicher sein kann, ob die festgestellte Wirkung auf dem betrachteten Kriterium oder auf anderen Faktoren beruht.

Nach Labudde (2003) spricht vieles dafür, dass Interesse und Selbstständigkeit von Jugendlichen und ihre Methodenkompetenz, besonders beim Lösen komplexerer Aufgaben durch Fächer übergreifenden Unterricht besser gefördert werden. Eine Aussage darüber, ob gefächerter oder integrierter Unterricht zu besseren Leistungen in Naturwissenschaften führt, kann bisher, methodisch bedingt, nicht eindeutig getroffen werden. Es gibt aber begründete Einschätzungen, dass fachlicher Unterricht zu mehr Kenntnissen der Fachterminologie, integrierter Unterricht dagegen zu besseren Fähigkeiten im Bereich höherer kognitiver Anforderungen und komplexerer Problemstellungen führt.

Weiter passt (nach Labudde 2003, S. 50ff.) Fächer übergreifender Unterricht besser zu konstruktivistischen Orientierungen und unterstützt den Erwerb wissenschaftspropädeutischer Kompetenzen, speziell im Bereich der „scientific processes". Die Fähigkeit, sich mit Schlüsselproblemen (Klafki) auseinander zu setzen, ebenso die reflektierte Erfahrung (Dewey) in der erfolgreichen, oft projektorientierten Arbeit an Alltagsproblemen wird ebenfalls eher dem Fächer übergreifenden Unterricht zugetraut. Weiterhin sollen die Kontextbezüge und die Orientierung am

Vorverständnis, aber auch die kooperationsorientierten Unterrichtsformen, wie sie für Fächer übergreifende Ansätze typisch sind, auch Mädchen den Zugang zu und den Erfolg in Naturwissenschaften erleichtern.

Versuche, durch Kategorienbildung und Systematisierung von Dimensionen das Feld des Fächer übergreifenden Unterrichts zu ordnen und so für die Verständigung in diesem Bereich wenigstens eine Basis bereit zu stellen, gehen maßgeblich auf Huber (1994; 1995; 1998; siehe auch Landesinstitut 1997) zurück. Seine Untersuchungen haben Anstoß gegeben zu zahlreichen weiteren Arbeiten in dieser Richtung (z.B. Hiller-Ketterer/Hiller1997).

Für den Bereich der Naturwissenschaften hat Labudde (2003) sowohl ein System von Kategorien als auch ein Modell (Labudde et al. 2005, S. 105) entwickelt, das die unterschiedlichen Dimensionen des „Fächer Übergreifenden" in einer einheitlichen Struktur zusammenführen will. Das Modell wirkt dennoch, gerade weil es sehr anspruchsvoll ist und alle Dimensionen (Inhalte, Kompetenzen, Lehrerrollen, Unterrichtsmethoden, Kategorien, Beurteilen) systematisch berücksichtigen will, manchmal etwas überkomplex und regt an, die Einladung des Autors anzunehmen: Sich daran zu beteiligen, dass das aktuell noch bestehende Forschungsdefizit, das Fehlen einer zusammenfassenden Theorie des Fächer übergreifenden Unterrichtens, gerade auch in den Naturwissenschaften, verringert wird. Es geht weiterhin um die Grund-Fragen: Was ist Fächer übergreifender Unterricht, was nützt er und wie geht er?

Dabei sollte über den vielen Systematisierungsanstrengungen auf den Ebenen von Begründungen, Definitionen und Realisierungsformen nicht vergessen werden, dass „Fächer übergreifend" ja eigentlich kein Ziel für sich ist, sondern ein Mittel, das bestimmte Zielsetzungen einer naturwissenschaftlichen Bildung wirksamer realisieren soll als fachsegmentiertes Vorgehen. Damit rückt im Bereich der Naturwissenschaften der spezifische Mehrertrag von Fächer übergreifendem Vorgehen in das Blickfeld.

Im Folgenden wollen wir daher – unterhalb der Ebene der allgemeinen Ziele und Funktionen des Fächer übergreifenden Unterrichts und nur für den Bereich der Naturwissenschaften – danach fragen, welche konkreten Wirkungen von bestimmten Formen des Überschreitens, Verknüpfens, Kontrastierens von Fächern erwartet werden können.

Dabei leitet uns die Vermutung, dass das, was Fächer übergreifender Unterricht bewirken kann, im konkreten Fall auch davon abhängt, welche Fächer es jeweils sind, über die (in welcher didaktischen Absicht?) hinausgegriffen wird, die dabei mit (welchen?) anderen Fächern verknüpft oder kontrastiert werden und welche Arten von Kontexten einbezogen werden. Welche Fragen und Einsichten macht z.B. ein Unterricht möglich, der Biologie und Chemie kombiniert und wie unterscheiden sich diese Ziele von denen, die durch eine Kombination von Biologie und Geschichte oder von Naturwissenschaften und Philosophie zugänglich werden? Welche Lernchancen eröffnen solche Verknüpfungen jeweils – und wie lassen sich diese didaktisch gestalten?

Die Absicht einer eher theoretischen und qualitativen Erörterung solcher Fragen mag rechtfertigen, dass wir hier die Klärung der Bezüge zu den eingebürgerten Systematisierungen und Kategorien wie „Fach überschreitend", „Fächer verknüpfend", „Fächer koordinierend" bzw. „Themen zentriert", „Fächer ergänzend" und „Integriert" (Labudde 2003, S. 54) weitgehend vernachlässigen und auch die für die Praxis wichtige Frage der Organisierbarkeit noch ausklammern.

Ein Versuch: Ausprägungen des „Fächer Übergreifenden" in den Naturwissenschaften

Nimmt man gedanklich, von einem Einzelfach ausgehend, zunehmend umfangreichere „übergreifende" Anteile dazu, eröffnen sich jeweils neue spezifische Ausblicke und Möglichkeiten, die im Gesamtrahmen des Konzepts „Fächer übergreifend" enthalten sind. Nachfolgend soll untersucht werden, welche (sicher nicht trennscharfen) Ausprägungen des „Fächer Übergreifenden" durch eine stufenweise Ausweitung des Umfeldes zugänglich werden.

a) „Rein fachlich" – geht das?

Als hypothetischer Ausgangspunkt kann ein „reiner" Fach-Unterricht dienen, etwa in einem der Fächer Biologie, Chemie und Physik. Aber: Geht das eigentlich? Unterricht, auch wenn er sich fachlich versteht, muss sich immer über das Fach hinaus begeben, da er ja Inhalte den Lernenden „vermitteln" will. Dazu müssen Bezüge zu deren Interessen, Erfahrungen und Vorstellungen hergestellt werden, die in Alltag und Lebenswelt, allerdings noch nicht in andere Fächer hinein, verweisen müssen. Ein „reiner" Fachunterricht könnte dann so verstanden werden, dass der inhaltliche Fokus des Unterrichts ganz im Kernbereich der Disziplin verbleibt und eine für das Fach charakteristische Art und Weise des Zugriffs auf die Wirklichkeit eingeübt wird.

b) Über ein Fach hinaus greifen

Wenn Unterricht eines Faches über dieses bewusst hinausgreift und Kontexte, Alltagsvorstellungen und Anwendungsfragen sowie Analogien und Beispiele aus anderen Erfahrungsbereichen (die mehr oder weniger ausgeprägt in andere Fächer hineinreichen können) einbezieht, könnte man dies als „fachüberschreitenden" Unterricht (Huber 1995) bezeichnen. Beispiele dafür wären: Chemie verweist auf Anwendungen in Technik oder Umweltfragen, Biologie oder Chemie thematisieren Gesundheitsfragen, Physik verweist auf Haushaltsgeräte oder Probleme der Energieversorgung. In diesem Sinne liegt auch die von Schäfer (2002, S. 11) geforderte

„Vernetzung ‚nach unten hin', mit konkreten anschaulichen Beispielen aus dem täglichen Leben". Wenn die einbezogenen Kontexte sich deutlich anderen Fächern zuordnen lassen, markiert dies den Übergang zur nächsten Stufe.

c) Zwei Fächer in Beziehung setzen

Werden im Unterricht eines Faches, sei es Biologie, Chemie oder Physik systematisch Inhalte der Nachbarfächer vergleichend, verknüpfend oder verwendend mit einbezogen, entsteht eine neue Ebene. Das Verbinden eines fachlichen Konzeptes mit Begrifflichkeit und Denkstrukturen eines Nachbarfaches kann eine weitere Dimension des Verstehens eröffnen. In Schäfers Konzept eines „fachübergreifenden Fachunterrichts" wäre hiermit die eine, horizontale, Dimension der Vernetzung gemeint, die Fachinhalte „aus dem Fach heraus [...] zur Seite hin mit verwandten Inhalten benachbarter Disziplinen" (Schäfer 2002, S. 11) in Beziehung setzt. Ein Beispiel dafür wäre: Was haben die in Physik gelernten elektrischen Anziehungskräfte mit dem Dipolmolekül aus der Chemie zu tun und wie können sie Eigenschaften eines Stoffes in der Chemie oder dessen biologische Wirkung erklären? Die Beziehungen auf dieser Ebene werden im typischen Fall der Figur „Anwendungen eines Konzepts aus Fach A für die Erklärung eines Phänomens in Fach B" entsprechen.

Neben einer solchen Verknüpfung von Fächern kann auf dieser Stufe auch eine „Kontrastierung" der beteiligen Fächer stattfinden und zu einer neuen Art von Einsichten führen: Wer reflexiv nach gemeinsamen Begriffen und Konzepten von Chemie, Biologie und Physik sucht, findet zugleich auch Unterschiede – dabei lässt sich das Eine oder das Andere in den Vordergrund stellen.

d) Das Gemeinsame der Naturwissenschaften – NOS

Das vorhergehende Beispiel des Dipolmoleküls verdeutlicht den großen begrifflichen und konzeptuellen Überschneidungsbereich zwischen den Naturwissenschaften, auf den z.B. auch die GDNÄ (2002, S. 5) hinweist, den sie analysiert (Schäfer 2002, S. 11) und zur Grundlage der Verbindung zwischen den Fächern in „Themenkreisen" (GDNÄ, S. 33ff.) macht. Mit diesem Gesichtspunkt kommen als nächste und besonders wichtige Ebene die gemeinsamen Grundlagen der Naturwissenschaften in den Blick. Deren Übereinstimmung in zentralen Konzepten, Denk- und Arbeitsweisen, die „besondere Art und Weise, in der die Naturwissenschaften die Welt sehen" (MNU, S. V) nimmt im angelsächsischen Raum unter dem Begriff im „Nature of Science" („NOS") eine Schlüsselposition unter den Zielen einer naturwissenschaftlichen Bildung ein.

Auch bei uns formulierte schon 1964 der Deutsche Ausschuss für das Erziehungs- und Bildungswesen als Funktionsziel des Lehrgangs Naturwissenschaft: „Der Schüler soll erfahren, wie die verschiedenen naturwissenschaftlichen Disziplinen in den Erscheinungen gemeinsam verwurzelt sind und wie ihre Zusammenarbeit – sei sie konvergent oder komplementär – die eine Natur erschließt. In der Arbeit verschiedener Disziplinen an ein und demselben Phänomen soll er deren spezifische Möglichkeiten schärfer erkennen – die Unterschiede sollen also keineswegs verwischt oder aufgehoben werden." (Deutscher Ausschuss 1964, S. 574)

Das Fragen nach Gemeinsamkeiten fördert zwangsläufig auch erhellende Unterschiede zwischen den Fächern zutage: Dass z.B. die Biologie auch teleonomisch, funktional und historisch erklärt und nicht nur kausal wie etwa die Physik, dass Beobachten und Genauigkeit in allen Fächern zwar wichtig ist, aber jeweils etwas Verschiedenes bedeuten kann, oder dass wegen der andersartigen Komplexität der Gegenstände teilweise unterschiedliche gedankliche und technische Werkzeuge gebraucht werden, sind Beispiele dafür. Die GDNÄ (2002) und Schäfer (2002, S. 12) weisen ausführlich und völlig zu Recht gerade auf diese spezifischen Beiträge jedes naturwissenschaftlichen Faches hin. Die Schlussfolgerung jedoch, dass diese nicht auch oder gerade in einem Gesamtfach Naturwissenschaften thematisiert und erkennbar werden können, teilen wir nicht.

Diese Einsichten in eine allen Naturwissenschaften gemeinsame Denkwelt können für Lernende durchaus wertvolle Verknüpfungs- und Strukturierungshilfen für das Erlernen der Naturwissenschaften und ihrer Fächer sein: Dass die Natur als prinzipiell mathematisch berechenbar aufgefasst wird, dass die Reduktion der Wirklichkeit auf messbare Faktoren und die Suche nach Regelmäßigkeiten – die dann oft „Gesetze" genannt werden – im Zentrum stehen, dass eine Trennung zwischen erkennendem Subjekt und untersuchtem Objekt, also der Welt, so selbstverständlich Grundüberzeugung dieser Wissenschaften ist, dass sie gar nicht extra mitgeteilt wird (außer dort, wo dieses Konzept wieder an seine Grenzen kommt), und dergleichen mehr. Ebenso nützlich kann für Lernende die explizit erarbeitete Erkenntnis weitgehend gemeinsamer Methoden zur Erkenntnisgewinnung (welche die Unterschiede noch prägnanter erkennbar machen) und gemeinsamer Gültigkeitskriterien in allen Naturwissenschaften sein oder auch die Einsicht, dass wichtige Konzepte (z.B. Atome, Energie, Erhaltungssätze) allen Naturwissenschaften gemeinsam sind. In der populärwissenschaftlichen Literatur wird von diesem Ansatz, die gesamte Natur mit Hilfe zentraler Konzepte zu erklären (nach dem Motto: „Am Anfang war der Wasserstoff") zunehmend Gebrauch gemacht.

Der Wert solcher verallgemeinerter Einsichten für Lernende wird möglicher Weise oft deshalb unterschätzt, weil sie in der fachlichen community (aus der ja auch die Lehrpläne kommen) so selbstverständlich sind, dass sie dort leicht im toten Winkel der Aufmerksamkeit verschwinden. Anfängern aber könnte genau dies vielleicht den gedanklichen Zutritt zum Gebäude der Naturwissenschaften erleichtern, auch zu den Fächern, vor allem dann, wenn diese allgemeinen Merkmale der Naturwissenschaften als Bezugsfolie auch für das Bearbeiten fachlicher Fragestellungen genutzt werden.

Ein gern angebrachtes Argument gegen solche reflexive Thematisierung ist – wie immer neben dem der „Zeit, die das kostet und die für Wichtigeres verwendet werden müsse" – dass für Lernende, gerade für Anfänger, so etwas doch viel zu komplex und abstrakt sei, dass doch zuerst einmal die konkret-pragmatische Ebene der Begriffe, Regeln und ihrer Anwendung beherrscht werden müsse, ehe man sich vielleicht anschließend auf solche höheren Ebenen der Reflexion begeben könne. Dem kann man aber entgegenhalten, dass solche Argumente aus einem zu linearen und überholten Modell des Lernens entspringen und dass damit die Komplexität der Prozesse, durch die Lernende ihre Denkstrukturen und Verknüpfungen aufbauen, unterschätzt wird. Es müsste zumindest geprüft werden, ob nicht ein Verstehen der Gemeinsamkeiten für manche Lernenden ein tragfähiger gedanklicher Boden und eine Ressource für ein Hineinwachsen auch in die spezialisierten Einzelfächer sein könnte.

e) Naturwissenschaftliche vs. andersartige Zugänge zur Welt im Vergleich

Wie alles, so wird auch die eben erörterte gemeinsame Grundlage der naturwissenschaftlichen Sicht auf die Welt in der Gegenüberstellung mit ihrem Gegenteil besonders klar erkennbar. Dazu kann die „Natur der Naturwissenschaft" insgesamt mit anderen Modi der Welterschließung verglichen werden, z.B. mit künstlerischen, religiösen und literarischen Zugängen zur Welt. Auch die Sozialwissenschaften bieten gute Vergleichsmöglichkeiten und der Vergleich mit ihren Denk- und Arbeitsweisen kann erhellende Einsichten zutage fördern, etwa die weitgehenden – und nur im ersten Moment überraschenden – Übereinstimmungen zwischen ökonomischen und naturwissenschaftlichen Denkstrukturen, die sich etwa in Mathematisierung, dem Gebot der Einfachheit und dem Effizienzstreben zeigen.

Eine solche epistemologische und wissenschaftstheoretische Anstrengung könnte das, was Naturwissenschaften sind und worin sie sich von anderen Zugängen zur Welt unterscheiden, noch deutlicher erkennbar machen: Die „naturwissenschaftliche Brille" – ein Aspekt, auf den auch andernorts hingewiesen wird (z.B. MNU 2003, S. X) – ist „nur" eine unter mehreren Möglichkeiten, die Welt zu verstehen. Naturwissenschaften haben dabei ihre Vorzüge, sind anderen Zugängen zur Welt zum Beispiel hinsichtlich ihres Gestaltungs- und Wirkungspotentials überlegen, sie haben aber auch ihre Grenzen, blinden Flecken, Nachteile und Gefahren. Ein Gedicht, ein Bild, ein Musikstück, eine Formel und eine Alltagsweisheit sind verschiedene Arten und Weisen, über Wirklichkeit etwas auszusagen, und jede dieser Formen hat ihre spezifischen Geltungsbereiche. Auch das, was naturwissenschaftliches Denken vom Alltagsdenken unterscheidet, kann damit deutlicher werden.

Für Lernende entsteht so eine Möglichkeit, Naturwissenschaften in ihr Weltbild einordnen und mit dem eigenen Denken in Beziehung setzen zu können. Gerade für Schülerinnen und Schüler, denen Naturwissenschaften bis dahin eher fremd geblieben sind, kann dieser Weg neue Zugänge zu Naturwissenschaften eröffnen, wenn nicht mehr implizit von ihnen verlangt wird, die naturwissenschaftliche Sichtweise der Welt einfach zu übernehmen und sich mit ihr zu identifizieren.

f) Entstehungs-, Deutungs- und Verwendungskontexte der Naturwissenschaften

Wird – über den bloßen Vergleich mit anderen Zugängen hinaus – nach den Ursachen, der Wirkung und der Entstehung dieser besonderen naturwissenschaftlichen Art, die Welt zu sehen, gefragt, dann wird die Zusammenarbeit mit weiteren Fächern notwendig: Geschichte, Philosophie, Gesellschaftswissenschaften, aber auch Technik und Wirtschaft können Wichtiges beitragen, um die Entstehungs-, Deutungs- und Funktions-Kontexte der Naturwissenschaften verstehbar zu machen. Damit wird ein Aspekt aufgegriffen, der von Schäfer (2002, S. 11) als vertikale Vernetzung bezeichnet und gefordert wird: Eine Vernetzung mit abstrakteren Meta-Ebenen „nach oben hin".

Die Anwendungen von Naturwissenschaften sowie ihre Funktion und Funktionalisierung für gesellschaftliche, technische und wirtschaftliche Entwicklungen werden zwar in vielen Lehrplänen und Schulbüchern angesprochen. Allerdings verbleibt dies meist auf der Ebene der Bedeutung wichtiger Erkenntnisse und Entdeckungen für unser Leben und der „Nutzen und Gefahren" der Naturwissenschaften. Wie viel umfassender Zusammenhänge zwischen Kultur, Gesellschaft, Technik und Naturwissenschaften dagegen z.B. im Rahmen von angloamerikanischen Unterrichtsbeispielen entwickelt und als Kernpunkt von Unterricht genutzt werden, davon berichten ausführlich Messner, Rumpf und Buck (1997). Dort gibt es mit „STS" (Science, Technology, and Society) einen eigenen begrifflichen Rahmen für Konzepte, welche Naturwissenschaften in ihren gesellschaftlichen Kontexten vermitteln: „STS is an interdisciplinary field of study that seeks to explore and understand the many ways that science and technology shape culture, values, and institutions, and how such factors shape science and technology. We all depend heavily upon science and technology, and STS examines how science and technology emerge, how they enter society, how they change through social processes, and how society changes, as well" (North Carolina State University o.J.).

Die Einbindung der Naturwissenschaften in gesellschaftliche Prozesse und die Rolle der Naturwissenschaften in der gesellschaftlichen Kommunikation werden damit zum wichtigen Thema. Voraussetzungen, Kontexte und Wirkungen, die mit naturwissenschaftlichen Erkenntnissen und Aussagen verbunden sind, werden als konstitutive Elemente der Naturwissenschaften in die Betrachtung einbezogen und helfen beim Verstehen der Rolle, die naturwissenschaftliche Aussagen in gesellschaftlichen Diskursen spielen – eine eminent wichtige Komponente naturwissenschaftlicher Laienbildung: Was kann Naturwissenschaft zur rationalen Klärung von Positionen und Diskursen beitragen? Was bedeutet es, wenn etwas „naturwissenschaftlich erwiesen" ist? Welche Fragen sind mit naturwissenschaftlichen Mitteln zu klären und welche nicht? Bis wohin reicht die Zuständigkeit naturwissenschaftlicher Aussagen und wo wird dieser Zuständigkeitsraum überdehnt, wie können Naturwissenschaften benutzt und funktionalisiert werden? Wie sind die für Laien oft irritierenden Widersprüche zwischen naturwissenschaftlichen Experten zu erklären?

In enger Verbindung damit kann eine historische und philosophische Reflexion der Entstehung und Entwicklung der Naturwissenschaften zu deren Verstehen entscheidend beitragen. Wie erst jüngst ein gründlicher Vergleich von Lehrplänen und Schulbüchern herausgearbeitet hat (Skerra 2007), bleibt die praktische Realisierung dieser Dimension in Deutschland weit hinter ihren Möglichkeiten und Notwendigkeiten zurück. Im Unterschied zur angloamerikanischen Praxis, in der HPS (History and Philosophy of Science) ein durchgängig wichtiger Bestandteil des Unterrichts ist, wird hierzulande meist nur an isolierten Beispielen auf wichtige Entdeckungen hingewiesen oder mit dem Erzählen über große Namen das Lied vom Fortschritt gesungen.

Dass ein Nachdenken über die Entwicklung historischer Kontexte sehr wohl Interesse und Verständnis für Zusammenhänge fördern könnte, ist z.B. durch die Arbeiten zum historisch-genetischen Unterricht aus Bielefeld und Oldenburg, in denen theoretische Fundierungen und praktische Realisierungsbeispiele erarbeitet wurden (Misgeld 1994; Strobl 1997; Rieß 2003; Überblicke bei Kremer 2003, Rieß/Schulz 1998, Skerra 2007), zwar bekannt; dennoch kommt in Deutschland dieser Zugang zu den Naturwissenschaften im Unterricht kaum vor. Dabei fehlt ohne die Fragen, wie und warum Naturwissenschaften entstanden sind, auch Wesentliches von den Naturwissenschaften selbst – und vor allem fehlen damit Brücken, über die Menschen, deren Interessen eher in den Bereichen Kultur und Gesellschaft liegen, zu Naturwissenschaften Zugang finden können.

Aus einer historischen Perspektive werden beispielsweise auch die Denkvoraussetzungen und die ökonomischen Kontexte der Naturwissenschaften erkennbar. Es wird erklärbar, warum andere Gesellschaften andere Formen der Naturerklärung und des Naturumgangs entwickelt haben – und dass es nicht erstaunlich ist, dass sie damit gut zurecht gekommen sind, zumindest bis zum Zeitpunkt des Kontaktes mit unserer Gesellschafts- und Wirtschaftsstruktur. Auf dieser Ebene hilft ein Verständnis der Naturwissenschaften dabei, aktuelle Debatten um kulturelle Vielfalt sowie Gefahren der Homogenisierung und Hegemonisierung, etwa im Zusammenhang mit „Globalisierung", umfassender sehen und beurteilen zu können.

Auf den Stellenwert solcher epistemologischer Überzeugungen für eine naturwissenschaftliche Bildung weisen Baumert/Bos/Watermann (2000, S. 169) ausdrücklich hin. Sie benennen als eine der sechs Grunddimensionen von Sientific Literacy: „epistemologische Vorstellungen von der konstruktiven Natur der Naturwissenschaften sowie Kenntnis ihrer Stärken und Grenzen".

Köller/Baumert/Neubrand widmen dem Zusammenhang von epistemologischen Überzeugungen und Fachverständnis ein eigenes Kapitel in der TIMSS-Untersuchung (2000, S. 229ff.). Auch Messner/Rumpf/Buck (1997, S. 17) machen Vorschläge dafür, wie das systematische Wissen der Naturwissenschaft durch reflexive Vergegenwärtigung in Zusammenhänge gestellt und verstehbar gemacht werden könnte. Dennoch werden solche international akzeptierten Zielsetzungen in Deutschland eher noch als etwas empfunden, was nicht in den „eigentlichen" naturwissenschaftlichen Unterricht gehört. Regelmäßig bekommt man hier dann auch den Einwand zu hören, dass all das doch viel zu komplex sei, dass es doch („wenigstens") zuerst einmal um Vorwissen und Grundlagenkenntnisse gehen müsse.

Die Vorstellung eines einzig möglichen linear voranschreitenden und im Zweifelsfall an Fachinhalten orientierten Vorgehens verhindert auch hier die Wahrnehmung von Komplexität und verkennt die Chancen, welche perspektivenreichere Herangehensweisen auch für die Motivation und das Verständnis von Lernenden eröffnen könnten.

Rückblick und Ausblick

Der vorstehende Versuch, Möglichkeiten des Fächer übergreifenden Arbeitens in den Naturwissenschaften nach Komplexitätsstufen zu unterscheiden und entlang der Ebene didaktischer Absichten und möglicher Wirkungen zu beschreiben, bleibt skizzenhaft und vorläufig. Man könnte in einem nächsten Schritt versuchen, diese auf der Ebene von Kompetenzen zu formulieren. Außerdem müssten – wie schon gesagt – Bezüge zwischen dieser Herangehensweise und Systematisierungen, die bereits vorliegen, bearbeitet und geklärt werden.

Die Skizze lässt auch eine weitere wichtige Ebene noch unberücksichtigt, nämlich die der Realisierungsmöglichkeiten und der dazu erforderlichen Organisationsformen. In diesem Zusammenhang bleiben noch viele Fragen offen: Etwa die, wie Überschreitungen, Vernetzungen oder Integration von Fächern organisatorisch realisiert werden können, durch welche organisatorischen Maßnahmen oder in welchen Formen von Kooperation die Kompetenzen der Lehrer entwickelt und organisiert werden können und dergleichen mehr.

Unser vorläufiger Versuch, die Aufmerksamkeit auf diese Ebene notwendiger Ziele zu richten, möchte dazu beitragen, die fruchtlose Entgegensetzung „fachlich vs. fachübergreifend" dadurch zu überwinden, dass Ziele und Möglichkeiten konkreter beleuchtet werden. Wie solche Ziele realisiert werden können, soll am Beispiel von Fächer übergreifenden Grundkursen, die gleichwohl das Spezifische der Fächer zur Geltung bringen, im Praxisteil dieses Buches beispielhaft gezeigt werden. Unsere Erfahrung zeigt, dass das geht, und zwar ohne große Zauberei. Sie zeigt auch, dass es kein allgemein gültiges konzeptionelles Schema dafür gibt – und wohl auch nicht geben sollte: Keine Situation ist wie die andere, verschiedene Menschen (Lehrende wie Lernende) bevorzugen verschiedene Wege. Es sollte also die Freiheit unterschiedlicher Herangehensweisen, Schwerpunktsetzungen und Realisierungsformen bestehen. Die beschriebenen Beispiele zeigen verschiedene Möglichkeiten des Herangehens und verdeutlichen beispielhaft, wie dabei der eine oder andere Aspekt in den Vordergrund treten kann.

Die Frage, wie Lehrende sicherer darin werden können, sich aus ihren engen Fachbezügen mehr und mehr hinauszuwagen, bleibt schwierig. Darauf, dass auch die Lehrerausbildung perspektivisch auf solche Zielsetzungen hin verändert werden müsste und dass aktuell Lehrerfortbildungen nötig wären, um naturwissenschaftliche Fachlehrer für solchen anspruchsvollen Fächer übergreifenden Unterricht zu qualifizieren, weisen Markl (2002) und Asselborn (2002) zu Recht hin. Aber auch kleinere Schritte helfen, wie Kooperationen zwischen Lehrenden bis hin zu Organisationsmöglichkeiten von Kursen, die im Team unterrichtet werden. Zu fördern sind Bedingungen, die dazu beitragen, dass die eigene Neugier und Experimentierlust von Lehrerinnen und Lehrern größer werden können als die Sorge, Fehler zu machen. Auch Gesprächsrunden zwischen Lehrenden unterschiedlicher Fächer können, wie in unserem Fall, Anstöße dafür geben, dies oder jenes zu lesen, zu probieren und gemeinsam zu reflektieren. Mit irgend etwas, irgendwo muss man anfangen.

Literatur

Asselborn, W. (2002): Lehrerfortbildung für fachübergreifenden Fachunterricht. In: GDNÄ (Gesellschaft Deutscher Naturforscher und Ärzte): Allgemeinbildung durch Naturwissenschaften. Denkschrift der GDNÄ-Bildungskommission. Köln: Aulis, S. 29-30

Baumert, J./Bos, W./Watermann, R. (2000): Mathematische und naturwissenschaftliche Grundbildung im internationalen Vergleich, In: Baumert, J./Bos, W./Lehmann, R.: TIMSS/III Dritte Internationale Mathematik- und Naturwissenschaftsstudie. Band I. Opladen: Leske + Budrich, S. 135-198

Bennett, J. (2007): Bringing Science to Life. The Research Evidence on Teaching Science in Context. In: Höttecke, D. (Hrsg.): Naturwissenschaftlicher Unterricht im internationalen Vergleich. GDCP – Jahresband 2006. Berlin: Lit Verlag, S. 49-67

Boller, S./Dietz, H.-F./Geweke, M./Hahn, S./Kublitz-Kramer, M.: (2006) Kontrastierung von Fachperspektiven. In: TriOS, H. 1, Bielefeld: Oberstufen-Kolleg, S. 57–83

Boller, S./Dietz, H.-F./Geweke, M./Hahn, S./Kublitz-Kramer, M. (2007): Kompetenzen für das fächerübergreifende Arbeiten in der Oberstufe. In: TriOS, H. 5, Bielefeld: Oberstufen-Kolleg, S.15–23

Deutscher Ausschuss für das Erziehungs- und Bildungswesen (1966): Empfehlungen zur Neuordnung der Höheren Schule (3.10.1964). In: Empfehlungen des Deutschen Ausschusses für das Erziehungs- und Bildungswesen, Gesamtausgabe. Stuttgart: Klett

GDNÄ (Gesellschaft Deutscher Naturforscher und Ärzte) 2002: Allgemeinbildung durch Naturwissenschaften. Denkschrift der GDNÄ-Bildungskommission. Köln: Aulis

Hentig, H.v. (1969): Spielraum und Ernstfall. Gesammelte Aufsätze zu einer Pädagogik der Selbstbestimmung. Stuttgart: Klett

Hentig, H.v. (1971): Das Bielefelder Oberstufen-Kolleg. Stuttgart: Klett

Hiller-Ketterer, I./Hiller G.G. (1997): Fächerübergreifendes Lernen in didaktischer Perspektive. In: Duncker, L./Popp W. (Hrsg.): Über Fachgrenzen hinaus. Chancen und Schwierigkeiten des fächerübergreifenden Lehrens und Lernens, Bd. 1. Heinsberg: Diek, S. 166-195

Hoffmann, B. (Hrsg.) (1986): Allgemeinbildung. Bielefeld: Oberstufen-Kolleg, AMBOS 22

Huber, L. (1994): Wissenschaftspropädeutik und Fächerübergreifender Unterricht – Eine unerledigte Hausaufgabe der allgemeinen Didaktik. In: Meyer, M.A./Plöger, W. (Hrsg): Allgemeine Didaktik, Fachdidaktik und Fachunterricht. Weinheim: Beltz, S. 243–253

Huber, L. (1995): Individualität zulassen und Kommunikation stiften. In: Die Deutsche Schule, H.2, S. 161-182.

Huber, L./Kroeger, H./Schülert, J. (2006): Eine Curriculum-Werkstatt für fächerübergreifenden Unterricht Ansätze am Oberstufen-Kolleg der Universität Bielefeld. In: Zeitschrift für Pädagogik 42, Nr.4, (1996), S. 575-587

Huber, L. (1998): Fächerübergreifender Unterricht – auch auf der Sekundarstufe II? In: Duncker, L./Popp, W. (Hrsg.), Fächerübergreifender Unterricht in der Sekundarstufe II. Bad Heilbrunn: Klinkhardt, S. 18-33

Huber, L. (2001): Stichwort Fachliches Lernen. Das Fachprinzip in der Kritik. In: Zeitschrift für Erziehungswissenschaft (4), H3, S. 307-331

Krause-Isermann, U./Kupsch, J./Schumacher, M. (Hrsg.) (1994): Perspektivenwechsel. Beiträge zum fächerübergreifenden Unterricht für junge Erwachsene. Bielefeld: Oberstufen-Kolleg, AMBOS 38

Kremer, A. (2003): Kritische Naturwissenschaftsdidaktik: Theoretisches Selbstverständnis und Reformpraxis im Wandel, In: Bernhard, A./Kremer, A./Rieß, F. (Hrsg.): Kritische Erziehungswissenschaft und Bildungsreform. Programmatik, Brüche, Neuansätze (Band 2), Hohengehren: Schneider, S. 233-264

KMK-Expertenkommission (1995): Weiterentwicklung der Prinzipien der gymnasialen Oberstufe und des Abiturs. Abschlussbericht der von der Kultusministerkonferenz eingesetzten Expertenkommission, hrsg. vom Sekretariat der Ständigen Konferenz der Kultusminister der Bundesrepublik Deutschland. Bonn

Köller, O./Baumert, J./Neubrand, J. (2000): Epistemologische Überzeugungen und Fachverständnis im Mathematik- und Physikunterricht, In: Baumert, J./Bos, W./Lehmann, R.: TIMSS/III Dritte Internationale Mathematik- und Naturwissenschaftsstudie. Band II, Opladen: Leske + Budrich, S. 229-270

Labudde, P. (2003): Fächer übergreifender Unterricht in und mit Physik: Eine zu wenig genutzte Chance. In: Physik und Didaktik in Schule und Hochschule 1 (2), S. 48-66;

Labudde, P./Heitzmann, A./Heiniger, P./Widmer, I. (2005): Dimensionen und Facetten des fächerübergreifenden naturwissenschaftlichen Unterrichts: ein Modell. In: Zeitschrift für die Didaktik der Naturwissenschaften, S. 103-115

Landesinstitut für Schule und Weiterbildung (1997): Ansätze zum fächerübergreifenden Unterricht in der gymnasialen Oberstufe: Lernen über Differenzen. Soest

Lang, M. (2002): Zur Internationalen Diskussion zum Integrierten Naturwissenschaftlichen Unterricht; IPN - Vortragsmanuskript, 11. Juni 2002

Markl, G. (2002): Neue Wege der Lehrerausbildung als Grundlage für fachübergreifenden naturwissenschaftlichen Unterricht. In: GDNÄ (Gesellschaft Deutscher Naturforscher und Ärzte): Allgemeinbildung durch Naturwissenschaften. Denkschrift der GDNÄ-Bildungskommission. Köln: Aulis, S.27-29

Melle, I./Parchmann, I./Sumfleth E. (2004): Kerncurriculum Chemie – Ziele, Rahmenbedingungen und Ansatzpunkte. In: Tenorth, H. E. (Hrsg): Kerncurriculum Oberstufe II. Weinheim: Beltz, S. 85-147

Messner, R./Rumpf, H./Buck, P. (1997): Natur und Bildung. Über Aufgaben des naturwissenschaftlichen Unterrichts und Formen des Naturwissens. In: chimica didactica 23. Jg., H. 1, Nr. 74, S. 5-31

Misgeld, W./Ohly, K.P./Rühaak, H./Wiemann, H. (Hrsg.) (1994): Historisch-genetisches Lernen in den Naturwissenschaften. Weinheim: Deutscher Studienverlag

MNU (Deutscher Verein zur Förderung des mathematischen und naturwissenschaftlichen Unterrichts e.V.) (2003): Lernen und Können im naturwissenschaftlichen Unterricht. Denkanstöße und Empfehlungen zur Entwicklung von Bildungs-Standards in den naturwissenschaftlichen Fächern Biologie, Chemie und Physik (Sekundarbereich I).
http://www.mnu.de/download.php?datei=57&myaction=save (Zugriff: 14.12.2007)

Moegling, K. (1988): Fächerübergreifender Unterricht – Wege ganzheitlichen Lernens in der Schule. Bad Heilbrunn: Klinkhardt

NCES (National Center for Education Statistics) (2006): Teaching Science in Five Countries. Results From the TIMSS 1999 Video Study. Washington, DC.
http://nces.ed.gov/Pubsearch/pubsinfo.asp?pubid=2006011 (Zugriff: 4.1.2008)

North Carolina State University, o.J.: homepage: http://www.chass.ncsu.edu/ids/sts/; (Zugriff: 16.1.2008)
Popp, W. (1997): Die Spezialisierung auf Zusammenhänge als regulatives Prinzip der Didaktik. In: Duncker, L./Popp, W. (Hrsg.): Über Fachgrenzen hinaus. Chancen und Schwierigkeiten des fächerübergreifenden Lehrens und Lernens. Heinsberg: Dieck, S. 135-154
Rabenstein, K. (2007): Unterrichtsentwicklung in der gymnasialen Oberstufe durch fächerübergreifenden Unterricht, in: TriOS, H. 5, Bielefeld: Oberstufen-Kolleg, S. 5-13
Reinhold, P./Bünder, W. (2001): Stichwort: Fächerübergreifender Unterricht. In: Zeitschrift für Erziehungswissenschaft 3, S. 333-357
Rieß, F./Schulz, R. (1988): Zur Rechtfertigung des historisch-genetischen Ansatzes im naturwissenschaftlichen Unterricht. In: physica didactica 3/4 (1988), S. 32-59
Rieß, F. (2003): Kritische Naturwissenschaftsdidaktik: Inhaltsbereiche und Forschungspraxis. In: Bernhard, A./Kremer, A./Rieß, F. (Hrsg): Kritische Erziehungswissenschaft und Bildungsreform. Programmatik, Brüche, Neunsätze (Band 2), Hohengehren: Schneider, S. 265-275
Rost, J./Prenzel, M./Carstensen, C.H./Senkbeil, M./Groß, K. (2004): Naturwissenschaftliche Bildung in Deutschland. Methoden und Ergebnisse von PISA 2000. Wiesbaden: Verlag für Sozialwissenschaften
Schäfer, G. (2002): Allgemeinbildung durch Naturwissenschaften – das Konzept eines „fachübergreifenden Fachunterrichts". In: GDNÄ (Gesellschaft Deutscher Naturforscher und Ärzte): Allgemeinbildung durch Naturwissenschaften. Denkschrift der GDNÄ-Bildungskommission. Köln: Aulis, S. 9-15
Skerra, A. (2007): Historische Betrachtungen im Physikunterricht. Schriftliche Hausarbeit im Rahmen der ersten Staatsprüfung für das Lehramt an Gymnasien. Universität Potsdam
Strobl, G. (1997): Histogen - der historisch-genetische Ansatz am Oberstufen-Kolleg Bielefeld. In: A. Dally (Hrsg.): Geschichte und Theorie der Naturwissenschaften im Unterricht. Loccum: Loccumer Protokolle 53/96, S. 327-339

Gottfried Strobl

3 Naturwissenschaftliche Bildung und die Debatte um Scientific Literacy

Angesichts der Schwierigkeiten mit naturwissenschaftlicher Bildung in Deutschland kann sich ein Blick über den Zaun lohnen: Lassen sich aus den angelsächsischen Bemühungen um eine „Scientific Literacy" nützliche Gesichtspunkte für Probleme gewinnen, die bei uns diskutiert werden?

Die Zielsetzung einer „Bildung für Laien" wird ganz offensichtlich durch die angelsächsischen Debatten um Scientific Literacy unterstützt, deren Anfänge 1847 auf einen Titel „Science for All" zurückgehen (Bybee 2002, S. 23). Dort hat man weniger Scheu vor dem Ziel einer naturwissenschaftlichen Laien-Bildung: Die Mehrzahl der Bürger, die Gruppe der Nichtnaturwissenschaftler („what the general public ought to know about science" – Laugksch 2000, S. 71) wird durchwegs als zentrale Zielgruppe gesehen, dagegen kommt den fachwissenschaftlichen Strukturen für die Inhaltsbestimmung von Curricula keine annähernd so große Bedeutung zu wie hierzulande.

Immer wieder findet sich in verschiedenen Formen das Bildungsziel: Bürger und Verbraucher zu befähigen, die mit Naturwissenschaften zusammenhängenden Entscheidungen im persönlichen und öffentlichen Bereich ihres Lebens besser und sachgerechter zu treffen.

Wenn Hazen und Trefil (1991, zit. in Laugksch 2000, S. 90) Scientific Literacy definieren als „the knowledge you need to understand public issues. It is a mix of facts, vocabulary, concepts, history, and philosophy", dann wird hier schon ein gewisser Pragmatismus deutlich, der die Debatte kennzeichnet.

Begriffe wie etwa „Public Understanding of Science" in Großbritannien (Solomon 1997), aber auch Konzepte wie „Science, Technology, Society" (STS), die nach Laugksch (2000, S. 71) in etwa als begriffsgleich mit „Scientific Literacy" betrachtet werden können, markieren in den angelsächsischen Ländern Leitlinien einer Curriculumdiskussion, welche die naturwissenschaftliche Bildung einer breiten Bevölkerung zum Ziel hat. Bei aller Uneinheitlichkeit findet man in diesen Ansätzen, die zunehmend auch Programme und Studien wie TIMSS und PISA hierzulande beeinflussen (Gräber et al. 2002; Baumert et al. 2000, S. 85ff.; PISA-Konsortium 2001, S. 23), sehr oft eine konstruktivistische Grundsicht des Lernens, Schülerorientierung und den Bezug auf gesellschaftlich relevante Probleme des Umfeldes als Ausgangspunkte der Unterrichtsarbeit. Ebenso wird regelmäßig der Prozess der naturwissenschaftlichen Erkenntnisgewinnung betont, als „eine Methode zu denken, Wissen zu generieren und zu prüfen sowie Probleme zu lösen" (Prenzel et al., zit. in Kiper 2003, S. 77).

Dementsprechend, und damit ebenfalls die Intention dieses Buches stützend, legt Scientific Literacy – der Begriff soll hier zunächst als Sammelname für einschlägige Bestrebungen stehen – den Fokus der Bemühungen deutlich auf „Science", also auf das Gemeinsame der Naturwissenschaften (v. Felden 2003, S. 233f.). Während Stoffe verschiedener naturwissenschaftlicher Disziplinen „in der Bundesrepublik als Schulfächer (Biologie, Chemie, Physik) angeboten werden, erfolgt in der Scientific-Literacy-Konzeption eine besondere Zusammenbindung unter einer integrativen Perspektive" (Kiper 2003, S. 77). Angestrebt wird die Vermittlung einer naturwissenschaftlichen Weltsicht, von Methoden der naturwissenschaftlichen Erkenntnisgewinnung und der Beziehungen zwischen Wissenschaft, Technik und Gesellschaft. Das Programm „Science For All Americans" (SFAA) zeigt, wie Scientific Literacy dabei weit über die Naturwissenschaften hinausreicht, indem Technik, Mathematik und sozialwissenschaftliche Aspekte und Inhalte eingeschlossen werden.

Den Kern dieses eher „funktionalistisch orientierten Grundverständnisses von Grundbildung" (v. Felden 2003, S. 228) bildet in der Regel ein doppelter Anwendungsbezug des erworbenen Wissens: Nützlichkeit für das eigene Leben und für die Gesellschaft, wobei meist unhinterfragt davon ausgegangen wird, dass diese beiden Zielsetzungen sich decken. Im Zweifelsfalle scheint es, dass eine gesellschaftlich-ökonomische Perspektive und die gesellschaftlich verwertbaren Leistungen der Individuen den Horizont definieren (v. Felden 2003, S. 228).

Schon lange werden auch hierzulande diese angelsächsischen Entwicklungen mit Interesse verfolgt: Seit den früheren Versuchen, etwa in den Symposien des IPN, auch angelsächsische Erfahrungen für die Entwicklung integrierter naturwissenschaftlicher Curricula in Deutschland zu prüfen und aufzuschließen (vgl. Frey 1973; Frey 1974) haben Konzepte und Erfahrungen aus dem Umkreis der Scientific-Literacy-Bewegung sowohl hiesige Debatten (Dally 1997, Gräber et al. 2002) als auch Modellversuche und Programme deutlich beeinflusst, z.B. PING („Projekt Integrierte Naturwissenschaftliche Grundbildung" – vgl. Bünder/Wimber 1988), SINUS, Chemie im Kontext, Physik im Kontext. Aber erst PISA beruft sich explizit auf das Scientific-Literacy-Konzept und definiert in diesem Sinn und unter Verweis auf internationale Übereinkunft „naturwissenschaftliche Grundbildung" als „Verständnis grundlegender naturwissenschaftlicher Konzepte, die Vertrautheit mit naturwissenschaftlichen Denk- und Arbeitsweisen sowie die Fähigkeit, dieses Konzept- und Prozesswissen vor allem bei der Beurteilung von naturwissenschaftlich-technischen Sachverhalten anzuwenden" (PISA-Konsortium 2001, S. 26).

„Scientific Literacy" – was ist das?

Im Folgenden soll versucht werden, etwas genauer zu beleuchten, was unter Scientific Literacy zu verstehen ist, um anschließend die Frage zu erörtern, in wieweit davon nützliche Impulse für die Debatte hierzulande erwartet werden können.

Da die Diskussion über Scientific Literacy vielfältig und in ihrem Umfang kaum zu überblicken ist, stützen sich die folgenden Überlegungen auf Zusammenfassungen und ausgewählte in Deutschland rezipierte Arbeiten. Laugksch hat im Jahr 2000 in einer ausführlichen Literaturstudie einen systematischen Überblick erarbeitet über das, was mit Scientific Literacy an Bedeutungen und Konzepten verbunden ist. Nach seiner Darstellung, auf die hier Bezug genommen wird, (Laugksch 2000, S. 72f.) liegt der eigentliche Beginn dieser Bestrebungen in den 1950er-Jahren und ist als Versuch zu sehen, als Reaktion auf den Sputnik-Schock in der US-amerikanischen Öffentlichkeit mehr Verständnis und eine breitere Akzeptanz (einschließlich mehr öffentlicher Finanzierung) für Naturwissenschaften und Technik zu initiieren. Verbunden damit waren Bemühungen, die Kinder durch die Schule besser auf eine von Naturwissenschaft und Technologie geprägte Zukunft vorzubereiten. So ist nach Laugksch mit „Scientific Literacy" ein „slogan" entstanden, der seit 40 Jahren wirksam ist, in großer Übereinstimmung „as a good thing" angesehen wird und regelmäßig in Zeiten von Krisen und Herausforderungen für die naturwissenschaftliche Bildung als besonders wichtig empfunden wird.

In einer ersten Phase wurden vor allem praktizierbare Vorschläge und Konzepte entwickelt, während Bemühungen um eine Klärung des Begriffes zunächst noch im Hintergrund standen (Laugksch 2000, S. 72). Die Vielfalt der Bedeutungen, die sich dabei entwickelt hat, führte in einer zweiten Phase (70er- und frühe 80er-Jahre) zu zahlreichen Versuchen, diesen Begriff zu definieren und seine Bedeutungen zu systematisieren. Der war durch seine verschiedenen Interpretationen und Konnotationen schnell zu einem „umbrella concept" geworden, unter dem beinahe Alles und Jedes Platz fand: „This concept has had so many interpretations that it now means virtually everything to do with science education" (Roberts 1983, zit. in Laugksch 2000, S. 72).

Trotz dieser Versuche blieb das inzwischen weit verbreitete Konzept in gewisser Weise mehrdeutig und widersprüchlich – es bezeichnet vor allem ein wünschenswertes Ziel (analog „liberty, justice, happyness"), das aber bei genauerem Hinsehen komplex und schwer zu fassen ist. Eine Vielzahl verschiedener – meist inhärenter – Grundannahmen und Perspektiven machen den Begriff schillernd, zumal unterschiedliche Interessengruppen ihn ganz verschieden verstehen und benutzen. Laugksch nennt als solche z.B. die Communities der Naturwissenschaftserzieher, der Sozialwissenschaftler und Meinungsforscher, der Wissenschaftssoziologen sowie außerschulische und informelle Bildungsträger, und er entfaltet in seinem Artikel eine Palette spezifischer Akzentuierungen, die der Begriff in den jeweiligen Kontexten annimmt. Auf seine ausführliche Übersicht über die vielen Versuche, dieses Konzept Scientific Literacy zu definieren und begrifflich wieder brauchbar zu machen, kann hier nur verwiesen werden.

R. Bybee, dessen Name mit dem Konzept besonders eng verbunden ist, wendet sich gegen diesen Eindruck und behauptet im Gegenteil, dass Scientific Literacy „mit großer Präzision und detailliert in den 60er-, 70er-, 80er- und 90er-Jahren" „umfassend und erschöpfend" definiert wurde (2002, S. 23). Als Beleg dafür liefert er eine Tabelle mit „Beispielen von Artikeln und Positionspapieren" (2002, S. 24), welche aber in ihrer Vielfältigkeit den Eindruck eher verstärken, dass damit zumindest nicht eine Definition im üblichen Sinn vorliegt: Begriffe wie „Anerkennung der soziohistorischen Entwicklung der Naturwissenschaften", „Wesen der Naturwissenschaft", „Werte der Naturwissenschaft", „Interesse an der Naturwissenschaft" bis zu „Naturwissenschaftliches und technisches Wissen" (Bybee 2002, S. 24) können den Sachverhalt eher umschreiben und verstärken den Eindruck von Vielfalt.

So wundert es nicht, dass Shamos, ein anderer Hauptakteur der Scientific-Literacy-Debatte, im selben Sammelband den Begriff als „sinnlos" (Shamos 2002, S. 45) bezeichnet und in ihm einen Terminus sieht, der zwar einen magischen Klang hat, aber „über keinerlei anerkannte Bedeutung verfügt" und daher „als Ziel des naturwissenschaftlichen Unterrichts endlich aufgegeben werden sollte". Er kritisiert neben dem Konzept vor allem die Wege, wie dieses Ziel im konkreten Unterricht zu erreichen versucht wird. Dabei prangert er z.B. die Dominanz von Inhaltskatalogen an, welche Lernende oft daran hindert, vor lauter Bäumen den Wald zu sehen (Shamos 2002, S. 67). Aus diesem Grund schlägt er vor, die „Prozesse der Naturwissenschaften", also den Weg, „wie wir zu diesen grundlegenden Erkenntnissen kommen", ins Zentrum zu stellen, nicht die Ergebnisse selbst. Damit will er über „die Kraft des logischen Denkens in den Naturwissenschaften" das erreichen, was Dewey als „naturwissenschaftliche Geisteshaltung" bezeichnet und was nach wie vor den Kern einer naturwissenschaftlichen Bildung darstelle (Shamos 2002, S. 47).

Die Entfaltung seiner Zielsetzungen (neben vielen anderen: Anerkennung und Bewusstsein für Naturwissenschaften, Technik, Prozess der Naturwissenschaften, richtiger Einsatz naturwissenschaftlicher Experten – vgl. Shamos 2002, S. 63) führt aber zwangsläufig wieder in das Spektrum der Begriffe zurück, welche allenthalben zur Kennzeichnung von Scientific Literacy benutzt werden, was den Eindruck einer Vielfalt von Konnotationen dieses Begriffes nur erneut unterstreicht. Evans/Koballa (2002, S. 121) weisen darüber hinaus darauf hin, dass Didaktiker meist einen organisierten Wissenskanon verwenden, wenn sie erklären wollen, was Scientific Literacy ist, während das, was „tatsächlich" jeweils darunter konkret verstanden wird, sich in den Unterrichtsmethoden zeigt, die in der Praxis angewendet werden.

In einem Punkt würden sich wahrscheinlich alle Autoren treffen (Bybee und Laugksch weisen explizit darauf hin), nämlich dass der derzeit folgenreichste Ansatz, Scientific Literacy praktisch zu fassen, durch die AAAS (American Association for the Advancement of Science) geleistet wurde: (Laugksch 2000, S. 78f.; Bybee 2002, S. 23). In dem von ihr 1989 initiierten großen Projekt „Science for All Americans" (SFAA) wird Scientific Literacy mit der doppelten Nützlichkeit der Naturwissenschaften – für ein erfülltes persönliches Leben und für die nationale Wohlfahrt – begründet. Im Vordergrund stehen die wissenschaftliche Sicht auf die Welt, Methoden der Erkenntnisgewinnung in den Naturwissenschaften, die Natur des Unternehmens Naturwissenschaften, die Verbindung von Naturwissenschaft, Technik und Mathematik, aber auch die Verbindung mit der Gesellschaft und ihrer Geschichte (Laugksch 2000, S. 79). Die angestrebte interdisziplinäre Wissensbasis wird strukturiert durch übergreifende Konzepte wie System, Modell, Stabilität, Muster der Veränderung, Evolution, Maßstäbe.

Auch in den darin angestrebten Werten, Einstellungen und „skills", welche „scientific literate" Personen aufweisen und die ihnen einen adäquaten Umgang mit Problemen ermöglichen sollen, manifestiert sich ein relativ breites Grundverständnis von Scientific Literacy. Neben Grundüberzeugungen von der Bedeutung der Naturwissenschaften spielen unter anderem eine eben so wichtige Rolle „computer skills, manipulative and observation skills, communication skills and critical-response skills" (Laugksch 2000, S. 80).

Als Weg, das Konzept „Scientific Literacy" zu definieren, finden sich also häufig konkrete inhaltliche Füllungen, verbunden mit einer Strukturierung des Bereiches, wobei nach Laugksch horizontale Gliederungen und vertikale Stufungen sich ergänzen.

Konkretisierung statt Definition

Die „Benchmarks for Science Literacy" (AAAS 1993; Laugksch 2000, S. 78) bauen konzeptionell auf dem Programm „Science for All Americans" auf und definieren darüber hinaus Fähigkeitsniveaus für Scientific Literacy. So finden sich im neuen „Projekt 2061", das sich als „Initiative mit langem Atem" (bildlich mit den langen Umlaufzeiten des Halley'schen Kometen assoziiert und begründet) ausdrücklich auf die Scientific-Literacy-Arbeiten aus den 80er-Jahren bezieht, ins Einzelne gehende Aussagen darüber, was Kinder und Jugendliche vom Kindergarten bis zum 12. Schuljahr, nach „grades" gestaffelt, über insgesamt zwölf Themenfelder wissen sollen.

Diese Bereiche (AAAS 1993) werden nachfolgend etwas ausführlicher in Originalzitaten vorgestellt, weil es sich lohnt, eine solche Möglichkeit zur Strukturierung des relevanten naturwissenschaftlichen Laienwissens zur Kenntnis zu nehmen und sie z.B. mit deutschen Lehrplänen zu vergleichen:

1. The Nature of Science
2. The Nature of Mathematics
3. The Nature of Technology
4. The Physical Setting
5. The Living Environment
6. The Human Organism
7. Human Society
8. The Designed World
9. The Mathematical World
10. Historical Perspectives
11. Common Themes
12. Habits of Mind

Jeder dieser Bereiche wird dann noch weiter untergliedert, wie am Beispiel des ersten gezeigt werden soll: „The Nature of Science" besteht aus folgenden Unterbereichen:

A. The Scientific World View
B. Scientific Inquiry
C. The Scientific Enterprise

Für diese werden dann zusammen mit einem orientierenden Basistext die jeweils angestrebten Wissensinhalte aufgeführt, und zwar jeweils gestaffelt nach „grades", also Schuljahren (Kindergarten bis 2. Schuljahr, 3.-5., 6.-8. und 9.-12. Schuljahr):

So sollen Kinder am Ende des 2. Schuljahres Folgendes wissen:
- „When a science investigation is done the way it was done before, we expect to get a very similar result.
- Science investigations generally work the same way in different places."

Am Ende des 5. Schuljahres sollten dann die Schüler wissen:
- „When similar investigations give different results, the scientific challenge is to judge whether the differences are trivial or significant, and it often takes further studies to decide. Even with similar results, scientists may wait until an investigation has been repeated many times before accepting the results as correct.
- Scientific knowledge is subject to modification as new information challenges prevailing theories and as a new theory leads to looking at old observations in a new way.
- Some scientific knowledge is very old and yet is still applicable today.
- Some matters cannot be examined usefully in a scientific way. Among them are matters that by their nature cannot be tested objectively and those that are essentially matters of morality. Science can sometimes be used to inform ethical decisions by identifying the likely consequences of particular actions but cannot be used to establish that some action is either moral or immoral."

Und für das Ende des 12. Schuljahres verlangen die benchmarks als Wissen:
- „Scientists assume that the universe is a vast single system in which the basic rules are the same everywhere. The rules may range from very simple to extremely complex, but scientists operate on the belief that the rules can be discovered by careful, systematic study.
- From time to time, major shifts occur in the scientific view of how the world works. More often, however, the changes that take place in the body of scientific knowledge are small modifications of prior knowledge. Change and continuity are persistent features of science.
- No matter how well one theory fits observations, a new theory might fit them just as well or better, or might fit a wider range of observations. In science, the testing, revising, and occasional discarding of theories, new and old, never ends. This ongoing process leads to an increasingly better understanding of how things work in the world but not to absolute truth. Evidence for the value of this approach is given by the improving ability of scientists to offer reliable explanations and make accurate predictions."

Aufbauend auf dieser Struktur findet seit 1995 die Entwicklung entsprechender Standards („National Science Education Standards") statt (NSTA 1996; Laugksch 2000, S. 79). Diese langfristig zu realisierende „Vision" (Bybee 2002, S. 41) besteht in einem anspruchsvollen Programm, das Entwicklungen in unterschiedlichen funktionellen Bereichen des Bildungssystems systemisch miteinander verknüpft und fördert, etwa Unterrichtspraxis, Curriculum-Materialien, Evaluationsstrategien und Lehrerbildung. Folgende Bereiche werden in diese Arbeit (NSTA 1996) einbezogen:
- „Standards for science teaching (Chapter 3)
- Standards for professional development for teachers of science (Chapter 4)
- Standards for assessment in science education (Chapter 5)
- Standards for science content (Chapter 6)
- Standards for science education programs (Chapter 7)
- Standards for science education systems (Chapter 8)".

Innerhalb der Science Teaching Standards finden sich dann z.B. folgende Unterbereiche, für welche anschließend Anforderungen beschrieben werden:
- „The planning of inquiry-based science programs
- The actions taken to guide and facilitate student learning
- The assessments made of teaching and student learning
- The development of environments that enable students to learn science
- The creation of communities of science learners
- The planning and development of the school science program".

Eine andere, als Referenz sehr bedeutsam gewordene, Art und Weise, Scientific Literacy durch Strukturierung des Begriffsfeldes zu definieren, stellt Bybees Stufenkonzept dar, das unterschiedliche Ausprägungen und Vertiefungsgrade des Verständnisses und der Fähigkeiten beschreibt. Die vier „Dimensionen" bzw. „verschiedenen Niveaus" von Scientific Literacy (beide Begriffe finden sich nebeneinander) lauten danach:
I) Nominale (Begriffe, Vorstellungen und Erklärungen)
II) Funktionale (Verwenden, Definieren)
III) Konzeptionell-Prozedurale (Verstehen von Konzepten und Beziehungen) und
IV) Multidimensionale (Verstehen von Besonderheiten, Unterschieden und Kontexten der Naturwissenschaften) Scientific Literacy.

Genauere Beschreibungen dessen, was unter diesen Dimensionen zu verstehen ist, finden sich bei Bybee (2002, S. 25ff.), der abschließend „eine angemessene Balance zwischen funktionalen, konzeptionellen und multidimensionalen Aspekten dieser machtvollen Idee" (2002, S. 30) fordert, womit deutlich wird, dass mit diesen Begriffen Aspekte, also notwendige und zusammen gehörende Dimensionen von Scientific Literacy gemeint sind, nicht aber linear aufeinanderfolgende Stufen in dem Sinn, dass die unteren überwunden werden müssten, um die schwierigeren oberen zu erreichen.

Scientific Literacy in PISA – ein bezeichnendes Adaptationsproblem?

An dieser Stelle – und vor Überlegungen zu einem möglichen Nutzen, den dieses Konzept für deutsche Debatten bringen könnte – soll ein interessanter und für die deutsche Situation durchaus signifikanter Punkt erörtert werden, auf den Kattmann (2003) hingewiesen hat: Der Ansatz der PISA-Studie bezieht sich explizit auf Scientific-Literacy. Die der Studie zugrunde gelegten Kompetenzstufen orientieren sich dabei am Stufenmodell von Bybee (Prenzel et al. 2001, S. 204), diese werden jedoch umorganisiert und angepasst.

Kattmann zeigt nun, dass bei der vorgenommenen Umorganisation die fünf Stufen, mit denen PISA arbeitet, nur aus den ersten drei Stufen von Bybee gebildet wurden. Nicht nur für Kattmann ist höchst fragwürdig, dass Bybees Stufe IV dabei völlig wegfällt.

Zwar mag die Begründung, dass für 15-jährige diese Stufe noch nicht erwartet werden könne, im ersten Moment einleuchten, dennoch bleiben Zweifel – vor allem, wenn man an die Folgen denkt: Durch Nichtberücksichtigung dieser Stufe, die – wie oben gesehen – für Bybee eine unverzichtbare Dimension darstellt, entsteht eine bezeichnende Schieflage für das Gesamtbild: „Möglicherweise könnte diese (weggefallene) Stufe Fähigkeiten im Umgang mit naturwissenschaftlichen Konzepten und deren Anwendung aufdecken, die durch den Verzicht nicht erfasst werden. Es könnten sich insbesondere Bezüge zur nominellen Kompetenzstufe und der Frage nach der Bedeutung von Alltagsvorstellungen ergeben" (Kattmann 2003, S. 120). Kattmann kritisiert weiter, dass in PISA Alltagsvorstellungen („naturwissenschaftliches Alltagswissen") sowohl in Kompetenzstufe I und II lediglich als unzureichende Vorstufen naturwissenschaftlicher Konzepte aufgefasst werden statt als lebensweltlich gebildete Alternativen zu wissenschaftlichen Vorstellungen. Damit wird das spannungsvolle und produktive Verhältnis zwischen lebensweltlichen und wissenschaftlichen Kompetenzen, ein Feld von Brüchen, Bezügen und Korrespondenzen, deren Erkennen für bedeutungsvolles Lernen eine ganz wesentliche Grundlage darstellt, einfach übergangen.

Es wurde also genau diejenige Kompetenzstufe ausgeblendet, die in Bybees Konzept die Beziehung wissenschaftliches – lebensweltliches Wissen und fachübergreifendes Denken besonders fordert und begründet. Genau diese multidimensionale Kompetenzstufe fällt weg, welche über fachliche Kompetenzen hinausweist und Fächer übergreifende Ziele und umfassendere Kontexte in den Horizont einer naturwissenschaftlichen Bildung stellt – mit Folgen: Denn da nun diese Stufe schon in der Studie selbst fehlt, besteht die Gefahr, dass auch die Debatte um Folgerungen, die sich auf die Ergebnisse der Pisa-Studie beziehen, diese wichtige Zieldimension naturwissenschaftlicher Bildung aus dem Auge verliert. Das könnte umso leichter passieren, als diese Stufe mit fachübergreifenden Konzepten besonders eng verbunden ist, die in Deutschland ohnehin unterentwickelt sind.

Dabei wäre genau hier anzusetzen, liegt doch nach Kattmann die fachdidaktische Herausforderung darin, endlich eine umfassendere Strategie zu finden als nur die Problemorientierung und die Anwendungsorientierung des naturwissenschaftlichen Unterrichts zu stärken:

Es geht – gerade hier scheint das Ziel der Laienbildung durch – um „eine grundlegende Neubestimmung von Wissenschafts- und Lebenswelt:
- Ansätze, die Wissenschaft nicht von innen zu betrachten, sondern von außen, wären zu befördern (konzeptuelle und prozedurale Kompetenzstufe)
- Der Anschluss des wissenschaftlichen Wissens an lebensweltliche Vorstellungen und Erfahrungen wäre gründlich herzustellen (multidimensionale Kompetenzstufe)" (Kattmann 2003, S. 122).

Die Gefahr besteht, dass der Blick auf PISA und die Folgen wieder in eine schmale, simplifizierende Spur gerät. Wieder rückt eine Vorstellung von Lernen in den Vordergrund, die Komplexität nur unter der Perspektive von (zu) „schwierig" sehen kann anstatt als Chance für Lernende, aus umfassenderen Kontexten heraus eigene, vielleicht sogar bessere Zugänge zu Naturwissenschaften zu entwickeln.

Kattmann ist in seiner Kritik an simplifizierender didaktischer Reduktion zuzustimmen: „Bedeutungsvolles Lernen braucht Komplexität" und weiter: „Bedeutungsvolles Lernen ist von Anfang an komplex (wenn auch die kognitiven Fähigkeiten zunehmen). Lebensweltliche Vorstellungen sind nicht einfacher als wissenschaftliche, sie setzen nur andere Theorien und damit andere Beziehungen. Der Irrtum, vorrangig didaktisch vereinfachen zu wollen, besteht darin, Komplexität auf Kosten des Verstehens von Zusammenhängen und der lebensweltlichen Bedeutung zu beseitigen [...] Mit der Forderung nach Komplexität trifft sich das bedeutungsvolle Lernen weitestgehend mit dem bekannten ‚exemplarischen Prinzip' (Wagenschein)". Er fährt fort: „Durch die didaktische Reduktion gerät das Problem aus dem Blick" (Kattmann 2003, S. 125).

Damit bringt Kattman auch einen weiteren interessanten Gesichtspunkt ins Spiel: Nach Kiper (2003, S. 73) dürfte die konzeptionelle Orientierung an Scientific Literacy die Kritik an reformpädagogischem Denken verstärken. Bestimmte Momente des Konzeptes, wie etwa Standardorientierung und funktionales Grundverständnis, aber auch Orientierung an den Bedürfnissen des Arbeitsmarktes, machen diesen Gedanken nachvollziehbar, auch wenn damit Differenzen keineswegs nur zu reformpädagogischen Ansätzen beschrieben werden.

Andererseits gibt es aber im Konzept von Scientific Literacy mindestens ebenso viele Perspektiven, welche geradezu nach einer konsequenteren Orientierung an reformpädagogischen Ansätzen verlangen: Verarbeitung statt Reproduktion des Wissens, Problem- und Lernerorientierung, fächerübergreifendes Vorgehen, Orientierung an Lebenswelt, Entwicklung von Verständnis und Anerkennung von Komplexität. So weist auch Kattmann darauf hin, dass sich viele Forderungen von Scientific Literacy am ehesten mit den „Grundsätzen für eine reformpädagogische Umgestaltung des naturwissenschaftlichen Unterrichts" des niedersächsischen Kultusministeriums von 1995 treffen (Kattmann 2003, S. 116).

Nutzen für die Debatte um naturwissenschaftliche Bildung

Um den möglichen Verwendungsnutzen von Bestrebungen im Umfeld von „Scientific Literacy" für die Situation hierzulande umfassender einschätzen zu können, sollen zunächst einige Charakteristiken dieses Begriffs noch einmal kurz zusammengefasst werden. Gegenüber dem hierzulande vorherrschenden Verständnis von naturwissenschaftlicher Bildung betont „Scientific Literacy" tendenziell:

- Orientierung an dem, was Menschen benötigen, um in ihrem Alltag zurecht zu kommen und in der Gesellschaft bestehen zu können
- Orientierung an dem, was ein hochindustrialisiertes Beschäftigungssystem als Grundaustattung jeder Arbeitskraft verlangt (v. Felden 2003, S. 230)
- Kompetenzen als basale Kulturwerkzeuge und Versuche zu deren Beschreibung
- differenziertes Kompetenzverständnis statt multidimensional ausdifferenzierter Bildungsbegriff
- Verarbeitung statt Reproduktion des Wissens
- Funktionales, an Nutzen orientiertes Verständnis von Bildung im Sinn einer Anwendung gelernten Wissens (v. Felden 2003, S. 239)
- ein Lernen mehr „über" als „von" Naturwissenschaften
- eine domänenspezifische und fachübergreifende statt einer fachspezifisch segmentierten Rahmenkonzeption
- ein Ziel, die Lebenswelt naturwissenschaftlich zu verstehen anstatt die Welt der Naturwissenschaft zu verstehen
- Schülerorientierung statt verengte Wissenschaftsorientierung
- Pragmatik statt Programmatik

Nicht alle diese Merkmale sind von vornherein überzeugender, aber viele von ihnen könnten in manche deutschen Bemühungen hilfreiche Fragen und Impulse bringen, vor allem, wenn man an die problematischen Befunde und an die erhebliche Kritik denkt, die von zahlreichen Seiten seit langem an der hiesigen Situation geübt wird (stellvertretend für viele: Rieß 1997; BLK 1997). „Die durch Richtlinien kanonisierten Teilgebiete stehen mit der Addition von isoliertem Detailwissen an der Stelle systematischer Einsichten in Zusammenhänge und übergreifende Theorien. Lernen verkümmert zum Erwerb der jeweils unmittelbar nach dem erfolgreichen Abschluss einer Klausur absterbenden Spezialkenntnisse" (Kattmann 2003, S.123).

Allerdings könnte, auch wenn man dies wollte, mit „Scientific Literacy" nicht einfach ein definiertes fertiges Konzept übernommen werden. Unter dem „Regenschirm" dieses Etiketts finden sich weiterhin sehr unterschiedliche Perspektiven und Interpretationen und trotz intensiver Bemühungen erscheint „Scientific Literacy" weiterhin eher als eine Aufgabe, ein Diskussionsfeld und gleichzeitig als eine Landkarte zur Orientierung in dieser Diskussion (Bybee 2002, S. 41).

Auch dabei können aus derselben Ausgangsfrage, nach der Einbindung von Scientific Literacy in den Horizont der allgemeinen Kultur, deutlich unterschiedliche Antworten und Schlussfolgerungen entstehen:

"The Dictionary of Cultural Literacy" (Hirsch/Kett/Trefil 1992) versucht auf einem empirischen Weg, über die Auswertung von großen Zeitungen, diejenigen Sachverhalte in Form einer umfassenden und jeweils mit Erläuterungen versehenen Aufzählung zu bestimmen, die ein gebildeter US-Bürger wissen sollte, um als „cultural literate" zu gelten. Die Auswahl dieser kulturell relevanten Wissensbestände („shared knowledge"), für die als ein Kriterium eine wenigstens 15 Jahre andauernde Wichtigkeit gewählt wird, gestaltet sich interessanterweise nach Bekunden der Autoren gerade im Themenfeld der Naturwissenschaften, das als solches selbstredend in die cultural literacy einbezogen wird, durchaus schwierig, denn: „The gap between the essential basic knowledge of science and what the general reader can be expected to know has become too large" (Hirsch/Kett/Trefil 1992, S. X).

Diesem diskutierbaren, aber interessanten und eindrucksvollen Versuch gegenüber, der konsequenterweise auf fortlaufende Aktualisierung angewiesen ist und daher in online-Form weitergeführt wird (http://www.bartleby.com/59/), nimmt sich die Zuspitzung dieser Inhaltsbestimmung einer Scientific Literacy in der Form, wie sie den regelmäßigen telefonischen Umfragen in der Bevölkerung zugrunde gelegt wird (Roper Center o.J.), doch eher irritierend aus.

Ebenfalls dem Horizont der allgemeinen Kultur verpflichtet ziehen andere Autoren wie etwa Matthews „philosophischere" Schlussfolgerungen, welche über rein inhaltliche Bestimmungen hinausweisen, wie ein Zitat gut erläutern kann: „A measure of scientific literacy is a measure of cultural awareness. The traditional science curriculum leaves students foreigners in their own culture. A problem bringing about the essential reform of science teaching is that here are too many scientists who are scientifically illiterate and too few philosophers, sociologists and historians of science and technology who are interested in precollege science education." (Hurd 1984, p. 136, zit. in Matthews 1997, S. 53)

Auch diese Offenheit und Lebendigkeit könnte – neben anderen Kontroversen und Positionen und wie die Orientierungen an Laienbildung, Alltag und Kultur – den Horizont der hiesigen Debatten durchaus erweitern und bereichern.

Der hier von PISA mit seinem Bezug auf den zunehmend universeller werdenden Literacy-Ansatz gesetzte Anfang verlangt nun nach weiterer Bearbeitung und tiefer gehender Auseinandersetzung – darauf weist auch Benner (2002) mit seiner Forderung nach einer überzeugenderen bildungstheoretischen Fundierung von PISA hin. Die Aufgabe bestünde darin, Unterschiede und Beziehungen zwischen den hier üblichen und den angelsächsischen Herangehensweisen und deren Implikationen theoretisch zu klären und für die Arbeit an didaktischen und unterrichtlichen Konzepten fruchtbar und untersuchbar zu machen.

Gerade in gründlicher Auseinandersetzung und im Vergleichen mit Positionen aus der Literacy-Debatte könnten wesentliche Dimensionen des eigenen Verständnisses von naturwissenschaftlicher Bildung bewusster herausgearbeitet und in ihrer Bedeutung überprüft, gegebenenfalls neu bewertet oder nachdenklich bestätigt werden: Wie wichtig sind uns Reflexionsfähigkeit und Eröffnung vielfältiger Horizonte von Weltorientierung, die Entwicklung der Persönlichkeit und ihres gesellschaftlichen Verantwortungsbewusstseins, die Kultivierung von Lernfähigkeit und all die anderen Elemente, welche die Konnotation des Begriffes „Bildung" für uns transportiert? Muss nicht andererseits die – in Literacy-Ansätzen meist stillschweigend vorausgesetzte – Vorstellung einer Übereinstimmung von individuellem und volkswirtschaftlichem Wohlergehen kritisch hinterfragt, die affirmative Zustimmung zu Naturwissenschaften als Ziel abgelehnt werden?

Wenn dann aber das, was beim Vergleichen standhält, geklärt ist, kommt die entscheidende Aufgabe: Wie kann man für die konkrete Umsetzung dieser geprüften Ziele sorgen? Mit verbaler Programmatik und der Rhetorik von Präambeln kann nicht abgegolten oder von dem abgelenkt werden, was in der konkreten Umsetzung unterbleibt.

Die Anstrengung dieses bewussten Vergleichens und Auseinandersetzens scheint übrigens auch aus dem Grund dringend geboten, weil die Wirkung der internationalen Schulleistungstests den Druck in Richtung einer größeren Einheitlichkeit der Bildungskultur der Weltgesellschaft, tendenziell „in Richtung eines Weltcurriculums" verstärken wird (Kiper 2003, S. 76).

Es wäre gut, wenn diese Diskussion offen und in beide Richtungen geführt würde und wenn dabei wichtige historische Positionen berücksichtigt würden, wie das auch Shamos (2002) mit seiner Rückbesinnung auf Dewey fordert.

Dabei ließe sich etwa entdecken, dass schon 1958 der Tutzinger Maturitätskatalog, der von Wilhelm Flitner inspiriert wurde, (zit. bei Tenorth 2002, S. 14), als die vier zentralen „Initiationen" und Kern des Bildungsanspruchs für die Oberstufe als Ziele formulierte: „elementares Verstehen [...], Problembewusstsein, [...] Begreifen der Problemlage" und – bezogen auf die Naturwissenschaften – ein „Verständnis für die Verfahren und Grenzen der exakt-naturwissenschaftlichen Forschung und ihrer Bedeutung".

Hartmut von Hentig (1980, S. 108f.) sagt zu Bildung: „ ‚Bildung' ist eine Geistesverfassung, Ergebnis eines nachdenklichen Umgangs mit den Prinzipien und Phänomenen der eigenen Kultur. Eine allgemeine Bildung ist sie in dem Maß, in dem sie der Verständigung unter den Menschen über ihre Welt dient". In der Betonung des zentralen Ziels, einer Verständigung in der eigenen Kultur und Polis, zeigt sich etwas, was manchen Konzeptionen einer Scientific Literacy nahe kommen kann – und andere Implikationen dieses Begriffs doch wieder auch radikal in Frage stellen würde.

In ähnlicher Weise könnten Fragen sowohl an Literacy- als auch an Bildungskonzepte aus einer Figur entstehen, die sich in einer Definition von Bildung bei Friedrich Paulsen von 1921 (zit. in v. Felden 2003, S. 238) findet und die fast wie ein gemeinsamer Vorfahre sowohl von Literacy- als auch Bildungskonzepten wirken könnte:

„Bildung besteht nicht im Besitz bestimmter Kenntnisse, Kenntnisse sind bloß Material für die Bildung des Geistes wie Nährstoffe für den Leib, sondern in der Aneignung und Verwertung von Kenntnissen zur Ausgestaltung des inneren Menschen und zur wirksamen Betätigung in der geistigen und natürlichen Lebensumgebung. Nicht, was man weiß, sondern was man mit seinem Wissen anzufangen weiß, ist entscheidend für Bildung und Persönlichkeit.

Diese Fähigkeit, das Wissen als werbendes Kapital zu verwenden, es als Kraft zur Lösung von Aufgaben, theoretischen und praktischen, zu gebrauchen, wird nur durch freie, lebendige Betätigung der intellektuellen Kräfte am Stoff gewonnen. An welchem Stoff diese Betätigung stattfindet, ob an Sprachen und Literatur oder an der Natur und der Mathematik, darauf kommt es nicht so sehr an: Jede lebendige, aus dem Interesse an der Sache kommende und daher den ganzen Menschen erfassende Betätigung geistiger Kräfte wirkt bildend auf sein ganzes Wesen. Und umgekehrt: Ohne die spontane, aus eigener Teilnahme an der Sache fließende Arbeit ist jeder Besitz von Kenntnissen tote Last; das Edelste wird gemein, wenn es als bloßes Examenswissen eingedrillt und mitgeschleppt wird. Nur ein grober didaktischer Materialismus kann dies verkennen, kann den Wert der persönlichen Bildung des einzelnen nach dem Wert oder nach seiner Schätzung des Wertes der Bildungsstoffe bestimmen."

Literatur

AAAS (American Association for the Advancement of Science) (1993):
  http://www.project2061.org/default.htm (Zugriff 16.1.2008) und (benchmarks online):
  http://www.project2061.org/publications/bsl/online/bolintro.htm (Zugriff 16.1.2008)
Baumert, J./Bos, W./Lehmann, R. (Hrsg.) (2000): TIMSS/III. Dritte Internationale Mathematik- und Naturwissenschaftsstudie. Band 1. Opladen: Leske + Budrich
Behrendt, H. (2000): STS – Alternative zum Physikunterricht? In: Plus Lucis 3, S. 26-28
Benner, D. (2002): Die Struktur der Allgemeinbildung im Kencurriculum moderner Bildungssysteme. Ein Vorschlag zur bildungstheoretischen Rahmung von PISA. In: Zeitschrift für Pädagogik 48, S. 68-90
Bünder, W./Wimber, F. (1988): BLK-Modellversuch: Praxis integrierter naturwissenschaftlicher Grundbildung. Abschlussbericht. Kiel: IPN
BLK (Bund-Länder-Kommission für Bildungsplanung und Forschungsförderung) (1997): Gutachten zur Vorbereitung des Programms „Steigerung der Effizienz des mathematisch-naturwissenschaftlichen Unterrichts". Heft 60. Bonn
Bybee, R.W. (2002): Scientific Literacy - Mythos oder Realität. In: Gräber, W./Nentwig, P./Koballa, T.K./Evans, R.H. (Hrsg.): Scientific Literacy. Opladen: Leske + Budrich, S. 21–43
Dally, A. (1997): Geschichte und Theorie der Naturwissenschaften im Unterricht – ein Weg zur naturwissenschaftlich-technischen Alphabetisierung? Loccum: Loccumer Protokolle 53/96
Evans, R.H./Koballa, T.K. (2002): Umsetzung der Theorie in die Praxis. In: Gräber, W./Nentwig, P./Koballa, T.K./Evans, R.H. (Hrsg.): Scientific Literacy. Opladen: Leske + Budrich, S. 121-133
Felden, H.v. (2003): Literacy oder Bildung? Der Literacy-Ansatz der PISA-Studie in bildungstheoretischer Perspektive. In: Moschner, B. et al. (Hrsg.): PISA 2000 als Herausforderung; Baltmannsweiler: Schneider Hohengehren, S. 225-240
Gräber, W./Nentwig, P./Koballa, T.K/Evans, R.H. (Hrsg.) (2002): Scientific Literacy. Der Beitrag der Naturwissenschaften zur Allgemeinen Bildung. Opladen: Leske + Budrich
Hentig, H.v. (1980): Die Krise des Abiturs und eine Alternative. Stuttgart: Klett

Hirsch, E.D.jr./Kett, J.F./Trefil, J. (1993): The Dictionary of Cultural Literacy. Boston: Houghton Mifflin; aktualisiert: The New Dictionary of Cultural Literacy: http://www.bartleby.com/59/ (Zugriff 14.12.2007)

Kattmann, U. (2003): Vom Blatt zum Planeten – Scientific Literacy und kumulatives Lernen im Biologieunterricht und darüber hinaus. In: Moschner, B./Kiper, H./Kattmann, U. (Hrsg.): PISA 2000 als Herausforderung. Perspektiven für Lehren und Lernen. Baltmannsweiler: Schneider Hohengehren, S. 115-137

Kiper, H. (2003): Literacy versus Curriculum? In: Moschner, B./Kiper, H./Kattmann, U. (Hrsg.): PISA 2000 als Herausforderung. Perspektiven für Lehren und Lernen. Baltmannsweiler: Schneider Hohengehren, S. 65–86

Laugksch, R. (2000): Scientific Literacy: A Conceptual Overview. In: Science Education 84, S. 1-94

Matthews, M.R. (1997): Science Literacy, Science Teaching, and the Role of History and Philosophy of Science. In: Dally, A.: Geschichte und Theorie der Naturwissenschaften im Unterricht – Ein Weg zur naturwissenschaftlich-technischen Alphabetisierung? Loccum: Loccumer Protokolle 53/96, S. 47-69

Moschner, B./Kiper, H./Kattmann, U: (Hrsg.) (2003): PISA 2000 als Herausforderung. Perspektiven für Lehren und Lernen. Baltmannsweiler: Schneider Hohengehren

NSTA (National Science Teachers Association) (1996): National Science Education Standards (NSES): http://www.nap.edu/readingroom/books/nses/html/overview.html (Zugriff 6.8.2007) und: http://www.nsta.org/publications/nses.aspx (Zugriff 16.1.2008)

PISA-Konsortium (Hrsg.) (2001): PISA 2000. Basiskompetenzen von Schülerinnen und Schülern im internationalen Vergleich. Opladen: Leske + Budrich

Prenzel, M. et al. (2001): Naturwissenschaftliche Grundbildung: Testkonzeptionen und Ergebnisse. In: PISA-Konsortium (Hrsg.): PISA 2000. Basiskompetenzen von Schülerinnen und Schülern im internationalen Vergleich. Opladen: Leske + Budrich, S. 191–248

Rieß, F. (1997): Defizite des naturwissenschaftlichen Unterrichts in Deutschland. In: Dally, A.: Geschichte und Theorie der Naturwissenschaften im Unterricht – Ein Weg zur naturwissenschaftlich-technischen Alphabetisierung? Loccum: Loccumer Protokolle 53/96, S. 14–32

Roberts, D.A. (1983): Scientific Literacy. Towards a balance for setting goals for school science programs. Ottawa, ON. Canada: Minister of Supply and Services

Roper Center Public Opinion Archives (o.J.):
http://www.ropercenter.uconn.edu/data_access/data/datasets/nsf.html (Zugriff 17.1.2008)

Shamos, M.H. (2002): Durch Prozesse ein Bewußtsein für die Naturwissenschaften entwickeln. In: Gräber, W./Nentwig, P./Koballa, T.K./Evans, R.H. (Hrsg.): Scientific Literacy. Opladen: Leske + Budrich, S. 45-68

Solomon, J. (1997): Scientific Culture, Science Education and Teaching the History of Science. In: Dally, A.: Geschichte und Theorie der Naturwissenschaften im Unterricht – Ein Weg zur naturwissenschaftlich-technischen Alphabetisierung? Loccum: Loccumer Protokolle 53/96, S. 99-105

Tenorth, H.-E. (2004): Kerncurricula – Bildungsstandards – Kanonisierung. In: Tenorth, H.-E. (Hrsg.): Kerncurriculum Oberstufe II. Weinheim: Beltz, S. 11-20

Karl Peter Ohly

4 Naturwissenschaftliche Bildung und die Debatte um Kompetenzen

Der folgende Abschnitt beschäftigt sich mit der Beziehung zwischen naturwissenschaftlicher Bildung und Kompetenzen, weil es schwer zu umgehen ist, sich mit einem Begriff auseinander zu setzen, der in der Fachwelt und der Bildungspolitik der letzten Jahre eine zunehmend wichtige Rolle gespielt hat und weiter spielt. Kompetenzen sind zu einem zentralen bildungspolitischen Begriff geworden und nicht zu Unrecht wird von einer „Kompetenzkonjunktur" (Gnahs 2007) gesprochen.

Unsere Beschäftigung mit dem Kompetenzbegriff war zunächst getragen von der Hoffnung, dass die Konstruktion und die Darstellung von Curricula für eine naturwissenschaftliche Bildung, die sich, wie oben ausgeführt, am Laien und seiner Teilhabe am gesellschaftlichen Diskurs orientiert, mit Hilfe von Kompetenzen bewältigen lasse. Mag diese Hoffnung in Nachhinein auch naiv erscheinen, wegen der relativen Nähe von Kompetenzformulierungen zu dem, was lange Zeit Lernziel hieß und uns durchaus vertraut war, der Versuch einer solchen Unternehmung schien jedoch zu lohnen, zumal der Tatbestand, dass in einem solchen Versuch Fähigkeiten, Problemlösen und Anwendungsaspekte an die Stelle von Stoffkatalogen treten sollten, unseren Absichten entgegenkam. Sollte es möglich sein, eine einheitliche Liste der Kompetenzen, über die ein naturwissenschaftlich gebildeter Laien verfügen muss, zusammen zu stellen, so wäre man in der Konstruktion der Curricula einen großen Schritt weiter gekommen.

Die Rolle von Kompetenzmodellen besteht nach Klieme et al. (2003) darin, zwischen abstrakten Bildungszielen und konkreten Aufgabensammlungen zu vermitteln. Ihr Wert liegt in der Operationalisierung des Bildungserfolgs. Im Anschluss an Weinert, dessen Kompetenzdefinition allgemein akzeptiert scheint, beschreiben Klieme et al. (2003) Kompetenz als Disposition, „die Personen befähigt, bestimmte Arten von Problemen erfolgreich zu lösen, also konkrete Anforderungssituationen eines bestimmten Typs zu bewältigen". In diesem Sinne markiert der Begriff einen begrüßenswerten Wandel in der Perspektive auf Unterricht: „Vom Wissen zum Können". Im Anschluss an den Slogan vom lebenslangen Lernen hat eine Verschiebung bezüglich des schulischen Unterrichts stattgefunden, bei dem Lern- und Erkenntnismethoden einerseits und fachlichem wie überfachlichem Orientierungswissen andererseits eine größere Bedeutung zugemessen wird als der Ansammlung von abfragbarem nur fachintern legitimiertem Detailwissen. In diesem Zusammenhang ist auch die Debatte um träges Wissen und eine damit verbundene stärkere Gewichtung der Anwendung von Gelerntem zu sehen.

Eng verbunden mit der Entwicklung von Kompetenzmodellen ist die Vorstellung, dass Lernen und Ausbildung der Vorbereitung professionellen Handelns dient (Wildt 2006). Wildt beschreibt dabei Kompetenz als situationsangemessenes Handeln, das zusammen mit der „Verantwortung gegenüber dem Klienten auf der einen und der Gesellschaft auf der anderen Seite" Professionalität ausmacht. Ein Mitglied unserer Arbeitsgruppe (siehe Kupsch in diesem Band S. 263 f.) besteht sogar darauf, dass es nur in Zusammenhang mit der Sicherung von Professionalität Sinn mache, von Kompetenz – dann gemeint nicht nur als Fähigkeit, sondern auch als Zuständigkeit – zu reden. Einer solchen Einengung des Begriffs sind wir mehrheitlich nicht gefolgt; der Kompetenzbegriff wäre dann nur auf Experten anwendbar und hätte in der Bildung von Laien nichts zu suchen. Die Betonung von Können und Fähigkeiten unter einer über die schulische Situation hinausweisenden Handlungsperspektive schien uns im Zusammenhang mit den vorne beschriebenen Zielen naturwissenschaftlicher Bildung auch und gerade für Laien zu attraktiv, um darauf zu verzichten.

Die Beschäftigung mit dem Kompetenzbegriff kann angesichts der Fülle von Literatur, die zu diesem Gegenstand in den letzten Jahren erschienen ist, und der Vielzahl laufender Arbeiten zu dem Thema, nur lückenhaft sein. Wir werden einige zum Teil kritische Gedanken wiedergeben, die uns in der Arbeit auch und besonders an den Kurskonzepten bewusst geworden sind.

Probleme bei der Bestimmung naturwissenschaftlicher Bildung über Kompetenzen

Welche Probleme tauchen bei der Beschäftigung mit Kompetenzen auf, wenn man versucht, sie für die Bestimmung naturwissenschaftlicher Bildung zu nutzen?

Zunächst haben die Beschreibungen von Kompetenzbereichen und -niveaus etwas beeindruckendes, je intensiver man sich jedoch mit Kompetenzen und der Frage, wie sie im Unterricht erworben werden, wie man das Erwerben von Kompetenzen prüfen kann und welche Rolle sie für die Planung, Entwicklung und Rechtfertigung von Unterricht spielen, umso deutlicher treten die Probleme zu Tage.

Zum Verhältnis vom Kompetenz zu Performanz

Kompetenzen oder Fähigkeiten stellen Potentialitäten dar, die nicht unmittelbar erfasst werden können oder sich ohne Weiteres zeigen, sondern als latente Größe den Personen zugeschrieben werden – sie zeigen sich erst in der Bewältigung von selbstgewählten oder zu Überprüfungszwecken gestellten Aufgaben. Dies hat zur Unterscheidung von Kompetenz und Performanz geführt. Diese Unterscheidung fasst einerseits im Kompetenzbegriff alle personalen Aspekte, die für das Handeln bedeutsam sind, zusammen, wogegen die Performanz neben dem Handeln selbst auch die situativen, der Person äußerlichen Aspekte des Handelns umfasst (z.B. Rost 2006; Gnahs 2007).

Diese Unterscheidung ist in Hinblick auf die mögliche Erfassung bzw. Überprüfung von Kompetenzen in mehrfacher Weise von Bedeutung. So umfasst Kompetenz sowohl Wissen und Fertigkeiten als auch persönliche Dispositionen, Motivationen und Werthaltungen. Im dem Maße, in dem nur das Handeln als Indikator für das Vorhandensein von Kompetenzen zählt, bleibt unklar, was bei fehlender Performanz den Kompetenzmangel verursacht hat. So sehr es von einem handlungstheoretischen Ansatz begründet erscheint, die unterschiedlichen Faktoren, die das Handeln beeinflussen und bedingen, gemeinsam im Blick zu haben, so wenig ist die Zusammenfassung der Faktoren unter dem Begriff „Kompetenz" hilfreich, wenn es um die Diagnose und Behebung von Defiziten geht. Zwar wird immer wieder betont, dass die Kompetenzentwicklung und eine auf Kompetenzaneignung zielende Unterrichtsplanung erst auf der Basis von Kompetenzmodellen zu realisieren ist, aber gerade die Komplexität der Kompetenzmodelle lässt Zweifel daran zu, wie hilfreich sie sein können.

Indizien für diese Vermutung werden im Zusammenhang mit den PISA Studien deutlich: So spricht Hammann (2006) von „Dimensionen von Aufgaben, die über die Bereiche von Wissen und Kompetenz hinausgehen" und verweist darauf, dass bei der PISA-Erhebung 2006 „zusätzlich zu den naturwissenschaftlichen Kompetenzen affektive Dimensionen" wie Interesse an und Einstellungen zu Naturwissenschaften sowie Verantwortung für die Umwelt erhoben werden. Auch die PISA-Erhebung 2003 hat sich (Rost et al. 2004; Rost 2006) in Bezug auf naturwissenschaftliche Kompetenzen vorwiegend auf kognitive Kompetenzen bezogen, unter denen „Erklären von Phänomenen" den größten Teil der Items ausmacht. Der Trend zu einer praktische Einschränkung des komplexen Kompetenzbegriffs auf kognitive Dimensionen zeigt sich auch bei Klinger/Bünder (2006), deren Matrix für eine kompetenzorientierte Unterrichtsplanung im Fach Chemie nur die Dimensionen „Arten von Wissen" und „handelnder Umgang mit Wissen" beinhaltet. Es besteht der Verdacht, dass es dem Kompetenzbegriff und den Bemühungen, Kompetenzen zu messen, mit der Reduktion der ursprünglich entfalteten Komplexität auf kognitive Aspekte ähnlich ergehen könnte wie dem älteren heftig diskutierten Intelligenzbegriff, bei dem letztlich nicht mehr sicher war, als dass Intelligenz das ist, was Intelligenztests messen.

Entsprechend sagt die fehlende oder erfolgreiche Performanz wenig über den je spezifischen Einfluss der situativen Aspekte aus: Problemlage, Rahmenbedingungen, Erwartungen und Anforderungen, die das Handeln des Einzelnen oder von Gruppen beeinflussen, und mit dem Handeln im Performanzbegriff zusammengefasst werden. Ein Teil der in diesem Zusammenhang stehenden Probleme wird daran deutlich, wenn bezogen auf Kompetenzen darauf verwiesen wird, dass sie fach- bzw. domänenbezogen sein sollen. Soweit sich Kompetenzen auf den Umgang mit Wissen beziehen, leuchtet ein, dass dieses Wissen sich in vielen Fällen auf bestimmte Bereiche wie z.B. Gesundheit oder Politik, oder auf Fächer bezieht. Damit stellt sich aber die Frage ob die zugehörigen Kompetenzen die gleiche Kontextgebundenheit aufweisen.

In dem Maße, in dem im Performanzbegriff die situativen Kontexte bedeutsam sind, steht die Transfermöglichkeit von Kompetenzen ernstlich in Frage. Vermutlich darf die allgemeine Formulierung von Kompetenzen, z.B. Handlungskompetenz mit den Teilkompetenzen Fach-, Methoden-, Sozial- und Selbstkompetenz, nicht darüber hinweg täuschen, dass, sollen diese Kompetenzen wirklich Kontext unabhängig eingesetzt werden können, sie durch geeignete Schritte von dem bestimmten Kontext, in dem sie erworben wurden, gelöst und hinsichtlich ihrer Anwendbarkeit verallgemeinert, also auf neue Kontexte bezogen werden müssen. Huber/Stückrath (2006) haben darauf hingewiesen, dass hinter jeder Performanz neben den spezifischen Kompetenzen, die im Rahmen einer Aufgabe gezeigt werden sollen, allgemeinere Kompetenzen stehen, die dort impliziert oder vorausgesetzt werden. Sie erläutern dies unter anderem an den unterscheidbaren sprachlichen und Lese-Kompetenzen, wie sie beim Umgang mit Texten in den unterschiedlichsten Zusammenhängen gefordert sind.

Wenn die hier aufgeführten Vermutungen zutreffen, bedeutet die Verwendung des Kompetenzbegriffs zwar zunächst eine Vereinfachung, die in ihm zusammengefassten Teilaspekte wie Interesse, Motivation, Problemstellungen, Kontexte sowie De- bzw. Rekontextualisierung müssen aber dann in der konkreten Kurs- und Curriculumkonstruktion wie eh und je einzeln berücksichtigt werden.

Zu Kompetenzmodellen und -taxonomien

Bei der Beschreibung von Kompetenzen hat in Teilen der Debatte eine Inflation von Kompetenzbezeichnungen eingesetzt, die offenbar dadurch zustande kommt, dass allem und jedem, was als Fähigkeit formuliert werden kann, eine entsprechende Kompetenz zugeordnet wird. Demgegenüber stehen Versuche der Systematisierung, die allerdings zu schwer aufeinander beziehbaren Taxonomien geführt haben.

Schaefer (2002) entwickelt im Zusammenhang mit „Scientific Literacy" ein Kompetenzmodell, bei dem „Lebenskompetenz" die oberste Ebene darstellt, der eine Liste von nicht weniger als zwölf Teilkompetenzen, darunter neben naturwissenschaftlicher Sachkompetenz auch Denkkompetenz, Sprachkompetenz oder Gesundheitskompetenz und ethische Kompetenz untergeordnet werden. Der naturwissenschaftlichen Sachkompetenz arbeiten dann die Fächer zu. Hier stellt sich die Frage, welchen Sinn es macht, eine Kompetenz wie „Lebenskompetenz" zu benennen, die sich dann auf die Bewältigung aller Lebenssituationen bezieht. In dieser Allgemeinheit ist ein Kompetenzbegriff leer, zumal nicht angebbar ist, wie denn Lebenskompetenz festgestellt werden kann.

Enger an einem handlungstheoretischen Ansatz orientiert sind die oben genannte Aufgliederung der Handlungskompetenz in die Teilkompetenzen Fach- oder Sach-, Methoden-, Sozial- und Selbstkompetenz. Dabei wird gelegentlich (Wildt 2006)

Sozialkompetenz weiter in Sozialkompetenz im engeren Sinne, Organisationskompetenz und Systemkompetenz aufgegliedert. Sicher lassen sich solche Kompetenzen vielfältig in Teilkompetenzen und diese weiter untergliedern und ähnliche Taxonomien aufstellen, wie sie bereits für die Lernziele in den 70er-Jahren entwickelt wurden.

Im Zusammenhang mit der Entwicklung von Bildungsstandards und den PISA-Untersuchungen werden Kompetenzen in die übergeordneten Kompetenzbereiche „Sach- oder Fachwissen, Erkenntnisgewinnung, Bewertung und Kommunikation" unterteilt (Hammann 2006; Eggert/Bögeholz 2006), wobei unklar bleibt, ob diese Kompetenzbereiche allgemein oder nur bezogen auf die in diesen Arbeiten in Blick genommenen Naturwissenschaften gelten. Drei dieser Kompetenzbereiche, nämlich Fachkompetenz, Methodenkompetenz und Bewertungskompetenz werden bei Harms et al. (2004) im Zusammenhang mit dem Kerncurriculum Biologie genannt. Feiner aufgegliederte Kompetenzaufzählungen, die diesen Kompetenzbereichen zugeordnet werden, finden sich z.B. bei Hammann (2006):

„– Naturwissenschaftliche Phänomene beschreiben, erklären und vorhersagen (Fachwissen)
– Schlussfolgerungen ziehen und bewerten
– Naturwissenschaftliche Untersuchungen verstehen (hierzu gehört auch: naturwissenschaftliche Fragestellungen erkennen und naturwissenschaftliche Nachweise identifizieren) (Erkenntnisgewinnung)
– Naturwissenschaftliche Sachverhalte anderen mitteilen (Kommunikation)
– Naturwissenschaftliche Sachverhalte bewerten (Bewertung)
– Kreativität und divergentes Denken."

Die Liste, die vom Autor als unvollständig und ergänzbar bezeichnet wird, enthält zwei Formulierungen, die den Kompetenzbereichen nicht zugeordnet werden. So bezieht sich „Schlussfolgerungen ziehen und bewerten" offenbar auf den naturwissenschaftlichen Erkenntnisprozess, wogegen sich „naturwissenschaftliche Sachverhalte bewerten" auf den gesellschaftlichen Kontext zu beziehen scheint. Zudem werden mit „Kreativität und divergentem Denken" Kompetenzen benannt, die nur schwer den vier zuvor genannten Bereichen zugeordnet werden können.

Dass auf diese Weise sehr umfangreiche Listen von Kompetenzen zustande kommen können, sieht man an der in den EPAs Biologie ausgeführten Liste (siehe Kasten S. 67).

Zu Recht kritisiert Wildt (2006) dass die Kompetenzen bei solchen Aufzählungen „lediglich als Additum betrachtet werden", deren Zusammenhang sich erst „bei der Betrachtung der Handlungssituation, zu deren Bewältigung Kompetenzen gefragt sind" erschließt. Zudem weisen die Unterscheidungen auf einer solch allgemeinen Ebene, wie Wildt betont, unvermeidlich Widersprüche und Inkonsistenzen auf.

Die Beschreibung von Kompetenzstufen oder -niveaus ist offenbar von der Absicht geleitet, den Aspekt der Schwierigkeit von Aufgaben zu berücksichtigen. Da-

hinter steht die Vorstellung, dass Kompetenzen nicht nur qualitativ – jemand kann etwas oder nicht – sondern auch quantitativ beschrieben werden können. Wie bei Lernprozessen allgemein wird auch bezogen auf Kompetenzen davon ausgegangen, dass mit dem Lernen eine Progression stattfindet, die sich in der Bewältigung zunehmend schwierigerer Aufgaben zeigt bzw. mit solchen Aufgaben gemessen werden kann. „Kompetenzstufen werden [...] in Form von unterschiedlich anspruchsvollen kognitiven Prozessen und Wissensanforderungen definiert, deren Beherrschung mit bestimmten Niveaus einer Kompetenzdimension korrespondiert" (Klieme et al. 2003). Ob mit der Festlegung von Stufen und Niveaus auch auf der Aneignungsseite eine Stufenfolge (gestufte Aneignung) der Kompetenzen verbunden ist, darf durchaus bezweifelt werden. „'Stufe' impliziert a) eine Wertigkeit und b) eine Schrittfolge auf dem Wege zu einer höherwertigen Kompetenz" merken Schecker/Parchmann (2006) an und schlagen vor von Kompetenzausprägungen zu sprechen. Allerdings zeigen die von ihnen vorgeschlagene Ausprägungen
- lebensweltlich
- fachlich nominell/reproduktiv
- aktiv anwendend (Reorganisation/naher Transfer)
- konzeptuell vertieft (ferner Transfer)

enge Beziehungen zu den „bereits seit langem aus den Einheitlichen Prüfungsanforderungen für die Abiturprüfung bekannten Stufen (sic!) Reproduktion/Wiedergeben, Reorganisation/Anwenden und Transfer" (Schecker/Parchmann 2006).

Demgegenüber wird in der Arbeit von Eggert/Bögeholz (2006) zum Göttinger Modell der Bewertungskompetenz erkennbar, dass sich der Kompetenzerwerb „eher auf einem Kontinuum beschreiben" lässt, das im untersuchte Fall durch steigende Elaboration und Reflexion sowohl des genutzten Wissens als auch der verwendeten Entscheidungsstrategien gekennzeichnet ist. Niveaustufen stellen dem gemäß nur empirische Konstrukte im Zusammenhang mit bestimmten Instrumenten zur Messung von Kompetenzen dar. Die Unterscheidung von Kompetenzstufen scheint somit einen gewissen analytischen Wert zu haben. Insbesondere bei der Konstruktion von Kompetenzmodellen können so unterschiedlich komplexe Anforderungen unterschieden werden.

„Je höher die Stufe, also je komplexer und inklusiver die Aufgaben, desto schwieriger sind allerdings" Kompetenzbereiche wie „Informationen ermitteln", „beschreiben und analysieren" oder „reflektieren und bewerten" „noch voneinander zu trennen [...] und desto weniger sind die Anforderungen ohne bestimmte inhaltliche Kompetenzen [...] zu erfüllen" (Huber/Stückrath 2006). Ähnliches zeigt sich auch in dem Versuch, für eine so komplexe Kompetenz wie der ethischen Urteilskompetenz Dimensionen und Niveaus zu beschreiben (Reitschert et al. 2007). Hier wird bei der Konstruktion von Niveaus einerseits auf so allgemeine Kompetenzen wie Reflexions- und Argumentationskompetenz und auf den schwer zu operationalisierenden Verstehensbegriff bezug genommen, andererseits Komplexität, Differenziertheit und Konsistenz der Begründungen herangezogen, um zu Niveaubeschreibungen zu gelangen, die letztlich erst unter Heranziehung eines Beispiels –

hier der Präimplantationsdiagnosik und ihrer ethischen Bewertung – als für die ethische Urteilskompetenz spezifisch einleuchtend werden. Daraus folgt auch, dass die Schwierigkeit einer Aufgabe sowohl von der geforderten Kompetenzstufe als auch von der Schwierigkeit des Gegenstandes, auf den sie angewendet werden soll, und den damit verbundenen Wissensanforderungen abhängt.

Uns scheint mithin die Frage nach der Progression in Erwerb von Kompetenzen noch weitgehend ungeklärt. Insbesondere bleibt unklar, wie bei der Bewältigung von Aufgaben bzw. dem Lösen von Problemen die den jeweiligen Kompetenzen zuzuordnenden Aspekte und Dimensionen zusammenwirken.

Zur Detailliertheit von Kompetenztaxonomien

Detailliertere Aufgliederungen der Kompetenzen, wie sie z.B. in den EPAs Biologie (KMK 2003) vorgenommen werden, orientieren sich zunächst an der Unterscheidung der Kompetenzbereiche Fachkenntnisse, Methoden, Kommunikation und Reflexion. Diese Unterteilung ähnelt der oben im Zusammenhang der PISA-Untersuchung zitierten, wobei „Erkenntnisgewinnung" durch „Methoden" und „Bewertung" durch „Reflexion" ersetzt sind. Innerhalb des Kompetenzbereichs „Methoden" wird dann zwischen fachspezifischen, allgemein naturwissenschaftlichen und allgemeinen Methoden unterschieden. Eine solche Aufgliederung denkt zunächst vom Fach aus und greift dann auf das Fach übergreifende Bezüge und gesellschaftliche Anwendungen über. Insofern könnte die hier gegenüber dem Original leicht veränderte wiedergegebene Zusammenstellung von Kompetenzen geeignet sein, um für ein naturwissenschaftliches Curriculum als Leitlinie zu dienen. Wir haben daher die Formulierungen im Kompetenzbereich Methoden, die ursprünglich auf das Fach Biologie bezogen waren, so umformuliert, dass sie sich auf alle naturwissenschaftlichen Fächer beziehen (siehe Kasten S. 67f.). Diese Auflistung schien uns zunächst eine durchaus plausible und einigermaßen vollständige Zusammenstellung der Kompetenzen, über die ein naturwissenschaftlich Gebildeter verfügen sollte.

Wenn man mit dieser Liste dann, was wir getan haben, an die von uns geplanten und realisierten Kurs herangeht, um festzustellen, welche der hier gewünschten Kompetenzen von den Lernsituationen und Aufgaben her in den Kursen erworben werden konnten, wurde deutlich, welch schwierige Beziehung zwischen solchen Listen und realem Unterricht bestehen:

Die Liste erwies sich für praktisch alle Kurse als zu umfangreich. Je nach Kursschwerpunkt und mehr oder weniger experimenteller Ausrichtung konnten unterschiedliche Sätze der beschriebenen Kompetenzen als erreichbar erscheinen, andere Kompetenzen schieden aus. Auch wenn man berücksichtigt, dass die naturwissenschaftliche Ausbildung mehrere Kurse umfasst, schien uns nicht sicher, dass alle genannten Kompetenzen innerhalb des zur Verfügung stehenden Unterrichts sinnvoll angestrebt werden können.

1.1 Fachliche und methodische Kompetenzen

1.1.1 Kompetenzbereich Fachkenntnisse
– Kenntnisse über Phänomene und Sachzusammenhänge sowie über Begriffe, Modelle, Theorien etc. anwenden
– erworbenes Wissen unter Verwendung facheigener Basiskonzepte strukturieren
– Kenntnisse systematisieren und verknüpfen
– wissensorientierte Assoziationen herstellen und auf Wissensnetze zurückgreifen.

1.1.2 Kompetenzbereich Methoden
≥ *Fachspezifische Kompetenzen*
– fachliche (d.h., biologische, chemische, physikalische) Phänomene beobachten, beschreiben, quantitativ erfassen, vergleichen und erklären
– fachliche Phänomene und Sachverhalte begrifflich präzise fassen
– zeichnerische Protokolle anfertigen
– geeignete Arbeitstechniken und Methoden für fachspezifische Untersuchungen auswählen und anwenden
– grundlegende fachliche Prinzipien (Basiskonzepte) und Erklärungskonzepte anwenden
– zwischen funktionaler und kausaler Betrachtungsweise unterscheiden
– komplexe und dynamische Vielfaktorensysteme wie Organismen und Ökosysteme untersuchen, analysieren und Zusammenhänge klären
– mit dynamischen und komplexen Modellen umgehen
– Erkenntnisse und Betrachtungsweisen der verschiedenen Naturwissenschaften nutzen
– Denkweisen und Erkenntnisse der Gesellschafts-, Geistes- und anderer Wissenschaften einbeziehen.

≥ *Naturwissenschaftliche Kompetenzen*
– Experimente planen, durchführen, protokollieren, auswerten, qualitative und quantitative Betrachtungen einbeziehen
– Fehlerbetrachtungen vornehmen
– Prognosen entwickeln, Hypothesen bilden und überprüfen
– unterscheiden, welche Fragen naturwissenschaftlich untersucht werden können und welche nicht
– Naturwissenschaftliche Modelle anwenden und deren Gültigkeitsbereiche prüfen
– Modellvorstellungen entwickeln und gegebenenfalls modifizieren
– Definitionen, Regeln und Gesetzmäßigkeiten formulieren und als Arbeitsmittel verwenden
– Sachverhalte mit Hilfe von Symbolen, Formeln, Gleichungen, Tabellen, Diagrammen, graphischen Darstellungen, Skizzen, Simulationen veranschaulichen.

≥ *Allgemeine Kompetenzen*
– Informationsquellen erschließen und nutzen
– Texte analysieren und interpretieren
– Informationen gezielt auswählen, Kernaussagen erkennen und diese mit dem erworbenen Wissen verknüpfen
– systematisieren und kategorisieren
– moderne Medien und Technologien nutzen, z.B. zur Dokumentation, zur Analyse, zum Messen, zum Berechnen, zur Modellbildung, zur Simulation
– Probleme sachgerecht analysieren und Lösungsstrategien entwickeln.

1.1.3 Kompetenzbereich Kommunikation
– verständlich, übersichtlich und strukturiert darstellen und diskutieren
– ihre Darstellungen auf das Wesentliche reduzieren

- Sprache, auch Fachsprache, angemessen verwenden
- Materialien sachgerecht und kritisch auswählen und zielorientiert einsetzen
- sich in Prüfungssituationen angemessen mitteilen, z.B. mit Hilfe geeigneter Präsentationsformen, mit Hilfe angemessener Reaktionen auf Nachfragen und Einwände in Prüfungsgesprächen.

1.1.4 Kompetenzbereich Reflexion
- Aussagen aus unterschiedlichen Perspektiven und Sachzusammenhängen betrachten und auf der Grundlage von Fachkenntnissen sachgerecht bewerten
- die Stellung des Menschen im System, seine Beziehung zur Umwelt sowie seine besondere Rolle auf der Grundlage naturwissenschaftlicher Kenntnisse kritisch reflektieren
- die Bedeutung naturwissenschaftlicher Erkenntnisse für das eigene Leben darstellen
- naturwissenschaftliche Aussagen in Beziehung zu Alltagsvorstellungen setzen
- wichtige Forschungsergebnisse vor ihrem geschichtlichen Hintergrund darstellen
- ökonomische und technologische Anwendungen naturwissenschaftlicher Verfahren darstellen und erörtern
- Tragweite, Grenzen und gesellschaftliche Relevanz biowissenschaftlicher Erkenntnisse und Methoden reflektieren und bewerten
- technische Anwendungen und wirtschaftliche Nutzungen naturwissenschaftlicher Erkenntnisse unter Gesichtspunkten der nachhaltigen Entwicklung beurteilen
- Einflüsse naturwissenschaftlicher Erkenntnisse auf das Weltbild des Menschen reflektieren.

In dem Bestreben, das, was im Rahmen des Oberstufenunterrichts gelernt werden könnte, möglichst vollständig zu erfassen, entstand offenbar eine Liste, die ähnlich wie die hinlänglich bekannten Richtlinienformulierungen das Maximum der erreichbaren Kompetenzen umfasst, eine Liste, die weit über das hinausgeht, was in normalem Unterricht realisierbar erscheint.

Viele Kompetenzformulierungen sind zudem so komplex oder so allgemein, dass einzelne Aufgaben- oder Problemsituationen, auf die sich diese Kompetenzbeschreibungen beziehen bzw. in denen sie sich zeigen lassen, gar nicht gedacht werden können. Wohl um die an sich schon langen Listen überschaubar zu halten, werden Kompetenzen geschachtelt, was dazu führt, dass sie, wie das folgende Beispiel zeigen soll, nicht mehr handhabbar sind. Es werden dann Formulierungen wie die Folgende gefunden:„Tragweite, Grenzen und gesellschaftliche Relevanz biowissenschaftlicher Erkenntnisse und Methoden reflektieren und bewerten" können (EPA Biologie 2003, S. 6). Es ist offensichtlich, dass hier ganz unterschiedliche Fähigkeiten gefordert werden. Zwar liegt der Unterscheidung von Tragweite und Grenzen von Erkenntnissen die Kenntnis der naturwissenschaftlichen Methodik zugrunde, aber die Kontexte und Probleme, in und an denen die Leistungen und Folgen und damit die Tragweite einer bestimmten Erkenntnis lern- und erkennbar werden, sind andere als die, in denen die Grenzen der Erkenntnis gelernt werden können. Entsprechendes gilt für Leistungen und Grenzen einer bestimmten Methode.

Noch deutlicher wird das beim Bewerten. Um die Leistungen der naturwissenschaftlichen Methodik bewerten zu können, wird man sie zum einen mit anderen

Erkenntnisverfahren vergleichen müssen, zum anderen muss angegeben werden, in welcher Hinsicht (z.B. Angemessenheit, Verlässlichkeit, ethische Vertretbarkeit) ein solcher Vergleich stattfinden soll.

In diesem Zusammenhang wurde auch die Kompetenz, zwischen Fragestellungen zu unterscheiden, die naturwissenschaftlich zu untersuchen sind, und solchen, die das nicht sind, diskutiert. Diese Kompetenz fehlt in der Auflistung, obgleich sie von uns für sehr wichtig gehalten wird. In unserer Debatte wurde erkennbar, dass mit einer solchen Kompetenz ganz unterschiedlich Komplexes gemeint sein kann: Von guten Beispielen für jede Klasse von Fragestellungen bis zu anspruchsvollen methodologischen Begründungen kann hier ein weiter Bogen aufgespannt werden. Wurde oben auf die Probleme von Kompetenzniveaus eingegangen, so zeigt sich hier, dass das Problem des intellektuellen Anspruchs, mit dem Kompetenzbeschreibungen verbunden sind, keineswegs erledigt ist.

Auch hier wird wieder die Ähnlichkeit zu den Lernzielformulierungen früherer Jahre deutlich. Es ließen sich, wenn man mit allen Kompetenzformulierungen so differenzierend verfahren wollte, noch weit umfangreichere Kompetenz-Taxonomien erstellen, bei denen gleichwohl klar wäre, dass realer Unterricht sie nicht erfüllen kann. Vor diesem Hintergrund wird sicher auch verständlich, warum wir auf die Formulierung eines eigenen Katalogs von Kompetenzen verzichtet haben.

Wozu kann die Auseinandersetzung mit Kompetenzmodellen gut sein?

Nun wäre es voreilig, angesichts der Probleme, die sich am Kompetenzbegriff und seiner Verwendung auftun, ganz auf ihn zu verzichten. Unsere Debatten haben auch den heuristischen Wert der Kompetenzformulierungen erkennen lassen. Bei der Prüfung, welche der in der oben aufgeführten Zusammenstellung von Kompetenzen in den jeweiligen Kursen hätten erreicht werden können, zeigte sich doch, dass eine Bewertung der Aufgaben und der im Unterricht vorkommenden Anforderungen an die Lernenden sehr wohl möglich ist. Da letztlich nur das als Kompetenz erworben werden kann, was als Anforderung im Unterricht vorgekommen ist, können die in den Teilen 2 und 3 dieses Bandes zu findenden Kursbeschreibungen auch als Beschreibung dieser Anforderungen gelesen werden.

Im Oberstufen-Kolleg wurde für die Ausgestaltung der fächerübergreifenden Grundkurse ein Orientierungsrahmen entwickelt (Boller et al. 2007a und 2007b), in dem ausgehend von dem Merkmal „Perspektivwechsel", der für diese Kurse, wie in dem Abschnitt zum fachübergreifenden Unterricht erläutert, konstitutiv ist, bestimmt, welche fächerübergreifenden Kompetenzen in den Kursen erworben werden sollen. Dabei sind drei engere Kompetenzbereiche beschrieben worden:
- Kompetenz zur Reflexion der Fachperspektive (Reflexionskompetenz)
- Kompetenz des sachbezogenen Urteilens und Bewertens (Urteilskompetenz)
- Kompetenz zur Kommunikation von Fachwissen zwischen Laien und Experten (Verständigungskompetenz).

Die Auswahl dieser Kompetenzen zielt auf das Besondere des fächerübergreifenden Unterrichts und soll bei der Planung von Unterricht und der Gestaltung von Aufgaben anleiten.

Fähigkeiten bzw. Kompetenzen zeigen sich an der Bewältigung von Aufgaben bzw. beim Bearbeiten und Lösen von Problemen. Deshalb macht es, ähnlich wie bei der Beschäftigung mit Lernzielen, Sinn, sich zu überlegen, welche Fähigkeiten bei welchen Aufgaben für die Bearbeitung erforderlich sind. Die andernorts dargestellte Unterscheidung zwischen Experten und Laien hilft nach unserer Überzeugung dabei, Vorstellungen darüber zu entwickeln, welche Aufgaben im „wirklichen Leben" von den Schülerinnen und Schülern zu bewältigen sind, wenn sie als informierte Bürger am politischen Prozess teilhaben wollen. Allerdings reicht es dafür nicht, Kompetenzkataloge zu verfassen, sondern die Beschäftigung mit Kompetenzen ist im Rahmen von Kursplanung sinnvoll, um Probleme und Lernsituationen zu suchen und auszuwählen, an denen bestimmte und bestimmbare Fähigkeiten gezeigt oder erworben werden können. Zudem sollte beschrieben werden, welche Bearbeitungsschritte und Lösungen zu erwarten sind, wenn bestimmte Fähigkeiten vorhanden sind. In diesem Sinne sind die Beschreibungen der Kurse in den Teilen 2 und 3 auch Versuche, beispielhaft solche Unterrichtssituationen und Aufgaben zu beschreiben, die die oben geforderte Laienbildung und die mit ihr verbundenen Kompetenzen erwerben helfen.

Literatur

Boller, S./Dietz, H-F./Gewecke, M./Hahn, S./Kublitz-Kramer, M. (2007a): Orientierungsrahmen für die Konzeption, Durchführung und Evaluation fächerübergreifender Grundkurs in der Hauptphase. Typoskript, Bielefeld: Oberstufen-Kolleg

Boller, S./Dietz, H-F./Gewecke, M./Hahn, S./Kublitz-Kramer, M. (2007b): Kompetenzen für das fächerübergreifende Arbeiten in der Oberstufe. TriOS H. 5, S. 15-23

Eggert, S./Bögeholz, S. (2006): Göttinger Modell der Bewertungskompetenz. Zeitschrift für Didaktik der Naturwissenschaften 12, S. 177-197

Gnahs, D. (2007): Kompetenzen – Erwerb, Erfassung, Instrumente. Bielefeld: W. Bertelsmann

Hammann, M. (2006): Kompetenzförderung und Aufgabenentwicklung. MNU 59, H. 2, S. 85-95

Harms, U./Mayer, J./Hammann, M./Bayrhuber, H./Kattmann, U. (2004): Kerncurriculum und Standards für den Biologieunterricht in der gymnasialen Oberstufe. In: Tenorth, H.E. (Hg.): Kerncurriculum Oberstufe II. Weinheim, S. 22-84

Huber, L./Stückrath, J. (2006): Eingangsdiagnose im Studium - Vielfältiger Nutzen. Das Hochschulwesen 54, H.3, S. 89-97

Lethmate, J. (2006): Experimentelle Lehrformen und Scientific Literacy. Praxis Geographie 36, H.11, S. 4-11

Klinger, U./Bünder, W. (2006): Kompetenzorientierte Unterrichtsplanung. Unterricht Chemie 17, H.94/95, S. 14-18

Klieme, E. et al (2003): Zur Entwicklung nationaler Bildungsstandards. Berlin: BMBF

KMK (Hrsg.) (2003): Einheitliche Prüfungsanforderungen in der Abiturprüfung Biologie. Bonn

Reitschert, K./Langlet, J./Hössle, C./Mittelsten Scheid, N./Schlüter, L. (2007): Dimensionen Ethischer Urteilskompetenz - Dimensionierungen und Niveaukonkretisierung. In: MNU 60, H.1, S. 43-51

Rost, J. et al. (2004): Naturwissenschaftliche Kompetenz. In: Prenzel, M. et al (Hg.) PISA 2003: Der Bildungsstand der Jugendlichen in Deutschland. Münster: Waxmann, S. 111-146

Rost, J. (2006): Kompetenzstrukturen und Kompetenzmessung. Praxis der Naturwissenschaften–Chemie in der Schule 55, H. 8, S. 5-8

Schäfer, G. (2002): Scientific Literacy im Dienste der Entwicklung allgemeiner Kompetenzen – „Fachübergreifende Fächer" im Schulunterricht. in: Gräber, W./Nentwig, P./Koballa, T./Evans, R. (Hrsg.): Scientific Literacy. Der Beitrag der Naturwissenschaften zur Allgemeinen Bildung, Opladen: Leske + Budrich. S. 83-104

Schecker, H./Parchmann, I. (2006): Modellierung naturwissenschaftlicher Kompetenz. Zeitschrift für Didaktik der Naturwissenschaften 12, S. 45-65

Wildt, J. (2006): Kompetenzen als "Learning Outcome". Journal Hochschuldidaktik 17, H.1, S. 6-9 (auch online: www.hdz.uni-dortmund.de/fileadmin/JournalHD/Journal_HD_2006_1pdf)

Teil 2:
Kursbeispiele

Karl Peter Ohly/Gottfried Strobl

Übereinstimmung in den Zielen – Vielfalt der Realisierung: Einführung in die Kursbeispiele

Im folgenden Praxisteil werden Kursbeispiele vorgestellt, die wir entwickelt und erprobt haben. Mit ihnen möchten wir konkrete Möglichkeiten dafür aufzeigen, wie im Unterricht Annäherungen an die Zielsetzungen, die im ersten Teil des Buches entwickelt und diskutiert wurden, aussehen können. In die Kursdarstellungen eingeschlossen sind Begründungen der gewählten Herangehensweise und Schwerpunktsetzungen, Darstellungen charakteristischer Unterrichtssituationen und Materialien sowie Prüfungsbeispiele, um die Chancen für ihre Handhabung und Nutzung durch die Leser – auch in Form eines „Steinbruches" – zu erhöhen.

Die grundlegende Zielrichtung und Aufgabe ist allen Kursbeispielen gemeinsam: Das Allgemeine der Naturwissenschaften soll erkennbar und auf historisch-politische, gesellschaftliche und Alltagskontexte beziehbar werden; naturwissenschaftliche Bildung soll so für Laien einen Beitrag zur Orientierung in der Welt und zur Teilhabe an dem gesellschaftlich-politischen Diskurs leisten.

Angesichts der Übereinstimmung in diesen Grundüberzeugungen und Zielsetzungen mag es überraschen, welche Variationsbreite der Ausgangspunkte, Themen, konzeptionellen Schwerpunktsetzungen und methodischen Herangehensweisen in den dargestellten Kursbeispielen sichtbar wird. Damit verbunden wurde auch auf eine Vereinheitlichung in den Darstellungsformen verzichtet; ein solches Korsett hätte die jeweilige Spezifik der gewählten Herangehensweise eher nivelliert, die wir durchaus sichtbar machen wollten. Denn dahinter steht die allgemeinere und – gerade angesichts von Standardisierungsbemühungen und Kerncurricula – interessante Frage, wie groß die Variationsmöglichkeiten in den Realisierungsformen sein dürfen oder sollen.

„Das, was gelernt wird, muss auch für anderes stehen, das noch nicht gelernt ist, das oft noch unbekannt ist" (Bildungskommission 1995, S. 33). Doch schon bei der Auswahl von Inhalten, welche für das Ziel einer Laienbildung „die Welt" der Naturwissenschaften repräsentieren und zugleich anschlussfähig an die wechselnde Vielfalt aktueller und politisch relevanter Themen sind, eröffnen sich unterschiedliche Herangehensweisen: Zwischen einer didaktischen Verdichtung der – für den begrenzten Umfang des Unterrichts ja immer zu vielen – Inhalte auf höherer Abstraktionsstufe und einer exemplarischen Auswahl bedeutsamer und erschließender Inhalte verläuft dabei nur eine Linie möglicher Alternativen. Die Beziehung zwischen dem Allgemeinen der Naturwissenschaften und fachlichen Beispielen oder Schwerpunktsetzungen und die Art, wie das Fächer Übergreifende in den Kurskonzepten gestaltet wird, zeigte sich als weiterer Unterschied. Überlegungen betreffen auch die Art und den optimalen Grad der Detailliertheit des Wissens sowie die Frage, welche fachlichen oder überfachlichen Themen für Jugendliche interessante Momente kultureller und gesellschaftlicher Wirklichkeit darstellen und an Fragen des eigenen Lebens und Alltags Anschluss finden können.

Entscheidungen dieser Art führen auf der Ebene der Realisierung zu konkreten Fragen: Wie kann man im Unterricht die Beschäftigung mit den Inhalten so gestalten, dass daraus „bildende" Erfahrungen entstehen? In welcher Weise können Interessen und Erfahrungen der Schüler dabei genutzt werden? Welche Arbeitsformen und Situationen sind günstig und können Interesse und Lust am Weiterlernen und eigenständigen Hineinarbeiten in neu auftauchende Fragestellungen fördern?

Diese Fragen konnten in unserer Arbeit nicht durch generelle Regeln geklärt werden. Als Ergebnisse unsrer Diskussionen und der Kritik, die wir wechselweise an unseren Kurskonzepten übten, lässt sich aber festhalten, dass uns die Unterschiede zwischen unseren Herangehensweisen im Verlauf der Auseinandersetzungen etwas transparenter wurden und dass wir uns der Bedeutung unserer durch fachliche und allgemeine Sozialisation bedingten Unterschiede an vielen Stellen bewusster geworden sind. Der Weg von einem anfänglichen „So kann man es nicht machen" bis zu einem „So würde ich es aus diesem und jenem Grund nicht machen" oder „So könnte man es auch machen" war in unseren Diskussionen oft anstrengend. Aber wir haben so erfahren, dass Lernprozesse dieser Art, diskursive Verunsicherungen, die Erfahrung der Schwierigkeiten konzeptioneller Verständigung selbst zwischen Lehrenden nicht nur der Klärung von Konzeptionen, sondern dem Lebendigbleiben in unserem Beruf gut tun. Die Bedeutung einer solchen Zusammenarbeit für Kolleginnen und Kollegen selbst und für die Curriculumentwicklung einer Schule schätzen wir als hoch ein.

Im Ergebnis plädieren wir für die Möglichkeit reflektiert unterschiedlicher Herangehensweisen, die den jeweils beteiligten Personen und den jeweiligen Situationen am besten gerecht werden. Die Heterogenität, die als Thema der Schülerschaft gern diskutiert wird, scheint auch bei Lehrenden ein wichtiges, in seiner Bedeutung noch wenig untersuchtes Faktum zu sein. Die Hypothese wäre zu prüfen, wie sehr die Wirkung des Unterrichts mit der „Authentizität", also mit dem Grad der Übereinstimmung zwischen den Unterrichtskonzepten und den subjektiven Überzeugungen eines Lehrenden zu tun hat. Es sind eben nicht Konzepte, welche arbeiten und wirken, sondern Personen, welche sie umsetzen.

Wir hoffen, dass die Lektüre der nachfolgenden Kursbeispiele in diesem Sinn auch Leserinnen und Leser zur Auseinandersetzung über mögliche Herangehensweisen anregen kann und dass Kolleginnen und Kollegen darin Zugänge entdecken können, die zu ihrem Stil und zu ihren methodischen Vorstellungen passen.

In diese Kursbeispiele, die im Konzept des Oberstufen-Kollegs alternative Angebote für Kollegiatinnen und Kollegiaten darstellen und von denen eine Sequenz und ein Einzelkurs individuell miteinander kombiniert werden können, sollen nachfolgend im Sinn einer kurzen Charakterisierung eingeführt werden:

Die Kurssequenz „Umwandlungen – ein Weg in die Naturwissenschaften zwischen eigenem „Forschen" und Nachdenken" von Strobl wählt Alltagsbezüge als Ausgangspunkt und versucht, mehrere Zieldimensionen miteinander zu verbinden: Die Natur der Naturwissenschaften und deren epistemologisches Verständnis, eine Orientierung am naturwissenschaftlichen Erkenntnisgewinnungsprozess, Bezüge zur Lebenswelt und Aspekte der historisch-kulturellen Kontexte. Dafür werden verschiedene methodische Herangehensweisen kombiniert: Neben theoretischen Abschnitten, die eine Wissensbasis aus Ankerkonzepten – der Chemie, aber über diese hinaus weisend in die Naturwissenschaften allgemein – fördern möchten, nehmen eigenständige praktische Untersuchungen („Inquiry", „Lernen durch Forschen") breiten Raum ein. Das Fächer Übergreifende besteht dabei zum einen in der Ausgangsbasis „Naturwissenschaften", von der aus Fachliches erschlossen und mit Alltagsbeispielen in Beziehung gesetzt wird, zum anderen in den Verbindungen zu philosophischen und wissenschaftstheoretischen Aspekten.

Der Einzelkurs von Habigsberg, Ohly und Stockey „In und über Naturwissenschaften lernen – Ein Kurs zur Einführung in naturwissenschaftliche Denk- und Arbeitsweisen" verfolgt eine ähnliche Zielsetzung, wählt aber als Ausgangspunkt den methodischen Prozess der naturwissenschaftlichen Erkenntnisgewinnung. Er konzentriert sich daher stark auf die Besonderheiten naturwissenschaftlichen Denkens und Arbeitens, wobei im Mittelpunkt das Vorgehen der naturwissenschaftlichen Erkenntnisgewinnung steht. Auch hier wechseln praktische Anteile und Reflexionen des Vorgehens einander ab, wobei die Abfolge der Schritte im Kurs sich an der Struktur des naturwissenschaftlichen Vorgehens orientiert. Das Fächer übergreifende besteht darin, dass die Natur der Naturwissenschaften die Bezugsebene für Beispiele darstellt, die aus der Biologie und anderen Fächern stammen, dazu aber auch in der Einbeziehung von Wissenschaftstheorie auf vielfältigen Anwendungsebenen.

Im Abschnitt „Die Rassen des Menschen: Orientierung an Naturwissenschaften als Mittel der Aufklärung für politische Bildung" stellen Habigsberg und Ohly dar, wie ein gesellschaftliches Thema „Rassismus" den Fokus, Ausgangs- und Zielpunkt für eine Kurssequenz „Verschieden und doch gleich – die Rassen des Menschen" bildet. In ihr wird versucht, der Bedeutung einer naturwissenschaftlichen Bildung im Rahmen politischer Bildung nachzugehen. An beispielhaften Konzepten aus der Biologie wird die Frage bearbeitet, welchen Beitrag Naturwissenschaften zur Klärung von Sachverhalten, Argumenten und Begriffen, die in gesellschaftlichen Diskursen eine Rolle spielen, leisten können, wie Funktionalisierungen offen gelegt und naturwissenschaftliche Erkenntnisse als Möglichkeit zur Aufklärung gesellschaftlicher Diskurse genutzt werden können. Mit dem Ziel, Naturwissenschaften als Mittel der Aufklärung für politische Bildung zu nutzen, werden in Fächer übergreifendem Vorgehen bedeutungsvolle Themen aus der Biologie wie Genetik und Evolutionstheorie in historische und sozialwissenschaftliche Kontexte gestellt. Zentrale naturwissenschaftliche Konzepte werden nicht isoliert, sondern in einem Wirkungs- und Deutungszusammenhang mit politischen und gesellschaftlichen Entwicklungen und Debatten gestellt.

Roether stellt einen Einzelkurs zum Thema „Physik macht Geschichte" dar. Den Ausgangspunkt bilden dabei drei wichtige Bereiche der Physik, die beispielhaft zusammen mit wichtigen Kontexten ihrer Entstehung und Nutzanwendung dargestellt und so mit weiteren Fächern, nämlich Geschichte, Gesellschaftskunde und Philosophie verbunden werden. Mechanik (auch in der Anwendung auf Himmelsmechanik), Elektrodynamik (am Anwendungsbeispiel der Telekommunikation) und Kernphysik (mit dem Hintergrund der Atombombe) werden in einem solchen Vorgehen zu exemplarischen Lehrbeispielen für Auswirkungen und gesellschaftliche Dimensionen von Erfindungen und Entdeckungen. Damit sollen auch Voraussetzungen für ein besseres Verstehen gesellschaftlicher Entwicklungen geschaffen sowie Bereitschaft und Fähigkeiten, diese mit zu gestalten, gefördert werden. Methodisch findet auch hier ein Wechselspiel von praktischem Experimentieren und theoriegeleitetem Reflektieren statt.

Durch eine Verbindung zwischen Naturwissenschafts- und Englischunterricht weist die bilinguale Kursequenz „Environmental Systems" von Rösel und Stockey eine Besonderheit auf. „Essentials" einer naturwissenschaftlichen Grundbildung in einem exemplarisch relevanten Themenbereich, Ökologie und Umwelt, stellen den Ausgangspunkt der Kursarbeit dar und sollen im Wechselspiel mit englischsprachigen Zugängen vermittelt werden. Verallgemeinerbar daran ist die Auseinandersetzung mit der Bedeutung naturwissenschaftlicher Erkenntnisse für gesellschaftlich drängende Zukunftsfragen wie zum Beispiel die Klimaerwärmung und ihre Folgen. Dafür wird die Spezifik der naturwissenschaftlichen Herangehensweise, „Science as a way of knowing", auf wichtige Fragestellungen angewendet. Methodisch bestimmt ein Wechselspiel von theoretischer Text- und Denkarbeit sowie experimentell-empirischer Arbeit in Labor und Freiland die Organisationsstruktur der Kurssequenz. Das Fächer Übergreifende weist hier mehrere Dimensionen auf: Über die Verbindung von Englisch und Naturwissenschaften hinaus werden auch gesellschaftliche und politische Kontexte und Zukunftsfragen eingeschlossen.

Die Darstellungen dieser Kurse und Kursequenzen, welche im Wesentlichen gleiche Ziele auf unterschiedlichen Wegen anstreben, bilden den zweiten Teil des Bandes.

Ein weiteres Konzept für eine Kursequenz mit dem Titel „Alles was man wissen muss" von Kupsch unterscheidet sich nicht nur im Umfang, sondern auch in der Geschlossenheit und Art seiner Darstellung so deutlich von den übrigen Kursdarstellungen, dass es allein einen eigenen, dritten Teil des Buches füllt.

Dieser Kurs will Bausteine für ein „Kerncurriculum Naturwissenschaften auf der Oberstufe" vorstellen. Angelehnt an die Tradition der „Großen Erzählungen" und entsprechender aktueller populärwissenschaftlicher Bücher wird hier – in hoch verdichteter Form – ein Bogen vom Urknall über die Chemie bis zu Evolution und Genetik gespannt. Dabei soll eine begleitende Auseinandersetzung mit Grundlagen der Wissenschaftstheorie dabei helfen, die Vorgehensweise der Naturwissenschaften und das Zustandekommen wissenschaftlicher Aussagen auf einer Meta-Ebene zu verstehen. Die Bezugnahme auf Themen der aktuellen gesellschaftlichen Kommunikation, vor allem auf Medienberichte, verweisen auf die zentrale Zielsetzung: künftige Laien zu befähigen, sich kritisch und selbstbewusst an dieser Kommunikation zu beteiligen.

Zur Darstellung des Kurses dient ein umfangreicher eigens dafür verfasster Lehrtext, der als Gesprächsgrundlage und Bezugsebene für die Kursarbeit dient und Anschlüsse und Zielorientierung für Diskussionen aktueller Fragen und Medienmeldungen bietet. Dieser Text kann nützlich sein wie eine Landkarte: Er kann helfen, sich nicht zu verlaufen, wenn man zwischen einzelnen aktuellen Themen Verbindungen herstellen und einen Überblick über die wichtigsten Konzepte der Naturwissenschaften – zusammen mit der Methodik ihrer Entstehung – erwerben oder vermitteln will.

Ohne die Beziehung zu Vorgaben für die Konstruktion eines Kerncurriculums (z.B. Tenorth 2004, S. 17) und auch ohne die Frage zu vertiefen, ob nicht jede solche Auswahl der „großen und wichtigen Themen" immer zugleich zu weit und zu eng bleiben muss, bleibt die Nützlichkeit einer solchen Textbasis unbestritten: Sie kann in vielerlei Weise helfen, naturwissenschaftliche Themen und Fragen in einen Zusammenhang zu bringen und Verständnis zu fördern, das eine Orientierung in vielen Themenbereichen der gesellschaftlichen Kommunikation ermöglicht und eine Basis für Anschlussmöglichkeiten darstellt.

Literatur

Bildungskommission NRW (1995): Zukunft der Bildung – Schule der Zukunft. Neuwied: Luchterhand

Tenorth, H.-E. (2004): Kerncurricula – Bildungsstandards – Kanonisierung. In: Tenorth, H.-E. (Hrsg.): Kerncurriculum Oberstufe II. Weinheim: Beltz

Gottfried Strobl

1 „Umwandlungen" – ein Weg in die Naturwissenschaften zwischen eigenem „Forschen" und Nachdenken

Zielsetzung und Adressaten

Die hier beschriebene Grundkurssequenz im Gesamtumfang von 140 Stunden wurde speziell für Oberstufen-Schüler konzipiert, die ihre Spezialisierungsfächer außerhalb der Naturwissenschaften – in Geistes- und Sozialwissenschaften, Sprachen und Künsten – gewählt haben. Das Kurskonzept wendet sich also bewusst an eine Klientel, die in ihrer bisherigen Schullaufbahn mit dem Naturwissenschaftsunterricht häufig nichts anfangen konnte oder sogar negative bis traumatische Erfahrungen gemacht hat. „Naturwissenschaften habe ich noch nie verstanden und werde ich auch nie verstehen" – mit einer solchen Selbsteinschätzung kommen viele dieser Schülerinnen und Schüler, die oft recht interessiert in anderen Bereichen sind, in den Kurs, den sie belegen „müssen", weil das Abitur eben auch im Bereich Naturwissenschaften eine Prüfung von ihnen verlangt.

Diesen großen Teil der Schülerschaft vor Augen – Naturwissenschaften werden nach wie vor nur von einer Minderheit als Spezialisierungsfach gewählt – versucht die vorliegende Kurssequenz den Anspruch umzusetzen, eine naturwissenschaftliche Bildung für Laien konkreter zu fassen und Realisierungsmöglichkeiten dafür zu erproben. Diesen jungen Menschen gegenüber, die ihr berufliches Leben eher außerhalb der Naturwissenschaften planen, muss sich das Ziel einer „naturwissenschaftliche Laienkompetenz" konkret ausweisen. Die Auswahl der Lerngegenstände kann hier nicht einfach mit deren naturwissenschaftlicher Bedeutsamkeit begründet werden. Sie erfordert eine tragfähige Idee davon, welche Art von Kenntnissen und welches Verständnis von Naturwissenschaften ein Laie, privat und als Staatsbürger, für sein Leben brauchen kann.

Dabei will die konzeptionelle Planung berücksichtigen, dass die möglichen Zugangswege zu den Naturwissenschaften gerade für Schülerinnen und Schüler, die nicht ohnehin naturwissenschaftlich interessiert sind, individuell außerordentlich unterschiedlich sind – so verschieden, wie Denkweisen, Lernstile und Wege zu eigener Sinngebung und zu individuellem Verstehen nur sein können.

Begründung für die Kurskonzeption

Von allen Zielsetzungen für ein solches Unterfangen scheint mir eine am vordringlichsten: Interesse und Freude dieser Schüler an Naturwissenschaften zu wecken und – im Bedingungszusammenhang damit – deren Selbstvertrauen gegenüber diesem bisher eher gemiedenen Bereich zu fördern. Ein positiver Bezug ist – gerade nach vorangegangenen Schulerfahrungen – die Grundvoraussetzung für wirksames aktives Lernen, das nur gelingen kann, wenn ein persönliches Interesse und ein Mindestmaß an Selbstvertrauen und Erfolgserwartung vorliegen. Dass Naturwissenschaften interessant sein und Freude machen können, muss daher ganz am Anfang erfahrbar werden, ebenso die an einigen Beispielen gewinnbare Überzeugung, dass Sprache und Denkweise der Naturwissenschaften – oft entgegen bisheriger Erfahrungen und Erwartungen – im Prinzip verstehbar sind und Bezüge zum Alltagsleben haben.

Dass Naturwissenschaften auch für Laien bedeutsam sind, könnte dadurch erlebbar werden, dass man Medienberichte, beispielsweise Artikel in Tageszeitungen über naturwissenschaftliche Themen verstehen und somit wenigstens ansatzweise an der aktuellen gesellschaftlichen Kommunikation zu naturwissenschaftlichen Themen teilnehmen kann. Die Kurssequenz trägt daher entsprechende Aufgaben an die Lernenden heran, um ihnen die Erfahrung zu ermöglichen, dass sich eine Auseinandersetzung mit naturwissenschaftlichen Themen lohnt und dass sie gelingen kann. Die Aufgabe, anderen einen Zeitungs- oder Zeitschriftenartikel über ein Thema des eigenen Interesses vorzustellen, erfordert, dass man ihn selbst versteht; der Gewinn eines „Lernens durch Lehren" wird hier greifbar.

Gerade Lernende, deren Interesse eher geistes- und kulturwissenschaftlichen Themen gilt, mag es den Zugang zu den Naturwissenschaften erleichtern, wenn diese in historischen und kulturellen Kontexten sichtbar werden, als Bestandteil gesellschaftlicher Entwicklungen, mit philosophischen Wurzeln, historischen Implikationen und Bezügen. Ausgewählte Beispiele können oft überraschende Anschlussmöglichkeiten an Vorstellungen und Wissen aus anderen Bereichen aufzeigen. Dafür z.B. können die Gemeinsamkeiten (und Unterschiede) der naturwissenschaftlichen mit anderen und früheren Formen menschlicher Welterklärung sowie historische Beispiele von Entwicklungen, Kontroversen, Paradigmenwechseln und deren historische und gesellschaftliche Kontexte nützlich sein.

In der dargestellten Kurssequenz findet ein Einstieg über Mythen als Vorläufer „in Sachen" Welterklärung statt, eine Beschäftigung mit Texten von Vorsokratikern und mit Aristoteles. Damit können Alternativen zu naturwissenschaftlichen Welterklärungen, aber auch Vorstufen und Entwicklungen für spätere Elemente des naturwissenschaftlichen Denkens kennen gelernt werden, was den Blick für das Besondere des naturwissenschaftlichen Denkens schärft.

Der Kurs versucht, Naturwissenschaften nicht als beeindruckende Ansammlung von Wissensbeständen, sondern als eine spezifische Form des Fragens und Erklärens der Wirklichkeit vorzustellen – und auch als eine mächtige Vorgehensweise zum Gestalten und Beherrschen dieser Wirklichkeit. Gerade das Ziel einer „Laienbildung" legt nahe, den „Kern" des naturwissenschaftlichen Vorgehens ins Zentrum zu stellen, und dabei das Lernen von Naturwissenschaften mit einem Reflektieren über Naturwissenschaften zu verbinden.

Ein „epistemologisches Verständnis" ist gerade für Laien wichtig, die ja nicht selbst naturwissenschaftlich arbeiten, wohl aber die Rolle von Naturwissenschaften im gesellschaftlichen Diskurs und für ihr eigenes Leben beurteilen können sollen. Für sie sind beispielsweise folgende Fragen wichtig: Muss man den Naturwissenschaften und Naturwissenschaftlern alles glauben? Wie sicher ist naturwissenschaftlich gewonnenes Wissen, wo hat es seine Grenzen? Wie verhält sich das, was die Naturwissenschaften wissen und aussagen, zu dem, was in anderen Bereichen und Fächern ausgesagt wird?

Dazu passt eine „fachübergreifende" Zugangsweise besser als ein fachsegmentiertes Vorgehen: Naturwissenschaften als Eingangshalle in ein gemeinsames Gebäude; von diesem zentralen Raum aus fällt dann auch, wo erforderlich, das Hineinkommen in die spezialisierten Räume der einzelnen Fächer – mit ihren gemeinsamen Strukturen und charakteristischen Unterschieden – leichter.

Dass naturwissenschaftliche Bildung gerade für Laien in einem Verständnis des Prozesses besteht, wie Naturwissenschaften denken und arbeiten, um zu ihren Ergebnissen zu kommen, wird von Shamos (2002) betont. Diese Prozessorientierung wird auch in der beschriebenen Kurssequenz als Leitidee verfolgt: Zentrales Ziel ist es, das „Wesen naturwissenschaftlicher Erklärungen" zu erkennen und zu „verstehen, wie wir die Dinge, die wir über die Natur zu wissen glauben, herausgefunden haben" (Shamos 2002, S. 48). Damit zusammen hängt das für Laien besonders wichtige Ziel, wenigstens im Grundsatz beurteilen zu können, warum und in wie weit wir naturwissenschaftlichem Wissen vertrauen können.

Mit der Entscheidung dafür, Naturwissenschaftsunterricht mehr am Prozess als an den Inhalten zu orientieren, bleiben immer noch unterschiedliche Realisierungsformen offen. Statt einer auch möglichen theoretischen Belehrung über die Erkenntniswege der Naturwissenschaften wird hier ein aktiver forschender Zugang vorgeschlagen: Lernende sollen am Beispiel von Alltagsfragen eigene praktische Erfahrungen mit dem naturwissenschaftlichen Weg des Herausfindens von Ergebnissen machen und auswerten.

Dieses Konzept des eigenen Untersuchens ist auch aus der internationalen Literatur bekannt als Indagación bzw. Inquiry, (vgl. Devés 2006; National Science Foundation 2002), allerdings liegt der Schwerpunkt für diese Form des Arbeitens bisher meist auf der Primar- und Mittelstufe. Auf der Oberstufe braucht es entsprechend veränderte Arbeitsformen, wobei eine Verschränkung zwischen eigenem aktiven Probieren und dem altersgemäßem Bedarf an Reflexion besonders wichtig ist.

Eine am Oberstufen-Kolleg von Jens Pukies (1979) entwickelte und an Wagenschein anschließende Vorgehensweise, die bei ihm viel umfassender angelegt war, dient dabei als grobe Orientierung. Pukies hat mit seinem „historisch-genetischen" Ansatz Wagenscheins „genetisches Lernen" um eine gesellschaftliche Perspektive erweitert. Für beides gilt nach meiner Überzeugung ein Hinweis von Heymann (1996, S. 99): „Interessanterweise gewinnen einige ältere didaktische Ansätze vor dem Hintergrund der neueren Forschungen zum Denkenlernen wieder neue Aktualität. Insbesondere scheint mir eine Wiederbeschäftigung mit der ‚genetischen' und der ‚sokratischen' Methode lohnend [...] Vieles von dem [...] erweist sich nun im Licht der neueren kognitionspsychologischen Forschungen als erstaunlich weitsichtig."

Die Aufgabe, im eigenen Alltag gezielt nach Problemen und Fragen zu suchen, die man naturwissenschaftlich untersuchen könnte, dient als Einstieg in einen Weg, der modellhaft eigenständige Erfahrungen mit dem naturwissenschaftlichen Erkenntnisgewinnungsprozess ermöglichen soll.

Ein solches handlungsorientiertes und alltagsbezogenes Vorgehen kann das, was charakteristisch für die naturwissenschaftliche Arbeitsweise ist, nach meiner Auffassung und Erfahrung lebendiger verdeutlichen als eine theoretische Erläuterung. Sie macht mehr Spaß und kann Beziehungen herstellen zwischen eigenen alltäglichen Erfahrungen und den oft so entfernt wirkenden Naturwissenschaften. Die intendierte affektive und kognitive Aktivität und Auseinandersetzung halten auch Melle/Parchmann/Sumfleth (2004, S. 119) für „ein entscheidendes Merkmal effektiver Lernprozesse".

Als Weg dahin dient eine ausführliche, schrittweise intensiver und reflektierter werdende Befassung mit naturwissenschaftlichen Experimenten. Am Beginn stehen Neugier, einfache Probierversuche und Phasen von Versuch und Irrtum, denen Phasen der Reflexion und Beschäftigung mit wissenschaftstheoretischer Literatur über das, was ein Experiment ist, folgen. Die Bedeutung von Experimenten bleibt Schülerinnen und Schülern selbst bei Schülerversuchen oft unklar: Das im Unterricht oft übliche Vorgehen, fertig präparierte Anleitungen „nachkochen" zu lassen, um einen Effekt zu erzielen, fördert nicht unbedingt das Verständnis der Bedeutung dieses spezifisch naturwissenschaftlichen Instrumentes, wie zunehmend gesehen wird (Melle/Parchmann/Sumfleth 2004, S. 124 und – dort zitiert – Euler 2002).

Das Experiment steht, so sagt man, im Zentrum des naturwissenschaftlichen Erkenntnisgewinnungsprozesses. Es steht aber eben auch „nur" im Zentrum, das heißt: Genau so wichtig ist, was davor liegt an gedanklicher Entwicklung von Fragen, Hypothesen und Planung, und das, was danach kommt an Interpretation und Einschätzung der Ergebnisse. Besonders der gedankliche Weg bis hin zur Planung eines Experiments, zur Festlegung der zu variierenden, konstant zu haltenden und zu messenden Parameter sowie zur Wahl geeigneter Messverfahren lehrt sehr viel über Experimente und ihren Stellenwert im Rahmen der naturwissenschaftlichen Erkenntnisgewinnung.

Ein Wechselspiel aus eigener praktischer Erfahrung und deren sorgfältiger Reflexion bietet sich dafür als Vorgehensweise an. Zu verstehen, dass man mit Experimenten nichts „beweisen" kann, dass aus ihnen nicht unmittelbar Naturgesetze folgen, dass in ihre Planung viele gedankliche Voraussetzungen eingehen, dass sie so zwingend geplant werden müssen, dass der Natur nur noch eine Antwort mit „ja" oder „nein" auf die gestellte Frage möglich ist, sind wichtige Erkenntnis-Schritte. Mit den Grenzen der Methode kommen auch Zuständigkeitsraum und Gültigkeitsgrenzen naturwissenschaftlicher Aussagen, eine für Laien ganz zentrale Kategorie, deutlich in den Horizont des Nachdenkens.

Auch eine Orientierung an Prozessen braucht den Bezug zur Ebene des Wissens. Für den Aufbau von Strukturen ist allerdings solches Wissen wichtig, das sich auf zentrale Knotenpunkte des Wissensgebäudes bezieht und so Anschlüsse an eigenes Weiterlernen ermöglicht; es geht um Wissen, das weiteres Wissen erschließen kann. Diese Kurssequenz, deren fachlicher Schwerpunkt (ein Zugeständnis an schulische Rahmenvorgaben!) im Bereich der Chemie liegt, versucht, als inhaltliche Ebene eine zusammenhängende Struktur solcher grundlegender, erschließungsmächtiger naturwissenschaftlicher Konzepte aufzubauen:

Erhaltungssätze, Teilchenvorstellung, die Idee von Chaos und Ordnung, vom Gegensatz statistischer Teilchenbewegung versus strukturierender Anziehungskräfte, die Unterscheidung von Beobachtungs- und Deutungsebene, der Modellbegriff und die Modellvorstellung vom Atom und vom Wesen chemischer Reaktionen, der Zusammenhang zwischen Teilchenstruktur und Stoffeigenschaften und vieles mehr. Mit solchen Ankerkonzepten, so die Absicht, kann am Besten eine Anschlussfähigkeit, eine Anwendung durch eigenes Weiterdenken auch auf andere Fragen und ein eigenständiges Verknüpfen zu neuem Wissen möglich werden. Diese Überlegungen führen in der Konzeption der Kurssequenz zu folgender Grundstruktur.

Struktur der Kurssequenz als Übersicht

Folgende Elemente (denen jeweils Kursabschnitte entsprechen) bilden die Struktur der beiden Kurse der Sequenz, mit der die oben aufgeführten Zielsetzungen realisiert werden sollen. In der dritten Spalte („Arbeitsformen und erhoffte Fähigkeiten") werden dabei (ohne die einschlägige Terminologie zu übernehmen – die Gründe dafür wurden im Abschnitt 1.4 erörtert) Kompetenzen dargestellt, die für einige Elemente einer naturwissenschaftlichen Laienbildung im Sinn von Scientific Literacy relevant sind, zusammen mit darauf bezogenen Arbeitsformen des Kurses.

Abschnitte der Kurse 1 und 2 der Sequenz	Inhaltliche Schwerpunkte	Arbeitsformen und erhoffte Fähigkeiten
1 A) Historische Vorläufer und historisch-philosophische Wurzeln der Naturwissenschaften	Texte von Vorsokratikern, Mythen, Aristotelische Naturerklärung	Lesen, diskutieren, reflektieren, systematisieren, vergleichen
1 B) Experiment und naturwissenschaftliche Erkenntnisgewinnungsweise	Wesen und Stellenwert von Experimenten; Struktur von und Anforderungen an naturwissenschaftliche Experimente	Wechselspiel (stufenweise anspruchsvoller) von eigenem Probieren (an Alltagsfragen) und Reflektieren; Lektüre und Besprechung von Texten
1 C) Naturwissenschaftliche Themen verstehen und anderen erklären	Themen nach den Interessensgebiete der Kursteilnehmer	Erarbeiten und Präsentieren von Artikeln und Texten zu selbst gewählten Themen

2 A) grundlegende naturwissenschaftliche Konzepte zur Umwandlung von Stoffen	Modelle, grundlegende Sätze und Konzepte, Sprache der Chemie, weitere Ankerkonzepte	Lehrervortrag, kleine eigene Veranschaulichungen, Demonstrationen, Übungen, Anwendungsbeispiele
2 B) chemische Reaktionen: Durchführung eines Experiments zu einer Stoffumwandlung	Anwendung chemischer Konzepte zur Erklärung experimentell gewonnener Daten; Aussagemöglichkeiten und Grenzen	Selbstständige Planung und Durchführung eines chemischen Experiments, Auswertung und Reflexion/Bewertung des Ergebnisses
2 C) Verstehen von Phänomenen und Erklären von Vorgängen mit chemischen und naturwissenschaftlichen Konzepten	Wichtige Vorgänge und Phänomene in Natur und Technik auf naturwissenschaftlicher Basis verstehen und erklären können	Erarbeiten, präsentieren reflektieren und bewerten naturwissenschaftlicher Erklärungen (oft: bezogen auf das vorhergehende Experiment)

Tabelle 1: Kursabschnitte im Überblick

Darstellung des Vorgehens an ausgewählten Elementen des Kurses

Historischer Kontext: Kontrast und Vorläufer naturwissenschaftlicher Welterklärung (1 A)

Texte von Vorsokratikern (z.B. aus Sambursky 1978) werden Gruppen von Schülerinnen und Schülern zur Bearbeitung gegeben, wobei angesichts der oft schwierigen Textsorten die Bearbeitung auch eher ein Herauspräparieren von Fragen bedeuten kann. Die Aufgabenstellung lautet:

> Eine unser Kursthema „Umwandlungen" betreffende Frage, mit der sich schon die "Vorsokratiker", die „ersten Natur-Philosophen", beschäftigt haben, lautet:
>
> *„Was ist das unveränderliche, permanente Prinzip, das dem Wechsel der Phänomene zugrunde liegt, was ist die Wurzel, aus der die Vielheit der Dinge in der Welt entspringt?"*
>
> Eure Aufgabe ist es, anhand der vorliegenden Texte herauszufinden, welche Antworten einige dieser Philosophen auf diese Frage gegeben haben. Ihr könnt Euch vorstellen (und werdet es in den Texten bestätigt finden), dass diese Schriften alles andere als einfach zu verstehen sind: Es liegen nicht nur 2500 Jahre dazwischen – von den meisten dieser Menschen sind auch keine eigenen Schriften erhalten, sondern nur Berichte, die später über sie angefertigt wurden!
>
> Bitte lasst euch nicht davon abschrecken, sondern macht Euch einen Spaß daraus, etwas darüber herauszufinden, was der Philosoph zu der obigen Frage gedacht und gesagt hat. Probiert es und gebt nicht gleich auf, sondern lest den Text geduldig so lange, bis Ihr etwas findet! Stellt das dann dem Kursplenum vor!

> Außerdem sollt ihr versuchen, etwas Genaueres zu den betreffenden Philosophen herauszufinden: Wann und wo hat der Mensch gelebt, was gibt es sonst über ihn zu berichten. Stellt auch die Ergebnisse dieser Suche vor und erzählt den anderen auch, wie ihr bei eurer Suche vorgegangen seid!

Anschließend werden die herausgearbeiteten Antworten zusammen mit den aufgetauchten Fragen durch die Gruppen im Plenum vorgestellt. Es schließt sich eine vergleichende Auswertung von Ähnlichkeiten und Unterschiedlichkeiten der damals gegebenen Antworten an, eine historische und geografische und biografische Erweiterung, ebenso ein Blick in die Welt des Mythos (Helferich 1985), um die Neuartigkeit der naturphilosophischen Ansätze – ebenso wie die Anzeichen ihrer Verhaftung im Mythos – herauszufinden.

Schließlich wird noch erörtert, wie in der klassischen Epoche – Platon und vor allem Aristoteles – die Suche nach Antworten, auch auf nunmehr veränderte Fragen, weiter ging. Dabei werden insbesondere die Erklärungen des Aristoteles zu Bewegung und Veränderung, seine Lehre von den Elementen und seine Kosmologie, seine teleologische Erklärungsweise und sein Gegensatz zu Demokrit etwas ausführlicher dargestellt, weil mit dieser Grundlage das Verstehen des „Paradigmenwechsels" erleichtert wird, der bei Galilei, Descartes und Bacon zur Herausbildung der modernen Naturwissenschaften führte.

Ein Zugang in Stufen zu den Naturwissenschaften: Planen und Entwickeln von eigenen Untersuchungen (1 B)

Im Vor- und Primarschulbereich wird zunehmend darauf geachtet, wie man die Neugier der Kinder und ihr Interesse, selbst etwas herauszufinden, als Quelle von Energie für den Naturwissenschaftsunterricht nutzen kann (z.B. Lück 2003, Devés 2006).

Das Grundanliegen dieser Ansätze besteht darin, dass Lernende Wissen erwerben, indem sie selbst Fragen und Probleme naturwissenschaftlich angehen und beantworten lernen. Viele Erfahrungen zeigen, wie die Neugier kleiner Kinder als Motor zum Erfolg solchen Lernens beiträgt (National Science Foundation 2002). Die Frage ist, ob eine solche Herangehensweise auf die Kinderjahre beschränkt bleiben muss oder ob sich das Prinzip dieser Herangehensweise auch für den Unterricht Jugendlicher nutzen lässt und wie sich in diesem Fall die Vorgehensweise an die Möglichkeiten und Bedürfnisse dieser Altersstufe anpassen müsste.

Zweifellos wird es etwas anderer Wege bedürfen, die Neugier junger Erwachsener zu nähren und Verbindung zu ihren alltäglichen Erfahrungen herzustellen. Man wird stärker auf die individuellen Erfahrungs- und Interessenshintergründe eingehen, vor allem aber wird man dabei die altersgemäßen Fähigkeiten und Bedürfnisse, theoretisch zu reflektieren, einbeziehen:

Diese Überlegungen stehen hinter der hier beschriebenen Vorgehensweise, die in einem Wechselspiel aus eigenen praktisch-experimentellen Erfahrungen einerseits und deren gedanklicher Reflexion andererseits zugleich in die Erkenntnisgewinnungsweise der Naturwissenschaften einführen als auch Strukturwissen zum Verständnis der Chemie aufbauen möchte. Das Ziel ist hierbei nicht „Wissenschaftsorientierung", wohl aber das Entwickeln einer wissenschaftlichen Fragehaltung und das Einlassen auf diese systematisierte Spielart von Neugier, die Wissenschaft kennzeichnet. Dass dabei zunächst Naturwissenschaften und erst später Chemie in den Blick geraten, hat damit zu tun, dass vieles an der Chemie leichter verstehbar wird, wenn man die allen Naturwissenschaften gemeinsame Art und Weise begriffen hat, die Welt zu verstehen und zu behandeln.

Untersuchungsphase I: „Probieren"

Ein erster Schritt besteht im Nachdenken darüber, wo im persönlichen Alltag eigentlich Umwandlungen vorkommen und darüber, welche Fragen man an diese Umwandlungen überhaupt richten könnte. Lernende entwickeln schnell eine große Liste von Themen, die mit Umwandlungen in ihrem Alltag zu tun haben:

Tonträger produziert Musik; Benzin verbrennt, dabei entstehen Abgase und Bewegung; Holz verbrennt zu Asche; Photosynthese; Blätter färben sich im Herbst; Pflanzensamen keimen und wachsen; Haare wachsen; Wasser gefriert oder verdunstet; Luft im Zimmer wird schlecht; Tinte wird auf dem Papier trocken; Schmutz verschwindet durch Seife; Lebensmittel verderben; mit Shampoo entsteht Schaum; Blätter verwesen zu Humus; Butter schmilzt in der Wärme und verdirbt beim langen Lagern; Ein Ei wird beim Braten zum Spiegelei und bekommt eine harte Kruste; Hefeteig geht auf; Milch wird sauer; Eine Flasche mit Flüssigkeit platzt im Gefrierschrank; Menschen altern; Wunden heilen; Pudding wird fest; Sahne wird durch Schlagen steif; Weintrauben schrumpeln zu Rosinen; Tabak verbrennt zu Rauch, Wärme und Asche; Kaffe entsteht aus gemahlenen Bohnen und heißem Wasser.

Als Einstiegsaufgabe für Zweiergruppen wird nun formuliert, eine Frage dieser Art auszuwählen und eine Vorgehensweise für deren Untersuchung zu entwickeln – und dann diese Untersuchung durchzuführen und zu dokumentieren.

> „Sucht euch eine Umwandlung, die euch interessiert, von der ihr gerne Näheres herausfinden wollt. Lasst euch von eurer Neugier inspirieren und macht einen Plan, was genau ihr mit eurem Experiment herausfinden und wie ihr bei der Untersuchung vorgehen wollt! Notiert eure Erfahrungen!"

Im Unterschied zu herkömmlichen Experimenten, die oft lediglich im Befolgen einer rezeptartigen Versuchsanleitung bestehen, ist das Ziel hier, selbst eine Strategie und Vorgehensweise zu entwickeln. Das bedeutet oft erhebliche Umwege und höheren Zeitaufwand, aber nur so kann erfahren werden, wie naturwissenschaftliches

Arbeiten eigentlich geht: Wesentlich dafür sind die im „normalen" Unterricht oft ausgeblendeten gedanklichen Schritte, die geschehen müssen, bevor eine Versuchsanleitung geschrieben werden kann.

Die Untersuchungen können oft auch zuhause durchgeführt werden – es geht ja weniger um den experimentellen Aufwand als um die Einführung in das Prinzip des naturwissenschaftlichen Vorgehens.

Reflexionsphase

Nach der Versuchsphase, die nur wenige Unterrichtssitzungen dauert, werden die Erfahrungen zusammengetragen und reflektiert. In der Diskussion der Ergebnisse wird die Frage in den Mittelpunkt gerückt: In wieweit ist es gelungen, die Ausgangsfrage zu beantworten? Dabei werden Überlegungen dafür zusammengetragen, warum dies – was meist leicht erkannt wird – nicht zufriedenstellend gelungen ist.

Folgender Leitfaden dient dem Einstieg in die Phase der Reflexion – zunächst innerhalb der Arbeitsgruppen:

Aufgabe:

Bitte wertet gemeinsam in eurer Gruppe entlang der folgenden 7 Fragen eure Erfahrungen aus, die ihr in dieser ersten Versuchsphase unseres Kurses gemacht habt.

1) **Themenfrage:** Welche Frage habt ihr untersucht? Bitte notiert, was ihr dazu in euren Aufzeichnungen vor Versuchsbeginn aufgeschrieben habt.
2) **Grundsätzliches zur Vorgehensweise:** Wie seid ihr – im Prinzip – vorgegangen, um auf diese Frage eine Antwort zu finden? Bitte versucht, eure Vorgehensweise in einer kurzen Zusammenfassung zu beschreiben.
3) **Zugrunde liegende Überlegung:** Die von euch gewählte Vorgehensweise war ja nicht zufällig, Ihr hattet bestimmte Überlegungen und Vermutungen, die euch zu genau diesem Vorgehen geführt haben. Versucht euch diese Vor-Überlegungen klar zu machen und beschreibt sie möglichst präzise!
4) **Beschreibung eurer Versuche:** Stellt hier zu jedem der von euch gemachten Versuche dar:
   a) Was habt ihr jeweils genau gemacht?
   b) Was habt ihr dabei beobachten können?
5) **Ergebnisse:** Welche Ergebnisse und Schlussfolgerungen könnt ihr aus den Beobachtungen ziehen, die ihr in b) beschrieben habt? Formuliert eure Ergebnisse möglichst klar!
6) **Problem gelöst – Antwort gefunden?** Welche Antworten (oder Ansätze davon) auf eure Themenfrage könnt ihr aufgrund der Ergebnisse aus euren Versuchen ableiten? Wie sicher sind eure Ergebnisse – ist die Themenfrage gelöst?
7) **Rückblick:**
   a) Seid Ihr mit Euren Ergebnissen zufrieden – in wiefern?
   b) Was würdet ihr aufgrund eurer Erfahrungen anders machen, wenn ihr diese Frage noch einmal untersuchen würdet?
   c) Welche Gedanken und Erkenntnisse über das Planen und Durchführen naturwissenschaftlicher Experimente sind bei euch durch die Erfahrungen mit diesem Versuch entstanden?

Dieses Nachdenken erbringt – neben anderen – in der Regel Einsichten wie die folgenden: Die Frage war zu groß, zu komplex, zu wenig überlegt, sie war so nicht bearbeitbar; man hätte einen ganz kleinen Aspekt der Frage herausgreifen müssen; die Planung des Arbeitsablaufes hätte sorgfältiger überlegt werden müssen – man merkt erst hinterher, was man vorher hätte bedenken müssen; man hätte sich noch genauer überlegen müssen, was man messen soll; man hätte die Versuchsbedingungen konstant halten müssen.

So erwachsen aus der eigenen Erfahrung eine Reihe von Einsichten über charakteristische Anforderungen an naturwissenschaftliche Untersuchungen. Diese kann man nachfolgend aufgreifen und durch Auseinandersetzung mit geeigneten Texten zu einem konsistenteren Zusammenhang weiter entwickeln. Dafür eignet sich gut die Beschreibung, die Galilei über seinen „Fallrinnen-Versuch" gibt (Galilei 1638, S. 162f.).

Die Auswertung dieses Textes hilft den Kursteilnehmern dabei, die Charakteristiken naturwissenschaftlicher Experimente zu erweitern. Damit können beispielsweise folgende Anforderungen und Charakteristika herausgearbeitet werden:

Vorausgehende Abstraktion und gedankliche Modellierung einer komplexen Realität; eine Hypothese, die so klar formuliert wird, dass sie eine eindeutige Überprüfung zulässt; die Reduktion einer komplexen Situation auf zwei Parameter, von denen einer gemessen und einer variiert wird; die Bedeutung geeigneter Messverfahren, die mathematische Formulierung.

Besonders deutlich wird daran in jedem Fall der Unterschied zwischen einem methodisch angelegten Vorgehen und dem einfachen „Drauflosexperimentieren" – dem im Rückblick erkennbaren Hauptfehler der vorausgegangenen Probierphase.

Die Einsicht, wie sehr Experimente in den Naturwissenschaften eine klare Strategie erfordern, um die Natur durch eine geeignete Versuchsanordnung dazu zu zwingen, auf die gestellte Frage eindeutig mit ja oder nein zu antworten, kann durch geeignete wissenschaftsphilosophische Texte (z.B. Hunger 1958; Heidelberger /Thiessen 1981; Derry 2001; Hering 2007) noch vertieft werden, die das Bild vom naturwissenschaftlichen Vorgehen weiter ausdifferenzieren. Es zeigt sich dabei die Bedeutung von Vorannahmen und vorausgehender Entscheidungen für die Planung eines Experimentes, und mit der Frage nach den Implikationen wird auch die nach den Grenzen und dem Gültigkeitsbereich von Aussagen, die auf diese Weise gewonnen werden, anklingen.

Untersuchungsphase II: Naturwissenschaftliches Experimentieren

Nun folgt eine zweite Experimentierphase, in der eine wichtige Aufgabe darin besteht, die eben durch Reflexion gewonnenen Einsichten in der Planung eines zweiten Versuches (zum selben Problem oder zu einem anderen, das inzwischen vielleicht als interessanter erscheinen mag) zu berücksichtigen.

Die Aufgabe besteht ähnlich wie vorher darin, dass (in der Regel) Zweiergruppen für eine selbst gewählte interessierende Frage eine Untersuchung planen, durchführen und dokumentieren. Ergänzend zur Anleitung bei der ersten Versuchsphase wird aber dazu aufgefordert, bei der Planung des Vorgehens die Gesichtspunkte aus der vorausgegangenen Reflexionsphase zu beachten. Dazu dient folgender gedanklicher Leitfaden, der zu Beginn der Arbeit, während der Versuche und bei deren abschließender Besprechung immer wieder Grundlage von Gesprächen des Kursleiters mit den einzelnen Arbeitsgruppen ist:

Damit ihr selbst bei dieser Untersuchung euren Arbeitsprozess und seine Fortschritte über die verschiedenen Stationen besser verfolgen könnt (was für die anschließende Auswertung des Experiments hilfreich sein wird), ist es gut, schon vor und während der Arbeit bestimmte Schritte und Erkenntnisse festzuhalten

1) Wie würdet ihr das Thema bzw. das Themengebiet nennen, zu dem euer Versuch gehört?
2) Was war und woher kam euer Interesse, euch mit diesem Thema auseinander zu setzen?
3) Wie lautet die Frage genau, die ihr untersuchen und auf die ihr eine Antwort finden wollt?
4) Habt ihr schon eine Hypothese aufgestellt?
   Ja: → weiter mit Nr. 6;
   Nein: → weiter mit Nr. 5
5) Zu dem Prozess, wie ihr eine Hypothese finden/entwickeln wollt:
   Wie geht ihr vor, um aus eurem allgemeinen Interesse am Thema zu einer Hypothese zu kommen, die ihr untersuchen könnt?
6) Zu eurer Hypothese:
   Wie lautet genau eure Hypothese? Ist sie schon so präzise formuliert, dass ihr die Natur durch einen Versuch zwingen könnt, sie zu bestätigen oder zu widerlegen?
7) Wie wollt ihr zur Untersuchung eurer Hypothese vorgehen?
8) Welchen Parameter müsst ihr kontrolliert verändern, welche messen, welche konstant halten?
9) Mit welchen Verfahren werdet ihr diese Parameter messen? Warum so?
10) In welcher Form werdet ihr Eure Messwerte darstellen?

Diese Experimente werden meistens im Chemie-Labor durchgeführt, wobei aber der apparative Aufwand so einfach wie möglich gehalten wird. In geeigneten Fällen können entsprechende einfache Experimente auch zuhause (z.B. in der Küche) durchgeführt werden, wodurch die Beziehung zwischen Naturwissenschaften und Alltagsleben besonders eindrücklich erfahren werden kann. Das Vorgehen, die Durchführung und die Ergebnisse werden anschließend schriftlich in einer Versuchsausarbeitung festgehalten, die mit Blick auf diesen Reflexionsleitfaden besprochen und verbessert wird.

Am Ende dieses Abschnitts sollten die Lernenden in der Lage sein, die experimentelle Vorgehensweise in den wesentlichen Grundzügen zu verstehen. Sie sollten z.B. in der Literatur gefundene Versuchsbeschreibungen analysieren, kritisch reflektieren und auch darstellen können, was auf diesem Weg untersucht und herausgefunden werden sollte. Umgekehrt sollen sie für aufgeworfene Probleme und Alltagsfragen selbstständig Hypothesen aufstellen und eine Vorgehensweise entwickeln können, mit der diese Beantwortung zugeführt werden können. Darin eingeschlossen ist die Fähigkeit, Fragen, die naturwissenschaftlich beantwortet werden können, von solchen unterscheiden zu können, die dazu erst anders formuliert werden müssen.

Erschließung zentraler chemischer Fachinhalte und Ankerkonzepte am Thema „Umwandlungen" (2 A)

Bis hierher ging es eher um eine Ermutigung zum eigenen Untersuchen, wobei parallel dazu wissenschaftsmethodische Grundlagen erarbeitet wurden. Noch kamen fachliche Inhalte kaum ins Spiel. Doch die Tatsache, dass Erklärungen in ein konsistentes Wissensgebäude der Naturwissenschaften passen müssen und dass naturwissenschaftliche Deutungen immer an vorhandenes Wissen anschließen, kann nun nicht länger außer Betracht bleiben.

Im Folgenden wird beschrieben, wie in einem eigenen Kursteil die Aneignung einiger zentraler chemischer und naturwissenschaftlicher Wissensstrukturen erfolgt.

Nach den vorausgegangenen Kursabschnitten sollten Selbstbewusstsein und Interesse der Kursteilnehmer so weit gestärkt sein, dass man mit ihnen einen Weg durch einige zentrale Konzepte der Chemie wagen kann, dessen Struktur in Abb. 1 skizziert ist.

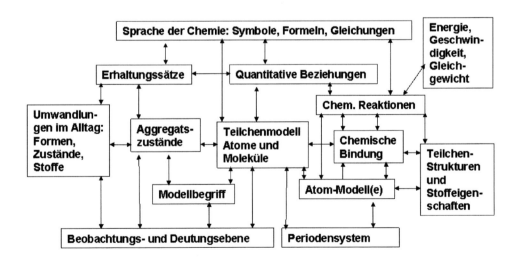

Abb 1 Ein Gerüst aus chemischen Ankerkonzepte im Kurs „Umwandlungen"

„Umwandlungen" (diesmal von *Stoffen*) aus der Alltagserfahrung sichern dabei wieder einen Bezug zu alltäglichen Erfahrungen: Kochen von Wasser, Braten von Eiern, Auflösen von Salz in der Suppe oder von Zucker im Kaffee und viele weitere im Alltag beobachtbare Veränderungen werden nun unter der Fragestellung betrachtet, wie man diese Umwandlungen erklären kann. Dabei kann eine fundamentale Unterscheidung eingeführt werden, die Schülern oft nicht bewusst wird und die in ihrer Bedeutung für naturwissenschaftliches Denken gar nicht wichtig genug eingeschätzt werden kann: Der Unterschied zwischen den Ebenen des Beobachtens und Messens einerseits sowie des Deutens und Erklärens andererseits.

Einfache Umwandlungen einer Form (z.B. Büroklammer wird zu einem Drahtgebilde), eines Aggregatszustandes (z.B. Wachs oder Eis schmelzen) und der Stoffe selbst (z.B. Wachs oder Streichholz verbrennen) stehen am Anfang. Über die Art des Erklärens selbst und die Benutzung von Modellen reflektierend wird am Beispiel des Teilchenmodells eine Möglichkeit vorgestellt, diese beobachteten Umwandlungen zu erklären.

Dabei wird das Wesen von Modellen deutlicher durch den Auftrag an die Schülerinnen und Schüler, unter Aufbietung von Phantasie mehrere alternative Modelle zu entwerfen. Dass man prinzipiell ein und denselben Sachverhalt auf verschiedene Weise erklären kann, zeigt, dass Modelle weder „wahr" noch „falsch" sein können, sondern nur besser oder schlechter geeignet, einen Sachverhalt zu erklären. So wird auch einsehbar, warum die Überzeugungskraft von Modellen auch von den Umständen und Sichtweisen der jeweiligen Zeit abhängt, wie ein Blick in die Wissenschaftsgeschichte und deren Paradigmenwechsel zeigt.

Wichtige Begriffe wie Elemente und Verbindungen, Atome und Moleküle werden jetzt durch Verweis auf die Modellebene erklärbar; die Sprache der Chemie mit ihren Formeln und Gleichungen bietet sich als „Kurzschreibweise" anstelle sonst recht umfangreicher Aussagesätze an. Gleichungen wiederum verweisen auf Erhaltungssätze und eröffnen einen Zugang zur Ebene quantitativer Informationen, die in chemischen Gleichungen enthalten sind. Damit werden Voraussagen über messbare Dimensionen von Stoffumwandlungen möglich, wie einige alltagsbezogene Beispiele demonstrieren können.

Die Annahme, dass Stoffumwandlungen auf der Veränderung der Teilchen beruhen, da die Eigenschaften der Stoffe von der Zusammensetzung und der Struktur ihrer Teilchen bestimmt werden, führt über die Frage, wie sich Teilchen verändern und neu zusammensetzen können, zu Vorstellungen vom inneren Aufbau der Atome und zu den Unterschieden zwischen ihnen.

Dabei lohnt sich ein Blick auf den Weg, der zu den heutigen Vorstellungen von Kern und Hülle geführt hat: Er zeigt z.B., wie ungern man sich von Modellen selbst dann verabschiedet, wenn massive Widersprüche auftauchen, wie man Modelle lieber durch zusätzliche Annahmen erweitert, um sie zu „retten", beispielsweise durch die Annahme einer „Kernkraft" – und wie solche zunächst theoretisch postulierten Konstrukte dann später auf der Ebene der Beobachtung und Messung bestätigt werden.

Das Periodensystem wird dabei als nützliches Informationsmittel über den Aufbau der Atome jedes Elements erkennbar. Das Postulat einer einfachen Oktettregel genügt an einfachen Fällen für Vorhersagen, welche Zusammensetzungen für Moleküle wahrscheinlich oder nicht wahrscheinlich sind, was oft eine Überraschung und das für die Schüler wichtige und motivierende Gefühl bringt, dass sich Chemie verstehen lässt.

Diese Regel genügt auch, um einen Überblick über Arten der chemischen Bindung zu ermöglichen, und über den Unterschied in der Molekülstruktur lassen sich gut wichtige Unterschiede in den Eigenschaften (z.B. Löslichkeit, Aggregatszustand, Polarität) der Stoffe erklären.

Mit den beim Zusammenstoß – abhängig von Energieverhältnissen – eventuell zerbrechenden und sich aus den Bruchstücken neu zusammensetzenden Teilchen stehen innere Bilder zur Verfügung, die einfache, aber bei Bedarf nutzbare tragfähige Erklärungsmuster für eventuell weitere aufkommende Fragen bieten, etwa nach Geschwindigkeit, Energiebeteiligung, Vollständigkeit und Endzustand bzw. Gleichgewicht chemischer Reaktionen.

Einige Gedanken zur Begründung dieser Vorgehensweise

In einem solchen Durchgang, der weitgehend als Unterrichtsgespräch mit eingestreuten Übungs- und Anwendungsaufgaben gestaltet wird, nur manchmal durch kleine, aber bedeutsame Demonstrationsexperimente ergänzt, können Schülerinnen und Schüler ein gedankliches Grundgerüst aus einigen zentralen, miteinander verbundenen, chemischen Konzepten erreichen. Es wird keine Vollständigkeit des Chemiestoffes angestrebt, sondern es geht um Ankerideen, die ein tragendes Gerüst an chemischen Konzepten bilden, die es Lernenden ermöglichen, sich selbst bei Bedarf weiteres chemisches Wissen strukturiert zu erschließen.

Die neuere chemiedidaktische Diskussion hat diese Notwendigkeit klar beschrieben (Melle/Parchmann/Sumfleth 2004) und räumt dem Begriff des Gerüst- und Strukturwissens einen hohen Stellenwert ein. Ohne ein Gerüst aus richtig angeordneten und miteinander fest verbundenen Balken kann kein Gebäude entstehen, auch kein Wissensgebäude in der Chemie. Daher versucht das vorgestellte Konzept den Stoff bewusst radikal zu reduzieren, dafür aber die tragenden Strukturelemente zu festigen und solide miteinander zu verankern.

Zwar verzichtet dieses Vorgehen auf viele aus Lehrplänen gewohnte Inhalte. Andererseits geht dieses systematische Netz von chemischen Konzepten deutlich über das hinaus und an dem vorbei, was gemeinhin zur Beantwortung aktueller Alltagsfragen notwendig erscheint. Das liegt an der Absicht, über die oberflächliche Ebene des „Wie funktioniert das?" hinaus zu kommen und mit der Erklärung beispielhafter Sachfragen zusammen auch ein prinzipielles Verständnis der Naturwissenschaften als solche und ihrer Denk- und Arbeitsweise zu verbinden.

Die Einsicht, dass Naturwissenschaften ihrem Anspruch nach ein System zur rationalen Durchdringung der Welt sind, das auf bestimmten Übereinkünften inhaltlicher Art und in der Vorgehensweise beruht, ist meiner Auffassung nach dafür zentral. Diese Einsicht braucht, damit sie entstehen kann, mehr als die Mitteilung, dass das so ist. Sie muss wachsen können in der Arbeit an Beispielen, die exemplarisch einen Ausschnitt aus dem Netz aufeinander aufbauender Prämissen und Folgerungen naturwissenschaftlicher Modelle und Konzepte bearbeiten und damit Wesen, Stärken und Grenzen dieser Erklärungsweise zugänglich machen.

Statt einer Suche nach einem Kanon der „allerwichtigsten" einem Laien zu vermittelnden Themen und Prinzipien der Naturwissenschaften, die meiner Meinung nach hoffnungslos ist und deren Ergebnis immer durch die Perspektive des auswählenden Individuums bestimmt wird, setze ich auf eine (relative!) „Tiefbohrung" an einer exemplarischen Stelle, der Erklärung der Stoffe und ihrer Umwandlungen. Den berechtigten Anspruch, dass solche exemplarisch vertieften Bereiche nicht der Wissenschaftslogik Begründung schulden, sondern als Brücken zum vernünftigen Denken im Alltag dienstbar sein sollen, kann die Auswahl von Beispielen ansatzweise einlösen.

Ist der Atombau ein relevantes Thema für Laien?

Die Fähigkeit, aus dem Periodensystem abzuleiten, dass ein Fluor-Atom mit der Masse 39 u und der Ordnungszahl 19 im Periodensystem in der siebten Hauptgruppe und zweiten Periode steht und was daraus für seinen Bau und die Eigenschaften des Elements Fluor an Erkenntnissen abzuleiten sind (siehe Beispielaufgabe im Abschnitt 6.2), ist in der Tat als Ziel für Laienbildung diskutierbar, wo es doch so viele wichtigere Themen im Alltag gibt.

Meine Begründung, weshalb sich der Atombau als eine „mehrdimensionale Knotenstelle" besonders gut eignet, setzt nur teilweise darauf, dass man mit dem zum Verständnis des Atombaus notwendigen Wissen beispielsweise das aktuelle Thema der Isotopenanreicherung durch Zentrifugen im Iran (ergänzt durch die Einsicht, dass hier – wie oft – nicht der naturwissenschaftliche Sachverhalt das Problem ist, sondern machtpolitische Auseinandersetzungen!) grundsätzlich verstehen kann. Auch die Tatsache, dass Eigenschaften z.B. des alltäglich benutzten Salzes durch Analogieschlüsse erklärbar werden und dergleichen mehr können – wenn auch begrenzte – Argumente darstellen.

Wichtiger sind mir die Lernprozesse, welche ein gedankliches Nachgehen des Weges bis zu diesem Atommodell anregen kann, wobei sich zeigt, wie das schrittweise Ausdifferenzieren und Weiterentwickeln von Modellen in den Naturwissenschaften im Prinzip verläuft:

Dass in die ursprünglich als „Kügelchen" denkbaren Atome Ladungen hinein kommen „müssen", um deren Fähigkeit, sich zusammenzuschließen, stimmig erklären zu können; wie aus einem möglichen Rosinenpuddingmodell der Ladungsanordnung ein Kern-Hülle-Modell wird, wie die historische Errungenschaft des glücklich verstandenen Planetenmodells Pate steht für die Vorstellung von „kreisenden" Elektronen, wie eine neue Kraft, die „Kernkraft", als Hypothese eingeführt werden „muss", um das inzwischen vertraut gewordene Modell zu retten – und wie dann die Suche nach Bestätigung nicht nur Verträglichkeit mit den Annahmen ergibt, sondern auch in der „Nutzung" sehr relevant wird; wie erneut zur Rettung des Grundmodells mit Bohrs Postulat bisher geltende grundlegende Wahrheiten über Bord geworfen werden, um zu einem erweiterten und brauchbaren neuen Modell des Schalenaufbaus zu kommen, welche mit Spektrallinien (hier bietet sich eine Verbindung mit der Erklärung des Lichtes einschließlich der Notwendigkeit zweier paralleler Modelle an!) eine Entsprechung in der beobachtbaren Welt finden.

Solche Knotenpunkte in einem Netz möglicher gedanklicher Wege sind meiner Meinung nach nützlich, weil sie etwas vom Grundsätzlichen zeigen und weil sie Anschlüsse eröffnen und Wege, auf denen man sich weiter vorantasten kann.

Zu begründen bleibt wohl noch, wieso das vorgeschlagene Konzept bei elementaren Dingen wie z.B. „Teilchen" ansetzt, obwohl diese im Verlauf der Mittelstufe schon auf dem Lehrpan standen. Meiner Erfahrung nach muss man so weit vorne beginnen, denn viele Schülerinnen und Schüler bringen aus ihrem früheren Unterricht nur oberflächliches Wissen mit – und das meist nur in Form zusammenhangloser Bruchstücke: Zwar werden schnell Begriffe wie „Atom" oder „Molekül" genannt, man spricht von „H_2O" und anderen Formeln, aber es fehlt ein wirkliches Verständnis sowohl der Bedeutung als auch des inneren Zusammenhanges. Ohne ein anschlussfähiges Gerüst aus Ankerkonzepten aber ist es fast unmöglich, einen Schritt über diesen Zustand hinaus zu machen, weil neue Wissensinhalte keine tragfähigen Anheftungspunkte finden.

Untersuchungsphase III: Chemisches Experimentieren (2 B)

Nach der Aneignung des dargestellten und begründeten groben Strukturgerüstes einiger wichtiger chemischer Konzepte kann nun die Phase der experimentellen Untersuchungen auf einer erweiterten Ebene wieder aufgenommen werden.

Es findet erneut eine Gruppenarbeit von jeweils zwei Schülern statt, die sich einer Stoffumwandlung zuwenden, zu der sie – unter Einbeziehung dessen, was sie in den vorausgegangenen Untersuchungsphasen gelernt haben – eine selbst geplante und durchgeführte experimentelle Untersuchung durchführen sollen. Als zusätzliche Aufgabenstellung kommt nun hinzu, dass das erhaltene Ergebnis anschließend mit Hilfe der chemischen Konzepte und Modellvorstellungen, die im vorausgegangenen Abschnitt gelernt wurden, ansatzweise erklärt und so auf das chemische Wissensgebäude bezogen werden muss.

Untersuchungen, die in diesem Abschnitt durchgeführt werden, erstrecken sich auf alltagsnahe chemische Themenbereiche wie Verbrennungen, Korrosion, Auflösen von Metallen in Säuren, Gärung, Photosynthese. Dabei werden in den Experimenten sowohl Fragen nach quantitativen Beziehungen verfolgt als auch durch Anwendung naturwissenschaftlicher Grundkonzepte Erklärungen für die experimentellen Befunde entwickelt. Die Auswahl wird auf solche Experimente beschränkt, die mit einfachen Mitteln im Schul-Labor durchführbar sind, die eine Anwendung oder auch Ausweitung erworbener Wissensbestände erlauben und die etwas Wichtiges von den Naturwissenschaften zeigen können.

Selbstständiges Anwenden, Erarbeiten und Erweitern von Wissen

In diesen Abschnitten (1 C und 2 C im Überblicks-Schema), die gegen Ende der beiden Kurse liegen, geht es darum, das erworbene Wissen zu erproben und selbstständig zu erweitern. Dabei werden im ersten Kurs die Anforderungen einfacher gehalten und die Themen können allgemein naturwissenschaftlich sein; im zweiten Kurs liegen die Anforderungen an die Qualität der Bearbeitung höher und das Thema muss etwas mit Chemie zu tun haben.

Jeder Lernende wählt eine ihn interessierende Umwandlung, spricht das Thema mit dem Kursleiter ab und sucht dazu in Zeitschriften, Büchern und im Internet Literatur. Die Aufgabe besteht darin, zu diesem Beispiel selbstständig eine Präsentation zu erarbeiten, welche dem ganzen Kurs das entsprechende Thema anschaulich nahe bringen und verständlich machen soll.

Umwandlungen, die dafür ausgewählt werden, beziehen sich oft auf Vorgänge im Alltag, doch gibt es auch ein breites Spektrum gewählter Themen, das vom Weltall über Lebensvorgänge allgemein, Vorgänge im menschlichen Körper bis zu technischen Prozessen reicht. Oft bezieht sich das präsentierte Thema auch auf das vorausgegangene Experiment und hat dann zum Ziel, die dort experimentell festgestellten Sachverhalte in einen Horizont chemischer Konzepte und Sachverhalte zu stellen, was eine gute Anwendungsmöglichkeit für den theoretischen Lernstoff und eine gute Transfermöglichkeit des Wissens auf andere Anwendungsbeispiele bieten kann.

Um das im Kurs erworbene Wissen auf das vorliegende konkrete Beispiel anzuwenden werden von der Präsentation neben der Darstellung des Sachverhaltes auch zwei weitere Aspekte verlangt:

a) Erläuterung der Vorgehensweise: Wie wurde das herausgefunden, was in diesem Artikel oder Beispiel dargestellt wird? Wie sind – laut Text oder vermutlich – Wissenschaftler vorgegangen, um zu diesen Erkenntnissen zu kommen? Wie findet sich in dieser Vorgehensweise das wieder, was wir als typisch für die Art und Weise kennen gelernt haben, wie Naturwissenschaften zu ihren Erkenntnissen gelangen? Was in diesem konkreten Fall entspricht dabei dem, was wir gelernt haben – und wo gibt es Abweichungen oder Widersprüche?

b) Die Erweiterung des Wissens: Fast immer wird es notwendig, dass die Lernenden nicht nur das erworbene chemische Strukturwissen auf das Beispiel beziehen, sondern sich über das im Unterricht erworbene Wissen hinaus selbst zusätzliches chemisches Wissen erschließen. Dabei wird erlebt und erfahren, dass und wie man die vorhandene Wissensbasis, das Strukturgerüst, dazu nutzen kann, um sich in einen neuen chemischen Sachverhalt einlesen und ihn verstehen zu können. Das fördert das Selbstvertrauen, in Naturwissenschaften etwas verstehen zu können und macht Mut zu selbstständigem Weiterlernen.

Erfahrungen und Einschätzung der Wirksamkeit

Eine systematische Evaluation des Kurserfolges konnte nicht geleistet werden. So kann sich eine Einschätzung des Erfolges neben subjektiven Eindrücken nur auf Ergebnisse einer Eingangs- und Schlussbefragung stützen. Auch wenn in Äußerungen der Teilnehmerinnen und Teilnehmer nicht mehr als Tendenzen sichtbar werden können, spricht manches dafür, dass die Kurssequenz ein Erfolg war:

So gaben vor dem Kurs weniger als die Hälfte der Lernenden an, dass ihnen Naturwissenschaft Freude machen; am Ende der Sequenz beantworteten alle diese Frage mit „Ja".

Ähnlich verlief die Veränderung der Aussagen zu der Frage „Ich verstehe einigermaßen, wie man in den Naturwissenschaften vorgeht, um zu Ergebnissen zu kommen". Vor dem Kurs bejahte die Hälfte der Teilnehmer diese Frage, nach dem Kurs waren es alle.

Die anonym erhobenen Antworten zu den offenen Fragen zeigen in ihrer Tendenz und mit großer Übereinstimmung, dass fast alle Kursteilnehmer weitere wichtige Ziele und Absichten des Konzeptes durchwegs erreichen konnten. Besonders häufig wurden dabei folgende Punkte genannt:

Abbau von Angst vor den Naturwissenschaften, Weckung von Interesse und Neugier und eine neue Sicht auf die Dinge; Neugier und „Forschergeist"; Freude, Naturwissenschaftliches in Alltagsvorgängen und in Meldungen im Fernsehen besser verstehen zu können; Zutrauen, sich selbst durch Nachdenken etwas naturwissenschaftlich erklären zu können; verstehen, wie Naturwissenschaften vorgehen; selbst Experimente planen und durchführen zu können; verstehen von Zusammenhängen, die im früheren Unterricht schleierhaft geblieben waren.

Auch aus der Perspektive des Lehrenden weisen zahlreiche, natürlich subjektive, Beobachtungen in die gleiche Richtung: Eine überdurchschnittliche Beteiligung, vor allem bei den eigenen Untersuchungen, aber auch Interesse an den Überlegungen und selbst beim Abschnitt „Chemie"; Fragen zu Erlebtem und Gesehenem oder Gelesenem wurden häufig in den Kurs eingebracht und führten zu Diskussionen, in denen das eigene Verständnis erprobt und erweitert werden konnte; die formale Leistungsbewertung erbrachte insgesamt erfreuliche Ergebnisse, am erfreulichsten waren für mich aber die sehr häufigen Äußerungen von Aha-Erlebnissen der Art, dass Sachverhalte nun als verstehbar erlebt wurden, die in der vorhergegangenen Schullaufbahn immer rätselhaft geblieben waren.

Beispiele von Aufgaben zur Leistungsüberprüfung:

Beispielaufgaben zum ersten Kurs:

---

1) Die Alltags- und Lebenserfahrung, dass sich dauernd Veränderungen vollziehen, wirft für Menschen oft die Frage auf: „Worin besteht das, was in diesen Veränderungen gleich bleibt?"

Fragen und Aufgaben:

    1.1 Zeige – mit wenigen Stichworten – wie diese Frage beantwortet wurde
        a) durch den Mythos
        b) durch einen Vorsokratiker, an den du dich erinnerst
        c) durch Plato
        d) durch Aristoteles
    1.2 Worin siehst du die Unterschiede zwischen a) und den übrigen drei Erklärungswesen?
    1.3 Zeige an zwei Beispielen, wie die moderne Naturwissenschaft diese Frage behandelt!

---

2) Ein Frage aus dem Alltag kann lauten: Warum ist bei manchen Menschen die Pulsfrequenz höher ist als bei anderen?

Aufgaben:

    2.1 Mache daraus eine Fragestellung, die sich naturwissenschaftlich untersuchen lässt!
    2.2 Formuliere eine Hypothese, die man testen kann!
    2.3 Entwirf eine Versuchsanleitung für ein solches Experiment und nenne geeignete Messverfahren.

---

3) In einem Schulbuch findet man folgende Beschreibung für einen Schülerversuch:

„Wiege 2-mal je 25 Kresse-Samen ab. Lege sie in zwei Blumentöpfe und lasse sie je zwei Wochen im Licht bzw. im Dunkeln wachsen (Gießen nicht vergessen). Ziehe die Pflänzchen danach vorsichtig aus der Erde, spüle die Wurzeln ab und trockne sie mit Küchenkrepp ab. Wiege die Pflanzen der beiden Blumentöpfe getrennt."

Fragen und Aufgaben:

- Welche Alltagsfrage bzw. Alltagsbeobachtung könnte zu diesem Versuch geführt haben?
- Formuliere die Hypothese, die diesem Versuch zugrunde liegt!
- Benenne die Parameter, auf welche die Fragestellung hier reduziert wird!
- Welche Messverfahren für die Parameter werden hier angewendet?
- Welche Anforderungen, die wir als wesentlich kennen gelernt haben für naturwissenschaftliche Experimente, findest du in dieser Versuchsbeschreibung?
- Welche weiteren Anforderungen an Experimente, die du kennst, sind in dieser (etwas kurzen und groben) Darstellung nicht erwähnt? Nenne einige, die hier passen, und ergänze die Versuchsanleitung damit.

4) Nachstehend findest du Auszüge aus einem Artikel aus einer Tageszeitung. Wegen der Kürze des Artikels ist darin der Sachverhalt natürlich nur sehr grob und unvollständig beschrieben.

„Krähen erben Fähigkeit zur Werkzeug-Herstellung.

[...] Die Fähigkeit von Krähen zum Bau von Werkzeugen ist einer britischen Studie zufolge nicht erlernt, sondern vererbt. Gefangene Krähen, die nie ihre Vogeleltern dabei beobachten konnten, wie sie Zweige zur Nahrungsbeschaffung einsetzten, entwickelten diese Fertigkeit dennoch [...] Für die Studie zogen die Wissenschaftler vier Krähen der Art Corvus moneduloides auf. [...] Ob die Forscher den Krähen vorgeführt hatten, wie sie mit Zweigen Nahrung aus Spalten holen können oder ob sie gar keine Anleitung erhielten, spielte im Ergebnis keine Rolle."

Fragen und Aufgaben:

a) Überlege bitte mit Hilfe deiner Kenntnisse über naturwissenschaftliche Experimente, wie eine Untersuchung angelegt sein müsste, mit der man zu dem im Artikel dargestellten Ergebnis kommen kann.

b) Kannst du dir – so, wie dieses Experiment beschrieben ist – auch Argumente vorstellen, mit denen man das hier behauptete Ergebnis anzweifeln könnte?

---

5) Nachfolgend ist ein Experiment aus dem Bereich der Chemie dargestellt:

„In ein Reagenzglas werden 0,5 ml Mundspeichel und 5 ml einer 1,5 %igen Stärkelösung gegeben. Sofort nach dem Durchmischen wird ein Tropfen Jodjodkaliumlösung zugegeben. Die auftretende Blaufärbung beweist die Anwesenheit von Stärke.
In ein zweites Reagenzglas werden ebenfalls 0,5 ml Mundspeichel und 5 ml einer 1,5 %igen Stärkelösung gegeben. Nach dem Durchmischen lässt man das Reagenzglas 5 min stehen. Gibt man dann einen Tropfen Jodjodkaliumlösung zu, dann unterbleibt die Blaufärbung." (aus W. Pilhofer: Praxis-Schriftenreihe Chemie, Band 25)

Fragen und Aufgaben:

a) Was ist die Hypothese, die diesem Versuch zugrunde liegt?

b) Findest du in dieser Versuchsbeschreibung weitere Elemente, Parameter und Anforderungen, die wir als wesentlich kennen gelernt haben für naturwissenschaftliche Experimente.

c) Welche Unterschiede zwischen den beiden vorstehenden Experimenten (in den Aufgaben 4 und 5) scheinen dir typisch für die Fächer, zu denen sie gehören?

Beispielaufgaben zum zweiten Kurs:

1) Ein Atom hat die Masse 39 u und die Ordnungszahl 19. Zu welchem Element gehört dieses Atom? Wie schwer ist ein mol Atome dieses Elements?

2) Wie viele Stickstoffmoleküle (N_2) befinden sich in einem nur mit Stickstoff gefüllten Gefäß, dessen Rauminhalt 1 ml beträgt? Wie viel wiegt diese Gasmenge?

3) 1 g Wasser und 1 g CO_2 verdunsten. Welcher der beiden Stoffe nimmt als Gas das größere Volumen ein?

4) Den Umwandlungsvorgang, der in einem Spiritusbrenner vor sich geht, beschreiben Chemiker mit folgender Zeile:

$$C_2H_6O \;+\; O_2 \;\rightarrow\; CO_2 \;+\; H_2O$$

a) Stelle diese Gleichung mit Hilfe geeigneter Koeffizienten richtig!
b) Erkläre einem Freund, der die "chemische Sprache" nicht beherrscht, ausführlich und genau, welche Informationen in dieser Kurz-Darstellungsweise enthalten sind.
c) Wie viel Gramm Wasser entstehen, wenn man ein Schälchen mit 20 g Spiritus völlig verbrennt? Warum sieht man dieses entstehende Wasser eigentlich nicht?

5) Beantworte die nachfolgenden Fragen kurz, aber mit präzisen Formulierungen:

a) Woran erkennt man, dass ein Reinstoff eine Verbindung ist?
b) Wovon hängen die beobachtbaren Eigenschaften eines Gemisches ab?
c) Woran erkennt man, dass eine chemische Reaktion stattgefunden hat?
d) Geben Wassertröpfchen beim Gefrieren (z.B. Nebel wird zu Reif) Energie an die Umgebung ab oder nehmen sie dabei Energie aus der Umgebung auf?
e) Nimmt das Volumen eines Luftballons beim Abkühlen zu oder ab?
f) Wird das Wasser beim Verdunsten einer Pfütze kälter, wärmer oder bleibt seine Temperatur gleich?

6) Gib für jede deiner Antworten in Aufgabe 5 eine Erklärung mit dem Teilchenmodell, beantworte also die Fragen a) – f) so, als ob sie mit der Frage „Wie deutet man die Erscheinung ..." beginnen würden!

7) Drei Umwandlungen:
   Ein Kind formt aus einer Stange Knetmasse einen Elefant.
   Ein Schneemann schmilzt.
   Ein Streichholz verbrennt.
Verwende das Teilchenmodell, um die Unterschiede zwischen diesen drei Umwandlungen zu erklären.

Literatur

Derry, G.N. (2001): Wie Wissenschaft entsteht. Ein Blick hinter die Kulissen. Darmstadt: Primus-Verlag

Devés, R. (2006): ECBI – Educacion en Ciencias Basada en la Indagacion. In: Ciencia para todos los niños; www.ecbichile.cl (Zugriff 4.11.2007)

Euler, M. (2002): Lernen durch Experimentieren. In: Ringelband, U. et al.: Lernort Labor. Initiativen zur naturwissenschaftlichen Bildung zwischen Schule, Forschung und Wissenschaft. Bericht über einen Workshop. Kiel: IPN, S. 169-185

Galilei, G. (1638): Discorsi. Unterredungen und mathematische Demonstrationen über zwei neue Wissenszweige, die Mechanik und die Fallgesetze betreffend, Arcetri, 1638. Neu herausgegeben von A. v. Oettingen (1973). Darmstadt: Wissenschaftliche Buchgesellschaft

Helferich, C. (1985): Geschichte der Philosophie. Stuttgart: Metzler

Heidelberger, M./Thiessen, S. (1981): Natur und Erfahrung. Von der mittelalterlichen zur neuzeitlichen Naturwissenschaft. Reinbeck: rororo

Hering, W.T. (2007): Wie Wissenschaft ihr Wissen schafft. Vom Wesen naturwissenschaftlichen Denkens. Reinbeck: rororo

Heymann, W. (1996): Allgemeinbildung und Mathematik. Weinheim: Beltz

Hunger, E. (1958): Von Demokrit bis Heisenberg. Quellen und Betrachtungen zur naturwissenschaftlichen Erkenntnis. Braunschweig: Vieweg

Lück, G. (2003): Handbuch der naturwissenschaftlichen Bildung. Freiburg: Herder

Melle, I./Parchmann, I./Sumfleth, E. (2004): Kerncurriculum Chemie – Ziele, Rahmenbedingungen und Ansatzpunkte. In: Tenorth H.-E. (Hrsg.) Kerncurriculum Oberstufe II, Weinheim: Beltz, S. 85-147

National Science Foundation (2000): Foundations – monograph for professionals in science, mathematics and technology education: Inquiry. www.nsf.gov/pubs/2000/nsf99148/intro.htm (Zugriff 14.11.2007)

Pukies, J. (1979): Das Verstehen der Naturwissenschaften. Braunschweig: Westermann

Sambursky, S. (1978): Der Weg der Physik. 2500 Jahre physikalischen Denkens. München: dtv

Shamos, M.H. (2002): Durch Prozesse ein Bewußtsein für die Naturwissenschaften entwickeln. In: Gräber, W./Nentwig, P./Koballa, T/Evans, R (Hrsg.).: Scientific Literacy. Opladen: Leske + Budrich, S. 45-68

Annette Habigsberg/Karl Peter Ohly/Andreas Stockey

2 In und über Naturwissenschaften lernen – Ein Kurs zur Einführung in naturwissenschaftliche Denk- und Arbeitsweisen

Der hier beschriebene Kurs umfasst ein Halbjahr mit 72 Schulstunden. Dieser Kurs stellt die Erkenntnisweisen der Naturwissenschaften („nature of science") in den Mittelpunkt und wird daher durch die Methodik naturwissenschaftlichen Arbeitens strukturiert. Entsprechend dieser Vorgabe werden die Gegenstände, mit denen die Lernenden sich beschäftigen, danach ausgewählt, wie geeignet sie sind, bestimmte Aspekte des naturwissenschaftlichen Vorgehens zu verdeutlichen, sie sind z.T. der aktuellen Berichterstattung entnommen und stehen demnach auch im Gegensatz zu den problemorientierten Kursen in keinen inhaltlichen Zusammenhang. Der Kurs richtet sich dabei an Schülerinnen und Schüler, die keine Naturwissenschaft als Leistungskurs belegen, sondern deren naturwissenschaftliche Ausbildung im Übrigen aus fächerübergreifenden Grundkursen besteht, wie sie in den anderen Kursbeschreibungen in diesen Band vorgestellt werden. Die Methodik naturwissenschaftlichen Arbeitens wird also für zukünftige „Laien" vermittelt, die mit Naturwissenschaften eher im Alltagbezug in Berührung kommen. Dabei wird auf das „erweiterte hypothetisch-deduktive Vorgehen" (siehe Kasten 1) Bezug genommen, durchaus in dem Bewusstsein, dass diese Beschreibung eine Idealisierung darstellt, die in dieser idealisierten Form nur in wenigen Fällen von naturwissenschaftlicher Forschung tatsächlich angewendet wird. Bezug nehmen bedeutet dann auch, dass im Fortgang des Kurses diese Idealisierung thematisiert wird und andere Faktoren, die den Gang der Forschung beeinflussen, betrachtet werden. Ein so konzipierter „Methodenkurs" wäre auch in der gymnasialen Oberstufe als Ergänzung zu Grundkursen in einem naturwissenschaftlichen Fach im Umfang eines Schulhalbjahrs sinnvoll.

Der Kurs „Einführung in das naturwissenschaftliche Denken und Arbeiten" hatte folglich zum Ziel, Schülerinnen und Schüler theoretisch und praktisch in Methoden und Verfahrensweisen der Naturwissenschaften einzuführen (vgl. Kasten 2, 3 und 4). Dass dabei vorwiegend auf Beispiele aus der Biologie zurückgegriffen wurde, hat mit der fachlichen Ausrichtung der Autoren und mit der Interessenlage der Lernenden zu tun. In der folgenden Darstellung wird über das Kurskonzept und die Erfahrungen der Autoren aus mehreren Durchläufen des Kurses berichtet. Nicht in allen Kursen sind alle beschriebenen Inhalte behandelt worden, insbesondere hat der zeitliche Aufwand für die praktischen Anteile durchaus variiert.

Dass eine solche Einführung in das naturwissenschaftliche Denken praktische Anteile hat, ist vielleicht nicht selbstverständlich. Umgekehrt scheint es uns wenig sinnvoll, über die Methodik naturwissenschaftlicher Erkenntnisgewinnung nur zu reden, vielmehr setzt u.E. die Entwicklung einer kritischen Methodenkompetenz auch und gerade für Laien voraus, dass sie einen gewissen Einblick in den praktischen Vollzug naturwissenschaftlichen Arbeitens gewinnen können und erfahren, welche Tätigkeiten praktischer und intellektueller Art mit Forschung sei es im Labor oder im Freiland verbunden sind.

Das Grundschema des hypothetisch-deduktiven Vorgehens.

Wie bereits oben erwähnt, besteht der Kurs aus mehreren methodisch aufeinander aufbauenden aber inhaltlich unabhängigen Modulen, die nun in der im Kurs gegebenen Reihenfolge beschrieben werden. In einem einführenden Modul wurden die Lernenden in die Grundlagen des hypothetisch-deduktiven Verfahrens eingeführt und konnten an Artikeln aus Tageszeitungen die Unterscheidungen zwischen Realität und Modell, die Formulierung von Hypothesen und deren Prüfung an Experimentaldaten sowie die Folgerungen im Fall der Übereinstimmung bzw. der fehlenden Übereinstimmung zwischen Vorhersage und Daten erproben. Zu diesem Zwecke wurde den Schülerinnen und Schülern das Grundschema des hypothetisch-deduktiven Vorgehens (vgl. Kasten 1; Falkenhausen 2000; Closs 2004; Linder 2005) und das von R. Giere (siehe Kasten 2; Giere 1997) entwickelte Sechs-Schnitte-Schema zur Prüfung naturwissenschaftlichen Hypothesen oder Aussagen nahegebracht.

Das in Kasten 1 skizzierte Vorgehen unterscheidet sich von den üblichen Darstellungen der naturwissenschaftlichen Methodik und auch von dem Giereschen Schema (Kasten 2) dadurch, dass die Hypotheseprüfung, die den Kern naturwissenschaftlichen Arbeitens (vgl. Kasten 4) darstellt – gleichgültig, ob es sich nun im strengen Sinn um Experimente oder um systematische Beobachtungen und Erhebungen handelt – hier durch zwei Aspekte erweitert wird: Zum einen deutet es an, dass Naturwissenschaften üblicherweise von Experten betrieben werden, die über eine professionelle Weltsicht verfügen, die wesentlich die Auswahl und den Zuschnitt der Problemstellungen beeinflussen, bevor sie in bearbeitbare Hypothesen umgestaltet werden. Zum anderen verweist die Abbildung darauf, dass die Ergebnisse des Forschungsprozesses in komplexer Weise in die Tätigkeit des Wissenschaftlers eingebunden sind und somit wissenschaftliche Ansätze zur Lösungen gesellschaftlicher Probleme nur zum Teil durch das methodische Vorgehen innerhalb der Wissenschaft bestimmt sind.

Artikel aus Tageszeitungen, die über wissenschaftliche Themen wie medizinische Ansätze zur Bekämpfung von Übergewicht („Die Appetit-Bremse", FR 13.2.2001) oder die gesundheitliche Bedeutung von Optimismus („Optimismus ist gesund", FR 5.3.2001) berichteten, wurden benutzt, insbesondere, um mit Hilfe des Giereschen Schemas (Kasten 2) die Unterschiede zwischen den Phänomenen, die erklärt werden sollen, dem theoretischen Modell, das die Erklärung leisten soll, den aus diesem Modell abgeleiteten Hypothesen und Vorhersagen sowie den dann tatsächlich erhobenen Daten deutlich zu machen. Im Weiteren wurde am Vergleich zwischen Vorhersage und Daten der Deutungsprozess thematisiert.

Kasten 1

Am Beispiel „Die Appetit-Bremse", bei dem es sich um den Bericht über eine medizinische Studie zur Bekämpfung des Übergewichts handelt (Magenschrittmacher versus „Gastric Banding") konnte herausgearbeitet werden, dass nach verschiedenen Modellen eine Verminderung der Nahrungsaufnahme durch die Patienten zu einer Reduzierung des Übergewichts führen sollte. Auch die Auswahl der Probanden (BMI > 40) und die Rolle von Kontrollgruppen konnten verständlich gemacht werden. Das Gieresche Schema erweist sich dabei als ein Instrument, das besonders drei wesentliche Aspekte im hypothetisch-deduktiven Vorgehen für Lernende plausibel und handhabbar macht:
- die Unterscheidung von Daten und Erklärungen (Schritte 1 bis 4),
- die Bedeutung der Modellvorstellungen (Schritte 2 und 3), die zur Entwicklung von Vorhersagen genutzt werden
- und der Umgang mit dem Ergebnis der Hypothesenprüfung (Schritte 5 und 6), wobei entgegen der landläufigen Vorstellung die Übereinstimmung von Erwartung und Ergebnis der problematische Fall ist, der weitere intellektuelle Anstrengungen nötig macht.

Kasten 2

> Programm zur Bewertung von Hypothesen (nach R. N. Giere)
>
> 1. Schritt: Die Wirklichkeit
> Bestimme den Aspekt der Wirklichkeit, auf den sich die Untersuchung oder die Aussagen, die Du bewerten willst, beziehen. Die Dinge und Vorgänge in der Welt um uns solltest Du mit Deiner Alltagssprache und den gängigen wissenschaftlichen Begriffen beschreiben; Du solltest dazu nicht die Spezialausdrücke verwenden, die das besondere Modell charakterisieren, das Du bewerten willst.
>
> 2. Schritt: Das Modell
> Bestimme das theoretische Modell, das zu den genannten Aspekten der Wirklichkeit passen soll. Soweit nötig beschreibe das Modell in der angemessenen wissenschaftlichen Terminologie. Es ist hilfreich, sich das Modell in einer Skizze, einem Schema vor Augen zu führen.
>
> 3. Schritt: Die Vorhersage
> Bestimme, welche Vorhersage sich aus dem theoretischen Modell ableiten lässt. Welche Daten sollten bei einer Erhebung, einem Experiment gewonnen werden, wenn das Modell auf die Wirklichkeit zutrifft.
>
> 4. Schritt: Die Daten
> Bestimme, welche Daten in der Untersuchung, die Du bewerten willst, tatsächlich gewonnen wurden.
>
> 5. Schritt: Mangelnde Übereinstimmung?
> Stimmen die Daten mit der Vorhersage überein?
> - Falls dies nicht der Fall ist, kannst Du schließen, dass die Daten die Annahme, dass sich das Modell in Übereinstimmung mit der Wirklichkeit befindet, nicht stützen.
> - Falls die Daten mit der Vorhersage überein stimmen, gehe zu Schritt 6
>
> 6. Schritt: Übereinstimmung
> Gibt es Gründe für die Annahme, dass die Vorhersage und die Daten auch dann übereinstimmen, wenn das Modell insgesamt nicht mit der Wirklichkeit übereinstimmt?
> Überlege, ob es andere Modelle gibt, die sich von dem vorgeschlagenen deutlich unterscheiden, genauso glaubhaft sind und zu einer gleichen oder ähnlichen Vorhersage der Daten führen.
> - Gibt es solche Modelle sicher nicht, kannst Du schließen, dass das vorgeschlagene Modell mit der Wirklichkeit übereinstimmt.
> - Gibt es auch nur ein Modell, das zu vergleichbaren Vorhersagen führt, dann ist die Datenlage unschlüssig; es kann dann nicht entschieden werden, welches Modell 'passt' und weitere Untersuchungen sind nötig.
> Besonders hilfreich ist es, wenn man nach Aspekten der Wirklichkeit sucht, für die die Modelle unterschiedliche Vorhersagen machen.

Lag bei dem gegebenen Beispiel des Übergewichts das Problem noch einigermaßen auf der Hand, ist dies nicht in allen Fällen so einfach. Was als ein Problem angesehen wird, hängt nicht unwesentlich von dem Vorwissen über die „Wirklichkeit" ab (siehe Kasten 1). Um dieses Verhältnis von Vorwissen und Problembeschreibung zu problematisieren, wurde als kurzer Exkurs das Verhältnis von Wissen und Wahrnehmung anhand von optischen Täuschungen und Illusionen betrachtet.

Kurzer Exkurs: Man sieht nur, was man weiß.

An der Abbildung 1 kann gezeigt werden, dass das Erkennen – hier eines Kuhkopfes – Vorwissen voraussetzt. In allen Kursen, die wir veranstaltet haben, gibt es Personen, die das Bild schon einmal gesehen haben und sofort wiedererkennen, und solche, die nur eine unerklärliche Verteilung unterschiedlich heller Flächen sehen. Letztere „sehen" das Bild aber recht bald, wenn ihnen bedeutungsvolle Strukturen wie die Ohren, Augen oder die Nase der Kuh gezeigt (bedeutet) werden. Abbildung 2 macht deutlich, dass die gesehen Figur: junges Mädchen, ältere Frau oder älterer Mann, von der Verteilung von Schwarz und Weiß im Bild unabhängig sind. Anders gesagt, dass die im Objekt vorhandenen Eigenschaften keinesfalls eindeutig sind, sondern vom Betrachter durchaus unterschiedlich gedeutet werden können.

Abb.1 Kuh (Dallenberg, 1951)

Abb.2 Vater, Mutter und Tochter (Fisher, 1968)

Die Selbstverständlichkeit, mit der wir Wahrnehmung „für wahr", d.h., für der Wirklichkeit entsprechend halten und die auf unserer über einen langen Zeitraum stattgehabten Sozialisation beruht (siehe Kasten 1), wird dabei in Frage gestellt und eröffnet so die Möglichkeit eines kritischen Umgangs mit dem eigenen Vorwissen sowie mit dessen Wechselwirkungen im Erkenntnisprozess von der Problembeschreibung über die Hypothesenbildung bis hin zu Messdaten und den Ergebnissen von Beobachtungen. Auf allen Stufen „können nur Fragen beantwortet werden, die auch gestellt wurden".

Beobachtung, Erhebung, Experiment

Die nächsten Module thematisieren die Unterscheidung von Beobachtung, Erhebung und Experiment. Der Absicht nach soll jeweils eine der Datengewinnungsmethoden im Vordergrund stehen, in der praktischen Arbeit zeigt sich rasch, dass Lernende dass reine Beobachten nicht lange aushalten und zur Intervention, also zum Übergang zum Experiment neigen (s.u.). In den jeweiligen Modulen wurde deshalb besonders auf die Abgrenzungen zwischen den Methoden geachtet.

Für die Methode des Beobachtens liegen Verhaltensbeobachtungen nahe, dazu wurden in verschiedenen Durchgängen des Kurses unterschiedliche Tiere (Insekten und Fische) beobachtet. So sollte das Verhalten von Grillen (*Gryllus bimaculatus*) oder Heimchen (*Achaeta domestica*) in Gefangenschaft - zunächst ohne Vorwissen über eine biologische Beschreibung des Verhaltens - beobachtet und beschrieben werden. Dabei standen die Genauigkeit der Beschreibung und deren Unterscheidung von Deutungen im Vordergrund. Die Lernenden konnten so die Schwierigkeit der Beobachtung erfahren. Einerseits ist es überhaupt nicht ausgemacht, was wie genau beobachtet werden kann und soll. Andererseits ist der Beobachter mit Zeiträumen konfrontiert, in denen nichts beobachtet werden kann, z.B. weil die Tiere still in ihren Verstecken sitzen. Dies stellt besondere Anforderungen an die Geduld des Beobachters. Die Neigung, von der passiven Beobachtung zur Intervention und damit zum Experiment überzugehen, wächst mit der Beobachtungszeit. Anschließend wurden Änderungen des Verhaltens im Experiment beobachtet, z.B. die Paarungs- oder Rivalengesänge, wenn vorher isolierte Tiere in eine Versuchsarena gesetzt wurden. Die Beschäftigung mit Texten zur Methode des Beobachtens (Rose 2000) und zum Verhalten der Tiere (Gerasch 1980) ermöglichte die Reflexion der gemachten Erfahrungen.

Alternativ zum Verhalten von Insekten konnten Verhaltensbeobachtungen auch an Kampffischen (*Betta splendens*) gemacht werden. Hierzu wurden die Schülerinnen und Schüler aufgefordert, sich vor ein Aquarium zu setzen, ca. 45 Minuten genau zu beobachten und diese Beobachtungen zu notieren. Im Unterricht waren keinerlei Kenntnisse über die Fische, ihre Lebensweise und ihr Verhalten vermittelt worden. In einem nächsten Schritt wurden die Beobachtungen gesammelt und dabei in allgemeine Beobachtungen und Beobachtungen des Fischverhaltens unterschieden, zunächst aber nicht weiter kommentiert.

Anhand von reflektierenden Texten – Darstellung der naturwissenschaftlichen Methode in Schulbüchern bzw. deren kritische Beleuchtung in populärwissenschaftlichen Veröffentlichungen (Rose 2000) – wurden Kriterien zur Bewertung der eigenen beobachtenden (und experimentellen) Praxis vermittelt. Anschließend wurden Beobachtungen hinsichtlich dieser Kriterien eingeschätzt und bewertet.

Im nächsten Schritt war es die Aufgabe der Schülerinnen und Schüler, anhand vorgegebener Literatur und des Internets Informationen über Morphologie, Lebensraum, Haltungsbedingungen und Verhalten der Kampffische zu beschaffen. Die protokollierten Beobachtungsergebnisse wurden anschließend auf der Basis der Recherchen und der genannten Texte einer kritischen Bewertung unterzogen, die auf die klare Unterscheidung zwischen Beobachten und Deuten und die Beobachterunabhängigkeit (Intersubjektivität) Bezug nahm. Hieraus entwickelten die Schülerinnen und Schüler Beobachtungspläne: Diese enthielten gemeinsam festgelegte Definitionen von Verhaltenselementen der Fische sowie Tabellen, in denen gezielte Beobachtungen hinsichtlich Anzahl und Dauer der verschiedenen Verhaltensweisen festgehalten werden konnten. Anhand dieser Beobachtungspläne wurde das Verhalten der Fische erneut beobachtet und die protokollierten Ergebnisse gedeutet und diskutiert. Abschließend informierten sich die Lernenden anhand eines Textes (Immelmann et al. 1996) über die grundlegenden Methoden der Verhaltensforschung.

Pflanzenökologische Erhebungen stellen eine besondere Methode dar, die als systematische Ausweitung von Beobachtungen betrachtet und wegen der Vermeidung von Eingriffen dem Experiment gegenübergestellt werden kann. Die Pflasterritzen-Gesellschaft (alternativ: Mauerspalten-Gesellschaft) eignet sich gut für eine solche Erhebung, bei der die vorkommenden Pflanzen hinsichtlich ihrer Verteilung untersucht werden. Für Ungeübte stellt bereits die Identifikation der Pflanzen eine hohe Hürde dar, die nur mit Hilfe der Lehrenden in einer der eigentlichen Erhebung vorangehenden Untersuchung des Gebietes sowie der dort vorhandenen Pflanzen überwunden werden konnte.

Die Erhebung der Verteilung der Pflanzen und der leicht messbaren physikalischen Faktoren wie Belichtung, Temperatur und Luftfeuchtigkeit konfrontiert die Lernenden auch bei diesen relativ übersichtlichen Pflanzengesellschaften mit den Mühen der Freilandarbeit und vermitteln ihnen einen Eindruck davon, welcher Aufwand für die Gewinnung verlässlicher Daten getrieben werden muss. Für die Deutung der Ergebnisse werden Hypothesen über den Zusammenhang der Pflanzenverteilung mit den untersuchten Standortfaktoren aufgestellt und diskutiert. Dabei kann deutlich werden, welche Grenzen der Deutung gesetzt sind, solange die vermutlich wirkenden Faktoren nicht wie im Experiment gezielt verändert werden können.

In einer längeren Experimentierphase lag der Schwerpunkt der Arbeit der Schülerinnen und Schüler darauf, eigene Fragestellungen zu entwickeln, dazu Arbeitshypothesen zu formulieren und erste Schritte experimenteller Überprüfung vorzunehmen. Dabei wurde in unterschiedlichen Kursdurchgängen unterschiedlich vorgegangen. In einem der Kursdurchgänge sollten ausgehend von vorbereiteten Beobachtungsaufgaben (siehe Kasten 3) in einem offenen Verfahren Fragestellungen und Hypothesen als Ausgangspunkt für eigene Untersuchungen entwickelt werden. Damit Lernende mit geringen Fachkenntnissen den Prozess der Hypothesenentwicklung und -prüfung verstehen können, sollten die zu untersuchenden Phänomene zwar leicht zu begreifen aber mit verschiedenen Erklärungsmöglichkeiten verbunden sein (siehe dazu auch White 1999).

Kasten 3

> Anweisungen zum Beobachten:
> - Lege jeweils ein zu 2/3 kreuzweise eingeschnittenes Radieschen in ein kleines Becherglas mit Wasser, 10%iger Zucker- oder Kochsalzlösung, 0,1 M Salzsäure oder 0,1 M Natronlauge. (Die Reihe der Flüssigkeiten kann – unter Beachtung der Sicherheitsvorkehrungen auch durch ein organischen Lösungsmittel z.B. Petrolether oder durch Öl ergänzt werden)
> - Notiere, welche Veränderungen Du bei den Radieschen erwartest.
> - Beobachte, welche Veränderungen in welchen Zeiten eintreten.
> - Entwickle eine Vermutung, worauf die beobachteten Veränderungen zurückzuführen sind.
> (Man kann die Beobachtungen auch mit etwa gleichgroßen, zu zwei Drittel der Länge nach eingeschnittenen Stücken von Rhabarber, Rote Beete, Stangensellerie, Kohlrabi oder Möhren machen.)

Diese Beobachtungen hatten je nach verwendeter Pflanze und verwendeten Chemikalien einen naheliegenden und einen nicht so offensichtlichen Ausgang. In allen Fällen verändert sich in einem Teil der Ansätze die Konsistenz der Stücke durch osmotisch bedingte Turgorveränderungen, bei Rhabarber und Stangensellerie ist z.T. eine Auswärtskrümmung besonders gut zu beobachten.

Andererseits gibt es Effekte, die nur bei bestimmten Pflanzen auftreten. So können bei Radieschen und evtl. beim Rhabarber Farbveränderungen auftreten z.B. pH-abhängige Veränderungen der Farbe von Anthocyanen und der Übergang von Farbstoffen in die Lösungen. Stangensellerie und Kohlrabi entwickeln z.T. geruchliche Veränderungen. Schließlich können bei längerer Beobachtungszeit Zersetzung und Bakterienwachstum zum Teil ebenfalls verbunden mit Geruchsveränderungen auftreten.

Der relativen Offenheit der Beobachtungssituation entspricht, dass Lernenden je nach Vorwissen und Erfahrung unterschiedliche Aspekte „fragwürdig" erscheinen. Die dann formulierten ersten Vermutungen sind meist noch nicht für eine experimentelle Untersuchung geeignet. Der Zwang, die Hypothese und die Versuchsplanung schriftlich niederzulegen, trägt meist viel zur weiteren Klärung bei. Bei der Verfeinerung der Versuchsplanung kann den Lernenden eine Übersicht über die Kriterien für Planung und Durchführung von Experimenten (s.u.) an die Hand gegeben werden. Hierbei muss der Lehrende einfühlsam entscheiden, wann den Lernenden die Erfahrung des Scheiterns mit einem noch nicht gründlich genug durchdachten Versuch und weitere Überlegungen zur Versuchsplanung zugemutet werden können.

Das nachstehende Schaubild (Abb. 3) ist ein Beispiel für die Ergebnisse der Untersuchung der Wirkung unterschiedlicher Salzlösungen auf Kohlrabistücke.

Die in der Kurve aufgetragenen Werte gehen jeweils auf einen Ansatz zurück. Die Besprechung der Kurvenform und der Frage der Genauigkeit der Einzelmessung könnte zu einem zweiten experimentellen Durchgang mit mehreren Ansätzen je Konzentration führen.

Für die verfeinerten Versuche zur Turgoränderung konnten sich die Lernenden Anregungen in dem Artikel von Peter Hagemann (1974) holen, zu Experimenten mit Anthocyanen, auf die hier nicht weiter eingegangen werden soll, bei den Unterrichtsmaterialien des Bielefelder Chemiedidaktikers Rüdiger Blume (http://dc2.uni-bielefeld.de/dc2/tip/rotkohl.htm).

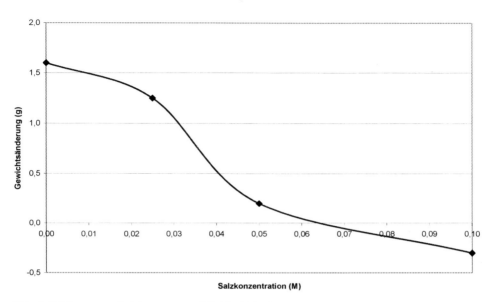

Abb. 3 Wirkung von Salzlösungen auf Kohlrabistücke

In anderen Durchgängen wurden Hypothesenentwicklung und Hypothesentest mit stärker standardisierten Vorgaben und entsprechend anspruchsvolleren Auswertungsmethoden, bei denen Ansätze statistischer Verfahren regelmäßig zum Einsatz kamen, durchgeführt. Diese Vorgaben bestanden aus einer allgemeineren Fragestellung – ausgehend von Zeitungsberichten zur Salztoleranz von Nutzpflanzen sollte die Wirkung gelöster Stoffe auf Pflanzen untersucht werden – und einer Versuchsanleitung zu Keimungs- und Wachstumsuntersuchungen an Getreide.

Innerhalb der methodischen Vorgaben standen den Lernenden für die Experimente mehrere Getreidesorten zur Auswahl. Mit diesen konnten Versuche zur Keimung und zum Wachstum unter Einfluss von verschiedenen chemischen Verbindungen, die zum Teil hemmend, zum Teil fördernd auf Keimung und Wachstum wirkten, durchgeführt werden. Da die Lernenden im ersten Durchgang meist nur eine Stoffkonzentration gegen Wasser testeten, wurde ihnen deutlich, dass die begrenzte Schlussfolgerung aus dem ersten Experiment automatisch eine präzisierte Fragestellung für ein zweites Experiment aufwirft. Nicht selten war oder wäre ein dritter Experimentaldurchgang nötig gewesen, um die eingangs aufgestellt Frage nach der Wirkung des jeweiligen Stoffs auf Keimung und Wachstum des jeweiligen Getreides mit befriedigender Genauigkeit zu beantworten. Aus dem Vergleich der Ergebnisse unterschiedlicher Lerngruppen können weitergehende Erkenntnisse z.B.

über die Empfindlichkeit unterschiedlicher Pflanzenarten gegenüber dem gleichen Stoff gezogen werden.

Am Beispiel einer konkret durchgeführten Untersuchung zur Wachstumsabhängigkeit einer Versuchspflanze von der Konzentration eines ausgewählten Nährsalzes oder einer toxisch wirkenden Substanz wurde die Planung, Durchführung und Dokumentation einer wissenschaftlichen Untersuchung, die das Prinzip des hypothetisch-deduktiven Verfahrens (vgl. Kasten 1) in mehreren aufeinander aufbauenden Durchläufen in der Forschungspraxis umsetzt, geübt (vgl. Kasten 4). Exemplarisch wurden mit Hilfe dieses Praxisbeispiels aus der Ökotoxikologie auch die Kriterien für eine zuverlässige experimentelle Untersuchung erarbeitet und zusammengestellt (vgl. Kasten 5 bzw. Ohly/Stockey 2006). Daran anschließend wurden die Grundlagen der statistischen Methoden zur Prüfung der Zuverlässigkeit (Signifikanz) von Experimental-Ergebnissen, d.h. Prüfung auf signifikante Unterschiede und auf signifikante Korrelation eingeführt und angewendet.

Die standardisierte Durchführung ermöglichte neben einer anspruchsvolleren Auswertung auch eine weitergehende Interpretation der in arbeitsteiligen Gruppen durchgeführten Experimente. Insbesondere erschien es auch unter der Perspektive der Laienbildung wichtig, der Frage nachzugehen, unter welchen Umständen experimentell gefundene Unterschiede auf der Basis von objektiv prüfbaren Kriterien als bedeutsam zu gelten haben. Eine Frage, die in der öffentlichen Berichterstattung meist keine Rolle spielt, obwohl sie für die Bewertung der Ergebnisse von entscheidender Bedeutung ist. Diese Ungenauigkeit in der Berichterstattung ist einer der häufigsten Quellen für gewollte oder ungewollte Fehlinformation und Fehlinterpretation. Zur Vermittlung dieser so grundlegenden Methodenkompetenz zur Beurteilung von Untersuchungsergebnissen wird den Lernenden die Anwendung einfacher statistischer Methoden zur Signifikanzprüfung vermittelt.

Kasten 4

> Auszug aus dem Untersuchungsbericht einer Schülerin, der nach der Durchführung einer Serie von 3 experimentellen Untersuchungsansätzen erstellt wurde.
>
> ### *1. Einleitung:*
>
> Durch Biotests kann man in relativ kurzer Zeit erste Anhaltspunkte über die schädliche Wirkung einer Umweltchemikalie erhalten und hieraus weiterführende Untersuchungen ableiten. In den folgenden Versuchen wird der Biotest im Zusammenhang mit Schadstoffen betrachtet und kann daher als ökotoxikologisches Testverfahren bezeichnet werden. Ein ökotoxikologisches Testverfahren ist eine Methode, mit der unter Standardbedingungen die toxische Wirkung von Umweltchemikalien auf Organismen untersucht werden kann (Fent 2003).
>
> ### *2. Versuchsansatz 1:*
>
> Für den ersten Versuch standen dem Kurs fünf verschiedene Pflanzenarten (Roggen, Hafer, Weizen, Gerste, und Triticale) und fünf verschiedene Substanzen (Eisenchlorid, Kupferchlorid, Cadmiumsulfat, Kaliumnitrat und Natriumchlorid) zur Verfügung.

2.1 Fragestellung:
Beeinflusst die Substanz Kupferchlorid das Wachstum des Weizens? Wenn ja, in wie weit?

2.2 Hypothese:
Das Wachstum eines Weizenkorns wird durch das Hinzufügen des $CuCl_2$ beeinflusst. Diese Hypothese wird aufgestellt mit der Vermutung, dass die umweltgefährdende und giftige Eigenschaft des Kupferchlorides ein Weizenkorn in seiner Entwicklung zu einer Pflanze beeinträchtigt.

2.3 Methodisches Konzept:

Versuchsplanung:
Zur Überprüfung und zum Vergleich der Daten wird in einem Experiment immer auch eine Nullprobe angesetzt. Diese dient dazu, möglichst genaue Schlussfolgerungen ziehen zu können, da durch die Nullprobe der normale Verlauf aufgezeigt wird. Falls es zu Umwelteinflüssen kommen sollte, so wirken sich diese auf die Nullprobe und auf das Experiment aus, so dass beide wiederum miteinander vergleichbar sind.
Zu dem ist es sinnvoll, nicht nur eine Schale der Versuchsvarianten anzusetzen, sondern mehrere. So hat man die Gewissheit, dass das Ergebnis eines Versuches kein Sonderfall ist. Es wurden also 2 mal 5 Petrischalen mit jeweils 10 Weizenkörnern vorbereitet.

Versuchsdurchführung:
Der Versuch wurde am Donnerstag den 22.09.05 angesetzt. Die Petrischalen werden so angeordnet, dass beide Versuchsvarianten der gleichen Lichteinstrahlung ausgesetzt sind (vom Fenster in den Raum). Eine Reihe der Petrischalen wird dann mit 15 ml Wasser, die andere mit 15 ml $CuCl_2$ (1 M) begossen. Nach 7 Tagen werden die Keimlinge geerntet und Keimung, Länge und Masse erhoben. Die Weizenkörner gelten als gekeimt, wenn die Wurzelspitzen sichtbar sind.

2.4 Ergebnisse:

Nullprobe: Keimung: 6 ± 1,22   Biomasse (g): 0,26 ± 0,18   Länge (cm): 3,42 ± 1,29
$CuCl_2$ (1 M): Keimung: 0   Biomasse (g): 0,00   Länge (cm): 0,00

2.5 Interpretation:
Egal bei welcher Substanz und Pflanzenart *) der Versuch durchgeführt wurde, es kam zu einer tödlichen Wirkung für den Pflanzenorganismus, (d.h., dass noch nicht einmal eine Keimbildung für den Organismus möglich war). Die Ergebnisse lassen vermuten, dass eine zu hohe Konzentration der Chemikalie benutzt wurde und diese eine toxische Wirkung auf den Organismus bewirkte.
*) Andere Versuchsansätze mit anderen Arten und anderen Substanzen hatten in Bezug auf die Versuchsvariante 'mit Substanz': Konz. = 1M' alle das einheitliche Ergebnis, dass keinerlei Keimung zu verzeichnen war.

2.6 Schlussfolgerung:
Die oben aufgestellte Hypothese, dass $CuCl_2$ das Wachstum des Weizens verändert, ist somit für diesen Versuch bestätigt (verifiziert), jedoch keineswegs bewiesen, weil die Möglichkeit offen bleibt, dass in anderen Versuchsreihen der Weizen trotz Zugabe von $CuCl_2$ ohne Einschränkung wächst.

3. Versuchsansatz 2:

Das Ergebnis des 1. Versuches, dass $CuCl_2$ mit 1,0 M alle Arten der von uns gewählten Pflanzen sterben lässt, dient als Basis für den 2. Versuch.
[...] [Es] wird festgelegt, dass in den weiterführenden Versuchen Roggen als Pflanzenart benutzt wird. Der Grund dafür ist, dass die Wirkungen der einzelnen Substanzen besser verdeutlicht und untereinander verglichen werden können. ....
Fragestellung:
Wie niedrig muss die Konzentration der Substanz sein, damit Roggenkörner keimen und wachsen?

3.2 Hypothese:
$CuCl_2$ tötet den Organismus ab einer Konzentration von 0,2 M. Diese Hypothese wird aufgestellt, um einen Ansatz für weitere Untersuchungen zu haben und später auf genauere Hypothesen und Versuchsansätze anwenden zu können.

3.3 Methodisches Konzept:
Versuchsplanung: Um genaueres über den Zusammenhang zwischen Konzentrationsgröße und Wachstum des Roggens herauszufinden, sowie die Hypothese zu überprüfen, werden folgende Konzentrationen festgelegt: 0,01 M, 0,1 M, 0,2 M, 0,4 M, und natürlich wieder eine Nullprobe (0,00 M).

3.4 Ergebnisse:
Nullprobe: Keimung: 9,8±0,44   Biomasse (g): 0,36±0,13   Länge (cm): 5,77±2,50
$CuCl_2$ (0,01 M)   Keimung: 1,2±0,50   Biomasse (g): 0,004±0,002   Länge (cm): 0,51 ± 0,42
$CuCl_2$ (0,10 M)   Keimung: 0,4   Biomasse (g): ---   Länge (cm): ---

3.5 Interpretation:
Anhand der [...] Ergebnisse ist zu interpretieren, dass die Einschränkung der Keimung und des Wachstums ab einer Konzentration von 0,01 M auftritt. Man kann sogar die Vermutung aufstellen, dass ab einer Konzentration von 0,1 M der Organismus des Roggens zerstört wird und die Keimung erheblich eingeschränkt wird.

3.6 Schlussfolgerung:
Die aufgeführte Hypothese zu V2 ist verifiziert, denn an den Daten ist zu erkennen, dass eine vollständige Zerstörung des Organismus ab einer Konzentration von 0,2 M auftritt und zu keiner Keimung mehr führt.

4. Versuchsansatz 3:

4.1 Fragestellung:
Im 3. Versuch geht es um die Beantwortung der Frage, ab welcher Konzentration von $CuCl_2$ genau die Keimung der Roggenkörner gehemmt/verhindert wird.

4.2 Hypothese:
Ab einer Konzentration von 0,05 M wird die Pflanzenkeimung durch das Substrat $CuCl_2$ eingeschränkt/geschwächt, da in Versuch 2 zu sehen ist, dass keine Keimung bei 0,1 M auftritt und bei 0,01 M eine Einschränkung zu erkennen ist. Deswegen wird das Eintreten der Schwächung genau bei der Hälfte der Konzentrationsstärke vermutet.

4.3 Methodisches Konzept:
Versuchsplanung:
[...] [Es] wird festgelegt, dass folgende Konzentrationen angesetzt werden: 0,001 M, 0,002 M, 0,005 M, 0,05 M und 0,00 M. Zudem wird entschieden, dass es sinnvoll ist, nur die Keimungsrate und die Biomasse als Parameter zu erheben. Die Messung der Länge soll wegfallen, da sie zu zeitaufwendig ist [...]

Versuchsdurchführung:
[...] Trotz der Bewässerung am Freitag ist der Versuch über das Wochenende ausgetrocknet. Auf Grund dieser Ereignisse werden Keimung und Länge erhoben, da durch das Sterben der Pflanzen die Biomasse nicht mehr sinnvoll erhoben werden kann.

4.4 Ergebnisse:

Nullprobe:	Keimung: $9,6 \pm 0,54$	Länge (cm): $2,50 \pm 0,47$
$CuCl_2$ (0,001 M)	Keimung: $5,4 \pm 2,9$	Länge (cm): $0,39 \pm 0,18$
$CuCl_2$ (0,002 M)	Keimung: $5,4 \pm 2,2$	Länge (cm): $0,37 \pm 0,26$
$CuCl_2$ (0,005 M)	Keimung: $2,24 \pm 0,86$	Länge (cm): $0,15 \pm 0,08$
$CuCl_2$ (0,050 M)	Keimung: $1,0$	Länge (cm): $0,4$

4.5 Interpretation:
Durch das Austrocknen des Versuches macht es wenig Sinn diese Daten mit den vorherigen zu vergleichen. Dennoch bleibt die Frage offen, warum der Versuch ausgetrocknet ist, obwohl in der Vorgehensweise nichts verändert wurde. Zum einen kann es an der Heizung liegen, die eventuell die ganze Nacht über eingeschaltet ist. Im Versuch 1 benötigten wir diese z.B. nicht, da noch Spätsommer war. Es könnte aber auch sein, dass die Heizung des Nachts ausgestellt wurde und die Pflanzen dem Klimawechsel nicht standhalten konnten. Die erhobenen Parameter weisen außerdem darauf hin, dass die unterschiedliche Lichteinstrahlung/-stärke in den Jahreszeiten eine Rolle bei der Wachstumslänge spielt. Z.B. in V1 (mit Weizen und Wasser) und V2 (mit Roggen und Wasser) liegt der Mittelwert der Länge immer über 3 und in V3 in der Nullprobe mit Roggen bei nur 2,5.

4.6 Schlussfolgerung:
Anhand der Ergebnisse kann gesagt werden, dass die Hypothese 3 falsifiziert ist. Es stimmt zwar, dass die Keimung bei 0,05 M im Grunde gleich Null ist. Aber die eigentliche Schwächung der Keimungsrate beginnt schon bei einer Konzentration von 0,001 bzw. 0,002 M (beide [...] haben einen Mittelwert der Keimungsrate von 5,4).

5. Schlussfolgerungen der Gesamtergebnisse:

[...] Zum einen ist deutlich aus den gesammelten Daten zu erkennen, dass Kupferchlorid das Wachstum eines pflanzlichen Organismus beeinträchtigt. Ziemlich sicher ist zu sagen, dass die Beeinträchtigung/toxische Wirkung ab einer Konzentration von 0,01 M stattfindet. Die exakte Konzentrationsgröße zur Hemmung der Keimung lässt sich auf Grund der geschilderten Gegebenheiten nicht angeben. Um diese genau benennen zu können, wäre eine Versuchswiederholung und Präzisierung von V3 nötig. Zudem kann vermutet werden, dass die Lichteinstrahlungsdauer und -stärke Gründe für das unterschiedliche Wachsen der Pflanzen sind. Dies jedoch müsste auch in einem extra Versuch untersucht und gemessen werden, um hier genauere Aussagen machen zu können.

Kasten 5

> Kriterien für eine methodisch ‚saubere' Planung und Durchführung einer experimentellen Untersuchung, die beachtet bzw. zumindest bedacht werden müssen. (Zusammenstellung in Anlehnung an Closs (2004), King & Reiss (2001) und Chapman & Reiss (2001))
>
> **1.** Die Fragestellung und der experimentelle Ansatz sollten auf einen experimentell zu prüfenden Faktor fokussiert werden.
>
> **2.** Es muss eine Kontroll- oder Null-Variante als Vergleich zur Prüfung der Wirkung des experimentellen Vorgehens geben.
>
> **3.** Der zu untersuchende Faktor sollte soweit möglich in Varianten des Experimentes quantitativ variiert werden.
>
> **4.** Jede Variante des Experimentes sollte mindestens in 5 Wiederholungen durchgeführt werden, so dass Mittelwert und Standardabweichung berechnet werden kann.
>
> **5.** Alle anderen relevanten Faktoren (Rahmenbedingungen) sollten konstant gehalten, in ihrer Variabilität randomisiert oder über alle Varianten des Experimentes systematisch gleichmäßig verteilt werden (‚Ceteris paribus').
>
> **6.** Das zu untersuchende Objekt sollte soweit möglich konstant gehalten, in seiner Variabilität randomisiert oder über alle Varianten des Experimentes systematisch gleichmäßig verteilt werden (‚Ceteris paribus'). Biologische Objekte variieren immer. Daher sollten jeweils zufällige Stichproben (z.B. aus dem Saatgut) verwendet werden, um das Variieren gleichmäßig über die Versuchsbedingungen zu verteilen.
>
> **7.** Die Parameter, die erhoben werden, müssen in ihrer Ausprägung quantitativ messbar oder mindestens in einer ‚Ja/Nein-Unterscheidung' zählbar sein.
>
> **8.** Wenn subjektive Einschätzungen bei der Datenerhebung unvermeidbar sind, müssen ‚Blind- bzw. Doppelblind-Erhebungen' zur ‚Minimierung der subjektiven Dimension in der Datenerfassung' durchgeführt werden (‚Placebo-Effekt').
>
> Für die hier vorgestellten experimentellen Untersuchungen sind die Punkte 1-7 von elementarer Bedeutung. Der Punkt 8, der hier der Vollständigkeit wegen aufgeführt wurde, erhält große Bedeutung, wenn mehr oder weniger subjektive nicht quantitativ messbare Einschätzungen durch den Probanden oder den die Untersuchung Durchführenden erhoben werden, wie dieses z.B. bei der medizinischen Wirksamkeitsprüfung von neuen Medikamenten im Rahmen klinischer Studien der Fall ist. ‚Doppelblind-Erhebung' besagt, dass in diesen Fällen durch Codierung zum Zeitpunkt der Erhebung weder der Proband noch der Untersuchende weiß, ob im konkreten Fall die Wirksubstanz oder ein Placebo eingesetzt wurde, damit die Wirkungseinschätzung von dieser Kenntnis unbeeinflusst bleibt.

In allen Varianten dieser Experimentiervorhaben stand am Ende ein von den Teilnehmern nach den Regeln naturwissenschaftlichen Protokollierens (s. Habigsberg 2000) zu erstellender Bericht. (vgl. auch Kasten 4)

Historische Fallbeispiele – Daten und Deutungen

Ergänzend zu den Versuchen zu Keimung und Wachstum konnte in weiteren Modulen an Fallstudien zur Entdeckung des Diabetes durch Minkowsky und v. Mehring, der Ursachen des Kindbettfiebers durch Semmelweis und zur Frage des Zusammenhangs von Rauchen und Lungenkrebs das Problem von Daten und ihrer Deutung vertieft werden (siehe Harms 1998 und Falkenhausen 2000). Bei der Behandlung der historischen Fallstudien konnten die bei der statistischen Auswertung der Keimungsversuche eingeführten Methoden des Hypothesentestens geübt und vertieft Fragen der statistischen Auswertung behandelt werden. Daneben wurde der Zusammenhang zwischen der Ausgestaltung von Experimenten und Erhebungen und der Deutungsmöglichkeiten der gewonnenen Daten ausführlich bearbeitet.

Im Anschluss an die Keimungsversuche konnte anhand der Prinzipien der Bioindikation und zur Ermittlung von Grenzwerten für die Toxizität von Substanzen Fragen der Anwendung von Wissenschaft im gesellschaftlichen Kontext behandelt werden. Am Beispiel der Experimente zur Toxikologie von Schadstoffen wurde auch die Bedeutung der Unterscheidung zwischen der innerwissenschaftlichen Bewertung der Zuverlässigkeit von Ergebnissen und der außerwissenschaftlichen normativen Bewertung von Grenzwerten und ihrer Legitimation erörtert. An dieser Stelle wurde, wie auch bei der Behandlung des Zusammenhangs zwischen Rauchen und Lungenkrebs, die gesellschaftspolitische Einbettung der Wissenschaft thematisiert (z.B. soziale oder ökonomische 'Sachzwänge' als Legitimationskriterien für oder gegen Grenzwertfestlegungen).

Die Behandlung von Berichten über die Fälschung von Daten durch den Stammzellforscher Suk und die Frage von Fälschungen in der Forschung erweiterten die Perspektive auf Naturwissenschaft als gesellschaftliches Teilsystem und die Grenzen der innerwissenschaftlichen Kontrolle.

Ein Beitrag zu dem neuerdings in Deutschland wieder diskutierten Ansatz des „Intelligent Designs" gab Anlass, über das Verhältnis von Evolutionstheorie und Kreationismus zu sprechen. Dabei konnte der Unterschied zwischen naturwissenschaftlich begründetem Wissen und anderen Wissensformen entwickelt und die Bedeutung des Naturalismusprinzips (methodischer Materialismus) deutlich gemacht werden.

Literatur:

Blume, R. (2006): Die gepufferte Schönheit des Rotkohlsafts oder: Wie man Rotkohlsaft kornblumenblau färbt. URL: dc2.uni-bielefeld.de/dc2/tip/rotkohl.htm (10.9.2006)

Closs, G. (2004): Freshwater Ecology: A Scientific Introduction. Blackwell Pub. Oxford, UK. p.3-17.

Pätzsch, B. (2001): Die Appetit-Bremse – Mit dem Magenschrittmacher gegen Fettleibigkeit. In: Frankfurter Rundschau vom 13.02.2001, S.25

Falkenhausen, E.v. (2000): Biologieunterricht – Materialien zur Wissenschaftspropädeutik. Köln: Aulis
Gerasch, R. (1980): Akustische Kommunikation bei Grillen. In: Unterricht Biologie 41, S.4ff.
Giere, R.N. (^{4}1997): Understanding scientific reasoning. Fort Worth
Grimm, R. (2001): Optimismus ist gesund. In: Frankfurter Rundschau vom 5.3.2001
Grothe, R. (1989): Vegetation in Pflasterfugen. In: Unterricht Biologie 143, S.13ff.
Habigsberg, A. (2000): Naturwissenschaftliche Versuchsprotokolle. In: Horst, U./Ohly, K.P.: Lernbox Lernmethoden Arbeitstechniken. Seelze: Friederich, S. 85-87
Hagemann, P. (1974): Das Experiment: Osmose und Turgor. In: Biologie in unserer Zeit 4 (3), S.90-92
Harms, V. (1998): Biomathematik. Statistik und Dokumentation. Kiel: Harms
Immelmann, K./Pröve, E./Sossinka, R. (1996): Einführung in die Verhaltensforschung. Berlin, Wien: Blackwell, S. 2-7
Kehren, W. (1989): Ökosystemanalyse auf dem Gehsteig. In: Unterricht Biologie 143, S.13ff.
Linder (^{22}2005): Biologie. Braunschweig: Schroedel, S. 514-517
Ohly, K.P./Stockey, A. (2006): Faktoren des Pflanzenwachstums – Von der Beobachtung zum Experiment. In: Unterricht Biologie 317, S. 46-49
Rose, St. (2000): Darwins gefährliche Erben. München, S. 36ff.
Sachs, L. (^{6}1984): Angewandte Statistik. Heidelberg u.a.: Springer
White, B.T. (1999): The Red and White Yeast Lab – An Introduction to Science as a Process. In: American Biology Teacher 61, i. 8, p. 600-604

Quellennachweis

Abb.1 aus: Dallenberg, K.M. (1951): A puzzle picture with a new principle of concealment. Amer. J. Psychology 64, i. 3, p. 431-433
Abb.2 aus: Fisher, G.H. (1968): Mother, father and daughter: A three aspect ambiguous figure. Amer. J. Psychology 81, i. 2, p. 274-277
Abdruck beider Abbildungen mit freundlicher Genehmigung der University of Illinois Press, Chicago.

Annette Habigsberg/Karl Peter Ohly

3. Die Rassen des Menschen: Orientierung an Naturwissenschaften als Mittel der Aufklärung für politische Bildung

Es handelt es sich bei der Kurssequenz „Verschieden und doch gleich – die Rassen des Menschen" um einen fächerübergreifenden, an einem Problem orientierten Ansatz, der schwerpunktmäßig im Bereich der Biologie angesiedelt ist und mit Aspekten aus Geschichte, Politik und Sozialwissenschaften ergänzt wird. Als Problem wird hier der Rassebegriff beim Menschen aufgegriffen und hinsichtlich seiner Entstehung, Genese und biologischen Fundiertheit aber auch hinsichtlich der gesellschaftlich-politischen Dimension umfassend beleuchtet.

Zur Begründung der Problematik

Das Thema „Rassismus" ist trotz staatlicher antirassistischer Bekenntnisse und Aktivitäten auch in jüngster Zeit ausgesprochen aktuell. Die Bundesrepublik Deutschland ist de facto ein Einwanderungsland, und im Straßenbild nimmt die Zahl der Menschen zu, deren äußerliche Attribute im gängigen Klischee einer fremden/anderen Rasse zugeordnet werden. Diskriminierung, Verfolgung bis hin zu Körperverletzung und Mord sind weiterhin Tatsachen und können in allen sozialen Schichten beobachtet werden. Während der Fußball-Weltmeisterschaft 2006 wurden vor allem dunkelhäutige Menschen davor gewarnt, bestimmte Gebiete innerhalb der Bundesrepublik aufzusuchen, da hier mit Übergriffen gerechnet werden müsse.

In der politischen Bildung beschränkt sich das Thema „Rassismus" zumeist auf die Darstellung historischer, sozioökonomischer und sozialpsychologischer Sachverhalte und Ursachenanalysen. Rasse als soziales Konstrukt wird zwar benannt und die Rassendiskriminierung verurteilt, sie wird in der Regel jedoch nicht oder nur oberflächlich durch eine biologisch fundierte Argumentation untermauert. Seit kurzem wird der Begriff der menschlichen Rasse, der Menschengruppen auf naturwissenschaftlicher Basis aufgrund äußerlicher Attribute wie Haut- und Haarfarbe und anderer körperlicher Merkmale unterscheidet, in Biologie-Schulbüchern der Sekundarstufe II kurz kritisch beleuchtet. Auf eine politische Beurteilung wird weitgehend verzichtet (Klett 1997a, S. 98; Schroedel 1999, S. 142f.; Unterricht Biologie 2005, S. 18ff.). In der 22. Ausgabe des „Linder" bleibt der klassische Rassebegriff jedoch im Wesentlichen unhinterfragt (Linder 2005, S. 309).

Dass der in der Aufklärung entstandene, auf bestimmten morphologischen Unterschieden fußende Rassebegriff auch biologisch heute nicht mehr vertretbar ist, wird bei der Durchsicht neuerer biologischer Literatur deutlich: Jüngere Befunde in der Molekulargenetik und der Evolutionsbiologie zeigen, dass die Einteilung des Menschen in Rassen und die dabei implizit unterstellte verwandtschaftliche Nähe innerhalb einer Rasse nach morphologischen Kriterien wie Haut- und Haarfarbe, Körperform und -größe biologisch wenig Sinn macht. Bestimmte Eigenschaften wie z.B. die Pigmentierungsstärke von Haaren und Haut stellen vielmehr einen Selektionsfaktor dar, beruhen auf ganz wenigen Genen und sind in der Regel abhängig von der Intensität der Sonneneinstrahlung; sie können unabhängig von verwandtschaftlicher Nähe je nach Umwelt auftreten. So wurden z.B. Schwarzafrikaner und australische Aborigines aufgrund morphologischer Merkmale häufig in eine verwandtschaftliche Nähe gerückt, die anhand von molekularbiologischen Untersuchungen nicht mehr zu vertreten ist (Cavalli-Sforza 1994, S. 187ff.). Genetische Distanzen zwischen Schwarzafrikanern können größer sein als zwischen Europäern und Schwarzafrikanern.

Anhand von DNA-Vergleichen können zwar Gruppenprofile zwischen unterschiedlichen Menschenpopulationen (vor allem aus geografisch weit entfernten Regionen) ermittelt werden, die jedoch mit den klassischen Rassemerkmalen nicht kompatibel sind (Spektrum der Wissenschaft Mai 2005, S. 90ff.). Dieser Tatsache wird auch die Stellungnahme der wissenschaftlichen Arbeitsgruppe der internationalen UNESCO-Konferenz „Gegen Rassismus, Gewalt und Diskriminierung" am 8. und 9. Juni 1995 in Stadtschlaining, Österreich, gerecht. (Kattmann 1996, S. 70ff.)

Es wird also in diesem Kurs ein gesellschaftlich relevantes Thema aufgegriffen, zu dem die Biologie wichtige Aspekte beiträgt, die vorwiegend aus der Genetik und Evolutionstheorie stammen. Dieses eignet sich auch dazu, den Unterschied zwischen naturwissenschaftlichen und alltagspolitischen Vorgehen zu verdeutlichen. Der Kurs geht exemplarisch auf die Rolle der Naturwissenschaften in der Gesellschaft ein und leistet damit auch einen Beitrag zur politischen Bildung.

Das Kurskonzept

Der Kurs kann nur fächerübergreifend angelegt sein, weil sich das Problem „Rasse – Rassismus" angemessen nur durch die ergänzenden Perspektiven der Fächer Biologie, Geschichte, Politische Bildung behandeln lässt. Die ca. 140-stündige Kurssequenz ist auf zwei Schulhalbjahre angelegt. Neben der ausführlichen Behandlung der historischen Genese des modernen Rassebegriffes und der Entwicklung des Rassismus bis in die heutige Zeit werden die biologischen Grundlagen gelegt, um die moderne Kritik am klassischen Rassebegriff verstehen und nachvollziehen zu können. Hierzu gehören die Grundlagen der Klassischen und Populationsgenetik, der Molekulargenetik und der Humanevolution.

Ziel ist, dass die Schülerinnen und Schüler am Ende der Sequenz in der Lage sind, den Rassebegriff beim Menschen hinsichtlich seiner historischen Entstehung, Entwicklung, Ursachen und biologischen Grundlagen umfassend beurteilen zu können. Deshalb sollte auf keinen der im Folgenden genannten Aspekte verzichtet werden, wenn das Thema nicht unvollständig bleiben soll. Ganz bewusst verzichtet wird hier auf eine Darstellung des Rassismus der Nationalsozialisten, da davon ausgegangen werden kann, dass diese Thematik bereits ausführlich im Geschichtsunterricht der Sekundarstufe I behandelt wurde.

Der rote Faden der Sequenz orientiert sich an einer historischen Strukturierung: Die Interdependenz aus historischer Entwicklung, politischen und Herrschaftsinteressen und biologischen Erkenntnissen ist in einzelnen Modulen mit unterschiedlicher Gewichtung Gegenstand des Unterrichtes. Die 12 Module bilden eine organisatorische und inhaltliche Einheit, können aber in ihrer Abfolge teilweise vertauscht werden:

---

1. Die Wurzeln des modernen Rassegedankens in der Aufklärung
2. Das 19. Jahrhundert
    2.1 Die Grundlagen der Darwinschen Evolutionstheorie
    2.2 Sozialdarwinismus
    2.3 Kolonien und Kolonialismus
3. Grundlagen der klassischen Genetik (Mendel)
4. Das frühe 20. Jahrhundert: „Wissenschaft der Rassehygiene" bei Alfred Ploetz und Eugenikbewegung zu Beginn des 20. Jahrhunderts als Wegbereiter des Nationalsozialistischen Rassewahns
5. Die Genetik nach Mendel: menschliche Stammbaumanalysen, Populationsgenetik, Molekulargenetik
6. Der Rassismus nach 1945: Die US-amerikanische Rassenpolitik und Rassenauseindersetzungen
7. Die Stellung des Menschen in der Natur: Grundlagen der Humanevolution
8. Menschliche Variabilität
9. Rassismus heute
10. Ursachen und Funktion von Rassismus

Im Folgenden sollen exemplarisch die Themen herausgegriffen und hinsichtlich der Unterrichtsinhalte, des Kompetenzerwerbs und möglicher Überprüfungen ausführlicher dargestellt werden. In weiten Bereichen sollten sich die Kompetenzen der Schülerinnen und Schüler zunächst eher auf Basis der einzelnen Fächer entwickeln; gegen Ende des Kurses sollten sie eine die Fächer übergreifende Urteils- und Reflexionsfähigkeit hinsichtlich der Gesamtproblematik, wie sie sich in der gegenwärtigen gesellschaftlichen Situation (Multikulturalität, Ethnizität, Fremdenfeindlichkeit etc.) darstellt, erworben haben.

1. Die Wurzeln des modernen Rassegedankens in der Aufklärung

Die historische Epoche der Aufklärung des 18. Jahrhunderts ist gekennzeichnet zum einen durch den emanzipatorischen Anspruch der Befreiung des Menschen „aus seiner selbst verschuldeten Unmündigkeit" (Kant), das Vertrauen auf die Vernunft und die Möglichkeit eines vernunftorientierten Handelns. Die Gedanken der Aufklärung mündeten in den politischen Aussagen der amerikanischen Virginia Bill of Rights von 1776 („Alle Menschen sind von Natur aus in gleicher Weise frei und unabhängig") und der französischen Menschenrechtserklärung von 1789 („Die Menschen werden frei und gleich an Rechten geboren und bleiben es").

In der Biologie entwickelte Karl von Linné 1735 erstmalig ein die binäre Nomenklatur benutzendes Klassifizierungssystem, das eine Vereinheitlichung und enorme Vereinfachung gegenüber den vorherigen Klassifizierungsversuchen darstellt und bis heute Gültigkeit in der Biologie besitzt. Diese Klassifizierung wendet er auch auf den Menschen an:

Des Ritters Carl von Linné
Königlich Schwedischen Leibarztes u. u.
vollständiges Natursystem und nach der zwölften lateinischen Ausgabe [...]
Erster Theil Von den säugenden Thieren. Nürnberg 1773

Eintheilung.

Von den Kennzeichen der Classen.

Erste Classe. Säugende Thiere

I. Ordnung. Menschenähnliche Thiere

I. Geschlecht. Der Mensch. Homo. Nosce te ipsum.

I. Art. Der vernünftige Tag = Mensch. Homo Sapiens, diurnus.

Der Mensch wird billig als das Haupt aller Thiere oben an gesetzt. Er gehöret würklich zum Thierreich, denn die körperliche Verfassung lehret es, und zwar zu den vierfüßigen Thieren, (denn wild gehet er auf allen Vieren,) und zu den säugenden, indem seine Kinder lebendig gebohren und an der Mutter Brüsten gesäuget werden. Er ist aber das edelste unter allen Thieren: weil sein Körper der künstlichste und schönste ist, weil er gerade gehet, und zu den meisten Verrichtungen am bequemsten ist, und endlich vorzüglich deswegen, weil in ihm eine vernünftige Seele wohnt, die nach dem Bilde Gottes erschaffen ist, und weil ihm von Gott die Oberherrschaft über alle Thiere gegeben worden, ja er ist der König aller Thiere. [...] (S. 61)
Die Amerikaner haben eine rothe Haut, ein galliges oder cholerisches Temperament und eine gerade Statur. Die Haare sind schwarz, gerade und dicke. Die Nasenlöcher weit, das Angesicht voller Sommersprossen, ein fast glattes Kinn. Sie sind hartnäckig, fröhlich, lieben die Freyheit, gehen meistens nackend, bemahlen sich mit rothen Strichen und lassen sich durch alte Gewohnheiten beherrschen.

> Die Europäer haben eine weisse Haut, ein blutreiches und sanguinisches Temperament, und einen fleischigen Körper. Die Haare sind gelblich und mit Locken, die Augen blau, die Gemüthsart wankelmüthig, vernünftig, und zu Erfindungen geschickt. Sie tragen Kleider, welche dicht an den Leib schliessen, und lassen sich durch Gesetze regieren.
> Die Asier haben eine braune Haut, ein schwarzgallichtes oder melancholisches Temperament, und eine zähe Structur. Ihre Haare sind schwarz, die Augen sind grau die Gemüthsart ist streng, sie lieben Pracht, Hoffart und Geld, ihre Kleider hangen weit um den Leib, und sie lassen sich durch Meinungen regieren.
> Die Africaner endlich haben eine schwarze Haut, haben aber ein wässerichtes oder melancholisches Temperament, die Haare sind wollicht, schwarz und krauß. Die Haut ist sanft, wie Sammet, die Nase platt, die Lippen dicke und aufgeworfen. Ihre Weiber haben lange niederhängende Brüste. Die Gemüthsart ist boßhaft, faul, nachlässig. Sie beschmieren sich mit Fett, und werden durch Willkühr regieret. [...] (S. 89)

Der Auszug aus dem Linnéschen Text verdeutlicht, dass er die Menschen nach morphologischen und psychologischen Merkmalen (also dem, was er dafür hält!) in vier Kategorien (Indianer, Europäer/Weiße, Asiaten und Afrikaner) unterteilt und gleichzeitig bewertet. Insbesondere bei diesen historisch frühen Texten wird im Kurs darauf eingegangen, inwiefern die enthaltenen Aussagen auch nach heutiger Sicht naturwissenschaftlichen Charakter haben oder eher historisch-philosophisch begründet sind.

Mit Hilfe eines Informationsblattes und mit einem Sortiment von ca. 10 – 15 verschiedenen Schneckenhäusern sollen die Schülerinnen und Schüler die Methode des Klassifizierens anhand morphologischer Kriterien praktisch kennen lernen, üben und sich mit den Problemen eines solchen Vorgehens vertraut machen:

Arbeitsblatt zu Systematisierung
Wir haben euch in den Petrischalen eine kleine Anzahl von Schalen heimische Gehäuseschnecken zusammengestellt. An diesen Schnecken wollen wir die Arbeit von Systematikern in der Biologie illustrieren. Das Ziel ist, wie bei Linné gesehen, die Annäherung an ein natürliches System, das die Vielfalt der Lebewesen ordnet.

Aufgabe 1:

Beschreibe die verschiedenen Schneckenschalen möglichst genau.

Der erste Schritt zu einer Ordnung besteht in einer möglichst genauen Beschreibung der Lebewesen – hier der Schnecken. Um dafür eine einfache, verständliche und einheitliche Sprache verwenden zu können, geben wir euch mit der nebenstehenden Abbildung eine solche Bezeichnungsweise vor. (Mdg. = Mündung)

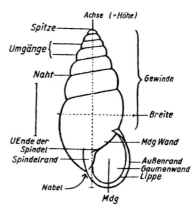

Abb. 104/1 Schale von *Ena montana* (14—16 mm h)

Aufgabe 2:

Überlege, welche der Schneckenschalen in Gruppen (2– 3) zusammengefasst werden könnten und schreibe auf, welche Eigenschaften du dabei heranziehst.

Liste der verwendeten Arten (nicht alle Arten sind in allen Petrischalen vorhanden):

Bradybena fruticum (O.F. Müller)	Cepea spec.
Cepea nemoralis (L.)	Helicella itala (L.)
Helicigona lapicida (L.)	Helicodonta ovulata (O.F. Müller)
Helix pomatia L.	Helix aspersa (O.F. Müller)
Pomatias elegans (O.F. Müller)	Zebrina detrita (O.F. Müller)

Auch bei Kant findet sich die schon in der Linnéschen Kategorisierung deutlich gewordene Abwertung der nicht-weißen Rassen. Der wissenschaftliche Rassebegriff formt sich aus:
(Die Textstellen in eckigen Klammern sind Zusammenfassungen längerer Textstellen durch den Lehrer.)

Immanuel Kant
V. Bestimmung des Begriffs einer Menschenrasse
Berlinische Monatsschrift, November-Heft 1785, S. 390 – 417
In: I. Kant: Vermischte Schriften. Leipzig. Leipzig 1922

Meine Absicht ist jetzt nur, diesen Begriff einer Rasse , wenn es deren in der Menschengattung gibt, genau zu bestimmen;
[...]
1.
Nur das, was in einer Tiergattung anererbt, kann zu einem Klassenunterschiede in derselben berechtigen.
[...]
2.
Man kann in Ansehung der Hautfarbe vier Klassenunterschiede der Menschen annehmen.
[...]
[In dem zweiten Abschnitt beschreibt eine Einteilung der Menschengattung auf Grund der Hautfarbe in vier Klassen, die Weißen, die gelben Indianer (Inder), die Neger und die kupferfarbig-roten Amerikaner (Indianer). Diese Klassen seien geographisch getrennt. Hierbei schlägt er die Indianer (Inder) zu den Mongolen.

Er bringt die Hautfarbe mit den Absonderungen von Ausdünstungen in Verbindung. Die Erblichkeit der Hautfarbe will er später beweisen. Die Vierzahl hält er nicht für prinzipiell sondern behauptet, mehr Unterscheidungen ließen sich jetzt nicht belegen.]
[...]
4.
In der Vermischung jener genannten vier Klassen miteinander artet der Charakter einer jenen unausbleiblich an.
[...]
[Im vierten Abschnitt wird behauptet, dass die Hautfarbe nicht nur innerhalb der Klassen unausbleiblich weitergegeben wird, sondern dass zudem bei Vermischung beide Eltern zu gleichen Teilen zur Hautfarbe beitragen. (Vererbung durch Mischung!)]
[...]
6.
Nur das, was in dem Klassenunterschiede der Menschengattung unausbleiblich anererbt, kann zu der Benennung einer besonderen Menschenrasse berechtigen. [...]
Der Begriff einer Rasse ist also: der Klassenunterschied der Tiere eines und desselben Stammes, sofern er unausbleiblich erblich ist.
Das ist die Bestimmung, die ich in dieser Abhandlung zur eigentlichen Absicht habe; das übrige kann man als zur Nebenabsicht gehörig oder bloße Zutat ansehen, und es annehmen oder verwerfen. Nur das erster halte ich für bewiesen und überdem zur Nachforschung in der Naturgeschichte als Prinzip brauchbar, weil es eines Experiments fähig ist, welches die Anwendung jenes Begriffs sicher leiten kann, der ohne jenes schwankend und unsicher sein würde. – Wenn verschiedentlich gestaltete Menschen in die Umstände gesetzt werden, sich zu vermischen, so gibt es, wenn die Zeugung halbschlächtig ist, schon eine starke Vermutung, sie möchten wohl zu verschiedenen Rassen gehören; ist aber dieses Produkt ihrer Vermischung jederzeit halbschlächtig, so wird jene Vermutung zur Gewissheit. Dagegen, wenn auch nur eine einzige Zeugung keinen Mittelschlag darstellt, so kann man gewiß sein, dass beide Eltern von derselben Gattung, so verschieden sie auch aussehen mögen, dennoch zu einer und derselben Rasse gehören.
Ich habe nur vier Rassen der Menschengattung angenommen; nicht als ob ich ganz gewiß wäre, es gebe nirgend eine Spur von noch mehreren, sondern weil bloß an diesen das, was ich zum Charakter der Rasse fordere, nämlich die halbschlächtige Zeugung ausmacht, bei keiner anderen Menschenklasse aber genugsam bewiesen ist.
[...]
[Am Ende des sechsten Abschnitts unterstreicht er die Behauptung, dass die Rassen, wenn man ihre Vermischung verhindert, weiterbestehen und führt als Beispiel die europäischen Zigeuner an. Diese stammten nachweislich von den Indern ab und hätten sich nicht verändert. Er bestreitet Berichte zur Umwandlung von Rassen und behauptet:]
Also müssen sich die Keime, die ursprünglich in den Stamm der Menschengattung zu Erzeugung der Rassen gelegt waren, schon in der ältesten Zeit nach dem Bedürfnis des Klima, wenn der Aufenthalt lange dauerte, entwickelt haben; und nachdem eine dieser Anlagen bei einem Volke entwickelt war, so löschte sie alle übrigen gänzlich aus. ...

I. Kant, Reflexionen zur Anthropologie. In Kants gesammelte Schriften, Bd. XV. Berlin, Leipzig 1923, S. 877f (zitiert nach: Wulf D. Hund, Rassismus, Die soziale Konstruktion natürlicher Ungleichheit, Duisburg 1996, S. 41)

> Americaner [Indianer] unempfindlich. Ohne affect und Leidenschaft als blos vor Rache. Freyheitsliebe ist hier bloße faule Unabhängigkeit. Sprechen nicht, lieben nichts, sorgen vor nichts [...] nehmen gar keine Cultur an.
> Neger. Gerade das Gegentheil: sind lebhaft, voller affect und Leidenschaft. Schwatzhaft, eitel, den Vergnügen ergeben. Nehmen die Cultur der Knechte an, aber nicht der freyen, und sind unfähig sich selbst zu führen. Kinder[...]
> Indianer [Inder]. Sind gelassen, [...]nehmen die Cultur der Kunst an, aber nicht der Wissenschaft und Aufklärung. Sind immer Schüler, [...] kennen nur den Zwang und nicht das Recht und Freyheit. Gelangen nicht zu Begriffen der wahren Ehre und Tugend [...]
> (Weisse) enthalten alle Triebfedern der Natur in affecten und Leidenschaften, alle Talente, alle Anlagen zur Cultur und Civilisierung und können sowohl gehorchen als herrschen. Sie sind die einzige, welche immer in Vollkommenheit fortschreiten.

Weitere Aufklärer (Voltaire, Blumenbach) teilen Menschen ebenso nach morphologischen Kriterien in Rassen ein, aber nicht alle werten diese auch ab.

Mit der Besprechung der „Virginia Bill of Rights" von 1776 und der Menschenrechtserklärung von 1789 wird für die Schüler eine Widersprüchlichkeit deutlich: einerseits das Postulat einer Gleichberechtigung aller Menschen von Natur aus, zum anderen eine deutliche Abwertung bestimmter Rassen als natürliche Gegebenheit.

2. Das 19. Jahrhundert

2.1 Die Grundlagen der Darwinschen Evolutionstheorie

Dieser Kursabschnitt behandelt die wesentlichen Grundzüge der Darwinschen Evolutionstheorie, ohne hier schon auf Aspekte der modernen Evolutionslehre wie Mutation oder Elemente der Populationsgenetik einzugehen. Vielmehr werden die Hauptgedanken Darwins der Evolution durch differenziellen Fortpflanzungserfolg (Variabilität der Organismen, künstliche und natürliche Zuchtwahl, „Kampf ums Dasein", „survival of the fittest" und Verwandtschaft der Lebewesen unter morphologischen Aspekten) angesprochen. Diese wesentlichen Aspekte der Evolutionstheorie werden bei der Behandlung des Sozialdarwinismus und der Humanevolution benötigt. Sehr viel Wert muss hierbei auf die sorgfältige Herausarbeitung des Darwinschen Gedankens der Angepasstheit gelegt werden, da dies den Schülerinnen und Schülern erfahrungsgemäß sehr viele Schwierigkeiten bereitet. Oft wird vorschnell von der „Anpassung der Lebewesen" geredet, ohne den Mechanismus präzise reproduzieren zu können. Die Behandlung der Darwinschen Evolutionstheorie kann und soll nicht in der Ausführlichkeit geschehen, die insbesondere aus der Sicht des Faches Biologie dem Bildungswert der Evolutionstheorie entsprechen würde. Vielmehr beschränken wir uns auf die Aspekte, die für die Diskussion eines biologischen Rassebegriffs sowie als Beitrag der Biologie zum Menschenbild unverzichtbar sind.

Zur Überprüfung des Verständnisses hierzu diente die folgende Klausuraufgabe:

Aufgabe:

Zur Familie der Phasmiden gehören die Gespenstheuschrecken (z.B. Extatosoma), Stabheuschrecken (Bacculum, Carausius, ... siehe Abb.1) und die Wandelnden Blätter (Phyllium, siehe Abb.2). Die Phasmiden sind in tropischen und subtropischen Gebieten beheimatet (Süden Nordamerikas, Mittel- und Südamerika, Süden Afrikas, Südost-Asien, Australien) sowie im Mittelmeerraum. In ihrem Aussehen ähneln diese Insekten verdorrten Ästen (z.B. Extatosoma), Grashalmen (Stabheuschrecken) oder Blättern (Wandelnde Blätter, Phyllium). Diese Nachahmung wird Mimese genannt. (http://www.anolis.de/beratung/tiere/phasmiden.html, 9.12.04)

Stelle Überlegungen an, wie diese seltsamen Formen aus Vorläufern, deren Körperbau schematisch in Abb.3 skizziert wurde, entstanden sein könnten. Bediene dich dabei des Darwinschen Modells der "natürlichen Zuchtwahl" und wende die dafür wichtigen Begriffe möglichst genau auf den gegebenen Fall an. Stelle Deine Überlegungen ausführlich dar.

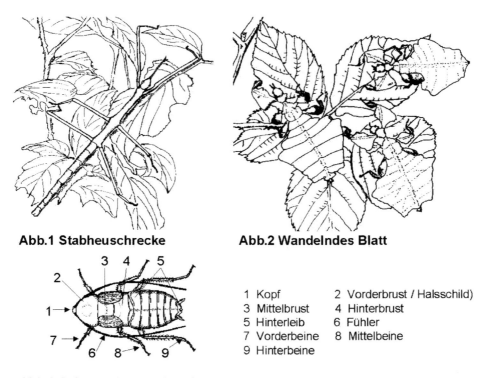

Abb.1 Stabheuschrecke   **Abb.2 Wandelndes Blatt**

1 Kopf	2 Vorderbrust / Halsschild)
3 Mittelbrust	4 Hinterbrust
5 Hinterleib	6 Fühler
7 Vorderbeine	8 Mittelbeine
9 Hinterbeine	

Abb.3 Schema des Insektenkörpers

2.2 Sozialdarwinismus

Der Sozialdarwinismus ist ein weiteres Beispiel für den Zusammenhang zwischen naturwissenschaftlicher und kultureller Entwicklung: Die Darwinsche Evolutionstheorie wird verfälscht auf die Gesellschaft übertragen und dient der Rechtfertigung sozialer Ungleichheit. Er geht allerdings über den reinen Rassismus hinaus, da er auch Angehörige derselben Rasse als unterschiedlich wertig ansieht. Neben einem Überblick über den Sozialdarwinismus des 19. Jahrhunderts gibt ein Text von Francis Galton, einem Zeitgenossen und Vetter Darwins einen interessanten Einblick, wie Darwinsche Evolutionstheorie/Sozialdarwinismus, statistische Methode und Rassismus zur pseudowissenschaftlich legitimierten Diskriminierung genutzt werden:

> Francis Galton, Genie und Vererbung
> Autorisierte Übersetzung von Dr. Otto Neurath und Dr. Anna Schapire-Neurath
> Philosophisch-soziologische Bücherei, Band XIX, Leipzig 1910, S. 358-362
>
> Der relative Wert verschiedener Rassen.
> Ich bin jetzt mit dem, was ich über die Verwandtschaft des Individuums zu sagen hatte, zu Ende und gehe in diesem Kapitel zu dem Versuch über, mein Thema zu erweitern und noch Nationen und Rassen einer Betrachtung zu unterwerfen.
> Jede langbestehende Rasse hat notwendig ihre spezielle Tauglichkeit für die Bedingungen, unter welchen sie gelebt hat, entsprechend der sicheren Wirksamkeit von Darwins Gesetz der natürlichen Auslese. Jedoch interessiert mich gegenwärtig nicht der größere Teil jener Tauglichkeiten, sondern lediglich diejenigen, die in der einen oder anderen Form für eine hohe Zivilisation vorteilhaft sind. Wir können mit dem Eintritt einer Zeit rechnen, wo die Kultur, die heute spärlich und schwach und noch weit oberflächlicher ist, als man ihr nachsagt, den Erdball überziehen wird. Und dieser Fall wird sicherlich eintreten, denn Kultur ist die notwendige Frucht einer hohen Intelligenz, wenn sie sich bei einem sozialen Tier findet, und es gibt keine deutlichere Lehre, die man der Natur vom Gesicht ablesen kann, als die, daß das Resultat der Wirksamkeit ihrer Gesetze dahin geht, Intelligenz in Verbindung mit Soziabilität hervorzurufen.
> Intelligenz ist für ein Tier ein ebensolcher Vorteil als physische Kraft oder irgend eine andere natürliche Gabe, und daher wird von zwei Spielarten irgend einer Tiergattung, die in anderer Beziehung völlig gleich sind, die intelligentere Spielart im Kampf ums Dasein sicherlich den Sieg davontragen. In gleicher Weise wird unter intelligenten Tieren die sozialste Rasse sicherlich den Sieg davongetragen, wenn die anderen Eigenschaften die gleichen sind. [...]
> Bei einer Vergleichung des Wertes der verschiedenen Rassen werde ich einen häufigen Gebrauch des Gesetzes der Abweichung von einem Durchschnitt machen, dem ich für vieles dankbar sein muß. [...]
> In erster Reihe müssen wir uns erinnern, daß die Negerrasse gelegentlich, aber sehr selten, Männer hervorgebracht hat, wie Tonssaint l'Ouverture, die unserer Klasse F entsprechen; damit ist gesagt, daß X oder ihre Gesamtklassen über G hinaus unserer Klasse F zu korrespondieren scheinen, wobei sich eine Differenz von nicht weniger als zwei Graden und vielleicht sogar mehr zwischen den weißen und schwarzen Rassen zeigt.
> Weiter müssen wir in Betracht ziehen, daß die Negerrassen durchaus nicht völlig Menschen entbehren, die imstande sind gute Geschäftsführer, gedeihliche Kaufleute und anderes zu

> werden, also Leute, die beträchtlich über dem Durchschnitt der Weißen stehen, d.h., diese Rasse ist imstande nicht selten Menschen zu stellen, die unserer Klasse C oder selbst D entsprechen. [...]
> Kurz gesagt, die Klasse E und F der Neger können im großen ganzen als das Äquivalent unserer Klassen C und D betrachtet werden, ein Resultat, das zu dem weiteren Schluß führt, daß der durchschnittliche intellektuelle Zustand der Neger etwa um zwei Grade tiefer ist, als der unsere. [...]
> Viertens ist die Anzahl der Menschen, die wir dumm nennen, unter den Negern sehr groß. Jedes Buch, das von Negerdienstboten in Amerika spricht, wimmelt von Beispielen. Auf mich selbst machten diese Tatsachen während meiner Reisen durch Afrika einen großen Eindruck. Die Irrtümer, die Neger in ihren eigenen Angelegenheiten begingen, waren so kindisch und blöde, daß ich mich oft meiner eigenen Art schämte. Ich glaube nicht zu übertreiben, wenn ich sage, daß ihr C so niedrig ist als unser E, was eine Differenz von zwei Graden ergeben würde, wie vorhin.
> Ich habe keinerlei Kenntnis über die wirkliche Idiotie bei Negern, ich meine natürlich jene Klasse von Idioten, die nicht auf Krankheit zurückzuführen ist.
> Der australische Typus endlich, ist noch um einen Grad tiefer, als der afrikanische Neger. Ich besitze ein paar brauchbare Daten über die natürliche Befähigung der Australier, aber sie genügen nicht, um den Leser zu ihrer Betrachtung aufzufordern.

2.3 Kolonien und Kolonialismus

Hier bietet es sich an, sich auf die afrikanischen Kolonien zu beschränken, da hier sehr deutlich die Funktion des Rassismus als Legitimation für Unterdrückung und Ausbeutung aufgezeigt werden kann. Selbst wenn diese im Weltmaßstab eher unbedeutend waren, zeigen die Schüler großes Interesse an den deutschen Kolonien. Aspekte wie die grausame Niederschlagung des Herero-Aufstandes von 1904/5 wurden im Kurs auch wegen der starken Medienpräsenz zum hundertsten Jahrestag besonders im Schuljahr 2004/5 mit besonderer Aufmerksamkeit bedacht.

3. Grundlagen der klassischen Genetik

Um die biologische Argumentation hinsichtlich des Rassegedankens verstehen und beurteilen zu können, müssen zunächst die Grundlagen der Mendelgenetik gelegt bzw. wiederholt werden. Denn diese ist Basis für das Verständnis der Vererbung der Hautfarben. Hierbei sind zwei Phänomene zu unterscheiden. Zum einen der Albinismus, bei dem es sich um eine rezessiv vererbte Krankheit handelt, von der eben auch Schwarze (?!) betroffen sein können. An diesem Phänomen kann den Schülerinnen und Schülern verdeutlicht werden, dass in diesem Fall ein einziger Gendefekt für die weiße Hautfarbe verantwortlich ist. Dieser Aspekt wird später noch einmal aufgegriffen und genauer besprochen. Zum anderen bietet die polygene Vererbung der Hautfarbe bei Gesunden die Möglichkeit einer sehr breiten Variation.

Beeindruckend ist hier die Abbildung des englischen Zwillingspärchens mit seinen Eltern (siehe Abb. 4).

Abb. 4 Schwarz-weiße Zwillinge (© Bulls Press, Frankfurt am Main)

Die Behandlung der additiven Polygenie mit einem vereinfachten Drei-Gen-Modell und der darauf basierenden Verteilungswahrscheinlichkeiten der vererbten Farbintensität macht den Schülern schon hier in einem ersten Zugriff deutlich, wie unsicher und damit unsinnig das Kriterium „Hautfarbe" bei der Rasse-Einteilung der Menschen ist.

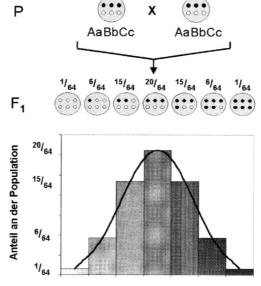

Abb. 5 Polygene Vererbung der Hautfarbe (nach Schroedel 2004)

4. Das frühe 20. Jahrhundert: „Wissenschaft und Rassehygiene" bei Alfred Ploetz und die Eugenikbewegung zu Beginn des 20. Jahrhunderts

Wichtigstes Ziel dieses Kursabschnittes ist es, anknüpfend an den Sozialdarwinismus, aufzuzeigen, dass die Gedanken der Rassehygiene und der Eugenik keine „Erfindung" der Deutschen, schon gar nicht der Nationalsozialisten waren, sondern bereits Vordenker hatten, die wissenschaftlich anerkannt und deren Gedanken in der Mitte der Gesellschaft verankert waren. Alfred Mosse schreibt hierzu: „So war z.B. Alfred Krupp um 1900 Schirmherr eines Aufsatzwettbewerbes zu dem Thema ‚Was können wir aus den Grundsätzen des Darwinismus für die Anwendung auf die innenpolitische Entwicklung und die staatlichen Gesetze lernen?'. Wilhelm Schallmeyer, der den ersten Preis gewann, war ständiger Mitarbeiter am ‚Archiv für Rassen- und Gesellschaftsbiologie' [...] Er setzte sich für Rassenhygiene ein und war natürlich gegen eine Vermischung von minderwertigen und der hochwertigen arischen Rasse." (Mosse 1990 S. 103) Neben Alfred Ploetz und dem Biologen Ernst Haeckel, die man getrost als Sozialdarwinisten und Rassisten bezeichnen darf, beeinflussten auch der Jurist Professor Karl Binding („Die Freigabe der Vernichtung lebensunwerten Lebens", 1920) und der Mediziner Professor Alfred Hoche die Nationalsozialisten nachhaltig.

Informationen zur Rassehygiene, dem Eugenikgedanken, den Ideen von Haeckel und Ploetz liefern Internet und die Bücher von Wess (1988) und Shipman (1995).

5. Die Genetik nach Mendel: menschliche Stammbaumanalysen, Populationsgenetik, Molekulargenetik

Im Vordergrund der menschlichen Stammbaumanalyse steht die Vererbung des Albinismus beim Menschen (siehe Abb.6). Weitere Stammbaumanalysen dienen der Vertiefung und Übung des Phänomens.

Die Behandlung der Populationsgenetik (Hardy-Weinberg-Gesetz) und der damit in Zusammenhang stehende balancierte Polymorphismus vermittelt den Schülerinnen und Schülern einen Eindruck über die Verbreitung einzelner oder mehrerer Merkmale in Beziehung zu bestimmten Selektionsbedingungen in Populationen. Das klassische Beispiel der Ausbreitung der Sichelzellenanämie verdeutlicht, dass bestimmte genetisch bedingte Merkmale, liegen sie homozygot vor, ausgesprochen nachteilig auf den Organismus wirken, während sie bei Heterozygotie mögliche Selektionsvorteile bieten und das Allel entsprechend häufig in einer Population vorkommt. Hier ist es angebracht, Bezüge zu den Kapitel „2.2 Sozialdarwinismus" und „4. das frühe 20. Jahrhundert: „Wissenschaft der Rassehygiene" bei Alfred Ploetz und Eugenikbewegung zu Beginn des 20. Jahrhunderts" herzustellen und deutlich zu machen, dass genetische Dispositionen oder Anlagen für bestimmte Erbkrankheiten nicht grundsätzlich negative Auswirkungen auf eine Population haben müssen. An konkreten Beispielen kann den Schülerinnen und Schülern vermittelt werden, dass die „Hoch-" oder „Minderwertigkeit" bestimmter Erbanlagen nicht zu verabsolutieren ist, sondern diese sich je nach Umwelt vorteilig oder nachteilig auswirken können. Der Hinweis auf die Tatsache, dass eine dunkle Hautfarbe vor intensiver Sonneneinstrahlung schützt, ist hier sicherlich auch angebracht.

Abb. 6 Stammbaum Albinismus (aus: Klett 1997b, S. 43)

Die anschließende Einführung in die Molekulargenetik (Struktur von Proteinen und DNA, Replikation, DNA als „Bauanleitung" für Proteine, genetischer Code, Mutationen) wird aus zwei Gründen als notwendig erachtet: Zum einen können hier die molekularbiologischen Ursachen der zuvor behandelten Sichelzellenanämie und des Albinismus behandelt werden. Zum anderen sind grundlegende Kenntnisse zu der in Punkt 8 behandelten menschlichen Variabilität notwendig: Veränderungen im Erbmaterial (Mutationen) als Grundlage von DNA-Vergleichen und der Erstellung von Stammbäumen in der Phylogenese und Verwandtschaftsbeziehungen heutiger Menschen und menschlicher Populationen. Grundlage für diese Unterrichtseinheit sind hauptsächlich die gängigen Genetik- und Evolutions-Schulbücher der S II.

6. Der Rassismus nach 1945: Die US-amerikanische Rassenpolitik und Rassenauseinandersetzungen

Dieser Unterrichtsabschnitt beschäftigt sich mit den Grundzügen und Hintergründen der US-amerikanischen Rassepolitik. Sofern dies nicht schon an einer anderen Stelle geschehen, kann im Überblick die Geschichte der Afroamerikaner von den Anfängen der Sklaverei bis zur Bürgerrechtsbewegung abgehandelt werden. Interessante Aspekte sind die unterschiedlichen Widerstandsbewegungen dieser Bevölkerungsgruppe auf Unterdrückung, Separation und Diskriminierung anhand der

Bürgerrechtsbewegung des Martin Luther King und der Black Panther Party, die hinsichtlich ihrer verschiedenen Formen und Ziele einen interessanten und aktuellen Diskussionsstoff bieten. Das Buch von Oliver Demny („Die Wut des Panthers") bietet eine detailreiche Übersicht über den radikalen schwarzen Widerstand in den USA. Das Zehn-Punkte-Programm („Was Wir Wollen Was Wir Glauben") vom Oktober 1966 findet man im Internet.

Als Alternative zum amerikanischen Rassismus kann auch die südafrikanische Apartheidspolitik behandelt werden. Besonders absurd erscheint den Schülerinnen und Schülern die Unterteilung der Menschen in „Weiß", „Coloured" (Mischlinge), Asiaten und „Bantu" (schwarz), nachdem sie im Abschnitt 3 die Hintergründe über das Zustandekommen der unterschiedlich starken Hauttönungen zur Kenntnis genommen haben. Es wundert demnach nicht, dass diese Einstufungen durch die „Ämter für Rassenklassifizierung" nicht so eindeutig waren, wie das Apartheidsregime sich dies vorstellte. Diese Ämter „entschieden in langwierigen Appelationsverfahren über die zahllosen Grenzfälle unter den Mischlingen. Für die Betroffenen haben die Spruchkammerbescheide den Charakter von Gottesurteilen, denn sie legen die Einstufung in das Kastensystem für alle Zeiten fest. Allein in den ersten 15 Jahren wurden über 250. 000 Fälle entschieden, und die Arbeit ist immer noch nicht abgeschlossen. 1974 wurden 120 Personen „umgestuft", darunter zehn von „weiß" zu „coloured" und 33 von „coloured" zu „weiß". Der Rest betraf Umstufungen innerhalb der nicht-weißen Gruppen." (Jaenecke o.J., S. 161)

Die Autobiografie von Nelson Mandela „Der lange Weg zur Freiheit" (Mandela 2006/2007) gibt Hintergrundinformationen über die Entstehung und Genese der langjährigen Widerstandsbewegung gegen das Apartheidsregime.

7. Die Stellung des Menschen in der Natur: Grundlagen der Humanevolution

Dieser Kursabschnitt gibt einen Überblick über die Phylogenese des Menschen. Mit der Darstellung der Hominidenentwicklung über ca. 7 Millionen Jahre – von Orrorin bis zum Homo sapiens – bietet der 90-Minuten-Film „Geheimnis Mensch", der 2003 in der Reihe „ZDF Expedition" gesendet wurde, einen interessanten Einstieg. Schwerpunktmäßig werden neben den Methoden der Erkenntnisgewinnung – Funde, Datierung, Rekonstruktion, Stammbaumerstellung – vor allem die Probleme der Klassifikation und Dendrogrammerstellung anhand der beiden Methoden hierzu behandelt: zum einen der klassische morphologische und zum anderen der noch sehr junge DNA-Vergleich.

Die unterschiedlichen Ergebnisse machen die beiden nachstehenden Stammbäume deutlich:

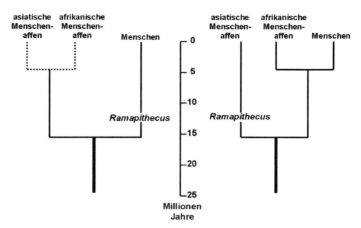

Abb. 7 Stammbäume (nach: R. Lewin 1992, S. 48)

Besonders beeindruckt die Schülerinnen und Schüler das Beispiel des auf Madagaskar lebenden Tanrek (Borstenigel), der bisher anhand seiner Morphologie als Insektenfresser und naher Verwandter des Igels klassifiziert wurde:

Abb. 8 Tanrek (http://www.hobbygarten.com/galerie/tiere_15.jpg)

Neuere DNA-Analysen haben jedoch ergeben, dass der Tanrek mit Elefanten und Seekühen sehr viel näher verwandt ist als mit dem Igel. Dies ist offensichtlich nicht das einzige Beispiel, wo Stammbäume umgeschrieben werden müssen.

Von großer Bedeutung ist weiterhin die ausführliche Behandlung der Herkunft des anatomisch modernen Menschen. Anhand der Kontroverse „Multiregionales Modell" und der „Out-of-africa-Theorie" können die beiden Methoden (Stammbaumerstellung anhand morphologischer Vergleiche versus DNA-Vergleiche) vertieft behandelt werden und die in der Fachwissenschaft heute überwiegende Akzeptanz des zweitgenannten Modells diskutiert werden. Anhand von DNA-Vergleichen heute lebender Menschen und den hieraus entwickelten Stammbäumen wird den Schülerinnen und Schülern deutlich und ruft auch häufig Staunen hervor, dass morphologische Ähnlichkeiten nicht zwangsläufig verwandtschaftliche Nähe bedeuten: bestimmte Schwarzafrikaner können mit Europäern näher verwandt sein als mit anderen Schwarzafrikanern.

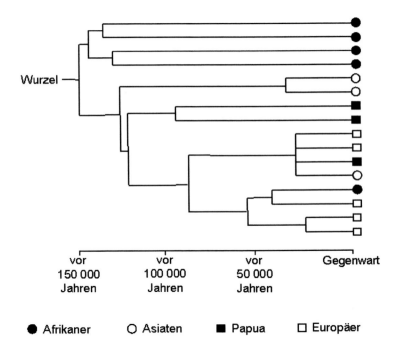

Abb. 9 Verwandtschaft der Menschen (nach: Sykes 2003, S. 58)

An dieser Stelle bietet der Rückgriff auf die Rasseklassifikation der Aufklärer, die zu Beginn der Sequenz besprochen wurden, die Grundlage zu deren Beurteilung aufgrund heutiger Erkenntnisse:

> **Ritters Carl von Linné Königlich Schwedischen Leibarztes u. u. vollständiges Natursystem und nach der zwölften lateinischen Ausgabe:**
> [...]
> Die Amerikaner haben eine rothe Haut, ein galliges oder cholerisches Temperament und eine gerade Statur. Die Haare sind schwarz, gerade und dicke. Die Nasenlöcher weit, das Angesicht voller Sommersprossen, ein fast glattes Kinn. Sie sind hartnäckig, fröhlich, lieben die Freyheit, gehen meistens nackend, bemahlen sich mit rothen Strichen und lassen sich durch alte Gewohnheiten beherrschen.
> Die Europäer haben eine weisse Haut, ein blutreiches und sanguinisches Temperament, und einen fleischigen Körper. Die Haare sind gelblicht und mit Locken, die Augen blau, [...]
>
> **Joh. Fried. Blumenbach,**
> **Handbuch der Naturgeschichte**
>
> [...] Doch habe ich das ganze Menschengeschlecht noch am füglichsten unter folgende fünf Rassen zu bringen geglaubt:
> 1) Die caucasische Rasse:[...] von mehr oder weniger weißer Farbe mit rothen Wangen, langem, weichem, nußbraunem Haar (das aber einerseits ins Blonde, anderseits ins Schwarze übergeht);
> 2) Die mongolische Rasse: [...] meist waizengelb (theils wie gekochte Quitten, oder wie getrocknete Citronenschalen); mit wenigem, straffem, schwarzem Haar; enggeschlitzten aber gleichsam aufgedunsenen Augenliedern, plattem Gesicht; und seitwärts eminierenden Backenknochen.
> 3) Die äthiopische Rasse: [...] mehr oder weniger schwarz; mit schwarzem, krausem Haar; vorwärts prominirenden Kiefern, wulstigen Lippen und stumpfer Nase. Dahin die übrigen Africaner, namentlich die Neger, [...]

8. Menschliche Variabilität

In diesem Abschnitt steht die Diskussion über die so genannten Rassemerkmale – vorwiegend die Hautfarbe und ihre Funktion – im Vordergrund. Grundlage für die Behandlung des Zusammenhanges Intensität der Sonneneinstrahlung/Hautfarbe sind die Artikel von Jablonski/Chaplin „Die Evolution der Hautfarbe" (2003) und Schultze/Menke „Die Evolution der Hautfarben: nur keine Schwarz-Weiß-Malerei" (2005). Sie verdeutlichen den Zusammenhang zwischen der Sonneneinstrahlung, der Hautfarbe und möglichen Vitaminmangelzuständen.

Dementsprechend tritt eine dunkle Hautfarbe überall dort auf, wo die Menschen einer intensiven Sonneneinstrahlung ausgesetzt sind und umgekehrt, unabhängig von ihrer verwandtschaftlichen Stellung untereinander. Die dunkle Hautfarbe bietet neben dem Schutz vor Hautkrebs, der jedoch für das Selektionsgeschehen keine große Rolle spielt, einen Schutz vor der Zerstörung des Vitamins Folsäure. Folsäuremangel kann zu schweren Schädigungen des Embryos (Spina bifida – offener Rücken – unterschiedlichen Schweregrades) führen und stellt damit einen Selektionsnachteil dar. Umgekehrt ist bei zu geringer Sonneneinstrahlung die Vitamin-D-

Synthese unzureichend und die Gefahr einer Rachitis-Erkrankung steigt. Die jeweilige Hauttönung stellt somit ein ausbalanciertes System einer Anpassung an die Umwelt dar.

Eine gekürzte Version des Artikels „Menschenrassen – eine Fiktion?" (Bamshad 2005) verdeutlicht den Schülern, dass man bei Untersuchung von über 100 Polymorphismen anhand von DNA-Analysen durchaus Menschen in Gruppen einteilen kann, diese aber nicht mit den gängigen äußeren Rassemerkmalen des klassischen Rassegedankens, welche nur auf Unterschieden ganz weniger Gene beruhen, entsprechen. Diese Erkenntnisse rufen bei den allermeisten Schülerinnen und Schülern ein Aha-Erlebnis hervor!

9. Rassismus heute

In diesem Kursabschnitt steht die Diskussion im Vordergrund, inwieweit der klassische Rassegedanke heute (vorwiegend bezogen auf die Bundesrepublik) noch eine Rolle spielt, und welche gesellschaftlichen Gruppen diesem Rassegedanken möglicherweise noch nachhängen und welche nicht. In diesem Zusammenhang entwickeln und führen die Schüler eine Umfrage durch, die die Position der Mitbürger und Mitbürgerinnen in ihrem Umfeld zur Frage nach den „Rassen des Menschen" einschätzen soll. Die Frage, inwieweit Fremden- und Ausländerfeindlichkeit den klassischen Rassismus bis weit in offizielle Regierungskreise abgelöst hat, kann anhand von aktuellen Geschehnissen und Verlautbarungen diskutiert werden: offizielle Positionen und Gesetzgebung hinsichtlich Einwanderung, Asylsuchenden, in Deutschland lebenden Ausländern.

10. Ursachen und Funktion von Rassismus

Anhand verschiedener Erklärungsansätze wird über die Ursachen von Rassismus reflektiert. Eine übersichtliche, aber nicht zu umfangreiche Grundlage bietet hierzu das Buch von Johannes Zerger „Was ist Rassismus? Eine Einführung", der auf knapp fünfzig Seiten die Positionen von
- Gordon W. Allport: Rassismus als Problem von Vorurteilen
- Lida van den Broek: Rassismus als „Überlebensstrategie"
- Werner Bergmann: Ablehnung von Ausländern als Problem der sozialen Identität
- Kritische Theorie: Gesellschaft und Charakterstruktur – Vorurteile und Antisemitismus
- Albert Memmi: Rassismus als Problem der menschlichen Aggressivität
- Robert Miles: „Rassen"-Konstruktion und Rassismus als Ideologie
- Teun van Dijk: (Re-)Produktion rassistischer Ideologien im Diskurs der Eliten bei Teun van Dijk
- Stuart Hall: Rassismus als ideologischer Diskurs in Gesellschaft und Medien

136　Teil 2: Kursbeispiele

- Philomena Essed: Alltäglicher Rassismus als Bestandteil des Gesellschaftsbildes (Zerger 1997, S.99ff.) wiedergibt.

Ob und inwieweit den Schülerinnen und Schülern das Anliegen des Kurses verdeutlicht werden konnte, kann am vorliegenden Abiturvorschlag überprüft werden. Bei der Bearbeitung dieser Aufgabe sollten sie in der Lage sein, die vom Autor vertretene Position anhand der im Kurs behandelten Sachverhalte kritisch zu reflektieren:

Aufgabe 1

Der folgende Text stammt aus dem Jahr 1990 und bezieht Stellung zum Thema „menschliche Rassen":

„6. Rassen und Rassismus
Als Rassen bezeichnet man Fortpflanzungsgemeinschaften mit spezifischen Genfrequenzen und erblichen Merkmalskombinationen. [...] Die Angehörigen aller Menschenrassen können sich uneingeschränkt miteinander paaren und fruchtbare, voll lebens- und leistungsfähige Nachkommen erzeugen. Diese Einheit des Menschengeschlechtes bedeutet freilich nicht Uniformität, sondern schließt eine sehr große Variabilität ein:

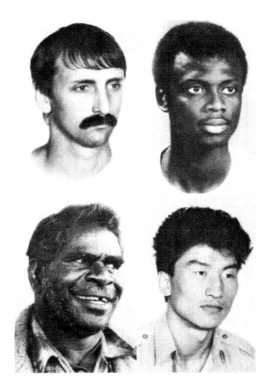

Abb. 10 Vier Großrassen

Es gab und gibt – außer eineiigen Zwillingen – keine zwei genetisch gleichen Individuen. Durch geographische Trennung und dadurch bedingten reduzierten Genfluß hatten sich zwischen den einzelnen Populationen Unterschiede herausgebildet. Es entstanden charakteristische Merkmalsgefüge, die für die jeweilige Bevölkerung bestimmter Regionen der Erde kennzeichnend sind, so die Europiden für Europa, die Mongoliden für Asien, die Negriden für das subsaharische Afrika und die Australiden für Australien (Abb. 10).

In regional unterschiedlichen Proportionen und Kombinationen treten vererbbare morphologische und physiologische Einzelmerkmale auf, z.B. Hautfarbe, Haarform, Körpergröße, Gesichtsrelief, Hautleisten, Blutgruppen, Serumproteine. Insgesamt gleichen sich aber die modernen Menschen genetisch, anatomisch, physiologisch und psychisch weit mehr als sie sich voneinander unterscheiden.

Wie Tier- und Pflanzenrassen bilden auch die Menschenrassen keine unveränderlichen abgeschlossenen Einheiten. Sie sind vielmehr offene, dynamische, in steter Wandlung befindliche genetische Systeme (BACH 1973; SPERLICH 1973; KIRSCHKE 1987). Rassenevolution ist Veränderung der Genfrequenzen. Die Rassen differieren insofern nicht durch die absolute An- oder Abwesenheit von bestimmten Merkmalen, sondern eben nur durch den relativen Anteil gewisser Gene und Genkomplexe sowie darauf beruhender, freilich z. T. sehr weit voneinander abweichender erblicher Erscheinungen. [...]

Merkmal	Europide	Negride	Mongolide
Statur	klein — groß grazil — untersetzt hager — vollschlank	klein — sehr groß grazil — stämmig schlank — vollschlank	klein — mittelgroß grazil — untersetzt schlank — vollschlank
Kopfform	kurz — lang	lang — kurz	meist kurz
Gesicht	reliefreich, niedrig, rund — hoch, schmal	häufig Prognathie hoch — niedrig (Stirn z. T. übersteil)	meist flach (breite Jochbögen) rund, mittelhoch
Nase	hoch, schmal, gerade — flach, breit, gekrümmt	flach, breit	flach, breit — hoch, schmaler, gerade
Lippen	schmal — dick	dick — wulstig	schmal — dick
Brüste ♀	halbkugelig — birnenförmig	kegelförmig	flach, schalenförmig
Körperbehaarung	reichlich	schwach	schwach
Haar	weißblond — schwarz schlicht — wellig, dünn	schwarz kraus, dick	schwarz straff, glatt, dick
Augen	blau — dunkelbraun	dunkel	schmale Lidspalte, oft „Mongolenfalte"
Haut	hellrötlich — mittelbraun	mittelbraun — dunkelbraun	gelblich — mittelbraun

Tabelle 1 Rassemerkmale

Es ist unwahrscheinlich, daß z.B. Neger irgendwelche Gene haben, welche nicht auch in manchen weißen Populationen vorkommen, oder daß Weiße irgendwelche Gene besitzen, die allen Negerpopulationen fehlen (SIMPSON 1968). ...

Die [vorstehende] Tabelle 1 gibt einen Überblick über die Variationsbreite der Hauptrassengruppen mit den vielen Überschneidungen in Einzelmerkmalen. Dabei ist noch zu berücksichtigen, daß solche markanten Erscheinungen wie Kraushaar gelegentlich auch bei Europäern vorkommen. [...]

Während im 17./18. Jahrhundert F. BERNIER, K. v. LINNE und F. BLUMENBACH die Art Homo sapiens in geographische Rassen gliederten, sogar teilweise recht ausgeweitete Rassenklassifikationen schufen, hat die wachsende Kenntnis über das Ausmaß der menschlichen genetischen Variabilität neuerdings manche Forscher zu der Auffassung geführt, daß es überhaupt keine Rassen gibt, daß Rassen nur „subjektive Denkbehelfe" sind. Es ist jedoch ganz offensichtlich, daß sich z.B. Weiße und Neger genotypisch wie phänotypisch objektiv unterscheiden. [...]

Menschenrassen sind eine objektive Realität. Die Erforschung ihrer Gemeinsamkeiten wie ihrer Besonderheiten ist sowohl für die Rassengeschichte und Ethnogenese von großer Bedeutung wie auch zur Klärung politischer und ideologischer Probleme und nicht zuletzt für praktische, medizinische und volkswirtschaftliche Maßnahmen.

Mit den Rassenklassifikationen setzte auch die rassistische ästhetische und ethische Bewertung der Rassen in schöne und häßliche, geistig überlegene und unterlegene, tugendreiche und tugendleere ein. Solche Bewertungen erwuchsen aus der gesellschaftlichen Haltung der Gelehrten schon des 18. Jh. und dienten der Rechtfertigung der Versklavung der Neger Westafrikas zwecks ihrer Ausbeutung in Amerika. [...]

Die heutigen Großrassen (Europide, Mongolide, Negride, Australide) und Sondergruppen erscheinen in einem sehr späten Stadium der Menschheitsgeschichte. [...]

Die Negriden haben sich offenbar doch erst relativ spät herausgebildet, und zwar im tropischen Afrika südlich der Sahara. Das älteste, aus dem beginnenden Holozän (ca. 10 000 Jahre v. u. Z.) stammende negride Skelett lag in einer Höhle bei Iwo Eleru in Westnigeria. [...]

Es ist irreführend, wenn man die Neger als besonders „junge" Rasse von anderen absondert, und es wird unwissenschaftlich, wenn man daraus politische und soziale Unmündigkeit der afrikanischen Ureinwohner und die Berechtigung zu kolonialer Herrschaft abzuleiten sucht. Dabei hat die pigmentarme „weiße Rasse" wahrscheinlich auch erst sehr spät ihre spezifischen Kennzeichen herausgebildet. [...]

Die Negriden sind tropischen Klimaten physisch und psychisch besser angepaßt als die Europiden. Die stärkere Pigmentierung ihrer Haut schützt vor zu hoher Ultraviolettstrahlung, die Gewebeschäden, Hautkrebs und die Bildung des giftigen Histamins, welches die körperliche und geistige Leistungsfähigkeit mindert, verursachen kann. [...] UV-Licht durchdringt leichter helle, melaninarme Haut, und dadurch ist hinreichende Vitamin-D-Produktion auch in sonnenarmen Gebieten gewährleistet. Tatsächlich erkranken Weiße in nördlichen Regionen (bei sonst gleichen Bedingungen) seltener an Rachitis als Schwarzafrikaner. [...]

Wie schon erwähnt, leiden Negride in Gebieten mit starker UV-Strahlung seltener an Hautkrebs als Europide".

Aus: R. Feustel, Abstammungsgeschichte des Menschen, 6. Auflage, Jena 1990

Bearbeiten Sie den Text unter den nachstehenden Leitfragen:
a) Welche naturwissenschaftlichen (biologischen) Aussagen trifft der Autor hinsichtlich der Einteilung der Menschen in Rassen?
b) Wie werden diese Aussagen jeweils begründet?
c) Wo enthält der Text Elemente, die über die (natur)wissenschaftlichen Grundlagen hinausgehen?
d) Beurteile, in wie weit die vom Autor aufgestellten Behauptungen der heutigen Diskussion des Rassebegriffes entsprechen oder widersprechen.

Literatur

Bamshad, M.J./Olsen, S.E. (2005): Menschenrassen – eine Fiktion? In: Spektrum der Wissenschaft Mai 2005, S. 90ff.
Bayrhuber, H. et al. (Hrsg.) (^{22}2005): Linder Biologie. Braunschweig: Westermann Schroedel Diesterweg
Cavalli-Sforza, L./Cavalli-Sforza, F. (1994): Verschieden und doch gleich. Ein Genetiker entzieht dem Rassismus die Grundlagen. München: Droemer Knaur
Demny, O. (2000): Die Wut des Panthers. Die Geschichte der Black Panther Party. Münster: Unrast
Feustel, R. (^{6}1990): Abstammungsgeschichte des Menschen. Jena: Gustav Fischer
Frank, R. et al. (1997a): Evolution. Biologie für Gymnasien. Oberstufe. Stuttgart: Klett
Frank, R. et al. (1997b): Genetik und Immunbiologie. Oberstufe. Stuttgart: Klett
Galton, F. (1910): Genie und Vererbung. Philosophisch-soziologische Bücherei, Band XIX. Leipzig: Klinkhardt
Hoff, P. et al. (1999): Evolution. Materialien für den Sekundarbereich II. Biologie. Hannover: Schroedel
Hund, W.D. (1996): Rassismus. Die soziale Konstruktion natürlicher Ungleichheit. Münster: Westfälisches Dampfboot
Jablonski, N.G./Chaplin, G. (2003): Die Evolution der Hautfarben. In: Spektrum der Wissenschaft Juni 2003, S. 38ff.
Jaenecke, H. (o.J.): Die weißen Herren. 300 Jahre Krieg und Gewalt in Südafrika. Hamburg: Gruner und Jahr
Jaenicke, J./Paul, A. (Hrsg.) (2004): Biologie heute entdecken SII. Braunschweig: Schroedel
Kant, I. (1922): Vermischte Schriften. Leipzig: Insel
Kattmann, U. (1996): Vielfalt der Menschen – aber keine Rassen! Erläuterungen zur Stellungnahme eines UNESCO-Workshops. In: Biologen in unserer Zeit 5/1996, S. 70ff.
Lewin, R. (1992): Spuren der Menschwerdung. Die Evolution des Homo sapiens. Heidelberg: Spektrum Akademischer Verlag
Linné, K.v. (1773): Des Ritters Carl von Linné Königlich Schwedischen Leibarztes u. u. vollständiges Natursystem nach der zwölften lateinischen Ausgabe ... Erster Theil Von den säugenden Thieren. Nürnberg
Mandela, N. (2006/2007): Der lange Weg zur Freiheit. Hamburg: Spiegel-Verlag
Mosse, G.L. (1990): Die Geschichte des Rassismus in Europa, Frankfurt a. M.: Fischer
Schultze, U./Menke, K. (2005): Die Evolution der Hautfarben: nur keine Schwarz-Weiß-Malerei. In: Unterricht Biologie 310, S. 18ff.
Shipman, P. (1995): Die Evolution des Rassismus. Gebrauch und Missbrauch von Wissenschaft. Frankfurt a. M.: Fischer

Sykes, B. (2003): Die sieben Töchter Evas. Bergisch Gladbach: Bastei Lübbe
Wess, L. (1988): Die Träume der Genetik. Gentechnische Utopien von sozialem Fortschritt. Noerdlingen: Wagner
Zerger, J. (1997): Was ist Rassismus? Eine Einführung. Göttingen: Lamuv

Quellennachweis

Abb. 104/1 sowie die übrigen Abbildungen des Arbeitsblatts zu Systematisierung aus Stresemann, E.: Exkursionsfauna Bd.1 Wirbellose. © Spektrum Akademischer Verlag, Heidelberg.
Abb. 4 Schwarz-weiße Zwillinge © Bulls Press, Frankfurt am Main
Abb. 6 Stammbaum Albinismus © Bert Leidmann, Nagold
Abb. 8 Tanrek © Kathrin Holzer
Abb. 9 Verwandtschaft der Menschen © Verlagsgruppe Lübbe, Bergisch Gladbach (umgezeichnet)
Abb. 10 Vier Großrassen und der Textauszug aus Feustel (1990) © Elsevier GmbH, Urban & Fischer, München

Silke Roether

4 „Physik macht Geschichte" – Naturwissenschaften als Vermittler eines modernen Weltbilds und als Fortschrittsmotor

Bei diesem Kurs handelt es sich um einen einsemestrigen Grundkurs in der Hauptphase (Jahrgangsstufe 12 und 13) mit Schülerinnen und Schülern, deren Schwerpunktinteressen in einem nichtnaturwissenschaftlichen Fach liegen, wie z.B. Englisch, Sport, Künste, Musik, Pädagogik und Psychologie. Sie sind verpflichtet, während der zweijährigen Abiturvorbereitung über zwei Semester einen fächerübergreifenden Grundkurs mit dem Schwerpunkt in den Naturwissenschaften zu belegen, was in der Regel in Form einer Sequenz geschieht, bei der zwei Semester thematisch miteinander verbunden sind. Zusätzlich kann noch ein dritter Kurs (Einzelkurs) gewählt werden, wenn man sich in einer Naturwissenschaft im Abitur prüfen lassen will. Die meisten der Teilnehmer wählten den Kurs „Physik macht Geschichte", weil sie an der Geschichte der Physik und an ihren Auswirkungen auf die menschliche Gesellschaft interessiert sind. Außerdem wollten sie die Grundlagen der Mechanik, Elektrodynamik und Kernphysik kennen lernen.

Die Hauptthemen des Kurses sind: Himmelsmechanik und Kosmologie, Elektromagnetismus und Telekommunikation, Kernphysik und die Entstehungsgeschichte der Atombombe. Ausschlaggebend für die gewählten Themen war der Gedanke, dass zum einen ein Einblick in unterschiedliche Gebiete der Physik vermittelt werden soll und zum anderen die gewählten Beispiele allesamt die Menschheitsentwicklung entscheidend beeinflusst haben. Das gemeinsame Ziel aller naturwissenschaftlichen Grundkurse am Oberstufen-Kolleg ist der „gebildete Laie", der gesellschaftlich relevante Themen, die mit den Naturwissenschaften zusammenhängen, mit seinen erworbenen Fähigkeiten hinterfragen und kritisch beurteilen kann. Hierzu müssen einige Grundlagen geschaffen werden, wie z.B. die wichtigsten naturwissenschaftlichen Erkenntnismethoden und die wichtigsten Prinzipien in den Naturwissenschaften, als da wären z.B. Erhaltungssätze, Kategorienbildung, Optimierungs- und Selektionsprinzipien.

Der Kurs umfasst zwei Doppelstunden à 90 Minuten in der Woche. Dieser Einzelkurs ist bisher erst einmal durchgeführt worden. Der hier vorgestellte Durchlauf fand nicht im Physiklabor, sondern auf einem Lernfeld des Oberstufen-Kollegs statt, sodass die Möglichkeit zu experimentieren stark eingeschränkt war. Die Teilnehmerzahl betrug 12, hauptsächlich aus dem 2. Semester der 12. Klasse, und bis auf wenige Ausnahmen war die Teilnahme am Unterrichtsgespräch gut bis sehr gut.

Die Inhalte des Kurses beziehen sich nicht nur auf Naturwissenschaften, insbesondere die Physik, sondern auch auf geisteswissenschaftliche Bereiche, wie Geschichte, Philosophie und Gesellschaftskunde. Anhand ausgewählter Themenbereiche (s.o.) sollen die Auswirkungen von naturwissenschaftlichen Entdeckungen und Erfindungen auf die Entwicklung der (insbesondere westeuropäischen) Menschheitsgeschichte vorgestellt und nachvollzogen werden. Es geht also in diesem Kurs vorrangig um unterschiedliche Perspektivwechsel, um sich besser in der Welt, wie wir sie heute vorfinden, zurechtzufinden und nach Möglichkeit gesellschaftlichen Wandel mit gestalten zu können.

Kursablauf

Absicht des Kurses ist es, Schülerinnen und Schülern, die in den Naturwissenschaften nicht besonders bewandert sind, eine Vorstellung zu vermitteln, worum es in der Physik geht, was ihre speziellen Methoden und Zuständigkeitsbereiche sind und dass sich diese Fachdisziplin erst im ausklingenden Mittelalter herausgebildet hat. Zudem soll ein besseres Verständnis der Wirkungsweisen von Geräten, mit denen manche fast täglich umgehen, vermittelt werden.

Darüber hinaus soll der Einfluss der Physik auf unser neuzeitliches Weltbild heraus gehoben werden und auch die Grenzen einer rein naturwissenschaftlichen Weltanschauung sollen bewusst gemacht werden.

Die folgende Tabelle gibt eine Übersicht über den Kursverlauf:

Zeit	Thema der Unterrichtseinheit und Methoden
1 h	Eingangsbefragung zu Vorerfahrungen und Wünschen
2 h	Textarbeit und UG[1]: Stationen auf dem Weg zur klassischen Mechanik; Entstehung des heliozentrischen Weltbilds
1h	Galileo Galilei: Begründer der Experimentalwissenschaften (Textarbeit, LV[2])
4 h	LV: Keplersche Gesetze und das heliozentrische Weltbild; Textstudien zu: Eudoxos, Ptolemäus und Kopernikus; Ellipsenkonstruktion und –eigenschaften;
8 h	Newtons Gravitationsgesetz und seine drei Axiome (SV[3], Übungen, UG); Planung eines Experiments zur Ermittlung der Gravitationskonstante (durchgeführt von zwei Schülern)
6 h	Kreisbewegung und Drehimpulserhaltung; Raketen; Energieerhaltung (LV, Übungen)
2 h	Kosmologie; Stephen Hawking (SV, UG)

1 Unterrichtsgespräch
2 Lehrervortrag
3 Schülervortrag

4 h	„Das erste Wort über den Ozean" (Erzählung von S. Zweig), elektrische Phänomene (Schülerversuche in Zweiergruppen)
2 h	Biografien von Galvani, Maxwell und Hertz (SV mit Präsentationen)
10 h	Elektrische Felder und elektrische Influenz; Biografien von Ampère und Oersted; Coulombsches Gesetz (Textarbeit; Übungen, Gruppenarbeit, Paar-Experimente)
4 h	Plattenkondensator mit und ohne Dielektrikum; (DE[1], LV, Übungen)
4 h	Glühelektrischer Effekt; Elektromagnetismus; Elektromotor (LV, SV, DE, UG)
10 h	Kernphysik: Atommodelle; Kernspaltung, Kernfusion; deutsche und internationale Atomgesetze; Geschichte der Atombombe; Folgen von Hiroshima (Gruppenarbeit, SV, Textarbeit, Diskussion)

Insgesamt umfasste der Kurs 68 Stunden. Die in der Kursübersicht fehlenden Stunden wurden für Klausuren und deren Besprechung oder organisatorische Angelegenheiten genutzt.

Erzielte Kompetenzen

Fachbezogene Kompetenzen

In diesem Kurs wurden die Schülerinnen und Schüler vertraut mit Methoden der Physik, wie z.B. das Planen und Durchführen von Experimenten sowie deren Protokollierung, das Erstellen von Hypothesen und deren Überprüfung, den sachgerechten Umgang mit Formeln und wie man mit ihrer Hilfe Parameter oder andere gesuchte Größen berechnen kann. Inhaltlich wurden die Grundlagen der Mechanik (gleichförmige und beschleunigte Bewegungen, Energie und Drehimpuls) sowie der Elektrizitätslehre (elektrisches Feld, Gleich- und Wechselstromkreise, Elektromagnetismus) und der Kernphysik (Atommodelle, Elementarteilchen, radioaktive Strahlung) vermittelt.

Fächerübergreifende Kompetenzen

Zu den fächerübergreifenden Kompetenzen gehört der Perspektivwechsel auf verschiedenen Ebenen:
a) das Einnehmen unterschiedlicher Fachperspektiven (z.B. Physik, Mathematik, Geschichte) und deren Reflexion. So wurde z.B. nachvollzogen, warum Newtons Gravitationsgesetz notwendiger Weise zu den Keplerschen Gesetzen führen muss, obgleich Kepler diese Gesetze vor Newton durch Beobachtungen herausgefunden hat.

---

1 Demonstrationsexperiment

b) das Beurteilen der Fachperspektive aus der („ungefächerten") Sicht eines politisch interessierten und aufgeklärten Bürgers. Aus dieser Perspektive heraus konnte nachvollzogen werden, welche Bedeutung die Entdeckung der Elektrizität für die Menschheitsgeschichte hatte und der Nutzen der Kernenergie konnte gegenüber dem gesellschaftlichen Schaden abgewogen werden.
c) die Kommunikation zwischen Laien und Experten. Experten waren in diesem Fall Schülerinnen und Schüler, die sich für ein Referat fachkundig gemacht hatten und das angeeignete Wissen den Kurskollegen, die auf diesem Gebiet Laien waren, auf eine verständliche Art nahe zu bringen vermochten.

Damit zusammen hängen die Fähigkeiten, sich einen Text mit geeigneten Hilfsmaterialien erschließen zu können und sich sowohl mündlich als auch schriftlich sprachlich adäquat auszudrücken, wie auch die Gedankengänge anderer nachzuvollziehen.

Beispielhafte Unterrichtssituationen

Exemplarisch für die Vorgehensweise in diesem Kurs sollen hier zwei Unterrichtseinheiten vorgestellt werden, zum einen die Einführung der Keplerschen Gesetze und zum anderen das Vertrautwerden mit dem Phänomen der Elektrizität:

a) die Keplerschen Gesetze

Durch unterschiedliches Textstudium ist den Schülerinnen und Schülern bereits das antike und vor allem mittelalterliche geozentrische Weltbild (beispielsweise von Ptolemäus) bekannt. Aus einem Referat über Galileo Galilei kennen sie einen Vertreter des heliozentrischen Weltbildes, bei dem sich die Erde um die Sonne und um sich selbst dreht. Durch entsprechende Zeichnungen können sie sich vorstellen, wie der Lauf der Himmelskörper in beiden Weltbildern aussehen müsste. Die Schleifen der „inneren Planeten", Merkur und Venus, können jedoch ohne allzu komplexe Erklärungsmodelle nur mittels eines heliozentrischen Weltbilds erklärt werden. Solcherlei Himmelsbeobachtungen (auch anderer vor ihm) und Tabellen von Planetenpositionen, die über Jahrzehnte akribisch geführt wurden, veranlassen Johannes Kepler zu seinen drei Ellipsen-Gesetzen, die zum einen besagen, dass sich sämtliche Planeten auf Ellipsenbahnen um die Sonne bewegen, in deren einem Brennpunkt die Sonne liegt, zum anderen, dass die (gedachte) Verbindungslinie zwischen Sonne und Planet zu gleichen Zeiten immer gleiche Flächen überstreicht, und zum dritten, dass das Verhältnis zwischen den Kuben der großen Halbachsen und den Quadraten der Umlaufzeiten für alle Planetenbahnen dasselbe ist. Diese Gesetze werden der Kursgruppe in einem Lehrervortrag vorgestellt und durch das selbstständige Zeichnen von Ellipsenbahnen mit unterschiedlicher Exzentrizität veranschaulicht.

Später erkennen die Kursteilnehmer, wie sich die Keplerschen Gesetze (mathematisch) notwendig aus dem Gesetz der Drehimpulserhaltung unter dem Einfluss der von Newton entdeckten Gravitationskraft ergeben.

b) Elektrizität und Telekommunikation

Als Einstimmung in das Thema wurde das Kapitel „Das erste Wort über den Ozean" aus dem Buch „Sternstunden der Menschheit" von Stephan Zweig in leicht gekürzter Version vorgelesen. Die Telegrafie wurde schließlich erst möglich durch die Entdeckung der Elektrizität, wobei diese im 19. Jahrhundert noch an das Medium des Kupfer- bzw. Metalldrahts gebunden war. Die elektromagnetische Strahlung und deren Erzeugung wurde erst am Ende des 19. Jahrhunderts von Heinrich Hertz u.a. entdeckt. Durch diese Geschichte von S. Zweig wurde die verbindende Eigenschaft der Elektrizität deutlich: Telekommunikation beruht bis heute ausschließlich auf elektromagnetischen Phänomenen.

In der Folgestunde machten sich Zweiergruppen von Schülerinnen und Schülern in Experimenten selbst mit den elektrischen Phänomenen, besonders mit der Elektrostatik, vertraut. Die dazu nötige Ladungstrennung erfolgte durch Reibung (z.B. Glasstab und Fell), mit einem an eine Influenzmaschine angeschlossenen Kugelkondensator und einer Leidener Flasche. Funkenflug und Kraftwirkungen veranschaulichten dabei die Eigenschaften von elektrischer Ladung. Zu den Versuchen wurden Kurzprotokolle angefertigt.

Die bei den Versuchen entdeckten Phänomene von Influenz und Ladungstrennung wurden später theoretisch genauer gefasst und auch Aufgaben dazu gerechnet.

Die Analogie von Coulombschem Gesetz und dem Newtonschen Gravitationsgesetz wurde ebenfalls jedem einsichtig.

Im Textstudium zu den Biografien von Ampère und Oersted stellten die Schülerinnen und Schüler den Zusammenhang zwischen Elektrizität und Magnetismus her, und aus einem Schülerreferat über Heinrich Hertz erfuhren sie, wie die drahtlose Telekommunikation entdeckt wurde und wie sie funktioniert.

Lernerfolgskontrolle

In diesem Kurs wurden zwei Klausuren geschrieben, die sich auf den Lerninhalt der jeweils letzten sieben Wochen bezogen. Der Schwerpunkt der Abfrage lag hierbei nicht auf einem Formelwissen, sondern der Zusammenhang der gelernten Sachverhalte wurde erfragt. Die folgenden Fragen wurden gestellt:

GK „Physik macht Geschichte" – 1. Teilklausur

Aufgabe 1) Erkläre die charakteristischen Merkmale des geozentrischen und des heliozentrischen Weltbildes und nenne für jedes mindestens einen Verfechter.
Welche Naturbeobachtungen sprechen für das eine bzw. das andere Weltbild?
Wie werden die beobachteten Schleifen in den Planetenbahnen, z.B. vom Mars, im jeweiligen Modell erklärt?

Aufgabe 2) Wie lauten die drei Keplerschen Gesetze?
Aus welcher physikalischen Erhaltungsgröße sind sie die logische Konsequenz? Wie ist diese Größe definiert? Unter welchen Bedingungen bleibt diese Größe erhalten?
Was haben die Ellipsenbahnen mit Kreisbahnen gemeinsam; worin unterscheiden sie sich?

Aufgabe 3) Was passiert laut Newton mit einem Körper, auf den keine äußeren Kräfte wirken?
Erörtere auf diesem Hintergrund die Hypothese von Aristoteles, dass auf der Erde jede Bewegung irgendwann zum Erliegen kommt. Wer hat Recht, Newton oder Aristoteles?

Aufgabe 4) Ein Satellit, der sich in 7138 km Entfernung vom Erdmittelpunkt befindet, umrundet die Erde in 100 Minuten. In welcher Höhe über der Erdoberfläche (Meereshöhe) muss sich ein Satellit befinden, der die Erde an einem Tag genau zweimal umkreisen soll?

Aufgabe 5) Mit welcher Geschwindigkeit muss eine Wasserrakete abgeschossen werden, damit sie eine Höhe von 50 m erreicht? Verwende den Energieerhaltungssatz!

Aufgabe 6) Auf einer horizontalen Kreisscheibe, die sich mit der Frequenz 0,2 Hz dreht, stehen zwei gleiche Spielfiguren im Abstand von 20 cm bzw. 50 cm vom Mittelpunkt der Scheibe.
a) Berechne die Bahngeschwindigkeiten der beiden Spielfiguren.
b) Warum bleiben die Figuren immer am selben relativen Ort (bzgl. der Scheibe) stehen? Was beobachtest du, wenn die Scheibe sich immer schneller und schneller drehen würde? Welches Grundprinzip der Mechanik liegt dieser Beobachtung zugrunde?

GK „Physik macht Geschichte" – 2. Teilklausur

Aufgabe 1) Was versteht man unter „Elektrizität"? Erkläre das Phänomen und gib einen kurzen historischen Überblick über die Entwicklung dieses Teilgebiets der Physik von der Entdeckung des Urphänomens bis zur Entdeckung des Zusammenhangs zwischen Elektrizität und Magnetismus.

Aufgabe 2) Was sind die Gemeinsamkeiten, was die Unterschiede von elektrischen und magnetischen Feldern? Geh bei der Erklärung auch auf ihre „Quellen" (Ursachen für ihr Zustandekommen) ein. Wie kann man untersuchen, ob im Raum ein elektrisches bzw. ein magnetisches Feld vorhanden ist? Auf welche Weise lassen sich von den jeweiligen Feldern Feldlinienbilder erzeugen?

Aufgabe 3) Wie lassen sich frei bewegliche Ladungsträger (Elektronen) erzeugen?
Wie kann man erreichen, dass sie sich in eine bestimmte Richtung bewegen? Nenne mehrere Möglichkeiten.
Bei welchem Gerät macht man sich diese Möglichkeit, Elektronen auf eine bestimmte Bahn zu lenken, zunutze? Beschreibe!

Aufgabe 4) Nenne eine Erfindung auf dem Gebiete der Elektrodynamik, die aus dem heutigen Leben nicht mehr wegzudenken ist.
Beschreibe das „Gerät" und die Idee, die ihm zugrunde liegt.

Aufgabe 5) Ein Plattenkondensator mit quadratischen Metallplatten (Breite b = 12 cm) wurde jeweils durch Anlegen einer Spannung von 2500 V aufgeladen und nach anschließender Trennung von der Spannungsquelle über einen Messverstärker entladen. Hierbei ergab sich folgender Zusammenhang zwischen Abstand der Platten (d) und gespeicherter Ladung (Q):

d / cm	0,5	2,0	3,5	5,0	6,5	8,0
Q / nC	63,7	15,8	9,1	6,1	4,7	3,9

a) Bestimme den Wert der elektrischen Feldkonstante, der sich daraus ergibt. Wie groß ist die Streuung?
b) Wie erklärst du die Abweichung vom Literaturwert für ε_0?
c) Welche Kapazität hat der Plattenkondensator für d= 1cm?
d) Wie ändert sich die Kapazität, wenn man eine 1cm dicke Glasplatte zwischen die Metallplatten bringt (ε_0 = 12)?
e) In welchem Bereich ist das elektrische Feld homogen?

Durch die Aufgaben wurden nicht nur fachliche Zusammenhänge erfragt, sondern auch methodische Kenntnisse, wie zum Beispiel die Beschreibung einer Beobachtung (vgl. Versuchsprotokoll) oder die Auswertung von Messdaten, einschließlich einer Fehlerabschätzung.

In den Antworten wurde deutlich, dass die Kursteilnehmer den Gang durch die Geschichte der Physik kognitiv mitgegangen sind und die behandelten physikalischen Phänomene richtig beschreiben und deuten konnten. Alle unter „fächerübergreifende Kompetenzen" benannten Perspektivwechsel wurden eingenommen, und von beinahe allen Kursteilnehmern wurden auch die Lernziele erreicht.

Bewertung

Dieser Kurs hat das eigenständige, selbstverantwortliche, Problem lösende Handeln gefördert, z.B. durch Experimente und Referate, bei denen nur das Thema klar war und die Fragestellung oft selbst noch herausgearbeitet werden musste, ebenso wie geeignete Methoden gefunden werden mussten, um das jeweilige Problem zu lösen. Der Kurs ermöglichte eine kritische Auseinandersetzung mit Texten, ermunterte zu Internet- und anderen Recherchen, zum Teil allein, aber auch in kleinen Gruppen. Besonders gelungen war die Präsentation der Referate, unter Zuhilfenahme geeigneter Medien. Es gelang, sowohl die Methoden der Physik (Experimente, Hypothesen- und Theoriebildung) als auch einige grundlegende Gesetze zu vermitteln, die die Menschheitsentwicklung maßgeblich beeinflussten.

Schwierigkeiten gab es dagegen im abstrakt Gedanklichen: Beim Problem lösenden Denken mussten etliche Hilfestellungen gegeben werden, und im mathematischen Bereich wurden große Unsicherheiten erkennbar. Aus diesem Grund wurde das entwickelnde Unterrichtsgespräch öfter eingesetzt als ursprünglich geplant. Ein großes Handicap war auch der für Experimente völlig ungeeignete Raum.

Zusammenfassend kann gesagt werden, dass dieser Kurs geeignet ist für Schülerinnen und Schüler, die ihren Schwerpunkt nicht im naturwissenschaftlichen Bereich gesetzt haben. Sie ließen sich leicht motivieren, da sie an den Themen interessiert waren. Aus diesem Grund sollten die konkreten Themen eines solchen Grundkurses an die Interessen der jeweiligen Kursteilnehmer angepasst werden. Wünschenswert wäre, noch mehr Schülerexperimente durchführen zu können. Die Verknüpfung von Physik und Geschichte hat sehr zum kritischen Denken angeregt und ist allgemein auf Zustimmung gestoßen.

Literatur

Boorstin, D.J. (1991): Entdeckungen (Das Abenteuer des Menschen, sich und die Welt zu erkennen). Herrsching: Pawlak Verlagsgesellschaft
Hahn, O. (1986): Mein Leben. Die Erinnerungen des großen Atomforschers und Humanisten. München: Piper
Schreier, W. (1988): Biographien bedeutender Physiker. Berlin: Volk und Wissen,
Wertheim, M. (1998): Die Hosen des Pythagoras. Physik, Gott und die Frauen. Zürich: Ammann
Wickert, J. (1983): Isaac Newton. Ansichten eins universalen Genies. München: Piper
Wilke, H.-J. (Hrsg.) (1988): Physikalische Schulexperimente – Historische Experimente. Berlin: Volk und Wissen
Zweig, S. (1997): Sternstunden der Menschheit – 12 historische Miniaturen. Frankfurt a. M.: Fischer
Physikbücher für die Sekundarstufe I und II

Andreas Stockey/Barbara Rösel

5 Environmental Systems – Structure, Function and Evolution.
Eine bilinguale Grundkurssequenz zur Einführung in die Naturwissenschaften

Einleitung

Im folgenden Kapitel wird die Sequenz von zwei Halbjahreskursen, d.h. ca. 140 Unterrichtsstunden, des fächerübergreifenden Unterrichts am Oberstufen-Kolleg vorgestellt. Es handelt sich dabei um eine Sequenz mit einem Schwerpunkt im Bereich Biologie – Ökologie - Umweltwissenschaften, die in englischer Sprache unterrichtet wird. Sie wird in Verbindung mit einem mehr methodisch-reflektierend ausgerichteten Einzelkurs von ca. 70 Stunden angeboten, der in Kombination mit dieser Sequenz dann auch in Englisch unterrichtet wird. Dieses „3-Kurs-Paket" (ca. 210 Stunden) dient dazu, Lernende, die keines der Fächer Biologie, Chemie, Physik oder Informatik belegen und andererseits aber gute Sprachkompetenz in der Lingua Franca Englisch erworben haben, „Essentials" einer naturwissenschaftlichen Grundbildung im Sinne einer „Scientific Literacy" an einem exemplarisch ausgewählten Thema mit allgemein anerkannter Relevanz zu vermitteln und auf eine mögliche Abiturprüfung im Bereich Naturwissenschaften vorzubereiten. Andererseits kann dieses Kurspaket von Lernenden, die eine Naturwissenschaft als Studienfach gewählt haben, als Vertiefung und Ergänzung im Themenfeld Ökologie-Umweltwissenschaften gewählt werden. Um diese beiden Zielsetzungen miteinander zu vereinbaren, werden für eine naturwissenschaftliche Grundbildung relevante Konzepte im Kontext des Themenfeldes „Naturwissenschaftliche Grundlagen einer nachhaltigen Entwicklung" vermittelt. Auf Grund der vorgegebenen Rahmenbedingungen und der exemplarisch ausgewählten Themenkomplexe ist eine Fokussierung auf Bestandteile erforderlich, die auf inhaltlicher und methodischer Ebene für eine naturwissenschaftliche Grundbildung von essentieller Bedeutung sind.

Ausgehend von der Frage nach der Bedeutung naturwissenschaftlicher Erkenntnisse im Kontext der gesellschaftlich drängenden Zukunftsfragen wie zum Beispiel der Klimaerwärmung und deren Folgen führt die Kurssequenz an ausgewählten Beispielen aus Themengebieten wie zum Beispiel ‚Ecotoxicology', ‚Environmental Impact Assessment', ‚Global Warming', ‚Sustainable Development' oder ‚Ecological Economics' praktisch und theoretisch in die Denk- und Arbeitsweise der Naturwissenschaften ein.

Im Kontext des auf Grund seiner gesellschaftlichen Relevanz gewählten Themas „Environmental Systems – Structure, Function and Evolution" werden auf inhaltlicher Ebene neben den Kriterien und Bedingungen für eine zukünftige nachhaltige Entwicklung des Ökosystems Erde als inhaltliches Fundament für diese Kriterien und Bedingungen grundlegende Konzepte der Naturwissenschaften wie zum Beispiel „Atommodell und Aufbau der Materie", „Chemische Stoffumwandlung und Energieumsetzung sowie Kreislauf der Materie", „Grundprinzipien der Vererbung, Evolution und Stammesgeschichte der Organismen" besprochen, da sie als Teilaspekte zum Verständnis von „Struktur, Funktion und Evolution von Umweltsystemen" beitragen.

Auf methodischer Ebene wird am Beispiel von alltäglich in der öffentlichen Diskussion auftauchenden Umweltproblemen ein Modell zur Analyse, d.h., zur Falsifizierung oder Verifizierung von wissenschaftlichen Aussagen vermittelt, das auf einer erweiterten Beschreibung der hypothetisch-deduktiven Methode beruht. Dieses grundlegende Prinzip des wissenschaftlichen Arbeitens in den empirischen Wissenschaften, d.h., „Science as a way of knowing" soll dabei für die Lernenden transparent und nachvollziehbar vermittelt und praktisch angewendet werden.

An praktischen Beispielen werden unterschiedliche methodische Ansätze der empirischen Wissenschaft wie zum Beispiel „Fieldobservation", „Experimental Investigation", „Empirical Survey", und „Modelling" inklusive der zugehörigen Auswertungsmethoden naturwissenschaftlicher Daten in ihrer Grundkonzeption eingeführt, angewendet und kritisch reflektiert.

An Beispielen aus dem Bereich der Ökotoxikologie, der Umweltverträglichkeitsprüfung und der Ökologischen Ökonomie wird der Unterschied zwischen der innerwissenschaftlichen Bewertung der Zuverlässigkeit von Ergebnissen naturwissenschaftlicher Untersuchungen und der außerwissenschaftlichen normativen Bewertung von Erkenntnissen der Naturwissenschaften in Bezug auf ihre gesellschaftliche Bedeutung erarbeitet (vgl. Abb. 1, S. 155 u. Tab.1, S. 154).

Dieses führt abschließend zu den gesellschaftspolitischen Rahmenbedingungen der Naturwissenschaften, zu den Grenzen naturwissenschaftlicher Methodik und Erkenntnis und somit zu den sich daraus ergebenden normativen Fragen nach den Maßstäben für Handeln oder Nicht-Handeln.

Kurskonzept und angestrebte Kompetenzen

Methodisches Konzept

Da die nachfolgend dargestellte Kurssequenz bewusst einen Schwerpunkt auf die Vermittlung von Kompetenzen legt, die als ein Bestandteil der naturwissenschaftlichen Grundbildung, der allgemeinen Studierfähigkeit und der Mündigkeit im Sinne einer Entscheidungs- und Handlungsfreiheit eines gebildeten und emanzipierten

Laien angesehen werden, folgt daraus eine entsprechende Akzentuierung der Kompetenzbereiche
- Sprache als Werkzeug der wissenschaftlichen Arbeit und Kommunikation in allen Aufgabenfeldern
- Englisch als Lingua Franca der internationalen Kommunikation in Gesellschaft und Wissenschaft
- Grundlegende Prinzipien und Methoden des wissenschaftlichen Denkens und Arbeitens („Science as a way of Knowing and Doing")
- Naturwissenschaftliche Grundbildung und ihre Relevanz als Grundlage für Entscheidungen und Maßnahmen zur Realisierung einer langfristig nachhaltigen Entwicklung unseres Ökosystems Erde („Global sustainable development")
- Verknüpfung des wissenschaftlichen „Forschungszyklus" mit dem gesellschaftlichen „Politikzyklus" (vgl. Behrmann et al. 2004).

Diese Zielsetzung soll im Rahmen der Bearbeitung des als exemplarisch angesehenen Themas „Environmental Systems -Structure, Function and Evolution" realisiert werden.

Unter den gegebenen zeitlichen Rahmenbedingungen eröffnet die bewusste Auswahl eines exemplarischen Themenfeldes die intensive Auseinandersetzung mit Sprache und Methode in einer empirischen Wissenschaft, denn die Zielsetzung, bilingual zu unterrichten, erfordert eine gewisse Reduzierung der inhaltlichen Fülle. Andererseits wird hierin gerade eine besondere Möglichkeit gesehen, wertvolle Synergie-Effekte zu erzielen, weil sich die intensive Auseinandersetzung mit der Sprache als ein Spiegelbild der Auseinandersetzung mit dem methodischen Vorgehen darstellt und somit auf beiden Ebenen, der sprachlichen und der praktisch-methodischen, Prinzipien der empirischen Wissenschaften und deren Wechselwirkungen transparent werden (vgl. Otten/Wildhage 2003; Finkbeiner 2002, S. 14ff.). Folgende Punkte können hier genannt werden:
- Der durch das hypotetisch-deduktive Vorgehen gekennzeichnete „Scientific Way of Knowing" bestimmt die Logik und das Vorgehen einer empirischen oder experimentellen Untersuchung einerseits und die Logik und Gliederung einer klassischen naturwissenschaftlich Publikation andererseits.
- Die Distanzierung des Wissenschaftlers vom Untersuchungsgegenstand und das damit angestrebte Zurücktreten des Wissenschaftlers hinter das Untersuchungsobjekt (d.h., möglichst weitgehende Objektivierung) in der praktischen Arbeit werden im wissenschaftlichen Text durch das Passiv und die Nominalisierung der Vorgänge betont.
- Die gebotene Vorsicht in der Dateninterpretation wird im Text durch den gezielten Einsatz relativierender Modalverben zum Ausdruck gebracht.
- Beim Vergleich von Begriffen und ihrer Bedeutung in den beiden Sprachen Deutsch und Englisch beinhaltet die Auseinandersetzung mit der Sprache gleichzeitig eine Auseinandersetzung mit der Sache. So wird zum Beispiel durch die Klärung der Bedeutung der beiden Begriffspaare „(piece of) evidence/proof"

und „Beleg (Indiz)/Beweis" der für eine sachlich angemessene Bewertung eines Untersuchungsergebnisses qualitativ so wichtige Unterschied zwischen einem Beleg im Sinne eines die Hypothese bestätigenden Indizes und einem Beweis im Sinne einer uneingeschränkten Gültigkeit über die durch die Untersuchung gegebenen Rahmenbedingungen hinaus erarbeitet.

Angestrebte Kompetenzen

Diese beispielhaft genannten Punkte machen deutlich, wie die Arbeit am Objekt und die Arbeit am Text einander bedingen und sich als Spiegelbild des anderen gegenüberstehen.

Die Zielsetzung des gebildeten emanzipierten Laien erfordert in unserer heutigen von Wissenschaft und Technik geprägten Gesellschaft bis zu einem gewissen Grade Aneignung von Expertenwissen. So gesehen bedeutet Lernen entsprechend dem Lernmodell von Lave & Wenger (1999) eine allmähliche, unterschiedlich schnelle und unterschiedlich weitreichende Aneignung von Expertenwissen. Es beinhaltet auch die graduelle Aneignung („gradual aquaintance") einer von Experten praktizierten Methodenkompetenz, die einen Beitrag zur Emanzipation des Laien darstellt, da sie ein kritisches Hinterfragen und Beurteilen von Experten-Behauptungen und -Meinungen ermöglicht. Dieses umfasst sowohl das „Sichaneignen" des gruppenspezifischen Diskurses als auch seiner typischen Arbeitsweisen, was man als „expert knowledge" bezeichnen kann. Die Aneignung dieses „expert knowledge" steht aus den genannten Gründen nicht im Widerspruch zu der Zielsetzung, eine für den gebildeten Laien relevante Scientific Literacy vermitteln zu wollen, da diese Scientific Literacy bis zu einem gewissen Grade das entsprechende Expertenwissen beinhaltet bzw. benötigt. Denn nur mit diesem Expertenwissen können alltagsrelevante Informationen, die als Experten-Darstellungen- und Meinungen mitgeteilt werden, kritisch hinterfragt werden. Die didaktischmethodische Konzeption der Kurssequenz basiert auf dieser Sichtweise von Lernen. Obwohl dieses „expert knowledge" im wissenschaftlichen Handeln als Ganzes erworben wird, können zu Analysezwecken in Anlehnung an AAAS (1993), Millar (1996), Habigsberg et al. (in diesem Band) und Frank (2005) fünf verschiedene Kompetenzbereiche unterschieden werden (vgl. Tab.1).

Der Kompetenzbereich „Wissen" ist in erster Linie fachspezifisch ausgestaltet. Dabei handelt es sich um grundlegende Konzepte, Modelle und Theorien der Naturwissenschaften und Teilgebieten der Sozialwissenschaften wie z.B. die Prinzipien einer ökologischen Ökonomie. Die Kompetenzbereiche „Erkenntnisgewinnung", und „Beurteilung", „Handeln" und „Kommunikation" haben in erster Linie fächerübergreifenden Charakter und haben Gültigkeit für alle empirischen Wissenschaften sowohl in den Naturwissenschaften als auch in den Sozialwissenschaften. Wie diese Kompetenzbereiche sich in einem sachlichen Kontext, anhand dessen diese Kompetenzen vermittelt werden sollen, miteinander verknüpfen, ist in der tabellarischen

Übersicht der Kurssequenz (vgl. Tabelle 2, S. 159) und in Abbildung 1 (S. 155) dargestellt.

AAAS (1993)	Millar (1996)	Habigsberg et al. (in diesem Band)	Frank (2005)		Ecotoxicology (vgl. Abb. 1)
Scientific world view	Science content	Wissen	Wissen (Konzepte / Prinzipien / Theorien / Modelle)		Ecological essentials (vgl. Miller 2007)
Scientific inquiry	Methods of inquiry	Können	Erkenntnisgewinnung (Praxis der empirischen Wissenschaft und ihrer Methoden, inklusive der Bewertung der Stärken und Schwächen der Methoden nach den Kriterien der empirischen Wissenschaften und Bewertung der Signifikanz d.h., Aussagekraft der Ergebnisse mit Hilfe anerkannter mathematischer Prüfmethoden)		Dose- response assessment, Exposure assessment Risk Characterisation
Scientific enterprise	Understanding science as a social enterprise	Sollen / Wollen / Bewerten	Bewertung / Beurteilung (Reflexion über die Praxis der empirischen Wissenschaft und ihre Methoden, d.h., die normative Beurteilung der Ergebnisse der empirischen Wissenschaft		Regulatory Decision
		Handeln / Nicht-Handeln	Ableitung von Handlungsgeboten und -verboten		Setting of standards
			Kommunikation in der Praxis und über die Praxis der empirischen Wissenschaft und ihre Methoden, d.h., Lesen und Schreiben in den Sprachen Deutsch, Englisch und Mathematik,		Report and essay reading and writing

Tab. 1 Systematische Übersicht und Vergleich verschiedener Kompetenzbereiche, die die beschriebenen Kompetenzebenen aus verschiedenen Quellen zueinander und am Beispiel des Moduls Ökotoxikologie zu den in dieser Kurskonzeption angestrebten Kompetenzen in Beziehung setzt (vgl. Abb. 1).

Die Abbildung 1 zeigt die Übertragung des dieser Kurssequenz zu Grunde liegenden Kompetenzmodells auf das Modul Ökotoxikologie dieser Kurskonzeption.

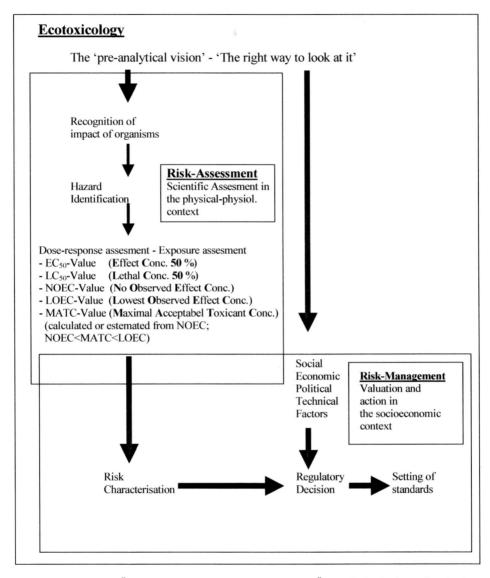

Abb.1 Schematische Übersicht, die am Beispiel des Moduls Ökotoxikologie darstellt, wie der innerwissenschaftliche Forschungszyklus (Risk Assessment) mit dem gesellschaftlichen Politikzyklus (Risk Management) verknüpft ist. (vgl. Cunningham 2002; Fent 2003).

In Abbildung 2 werden in einer Übersicht die Detailaspekte der kommunikativen Kompetenzen („Word Attack Skills", „Text Attack Skills", „Ability to Articulate /

Thinking Skills") zusammen mit dem Kompetenzbereich Erkenntnisgewinnung („Scientific Way of Knowing") als Bausteine einer „Academic Literacy" bzw. „Scientific Literacy" dargestellt. Diese „Academic Literacy" oder – auf den Bereich der Naturwissenschaften beschränkt – als „Scientific Literacy" bezeichnete wissenschaftliche Grundbildung ergibt zusammen mit den „Study Skills" das insgesamt notwendige „Procedurale Knowledge", dass die „Scaffolding Reading and Writing Skills" ausmacht, die in einem „Teaching and Lerning Cycle" eine effektive Textarbeit zum Erwerb des „Declarative Knowledge" ermöglichen.

Kursorganisation und Kursablauf

Organisation der Kursequenz

Ausgehend von der Tatsache, dass am Oberstufen-Kolleg die Lehrbefähigungen für die Fächer Biologie und Englisch nicht in einer Person vereint sind, wurde eine Organisationsform und inhaltliche Ausgestaltung gewählt, die es ermöglicht, dass zumindest im ersten Teil der Sequenz zwei Lehrpersonen aus den Fächern Biologie und Englisch in Kooperation unterrichten. Diese Kooperation beinhaltet eine Planung und Vorbereitung des Unterrichts im Team und ein Unterrichten in entweder nacheinander gelegten Blöcken oder in parallel laufenden Unterrichtslinien.

Auch aus diesem Grunde wurde die Gesamtsequenz in 4 große Module gegliedert, die sowohl nacheinander als auch parallel unterrichtet werden können (vgl. Tab. 2), wobei die Module 1 und 4 sich auf Grund der Konzentration auf die Textarbeit für eine mehr sprachlichen Schwerpunktsetzung und die Module 2 und 3 sich auf Grund der naturwissenschaftlich-empirischen Arbeit für eine mehr naturwissenschaftlich-methodische Schwerpunktsetzung eignen.

In der konkret realisierten organisatorischen Variante wurden im ersten Halbjahr die Module 1 und 2 parallel mit jeweils einer Doppelstunde pro Woche unterrichtet. Im zweiten Halbjahr wurde die Vermittlung grundlegender Fremdsprachenkompetenz zurückgeschraubt und im Umfang von 4 Stunden pro Woche mit einer fachlich-methodischen Schwerpunktsetzung unterrichtet. Unabhängig davon ist grundsätzlich Englisch die Unterrichtssprache in der gesamten Kursequenz.

Ablauf der Kurssequenz

In Tabelle 2 (S. 159) werden die wichtigsten Punkte in Bezug auf Inhalte und Kompetenzen (fachlich und fächer- bzw. aufgabenfeldübergreifend) in einer Übersicht dargestellt. Die vier großen inhaltlich und methodisch klar unterscheidbaren Unterrichtsmodule können auch für sich genommen unabhängig vom Rest der Kurssequenz in andere Zusammenhänge eingebaut werden, sofern die jeweiligen inhaltlich-methodischen Voraussetzungen gegeben sind.

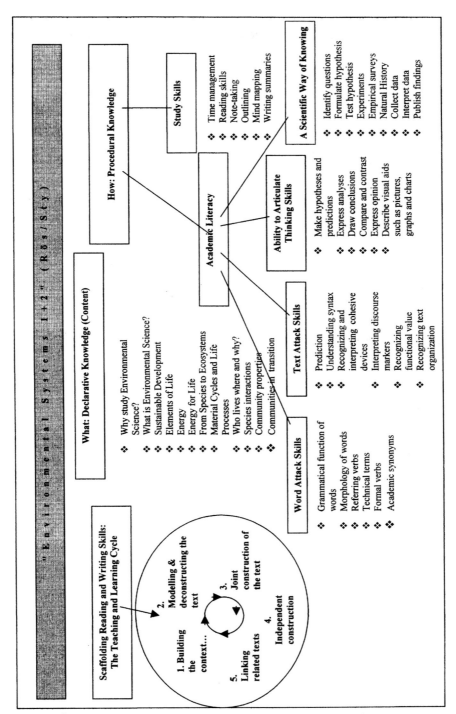

Abb. 2 Übersicht über die in der Kurssequenz angestrebten Lernziele

Die bei der Konzept-Entwicklung dieser Sequenz zu Rate gezogene Literatur war sehr vielfältig, so dass in Tabelle 2 nur die wichtigsten Quellen, die für den Unterricht im Ganzen oder auszugsweise als Arbeitsmaterial verwendet wurden, genannt werden. Darüber hinausgehende für die Konzipierung wichtige Quellen (z.B. Edwards-Jones 2000; Falkenhausen 2000; Fent 2003; Fomin et al. 2003; Frank 2005; Hinz 2003; IBO 2001a und 2001b; KMK 2004a-c; Lave & Wenger1999; Odum 1997; Pally 2000; Stockey 2000; Tenorth 2004) werden deshalb hier genannt.

Der inhaltlich-fachliche Schwerpunkt Biologie–Ökologie stellt sich im Wesentlichen so dar, dass im Verlauf der Sequenz die Fachinhalte vermittelt und die fachspezifischen, naturwissenschaftlichen und allgemeinen Kompetenzen erworben werden sollen, wie sie in den EPAs Biologie für den Themenbereich „Vernetzte Systeme – Ökologie und Nachhaltigkeit" (vgl. KMK 2004a und 2004c) dargestellt sind.

Diese Inhalte und Methoden werden aber in ihrer Funktion zum Verständnis eines umfangreicheren Zusammenhanges behandelt. Die fächer- und aufgabenfeldübergreifenden Aspekte habe zwei wesentliche Perspektiven:
- Auf inhaltlicher Ebene wird die Relevanz der fachspezifischen allgemeinnaturwissenschaftlichen Inhalte und Methoden für die Problembearbeitung und -bewältigung innerhalb eines sozio-ökonomischen Zusammenhanges transparent gemacht und steht im Mittelpunkt des Interesses (vgl. Abb. 1).
- Auf methodischer Ebene soll die Bedeutung der Sprache als Kommunikationsmittel und dabei insbesondere die Fremdsprache Englisch als Lingua Franca in einer globalisierten und von Wissenschaft und Technik geprägten Welt deutlich werden. Kompetenzen, die die themenspezifische und sachbezogene Benutzung der internationalen Wissenschaftssprache Englisch als Werkzeug zur Kommunikation in Wort und Schrift ermöglichen, stehen im Zentrum der Bemühungen (vgl. Abb.2 und S. 160 ff.).

Wie diese Ziele erreicht werden, wird exemplarisch im Folgenden an einem Beispiel aus dem Bereich der Risikoabschätzung erläutert. Es wird gezeigt, wie durch empirische Erhebungen das von einer chemischen Substanz ausgehende Gefahrenpotential ermitteln werden kann, um darauf aufbauend gesetzliche Vorschriften bezüglich Gebrauch oder Nicht-Gebrauch zu formulieren. In dem dort geschilderten Zusammenhang spielt zum Beispiel die für die Beurteilung der Signifikanz der erhobenen Daten notwendige Methodenkompetenz eine wichtige Rolle und macht einen wesentlichen Aspekt der ‚Scientific Literacy' aus, die erworben werden muss, um die in der Lokalpresse dargestellten Sachverhalte durch das Studium der Originalarbeiten kritisch prüfen zu können. Dass zum Studium der Originalarbeit entsprechende Kompetenzen in Englisch erforderlich sind, ist offensichtlich.

Term / Module	Contents	Scheme of work	Portfolio assessment	Essential literatur
1/1	1) Why study 'Environmental Systems?' 2) Understanding our environment: Essentials of ecology for the understanding of the environment	Textbook reading Summary writing	Summary Written test	Cunningham et al. (2002), Hinz et al. (2003), Miller Jr. (2007)
1/2	3) Investigating our environment: Science as a way of knowing a) Case Study: Dose-Response-Experiment / Ecotoxicology Risk Characterisation, Risk Assessment and Risk Management	Experimental work in the laboratory Lab report writing	Report of an experimental investigation in the lab	Giere (1991), Hrdina/Hrdina (2006), Mackenzie (2005), Yu (2005)
2/3	b) Case Study: Emperical survey / Landscape ecology / Exposure Assessment, Environmental Impact Assessment. c) Case Studies from the literature, e.g. 'What is the impact of introduced species?' or 'Danger to children from food and drink additives' (vgl. Kap. 4)	Empirical field work Field report writing	Report of an empirical investigation in the field	Closs et al. (2004) Cunningham et al. (2002), Giere (1991) Hrdina/Hrdina (2006) Miller Jr. (2007)
2/4	4) Managing our environment 'Ecological Economics' & 'Sustainable Development' Case Study: Global Warming & Climate Change / Knowledge, Values and Decision / Pre-analytical vision and critical thinking Environmental Science, Environmental Policy, Law, Planning and Management What can we do?	Textbook reading Essay writing	Essay Written test	Bailey (2003), Cunningham et al. (2002), Davidson (2000), Giere (1991) Hinz et al. (2003) Miller Jr. (2007) Rienecker (1999) Stern (2007)

Tab. 2 Übersicht der in der Kurssequenz unterrichteten inhaltlich und methodisch zu unterscheidenden Module.

Beispielhafte Unterrichtssituationen

Nachfolgend wird das Textmaterial (vgl. Kästen 1- 4), das im Modul 3 „Empirical Survey" als eine „Case Study" behandelt wird, vorgestellt. Durch die arbeitsteilige Zusammenfassung der verschiedenen Texte in Kleingruppen, der anschließenden wechselseitigen Vorstellung der Textaussagen und der darauf aufbauenden Gegenüberstellung, die Gemeinsamkeiten und Unterschiede in den Aussagen ermittelt, werden die folgenden Aspekte behandelt und erarbeitet (vgl. auch Abb. 1 u. 2):

- Die Parallelität in der Problematik und den Methoden zwischen Medizin (Human health) und Umweltwissenschaften (Environmental health) sowohl auf inhaltlicher als auch auf methodischer Ebene. In beiden Fällen handelt es sich um eine Wissenschaft, die aus naturwissenschaftlichen Erkenntnissen normative Richtlinien für das Handeln des Menschen abzuleiten versucht. In beiden Fällen besteht die wissenschaftliche Redlichkeit darin, dass der Übergang vom empirischen Befund zur Bewertung nach normativen Maßstäben uneingeschränkt und offenkundig dargelegt wird.
- Die Notwendigkeit von Englischkenntnissen zur Überprüfung der Aussage der Lokalpresse. Die Übersetzung in der Lokalpresse unterschlägt die so wichtigen Randbedingungen und Umstände der genannten in „The Lancet" publizierten wissenschaftlichen Studie.
- Die Notwendigkeit von Methodenkompetenz zur Überprüfung der Aussage der Lokalpresse. Die Aussagen der Originalarbeit kann nur derjenige angemessen einordnen und beurteilen, der die notwendigen Grundkenntnisse besitzt, um die angegebenen statistischen Kennwerte sachbezogen für eine Beurteilung der Aussagekraft der Ergebnisse einzusetzen.
- Die Problematik der Verallgemeinerbarkeit eines empirischen Befundes. Wie weit kann über die untersuchte Population hinaus ein vergleichbarer Befund erwartet werden?
- Die Problematik der Ableitung eines Gefahrenpotentials aus dem Ergebnis einer empirischen Erhebung.
- Die Problematik der normativen Bewertung eines Gefahrenpotentials. Die Beantwortung der Frage, welches Ausmaß an Gefährdung ich mir und anderen unter welchen Umständen zumuten will, ist und bleibt bei aller empirischen Wissenschaft eine subjektive moralische Entscheidung. Die Wissenschaft liefert Befunde, die als Entscheidungshilfe herangezogen werden können.
- Die Problematik, aus einer normativen Bewertung Ge- und Verbote abzuleiten.
- Die Alternativlosigkeit zur empirischen Wissenschaft, denn trotz aller Probleme gibt es zu dem Vorgehen der empirischen Wissenschaft keine gleichwertige Alternative, solange die Forderung nach Plausibilität auf wissenschaftlicher und politischer Ebene aufrechterhalten bleibt.

Kasten 1: Zeitungsartikel aus der lokalen Zeitung

Neue Westfälische, Nr. 208/07 (07.09.07) Tagesthema:
Mit Softdrinks zum Zappelphilipp – Nahrungsmittelzusätze lösen Hyperaktivität aus.
Von Jochen Wittmann (mit freundlicher Genehmigung des Autors)

London. Eltern haben es schon immer geahnt, jetzt gibt ihnen die Wissenschaft recht: Das sogenannte „Aufmerksamkeitsdefizit-Hyperaktivitäts-Syndrom" (ADHS), auch bekannt als „Zappelphilipp-Syndrom", kann durch Nahrungsmittelzusätze wie künstliche Farbstoffe in Getränken und Süßigkeiten ausgelöst werden.
Eine Studie der Universität Southampton, die gestern im britischen Fachblatt Lancet veröffentlicht wurde, weist den Zusammenhang zwischen verschiedenen „E-Nummern" und dem Auftreten von Hyperaktivität nach. Die britische Lebensmittelbehörde Food Standard Agency (FSA) hat darauf reagiert: Sie rät ab sofort Eltern, die besorgt über das Verhalten ihrer Kinder sind, auf Nahrungsmittel mit den Zusätzen zu verzichten. [...]
Die britische Studie wurde von der FSA in Auftrag gegeben. Sie untersuchte die Reaktion von zwei Gruppen von Kindern, 153 Dreijährigen und 144 Acht- bis Neunjährigen, wobei bei keinem Kind eine vorherige ADHS-Diagnose vorlag. Ihnen wurden Getränke verabreicht, die eine für marktübliche Softdrinks und Süßigkeiten typische Mischung von Zusatzstoffen aufwiesen. Dann wurden die Reaktionen und das Verhalten gemessen. Man fand bei beiden Kindergruppen eine signifikante Verschlechterung der Konzentrationsfähigkeit und eine Steigerung der Impulsivität. „Wir haben jetzt Beweise", schlussfolgerte Professor Jim Stephenson, der Leiter der Studie, „dass eine Mischung von bestimmten Farbstoffen und Natriumbenzoat das Verhalten von Kindern negativ beeinflussen kann". [...] Die FSA rät Eltern nun, die Etikettierung von Lebensmitteln zu prüfen, ob sie die folgenden Chemikalien enthalten: [...].
Der amtliche Rat ist bei britischen Experten auf Kritik gestoßen – sie verlangen ein Verbot der Zusatzstoffe. Professor Tim Lang von der Londoner City-Universität kritisiert die Reaktionen der Behörde als völlig unangemessen: „Schon vor dreißig Jahren hat man erstmals gefordert, diese Additive zu untersuchen. Die FSA muss einen viel härteren Kurs fahren." Das meint auch die Zeitung Guardian. Sie wirft der FSA vor, zu lax mit der Gesundheit von Kindern umzugehen. Oft seien die Zusatzstoffe in Kuchen, Eiskrem und Getränken enthalten, die lose, also ohne die Angabe der Inhaltsstoffe, verkauft werden.

Kasten 2: Artikel aus The Guardian

The Guardian, Thursday September 6, 2007 (mit freundlicher Genehmigung des Verlags)
Danger to children from food and drink additives is exposed
[...] Rebecca Smithers, consumer affairs correspondent
Parents are to be warned of the dangers of giving their young children drinks, sweets and cakes containing specified artificial additives, as a result of new findings being made public for the first time today which confirm their link with hyperactivity and disruptive behaviour.
The government's Food Standards Agency is taking the significant step of issuing revised guidance to consumers recommending that they steer clear of products containing certain E-numbers if their children are showing signs of hyperactivity or attention deficit hyperactivity disorder (ADHD). The release of the new public health advice follows the results of the biggest UK study into the links between hyper-activity and chemical food additives, which was commissioned by the government and published today in the medical journal the Lancet.
But the move has confounded experts and health campaigners, who say the government had missed an opportunity to take a tougher line by banning the additives completely in-

stead of placing a huge burden on parents. Adults are being advised to check for additives by scrutinising labels, yet many sweets and cakes are sold loose without labels [...].
For their research, scientists from Southampton University recorded the responses of 153 three-year-olds and 144 eight to nine year-olds to mixes of additives placed in different drinks; they found that artificial food colour and additives were having "deleterious effects".
The children drank mixtures of additives, which included artificial colourings and the preservative sodium benzoate, which is commonly used in soft drinks. The mixtures were designed to reflect what a typical child might eat in the course of a normal day. The results [...] show that when the children were given the drinks containing the test mixtures there was an increase in hyperactivity. However, the responses were not consistent; some children reacted significantly, others not at all. The study found that the deterioration in behaviour after consuming the additives occurred in children in the general population, not just in those identified as suffering from hyperactivity.
Professor Jim Stevenson, who headed the Southampton study, said: "We now have clear evidence that mixtures of certain food colours and benzoate preservative can adversely influence the behaviour of children. There is some previous evidence that some children with behavioural disorders could benefit from the removal of certain food colours from their diet." He said it was his "personal view" that the government could easily have taken a tougher line and banned the colours, although he admitted the issue of sodium benzoate was more complex.
Dr Andrew Wadge, the FSA's chief scientist, said: "We have revised our advice to consumers: if a child shows signs of hyperactivity or ADHD then eliminating the colours used in the Southampton study from their diet might have some beneficial effects." [...]
A spokesman for the Hyperactive Children's Support Group said: "This research confirms what many of us have known for 30 years. But we seriously question the implementation of the new advice. Is it practical to expect parents to quiz headteachers about additives in school meals, or to ask parents about the contents of party bags?" Popular drinks [...] still contain one or more of the named additives [...]. Richard Watts, coordinator of the Children's Food Campaign, said: "The junk food diet turns out to be bad for children's mental health, as well as their physical health. We need to go further to make parents aware of the potential health problems created by additives, [...]."
The food and drink additive industry is worth more than $25bn (£12.4bn) a year globally. But the impact of the research will be much wider, affecting the whole of the food and drink industry. [...]."

Kasten 3: Early Online Publication - thelancet.com today - Fr. Sept. 7 2007

http://www.thelancet.com/journals/eop / 07.09.07:
The Lancet DOI:10.1016/S0140-6736(07)61306-3 (© Elsevier Limited)

Food additives and hyperactive behaviour in 3-year-old and 8/9-year-old children in the community: a randomised, double-blinded, placebo-controlled trial

Donna McCann PhD [a], Angelina Barrett BSc [a], Alison Cooper MSc [a], Debbie Crumpler BSc [a], Lindy Dalen PhD [a], Kate Grimshaw MSc [b], Elizabeth Kitchin BSc [a], Kris Lok MSc [a], Lucy Porteous BSc [a], Emily Prince MSc [a], Prof Edmund Sonuga-Barke PhD [a], Prof John O Warner MD [c] and Prof Jim Stevenson PhD (jsteven@soton.ac.uk) [a]
Background
We undertook a randomised, double-blinded, placebo-controlled, crossover trial to test whether intake of artificial food colour and additives (AFCA) affected childhood behaviour.

Methods
153 3-year-old and 144 8/9-year-old children were included in the study. The challenge drink contained sodium benzoate and one of two AFCA mixes (A or B) or a placebo mix. The main outcome measure was a global hyperactivity aggregate (GHA), based on aggregated z-scores of observed behaviours and ratings by teachers and parents, plus, for 8/9-year-old children, a computerised test of attention. This clinical trial is registered with Current Controlled Trials (registration number ISRCTN74481308). Analysis was per protocol.

Findings
16 3-year-old children and 14 8/9-year-old children did not complete the study, for reasons unrelated to childhood behaviour. Mix A had a significantly adverse effect compared with placebo in GHA for all 3-year-old children (effect size 0·20 [95% CI 0·01–0·39], p=0·044) but not mix B versus placebo. This result persisted when analysis was restricted to 3-year-old children who consumed more than 85% of juice and had no missing data (0·32 [0·05–0·60], p=0·02). 8/9-year-old children showed a significantly adverse effect when given mix A (0·12 [0·02–0·23], p=0·023) or mix B (0·17 [0·07–0·28], p=0·001) when analysis was restricted to those children consuming at least 85% of drinks with no missing data.

Interpretation
Artificial colours or a sodium benzoate preservative (or both) in the diet result in increased hyperactivity in 3-year-old and 8/9-year-old children in the general population.

Affiliations
a. School of Psychology, Department of Child Health, University of Southampton, UK
b. School of Medicine, Department of Child Health, University of Southampton, UK
c. Department of Paediatrics, Imperial College, London, UK
Correspondence to: Prof Jim Stevenson, School of Psychology, Faculty of Medicine, Health and Life Sciences, University of Southampton, Southampton SO17 1BJ, UK (jsteven@soton.ac.uk)

Kasten 4: Internet-Veröffentlichung der Food Standard Agency (08.09.2007)

http://www.food.gov.uk/news/newsarchive/2007/sep/hyperactive

Hyperactivity and colours: advice to parents
Food Standard Agency, Friday 7 September 2007 (© Click-Use Licence)

Want to know more about the link between hyperactivity in children and certain artificial food colours? Check out our updated advice to parents on 'Intolerance to additives' and 'Understanding E numbers' on our eatwell website.

Scientists' reactions to the study
Dr Susan Jebb, Nutrition Scientist at the Medical Research Council,, said: 'While this study is showing an effect of certain additives on hyperactivity in children, it should be considered in context with other key issues regarding children's diets.
'Such additives are most likely to be found in foods that we would like to see children eating less of i.e. soft drinks, confectionery and so on, and so it reiterates the general healthy eating messages of encouraging healthier food choices.'
Dr Sue Baic, Dietitian from the University of Bristol, said: 'This is a well designed and potentially very important study.

> 'It supports what dietitians have known for a long time, that feeding children on diets largely consisting of heavily processed foods, which may also be high in fat, salt, or sugar is not optimal for health. The study supports a shift towards consumption of more relatively unprocessed foods, such as fruit, vegetables and wholegrain cereals.
> 'Very importantly, however, it's not necessary to avoid all processed foods nor all additives - only a specific range of colourings and one preservative have been implicated. Many food additives play a vital role in keeping our food safe and actually preventing health problems.'
> Dr Paul Illing, Registered Toxicologist and Fellow of the Royal Society of Chemistry. said: 'The Lancet's press release is overstating the case presented in the paper. The paper is, in effect, four studies - two on three-year-olds and two on eight-year-olds -, in each case using two non-identical mixtures.
> 'The paper shows some statistical associations, it is not a demonstration of cause and effect. Mixture A, but not mixture B gave a statistical association with hyperactivity, but the paper does not determine which component of the mixture is responsible or if it is an interactive effect. It supports a hypothesis that certain food additive mixtures may be associated with hyperactivity, without identifying which additives and certainly without identifying this as a feature of all food additives. The hypothesis should be further investigated.
> 'Extrapolating from the small study population to the general public, let alone to individuals within the general public, is very difficult. The differences seen were probably very small when compared with the inter-individual variation seen within the appropriate general population.
> 'Nowhere does this study show the food sources of the food additives that children may be exposed to. Thus, the important question of whether the diets containing these quantities of food additives are typical of a well balanced diet or are skewed by the eating habits of these two age groups cannot be addressed.'

Lernerfolgskontrolle

Nachfolgend wird exemplarisch anhand einer Prüfungsaufgabe, die sich auf das Modul 2 „Ecotoxicology" bezieht, erläutert, welche Kompetenzen die Lernenden durch die Teilnahme an der Kurssequenz erwerben und wie diese geprüft werden können.

Die Aufgabe wird in zwei Varianten vorgestellt, die sich im Material 1 und entsprechend in der Aufgabestellung unterscheiden. Weitere Variationsmöglichkeiten ergeben sich daraus, ob gegebene Material in englischer Sprache geliefert wird und in wie weit die Ausarbeitung in englischer Sprache verlangt wird. Damit lassen sich individuelle Bedürfnisse und Unterschiede in der Leistungsfähigkeit bei der Aufgabenstellung berücksichtigen.

> **Aufgabenstellung der Variante A:**
> **a)** Erstellen Sie mit Hilfe der in Material 1b gegebenen Daten eine grafische Darstellung und erläutern Sie kurz das dargestellte Ergebnis.
> **b)** Erläutern und begründen Sie die Aussagekraft bzw. die Bedeutsamkeit der dargestellten Ergebnisse.

c) Ermitteln und begründen Sie mit Hilfe des in Material 2 gegeben Textes, um welchen Typ wissenschaftlicher Untersuchung es sich handelt.

d) Erläutern Sie kurz mit Hilfe des Textes (Material 2) und am gegebenen Beispiel aus Material 1 die wichtigsten Vor- und Nachteile dieses Typs wissenschaftlicher Untersuchung.

e) Ordnen Sie die Untersuchung in das in Material 3 gegebene Schaubild ein und erläutern Sie den im Schaubild dargestellten Gesamtzusammenhang, d.h. erläutern Sie bitte, in wie weit durch die in Material 1 gegebenen Ergebnisse Zusammenhänge geklärt bzw. nicht geklärt wurden und in wie weit weitere Untersuchungen bzw. Klärungen notwendig sind.

Material A1a (Aufgabenstellung Variante A):

Ergebnisse einer zweiwöchigen Untersuchung unter kontrollierten Laborbedingungen zur Abschätzung des Gefahrenpotentials, das von der Substanz Cadmiumchlorid ausgeht (vgl. Fiskesjoe 1985 u. 1997). Diese Substanz wird in der chemischen Industrie in vielfältiger Weise eingesetzt und ist aus diesem Grunde in Abwässern und in Klärschlamm, der als organischer Dünger eingesetzt werden könnte, vorzufinden.

Material A1b (Aufgabenstellung Variante A):
Die Wirkung von Cadmiumchlorid auf das Wurzelwachstum von Allium cepa L.

Cadmiumchlorid Konz. im Nährmedium in mMol/l	Wurzelwachstum in %	
	Mittelwert	SD
0	100	8,2
0,001	97	6,5
0,003	90	7,3
0,01	81	5,5
0,03	52	4,2
0,1	25	2,1
0,3	12	1,3
1	6	0,8
3	3	1,1

Aufgabenstellung der Variante B:

a) Erstellen Sie mit Hilfe der in Material 1b gegebenen Daten eine grafische Darstellung und erläutern Sie kurz das dargestellte Ergebnis.

b) Vergleichen Sie die Ergebnisse der von Ihnen erstellten Grafik mit den Ergebnisse der Fig.1 (Material B1a).

c) Erläutern und begründen Sie die Aussagekraft bzw. die Bedeutsamkeit der dargestellten Ergebnisse.

d) Ermitteln und begründen Sie mit Hilfe des in Material 2 gegeben Textes, um welchen Typ wissenschaftlicher Untersuchung es sich handelt.

e) Erläutern Sie kurz mit Hilfe des Textes (Material 2) und am gegebenen Beispiel aus Material 1 die wichtigsten Vor- und Nachteile dieses Typs wissenschaftlicher Untersuchung.

f) Ordnen Sie die Untersuchung in das in Material 3 gegebene Schaubild ein und erläutern Sie den im Schaubild dargestellten Gesamtzusammenhang, d.h. erläutern Sie bitte, in wie weit durch die in Material 1 gegebenen Ergebnisse Zusammenhänge geklärt wurden bzw. nicht geklärt wurden und in wie weit weitere Untersuchungen bzw. Klärungen notwendig sind.

Material B1a (Aufgabenstellung Variante B):
"The Effect of Pesticides or Herbicides on Lumbricus terrestris"

Moyer, Heather (Welch High School 2002), Oklahoma Academy of Science (OAS) / Oklahoma Junior Academy of Science (OJAS) (Moyer 2002)

The purpose of this project is to determine if the pesticides or herbicides Roundup, Ortho Bug-B-Gon, and Ortho Malathion 50 Plus will cause the most mass loss on Lumbricus terrestris. It is hypothesized that Ortho Malathion 50 Plus will cause more of a mass loss than Ortho Bug-B-Gon or Roundup because of its known toxicity to other living organisms. Lumbricus terrestris were placed in 12 different containers sectioned into four quadrants. In test one, each quadrant of the container was sprayed with one application of its designated pesticide or herbicide. This was repeated for four days. The death rate was determined in percentage at the end of the experiment after four days. The mass was measured in grams, for each worm, everyday for four days. The same amount of water and food was given to all treatments of the experiment. The results are shown in the following figure 1 and table1:

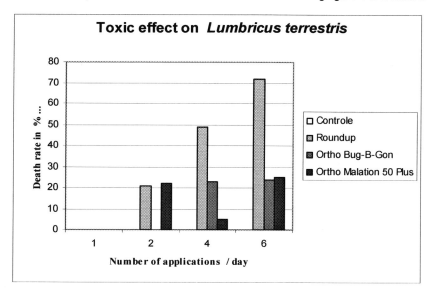

Fig.1: Average death rate of Lumbricus terrestris (after Moyer 2002)

Material B1b (Aufgabenstellung Variante B):

Tab. 1: Average mass (g) of Lumbricus terrestris under six applications of different Pesticides or Herbicides. (0.0 g was entered for individual worm death)

	Starting Mass	Day 1	Day 2	Day 3	Day 4
Control	4.5	4.4	5.4	6.1	6.3
Roundup	4.3	3.2	2.0	1.5	1.4
Ortho Bug-B-Gon	4.4	4.2	4.0	4.1	4.0
Ortho Malathion 50 Plus	4.8	4.0	5.4	4.2	4.1

Material 2 (Aufgabenstellung A und B):
Types of Studies in Ecology; Closs G. et al. (2004): Freshwater Ecology: A Scientific Introduction. © Blackwell Scientific Publ. Ltd., Oxford, UK, pp 11-13.

1. Natural history
Natural history is where we take detailed, careful observations of species in the field. [...] It is a useful skill and one that is hard to learn. A good ecologist always ventures out with an notebook to record chance observations. Chance observations may lead to new ideas or a new viewpoint.

2. Empirical surveys
Chance or casual observation may sometimes mislead us, so we must also be able to carry out proper surveys to see if patterns we think we have observed are real. The design of such surveys can be very complex, especially if we wish to look at several different patterns simultaneously. [...] Some questions cannot be answered with manipulative experiments, and so cleverly designed surveys may be the only avenue by which we can test ideas. Experiments are impossible, for example, with many ecosystem level questions or those that relate to processes acting over large scales because it is usually impossible to manipulate entire ecosystems or the large-scale factors involved.

3. Modelling
A whole branch of ecology uses mathematics and / or computer simulations to try to model ecological systems. Such modelling may be as simple as a single linear equation or may involve a large array of equations linked together. Such models usually have to include many simplifying assumptions about individual species or the environment under consideration. The simplicity of the assumptions, coupled with the density of equations and complexity of the mathematics or computing involved has meant that many empirical ecologists completely ignore these models. Nervertheless, mathematical models can tell us wheter certain propositions are or are not correct given a set of particular starting conditions – this sort of proof cannot be gained from simple verbal statements. [...] Mathematical modelling works well when tailored to a specific ecosystem and accompanied by field testing of both assumptions and predictions, [...].

4. Experiments
An experiment involves the deliberate manipulation of one or more factors to discover the effect this has on some variable of interest. In well-designed experiments, we can draw very strong inferences about the effects of particular factors on our subjects [...], and experiments have a big role in falsification [...]. Experimental design refers to a plan for assigning subjects to experimental conditions and the statistical analysis associated with that plan [...]

Material 3 (für Aufgabenstellung A und B): entspricht Abbildung 1 (S. 155)
Prüfungserwartungen:

Aufgabe a) Es wird erwartet, dass der Prüfling in der Lage ist, die Daten aus der Tabelle sachlich angemessen in eine Grafik umzuwandeln, diese sachlich angemessen zu beschreiben und deren Aussagekraft zu erläutern und dieses wiederum mit der vorhandenen oder nicht vorhandenen Standardabweichung zu begründen. (Anforderungsbereich I und II)

Aufgabe b) + c) Es wird erwartet, dass der Prüfling die Informationen aus dem Text entnehmen kann, so dass alle wesentlichen sachlichen Informationen des Textes zur Einordnung der Untersuchung und zur Charakterisierung der Vor- und Nachteile sachlich angemessen genutzt werden können. Der Prüfling sollte erkennen, dass es sich um eine experimentelle Untersuchung handelt, deren wesentlicher Vorteil die Möglichkeit eindeutiger Rückschlüsse ist, die durch gezielte Konstruktion (Manipulation) der experimentellen Bedingungen eröffnet werden. Die Hauptnachteile liegen in der Realitätsferne und der damit verbundenen geringen Übertragbarkeit auf vom Menschen unmanipulierte Situationen. (Anforderungsbereich I, II, und III)

Aufgabe d) Es wird erwartet, dass der Prüfling erkennt, dass hier eine experimentelle Untersuchung zur Ermittlung der Toxizität einer Substanz zur Einschätzung des von einer Substanz ausgehenden Gefahrenpotentials vorliegt. Dabei bleibt unberücksichtigt, in wie weit und in welcher Form der Mensch oder andere Organismen in der Realität dieser ausgesetzt sind. Des Weiteren sollte der Prüfling erörtern können, dass die Festsetzung von Grenzwerten auf der Basis von Normen auf der Ebene gesellschaftlicher Wertsetzung erfolgen muss. Die Umsetzung der gesetzten Maßstäbe wiederum ist von der gesellschaftlichen Akzeptanz dieser Setzungen abhängig. Eine sehr gute Leistung würde die Beschreibung der Verknüpfung von Wissenschaft (Forschungszyklus) und Gesellschaft im politischen Raum (Politikzyklus) sein, wobei, wie die Grafik verdeutlicht, der Forschungszyklus in den Politikzyklus eingebunden ist. Zum weiteren würde eine sehr gute Leistung die Erörterung der methodischen Differenz zwischen wissenschaftlicher Erkenntnisgewinnung und gesellschaftlicher Wertsetzung auf ethisch-moralischer Ebene beinhalten. (Anforderungsbereich II, und III)

Literatur

AAAS (The American Association for the Advancement of Science) (1993): Benchmarks for Science Literacy. http://www.project2061.org/publications/bsl/online/bolintro.htm, 26.09.2007.
Bailey, S. (2003): Academic Writing. A Practical Guide for Students. Cheltenham: Nelson Th.
Behrmann G.C. (2004): Politik: Kerncurriculum Sozialwissenschaften in der gymnasialen Oberstufe. In: Tenorth H.E. (2004): Kerncurriculum Oberstufe II. Weinheim: Beltz S. 322-406.
Closs, G. et al. (2004): Freshwater Ecology: A Scientific Introduction. Oxford: Blackwell Science
Cunningham, W.P., Saigo, B ([7]2002): Environmental Science – A Global Concern. New York: (McGraw-Hill)
Davidson, E.A. (2000): You can't eat GNP – Economics as if Ecology Mattered. Cambridge (MA): Perseus Publishing
Edwards-Jones, G. et al. (2000): Ecological Economics: An Introduction. Oxford: Blackwell Science

Falkenhausen, E.v. (2000): Biologieunterricht – Materialien zur Wissenschaftspropädeutik. Köln: Aulis
Fent, K. (2003): Ökotoxikologie. Stuttgart: Thieme
Finkbeiner, C. (Hrsg.) (2002): Bilingualer Unterricht - Lehren und Lernen in zwei Sprachen. Hannover: Schroedel
Fiskesjoe, G. (1985): The Allium Test as a standard in environmental monitoring. Hereditas 102, S.99-112
Fiskesjoe, G. (1997): Allium Test for screening chemicals; evaluation of cytological parameters. In: Wang W./Gorusch J.W./Hughes J.S. (Eds.): Plants for environmental studies. Boca Raton: Lewis Publ., pp. 307-333.
Fomin, A. et al. (2003): Praktikum zur Ökotoxikologie. Landsberg: Ecomed Food Standard Agency (2007): Hyperactivity and colours: advice to parents. http://www.food.gov.uk/news/newsarchive/2007/sep/hyperactive, 08. 09. 2007
Frank, A. (2005): Unterrichten mit Standards. In: Unterricht Biologie, 29 (H. 307/308), S. 2-9
Giere, R.N. (1991): Understanding Scientific Reasoning. Fort Worth: Harcourt Brace
Habigsberg, A./Ohly, K.P./Stockey, A. (2008): In und über Naturwissenschaften lernen – Ein Kurs zur Einführung in naturwissenschaftliche Denk- und Arbeitsweisen. (in diesem Buch)
Hinz, K. (2003): Power Pack English. Skills and Strategies for advanced Learners. Paderborn: Schöning
Hrdina, C./Hrdina R. (2006): Scientific English für Mediziner und Naturwissenschaftler. Berlin: Langenscheidt
IBO (International Baccalalureate Organisation) (2001a): IBO - The Diploma Programme - Biology. Geneva: IBO
IBO (International Baccalalureate Organisation) (2001b): IBO - The Diploma Programme - Environmental Systems. Geneva: IBO
KMK (Kultusministerkonferenz) (2004a): Einheitliche Prüfungsanforderungen in der Abiturprüfung – Biologie. Fassung vom 05.02.04.
KMK (Kultusministerkonferenz) (2004b): Einheitliche Prüfungsanforderungen in der Abiturprüfung – Chemie. Fassung vom 05.02.04.
KMK (Kultusministerkonferenz) (2004c): Einheitliche Prüfungsanforderungen in der Abiturprüfung – Englisch. Fassung vom 05.02.04.
Lave, J./Wenger, E. (1999): Legitimate Peripheral Participation. In: Murphy, P. (ed.) (1999): Learners, Learning and Assessment. Paul Chapman Publishing.
Mackenzie, A. (2005): Mathematics and Statistics for Life Scientists. New York: Taylor & Francis
McCann, D. et al. (2007): Food additives and hyperactive behaviour in 3-year-old and 8/9-year-old children in the community: a randomised, double-blinded, placebo-controlled trial. The Lancet DOI:10.1016/S0140-6736(07)61306-3. www.thelancet.com/journals/eop/(07.09.07)
Millar, R. (1996): Towards a science curriculum for public understanding. School Science Review 77 (280), p. 7-18
Miller Jr., T. (2007): Essentials of Ecology. London UK: Thompson Learning
Moyer, H. (2002): The Effect of Pesticides or Herbicides on Lumbricus terrestris. Welch High School/Oklahoma. Junior Academy of Science (OJAS). http://oas.ucok.edu/OJAS/02/papers/moyer02.htm(9.7.2006).
Odum, E.P. (1997): Ecology: A Bridge between Science and Society. Sunderland USA: Sinauer
Otten, E./Wildhage, M. (2003): Content and Language integrated Learning – Eckpunkte einer kleinen Didaktik des bilingualen Sachfachunterrichts. In: Wildhage M./Otten E. (Hrsg.) (2003): Praxis des bilingualen Unterrichts. Berlin: Cornelsen Scriptor, S. 12-45
Pally, M. (2000): 'Sustaining Interest/Advancing Learning: Sustained Content-Based Instruction in ESL/EFL – Theoretical Background and Rationale'. In Pally, M. (ed.) (2000) Sustained Content Teaching in Academic ESL/EFL. New York: Houghton Mifflin

Rienecker, L. (1999): Research Questions and Academic Argumentation: Teaching Students How to do it. Using Formats and Model-Examples. In: Kruse, O./Jakobs E.-M./Ruhmann, G. (Hrsg.): Schlüsselkompetenz Schreiben. Neuwied: Luchterhand, S. 95-108

Smithers, R. (2007): Danger to children from food and drink additives is exposed. In: The Guardian, Thursday September 6, 2007.

Stern, N. (2007): The Economics of Climate Change: Stern Review. Cambridge UK: Cambridge University Press

Stockey, A. (2000): Methodencurriculum „Experimentelle Naturwissenschaften". FEP-Projekt-Antrag. Bielefeld: Oberstufen-Kolleg

Tenorth, H.E. (2004): Kerncurriculum Oberstufe II. Weinheim: Beltz

Wittmann, J. (2007): Mit Softdrinks zum Zappelphilipp - Nahrungsmittelzusätze lösen Hyperaktivität aus. In: Neue Westfälische, Nr. 208/07 (07.09.07).

Yu, M.-H. (2005): Environmental toxicology: biological and health effects of pollutants. Boca Raton: CRC Press

Teil 3:
„Alles, was man wissen muss"
Bausteine für ein Fächer übergreifendes Kerncurriculum Naturwissenschaften

Joachim Kupsch

1 Einleitung

Was sollte ein Abiturient, der kein naturwissenschaftliches Leistungsfach belegt hatte, gleichwohl an naturwissenschaftlicher Allgemeinbildung erworben haben? Im Mittel. Im Einzelfall lässt sich natürlich immer alles anders denken.

Die Frage klingt berechtigt. Im Schulbereich stellt sie gleichwohl so kaum jemand. Schule, insbesondere die Sekundarstufe, zerfällt in Fächer und die dazu gehörenden Fachverbände – und ist damit weltfremd. Wissenschaft und ihre Organisation zerfällt in Fächer (mit abnehmender Tendenz), nicht die Welt.

Aber es ist noch schlimmer: Auch in den Fachverbänden wird nicht die Frage gestellt, was ein Abiturient an biologischer bzw. physikalischer bzw. chemischer Allgemeinbildung erworben haben soll. Sie nennen ihre fachlichen Stoffkataloge nur so. Sie gehen nicht von dem aus, was in der Gesellschaft kommuniziert wird, also allgemein ist, ihr Bezugspunkt ist immer nur und immer noch die Fachsystematik, die hochschulischer Lehre, also der Ausbildung von Fachleuten entspringt. Die Wichtigkeit eines Inhaltes wird aus dem Fach heraus abgeleitet, nicht aus seiner Wichtigkeit/Notwendigkeit im allgemeinen Leben. Und genau deshalb

- sieht niemand Anlass zum Handeln, wenn Untersuchungen zeigen, dass das meiste bald nach dem Abitur wieder vergessen ist. Das fällt nicht einmal richtig auf und beeinflusst ganz sicher nicht die Konstruktion von Lehrplänen, EPAs, Kerncurricula.
- fällt bei der fachlichen Formulierung, was unbedingt zur Allgemeinbildung gehöre, kaum auf, dass aus schulorganisatorischen Gründen viele Schülerinnen und Schüler das jeweilige Fach nicht belegen, oft sogar nicht belegen können.

Das Ganze wirkt wie Wasser auf die Mühlen derer, die sagen, beim Abitur ginge es vorrangig um gesellschaftlich erforderliche, zumindest gewollte Selektion, die Inhalte seien nachrangig.

Diesem Vergessen, bzw. Nichtlernen steht gegenüber, dass naturwissenschaftliche Inhalte im öffentlichen Leben eine zunehmende Rolle spielen. Und zwar sowohl bezogen aufs Handeln (z.B. im Gesundheitswesen, im Verkehr, bezogen auf Energie, Klima, bei Katastrophen) als auch aufs Weltanschauliche (z.B. Urknall, Evolution, Gene, Hirnphysiologie betreffend). So darf man es wohl als peinlich bezeichnen, wenn eine Äußerung der Kanzlerin zur Stammzellenforschung von einem Abiturienten in die Rubrik „Gefängnis" eingeordnet wird, weil das Anliegen der Stammzellenforschung in seinem Unterricht nicht vorkam. Oder wenn er Urananreicherung für eine Art Vergoldung des Metalls hält. Oder wenn er den Streit zwischen Biologen und Intelligent-Design-Anhängern nicht versteht oder dazu nicht Stellung beziehen kann.

Welches naturwissenschaftliche Nichtwissen halten wir für peinlich? Als Ausgangspunkt für Curriculum-Konstruktionen ist die Frage nicht berechtigt; denn dabei wird die eigene Gebildetheit zum Maßstab und das eigene Nichtwissen wird für hinnehmbar gehalten. Kriterien für die Wichtigkeit eines Inhaltes muss man woanders suchen.

Es ist hilfreich, zu diesem Zweck idealtypisch zwischen der Experten- und der Laienrolle zu unterscheiden, die die Schulabsolventen später in der Gesellschaft einnehmen werden. Als Experten werden sie ihren Lebensunterhalt verdienen, als Laien wollen sie an gesellschaftlicher Kommunikation und gesellschaftlichem Handeln teilhaben können und Orientierung haben (wissen, wo die Sonne aufgeht). Man könnte sagen, Ziel der Schule sei der freie Bürger. Er ist in dem Maße frei, wie ihm gewünschte Berufe offen stehen und er am gesellschaftlichen Geschehen teilhaben kann.

Dieser Kurs kümmert sich um die Laienrolle. Kriterium ist also, über welche Fähig- und Fertigkeiten der naturwissenschaftliche Laie verfügen sollte, um orientiert zu sein und am gesellschaftlichen Geschehen optimal teilhaben zu können.

Bei allem Lernen ist – unbestreitbar – mehr besser als weniger. Und das ist ein Problem bei allen Curriculum-Konstruktionen. Deshalb haben Debatten über Lehrpläne grundsätzlich folgende Struktur: Einer macht einen Vorschlag; die anderen finden, das sei unerreichbar viel; zugleich sagt jeder, was nach seiner Meinung aber noch fehlt; keiner macht einen Streichungsvorschlag. Das Ergebnis ist die grundsätzliche Überfüllung aller Lehrpläne. Das Mehr-hilft-mehr hat aber eine andere Seite, nämlich das begrenzte unterrichtliche Zeitbudget und die begrenzte Bereitschaft der jungen Menschen, sich auf das einzulassen, was die Lehrenden sich für sie ausgedacht haben. Die Formulierung eines Maximums ist immer leicht, die Auswahl des erreichbaren Minimums ist das Problem.

Sucht man Hilfe in Oberstufen-Schulbüchern der Physik, Chemie, Biologie und denkt sich Geologie noch dazu, so wird man bald enttäuscht: Die Laienrolle ist in den Büchern nicht vorgesehen, allenfalls didaktische Verniedlichungen. Sie orientieren sich an der Fachsystematik und damit an der Expertenrolle. Laien sind dort kleine Experten. Auch wenn die „Lebenswelt" in den Unterricht geholt wird, ist das die Lebenswelt der Experten.

Auf dem populärwissenschaftlichen Büchermarkt sieht die Situation zunehmend anders aus. Mehrere Titel widmen sich auf verschiedene Weisen – ohne jede Rücksicht auf Fächergrenzen – der naturwissenschaftlichen Laienbildung. Ich hebe heraus:

- Atkins: Galileos Finger. Die zehn großen Ideen der Naturwissenschaft (2003)
- Barrow: Theorien für alles (1990)
- Bryson: Eine kurze Geschichte von fast allem (2003)
- Ditfurth: Im Anfang war der Wasserstoff (1981)
- Fischer: Die andere Bildung. Was man von den Naturwissenschaften wissen sollte (2001). (Das diesem Buch vorausgehende „Alles, was man wissen muss" von Schwanitz ist im naturwissenschaftlichen Teil ziemlich unbrauchbar).

- Ganten: Leben, Natur, Wissenschaft. Alles was man wissen muss (2003)
- Jacquard: Was wir wirklich wissen müssen, um die Welt zu verstehen (2000)

Sieht man nach Lektüre dieser Bücher in die Fachlehrpläne, EPAs oder Kerncurricula, so ist man höchst erstaunt, welches Detail-Können und -Wissen, das in den genannten Büchern nicht vorkommt, im jeweiligen Fach im Rahmen von Allgemeinbildung für unverzichtbar gehalten wird. Darin dokumentiert sich der Unterschied von Orientierungswissen und Fachwissen.

Mir scheint, ein Grund für das gehäufte Erscheinen umfassender naturwissenschaftlicher Darstellungen ist, dass wir bedingt durch die jüngsten Erkenntnisfortschritte in Astronomie, Physik, Chemie, Biologie, Geologie – herauszuheben sind Urknall, Evolution, DNA, Plattentektonik – glauben, die Entstehung und Entwicklung der Welt vom Anfang bis zu ihrem heutigen Zustand als rein materielles Geschehen nacherzählen zu können. Zwar fehlen noch viele Mosaiksteine, aber die große Linie scheint ziemlich klar und wird von allen naturwissenschaftlichen Fächern gleichermaßen getragen. Das wirkt auf mich so, als würden die naturwissenschaftlichen Fächer, die einen gemeinsamen Ursprung haben, nach einer Zeit der Ausdifferenzierung und des Auseinanderdriftens sich nun wieder zu einer wahrhaft großen Erzählung zusammenfinden. Die Gewissheit der Naturwissenschaftler über ihren Weltentwurf ist sehr groß. Sie gleicht der Gewissheit des völlig statischen Weltbildes, wie es im Oratorium „Die Schöpfung" von Haydn, das um 1800 die Menschen begeisterte, zum Ausdruck kommt. Unser Weltbild hat sich seitdem radikal dynamisiert, sodass wir das statische von damals kaum nachvollziehen können. Gleich geblieben ist die Gewissheit und, dass wir gerne übersehen, dass man nicht sieht, was man nicht sieht.

Die Kraft der Erzählung der naturwissenschaftlichen „Schöpfungsgeschichte" ist so stark, dass vermeintliche Grenzen zu den Geisteswissenschaften überschritten werden: Die Geschichte der Menschheit wird zum Teil der Evolution, also zur Naturgeschichte. Andererseits nehmen die Geisteswissenschaften einen Blick auf die Naturwissenschaften, der diese als gesellschaftsspezifische Konstruktionen erscheinen lässt. Dort wird der Geist wegdiskutiert, hier die Materie. Es deutet sich an, dass man für viable Erklärungen der Welt die Unterscheidung von Geist/Materie nicht mehr brauchen kann. Wie ungeeignet wirkt in dieser Situation die Orientierung der Allgemeinbildung an Fächern!

Die demgegenüber vorgenommene Orientierung *an* der gesellschaftlichen Kommunikation mit dem Ziel der Teilhabe könnte funktional verstanden werden; als ginge es um zukünftiges Funktionieren der Gesellschaft, um Schlüsselprobleme, um die Rettung der Menschheit und dergleichen. Junge Erwachsene lernen freiwillig für die Zukunft, soweit es um ihren Broterwerb geht – vielleicht. Die Welt verstehen will man demgegenüber nicht morgen, sondern jetzt – wenn überhaupt. Das heißt, Allgemeinbildungscurricula als Vorbereitung auf die Welt von morgen zu konzipieren geht an den Schülerinnen und Schülern vorbei. Die Zukunft ist unbekannt, grundsätzlich. Sonst wäre sie keine Zukunft, sondern eine verlängerte Ge-

genwart. Deshalb: Inhalt eines Allgemeinbildungscurriculums kann für mich nur sein, was heute von Interesse ist, und nicht das, was Lehrer, die es nicht mehr erleben werden, für das zukünftige Funktionieren von Gesellschaft für wichtig halten.

Und das heißt, wir wollen Orientierung *in* der gesellschaftlichen Kommunikation, wir wollen verstehen, was die anderen reden; nicht morgen, sondern jetzt. Orientierung ist eine Metapher: Wo geht die Sonne auf? Im Orient. Das interessiert längst nicht mehr. Aber wenn wir in fremder Umgebung sind, wollen wir bezogen auf die uns zur Verfügung stehenden Landkarten wissen, wo wir sind. Und wir wollen den Wochentag wissen, sonst geraten wir ins Schwimmen. Hier und jetzt – das ist überall und immer. Aber wo ist das bezogen auf eine Landkarte oder einen Kalender, also gesellschaftliche Institutionen? Das nehme ich hier als Metapher für die Orientierung im *Raum* der gesellschaftlichen Kommunikation. Wir müssen und können hier zwar viel ausblenden, aber nicht alles. Die Freiheit steigt mit dem von uns begehbaren Raum der gesellschaftlichen Kommunikation.

Nun aber zurück zur eingangs gestellten Frage. Nimmt man die Nacherzählung der Entstehung und Entwicklung der Welt als Richtschnur, weil sie derzeit die beste naturwissenschaftliche Antwort auf die Fragen, wo wir uns befinden und wer wir sind, liefert und weil darin alle aktuell politisch erörterten Probleme vorkommen können, und nimmt deren erkenntnistheoretische Reflexion hinzu, bleibt das Volumen sehr umfangreich. Man muss auswählen. Was sind bezogen auf die Orientierungsfunktion und die aktuelle gesellschaftliche Kommunikation die Eckpfeiler bzw. die erschließungsmächtigsten Ideen, die powerful ideas? Was ist unverzichtbar? Mit welchen Inhalten/Kompetenzen kann man am meisten anfangen? Woran kann man am meisten anschließen? Womit kann man am besten weiterlernen?

Schon die Erhebung dessen, was die naturwissenschaftsbezogenen gesellschaftlichen Kommunikation ist, und die Analyse der für die Teilhabe daran erforderlichen Kompetenzen sind ein eigenes Forschungsprojekt, dem sich nach meiner Kenntnis im deutschsprachigen Raum bisher keiner gewidmet hat. In dieser Situation half ich mir folgendermaßen: Ich gehe davon aus, dass sich die gesellschaftliche Kommunikation sowohl bezogen aufs Handeln als auch bezogen aufs Weltanschauliche in den Printmedien widerspiegelt. Exemplarisch reduzierte ich meinen Blick auf die Frankfurter Rundschau und die Süddeutsche Zeitung, gelegentlich ergänzt durch Die Zeit, Spiegel, FAZ, Das Parlament. Bewusst nicht ausgeschöpft habe ich für mein Vorhaben die Zeitschriften für Naturwissenschaftsbegeisterte wie Bild der Wissenschaft, Spektrum, Geo. Was dort steht, ist zu oft sehr innerwissenschaftlich und nicht allgemein.

Gelegentlich findet man auch in den allgemeinen Medien eine Nachricht aus dem Inneren des Tempels, z.B. bei der Verleihung der Nobelpreise oder bei der Begründung neuer Großinvestitionen wie Weltraumteleskope oder Beschleuniger. Solche Nachrichten haben für den Laien eher unterhaltenden Charakter, man muss es nicht im Einzelnen verstehen, sondern nur den Zusammenhang, am besten den Hintergrund „Konkurrenz um Steuergelder" kennen.

In den Zeitungen wiederholen sich viele Themen, wieder und wieder. Daran kann man ihre Relevanz ablesen. Und daraus gewinne ich den Eindruck: Das naturwissenschaftliche Weltbild dreht sich nicht mehr um die Erdoberfläche, nicht mehr um das Sonnensystem, der Dreh- und Angelpunkt ist heute der Urknall. Aus ihm wird alles, was ist, abgeleitet.

Nun scheint nichts unserem Alltag ferner als der Urknall. Wie kann er dann herhalten als Dreh- und Angelpunkt eines Laiencurriculums? Erstens geht es dabei nicht um den Moment des Urknalls, sondern um den Gedanken der Ableitbarkeit der Welt. Zweitens scheint mir, unser Weltbild rankt sich immer zuallererst um das, was wir nicht sehen, weil es verdeckt ist, soweit weg ist, so klein ist. Es füllt die Lücke des nicht Offensichtlichen. Also: Was ist hinter dem Wald, hinter dem Meer, wo ist die Sonne bei Nacht, woraus besteht das Sichtbare, wo kommen wir her, wer sind unsere Vorfahren, woher kommt der Blitz, das Erdbeben, ...?

Weltbilder sind keine Abbilder der Welt, sondern Entwürfe. Weltbilder haben eine orientierende Funktion. Sie hatten diese Funktion auch, wenn sie später durch andere Bilder ersetzt wurden. Es geht offenbar nur darum, die Erzählungen darüber, was z.B. hinter dem Wald ist, als gemeinsame, also gesellschaftliche Erzählungen zu etablieren. Wir orientieren uns in der Kommunikation, wir können mitreden. Zum Schwure kommt es nur in den seltenen Fällen, in denen einer hinter den Wald geht. Insofern sind Weltbilder keine künstlerischen Entwürfe. Der naturwissenschaftliche Teil von Weltbildern stellt sich der Konfrontation mit Erfahrungen. Aber es ist nicht vorab klar, was dazugehört. Dass man hinter den Wald gehen kann, ist erst klar, wenn es einer gemacht hat.

Im Alltag halten wir unser Weltbild nie für kontingent, sondern für wahr. Erst in der Reflexion, in der Beobachtung, mit welchen Unterscheidungen wir beobachten, wird sichtbar, dass wir auch anders unterscheiden könnten.

Es gibt nichts Wirklicheres als die aktuelle gesellschaftliche Kommunikation. Man kann nicht rückwirkend den naturwissenschaftlichen Unterricht für überflüssig erklären und Prüfungen rückwirkend annullieren, nur weil nach heutiger Einsicht das damals Gelehrte falsch war. Es kommt offensichtlich nur auf die Verankerung in der aktuellen Kommunikation an.

Manche werden befürchten, das Ergebnis solcher Überlegungen könne ein Kanon sein. Aber was spricht dagegen, dass sich eine Schule bei der Frage, was am sinnvollsten zu unterrichten sei, einigt – zeitlich befristet; denn angesichts des rasanten Erkenntnisfortschritts der Naturwissenschaften wird man ständig neu nachdenken und entscheiden müssen.

Ein Kanon kann allerdings ziemlich tot sein, wenn er nach Schulstoff riecht. Ich bin der Gefahr in meinen Kursen dadurch entgegengetreten, dass ich fast jede Stunde mit einem ganz aktuellen Blick in die Zeitung begann. Dabei kommen nicht nur so genannte Schlüsselprobleme in den Blick, sondern oft – viel motivierender – auch Kurioses, Erbauliches oder Verrücktes wie die Seilbahn ins All. Es konnte auf schon Gelerntes oder noch zu Lernendes verwiesen werden. Die Schülerinnen und Schüler gewannen so den Eindruck, dass im Kurs von der Alltagswelt die Rede war und sie sich nicht in einer virtuellen Schulwelt bewegten. Der Zufall, dass ein lange vorbereitetes Referat zur Plattentektonik auf die Woche vor dem verheerenden Tsunami 2005 fiel, unterstreicht das Gemeinte. Es gab noch mehr ähnliche Koinzidenzen. Sie bleiben nicht aus, wenn man bei Curriculumkonstruktionen nicht in Fachsystematiken, sondern ins Leben schielt.

In Fachsystematiken ist die Erklärung der Welt in ein lineares Nacheinander zerlegt. Das hat den Vorteil der Lernbarkeit – für die, die sich dafür interessieren. Folgt man im Unterricht aber eher der gesellschaftlichen Kommunikation, hat man das Problem/den Vorteil, dass alles mit allem in Beziehung steht, dass nie ein Thema abgehakt ist, dass alles immer wieder neu präsent ist. Die einzelnen Unterrichtsstunden kommen rückblickend und vorausblickend ineinander vor. Das lässt sich in einem Text nicht abbilden, Schreiben ist linear.

Man kann die Kursinhalte vier Ebenen zuordnen:
- naturwissenschaftliche Theorie
- wissenschaftstheoretische Reflexionen
- in der Gesellschaft kommunizierte Fortschritte und Probleme
- Alltägliches.

In den einzelnen Unterrichtsstunden wurde zwischen den Ebenen gesprungen. Es half der Orientierung der Schülerinnen und Schüler jeweils anzugeben, wo wir uns gerade befanden.

Ich schildere den zweisemestrigen Kurs
- durch die Texte zu naturwissenschaftlichen Inhalten und wissenschaftstheoretischen Reflexionen, die ich kursbegleitend an die Schülerinnen und Schüler verteilte (Kapitel 2 und 3)
- durch eine Liste der im Kurs thematisierten gesellschaftlichen Kommunikationen (Kapitel 4)
- durch eine Liste von „Startern", kurze Einstiege in jede Unterrichtsstunde aus dem Alltag (Kapitel 5)
- durch einige beispielhafte Zeitungsausschnitte und die Beschreibung ihrer Behandlung (Kapitel 6)
- durch eine Liste der von den Schülerinnen und Schülern gehaltenen Referate, Klausurfragen und Themen für einige mündliche Abiturprüfungen (Kapitel 7)
- durch die Auflistung der zu erwerbenden Kompetenzen (Kapitel 8).

Sicher ist der Kurs nach zweimaliger Durchführung noch ziemlich unfertig. Ich würde mich freuen, auf diesem Weg Mitstreiter zu finden, die an einer verbesserten Auflage arbeiten wollen.

2 Physikalische, chemische, biologische, geologische Grundlagen

In den folgenden Texten sind einige naturwissenschaftlich-fachlichen Inhalte des Kurses umrissen. Die Texte habe ich (in einer früheren Fassung) kursbegleitend an die Schülerinnen und Schüler verteilt. Es wird deutlich, auf wie viele Details ich glaube verzichten zu können, dass dennoch alles sehr viel ist. Es wird auch deutlich, dass ich gelernter Physiker bin und die Welt von daher sehe. Vielleicht entspricht das dem heutigen Trend der Physikalisierung der Wissenschaften. Trotz der Kooperation mit anderen Fachvertretern kam es nicht dazu, dass mein Blick sich wandelte.

Eine späte Einsicht, auf die mich das Buch „Was ist Leben" von Schrödinger brachte, ist die mögliche Erklärungsmächtigkeit des Begriffes der Potentialmulde im Zusammenhang mit der kinetischen Temperaturbewegung, auch wenn die – eben deshalb auch unanschauliche – Quantenmechanik keine Potentialmulden als Aufenthaltsorte kennt. Möglicherweise könnte durch die Zusammenarbeit der Fächer hier manches noch klarer werden. Die Welt ist nicht nur komplex, sie ist manchmal auch überraschend einfach, weil gleiche Erklärungsmuster in scheinbar unterschiedlichen Bereichen sehr hilfreich sind.

Wenn die Welt aus kleinsten Teilchen besteht, ist für ihren strukturierten Teil die zentrale Frage: Wo befinden sich die Teilchen? Manchmal dachte ich an den Bau eines extrem vereinfachten Weltmodells: Ein Brett mit Höhen und Tiefen mit verschieden geformten und verschieden tiefen Mulden steht auf einer regelbaren Rüttelmaschine, dem Temperaturregler. Das Material ist weder ganz hart noch ganz weich. Der Rand des Brettes ist gesichert durch Acrylglas. Auf dem Brett befinden sich Stahlkugeln von gut in die Mulden passender Größen. Wo befinden sich die Kugeln in Abhängigkeit von der Geschwindigkeit der Rüttelmaschine? Wäre das radikaler Atomismus?

Die Reihenfolge der Texte dieses Kapitels ist nicht ganz willkürlich, teilweise aber vertauschbar. Manchmal gibt es wissenschaftstheoretische Einstreuungen, die im Kapitel 3 ausführlicher ausgebreitet werden, ohne dass auf den entsprechenden Abschnitt hingewiesen wird – das ist ein Manko. D.h., es empfiehlt sich gelegentlich, in der Lektüre zu springen.

2.1 Im Anfang war der Wasserstoff

Der naturwissenschaftliche Diskurs geht noch immer von der Trennung oder Unterscheidung Geist/Materie aus, auch wenn diese Unterscheidung insbesondere in der Hirnforschung heute an das Ende ihrer Erklärungskraft gekommen ist. Wenn die materiellen Dinge dank eines Schöpfergottes einfach in der Welt wären – ewig gleich –, bräuchten wir nichts weiter zu erklären. Aber es entstehen auf allen Stufen der Größenskala immer wieder neue Dinge vor unseren Augen, bzw. wandeln sich die Dinge ineinander um, ohne unser und mit unserem Zutun. Der Baum wächst; das Grundmaterial dafür entnimmt er der Luft, ohne dass man sagen könnte Luft bestände aus kleinen Bäumen oder Baumstückchen. In der so entstandenen Erklärungsnot stellen sich heute alle Naturwissenschaftler die Materie als aus Atomen aufgebaut vor – und die wiederum aus noch kleineren Teilchen. Und das, obwohl Atome, wie sie in den Lehrbüchern geschildert werden, auf der Erde praktisch nicht vorkommen, sondern nur Konglomerate von Atomen. Und ob man Moleküle oder Kristalle als Konglomerate von Protonen, Neutronen und Elektronen oder gleich von Strings beschrieben oder als zusammengesetzt aus Atomen, ist eine Frage der Nützlichkeit der Beschreibung. Die Welt ist auf keinen Fall aus Atomen so aufgebaut wie eine Burg aus LEGO-Bausteinen. Grundsätzlich: Die Beschreibung der Welt ist so wenig die Welt wie die Speisekarte die Speise ist. Es gibt mehr oder weniger hilfreiche Speisekarten. Die Erfindung „Atome" ist herausragend hilfreich bei der Erklärung der Welt.

Noch bemerkenswerter ist, dass Naturwissenschaftler heute behaupten, alle (!) Materie sei nach dem Urknall (nach einer Elementarteilchenvorstufe) aus Wasserstoffatomen, die in großen Mengen ein durchsichtiges leichtes Gas bilden, entstanden.

Das gilt es grob zu verstehen, wenn man die Rede vom Urknall ernst nehmen will. Im Unterricht begann ich gern damit, dass die Mutter der Welt anfangs Protonen, Neutronen und Elektronen ins All schleuderte. Der Rest passierte von alleine. Kam es, wie es kommen musste? Oder kam noch etwas dazwischen? Die Naturwissenschaft versucht jedenfalls die Erklärung der heutigen Welt aus ihrem Anfang.

2.1.1 Kräfte, Temperatur, Mulden

Wenn man sich die Welt aus kleinsten Teilchen bestehend denkt, muss man erlären, wie diese zu größeren Dingen verklumpen. Das Konzept dafür haben sich Physiker Liebenden abgeschaut, sie nennen es das Konzept der Wechselwirkungskräfte. Also nicht A zieht B an, sondern A und B ziehen sich gegenseitig an, stoßen sich gegenseitig ab.

Vier Sorten von Kräften regieren gemäß dieser Erfindung die Verklumpung der Welt, strukturieren die Welt. Angesichts der Vielfalt der Welt eigentlich ziemlich wenig, für die Physiker aber noch zu viel. Sie wollen alle Kräfte auf eine einzige zurückführen (Vereinheitlichungstheorie, Weltformel), haben es aber noch nicht geschafft. Das Bestreben, ganz Viel mit ganz Wenig zu erklären, wohnt uns möglicherweise allen inne.

Für den folgenden Text für Laien genügen uns drei der vier Kräfte: Die Gravitationskraft hält nicht nur uns auf der Erde, sondern führt auch zum Verklumpen des

Wasserstoffgases zu Sternen, Galaxien, Planeten. Sie wirkt zwischen allen Materieteilchen entsprechend ihrer Masse und nimmt proportional zum Abstandsquadrat je zweier Teile oder Teilchen monoton ab. Von beachtenswerter Größe ist sie nur, wenn wenigstens eine der beteiligten Massen sehr groß ist, bzw. – was aufs Gleiche rausläuft – wenn einem Teilchen sehr, sehr viele zur Wechselwirkung gegenüberstehen. Die Anziehung zwischen uns und der Erdkugel spüren wir, die zwischen zweien von uns – wenigstens physikalisch – nicht.

Die elektrische Kraft hält die Atome, Moleküle, Kristalle, Festkörper zusammen. Sie regiert die Chemie. Alle Alltagskräfte außer der Schwerkraft können auf elektrische Kräfte zurückgeführt werden, auch die Magnetkraft. Sie wirkt zwischen Protonen und Elektronen, im gleichnamigen Fall abstoßend, sonst anziehend. Auch sie nimmt monoton proportional zum Abstandsquadrat zweier Teilchen ab. Anders als die Gravitationskraft ist die elektrische Kraft schon im Kleinen gewaltig, wie man etwa an der Reißfestigkeit eines Stahlseiles bemerken kann. Im Weltallmaßstab spielt sie trotzdem keine Rolle, weil die beiden verschiedennamigen Ladungsträger sich bei großen Dingen nahezu perfekt ausgleichen.

Die Kernkraft führt zum Verklumpen von Protonen und Neutronen zu Atomkernen. Sie wirkt nur auf sehr kurze Distanz monoton anziehend. Wir merken davon im Alltag nichts unmittelbar. Aber ohne sie könnten wir nicht sagen, warum Atomkerne trotz der sich heftig abstoßenden Protonen zusammenhalten.

Der Gang der Welt kann beschrieben werden als ein Verklumpen und Wiederauflösen, Verklumpen, Wiederauflösen, und so fort. Das Wiederauflösen bewirkt die statistische Temperaturbewegung. Die Atome befinden sich – auch im Verbund – in ständiger Bewegung. Und da sie dabei bald an andere Atome stoßen oder von Kräften zurückgezogen werden, ist die Bewegung lokal und statistisch, d.h., für den Beobachter bezüglich Richtung und Geschwindigkeit zufällig. Die Temperatur ist ein Maß für die mittlere statistische Bewegungsenergie der Teilchen. Sie – genauer: das, was zu ihrer Erhöhung führt – destrukturiert die Welt. Denn wenn die einzelnen Teilchen sehr schnell werden, die Temperatur also hoch wird (aus welchen Gründen auch immer), wirkt das den anziehenden Kräften entgegen – bei allen Kräften und in allen Größenordnungen. Die destrukturierende Wirkung von Temperatur kann man im Alltag gut beobachten. Die Temperaturen, bei denen Dinge ihre Struktur verändern, sind allerdings extrem unterschiedlich.

Also: Kräfte strukturieren die Welt, Temperatur destrukturiert die Welt. Mit der Idee lässt sich sehr viel erklären.

Aber noch nicht genug. Im Alltag wirkt die Welt auf uns weder durch Temperatur zerfließend, noch durch anziehende Kräfte total verklumpt. Sie wirkt eher so, dass manche geneigt sind zu sagen, alles sei an dem ihm von Gott zugewiesenen Platz. D.h., die verschiedenen Kräfte, die auf die kleinsten Teilchen wirken, heben sich meist gegenseitig auf. Die Teilchen bleiben – zumindest mit menschlichem Zeitmaßstab betrachtet – überwiegend an ihrem Ort. Und wenn sie den Ort durch ihre Temperaturbewegung etwas verlassen, so treibt sie doch eine Kraft wieder zurück. Sie zittern nur hin und her. Das ist so wie bei einer Kugel in einer Mulde:

Hebt irgendeine Kraft sie etwas aus ihrem tiefsten Punkt, so treibt die Gravitationskraft sie dorthin zurück. Tiefer kann sie nicht, weil durch das Zusammendrücken der Unterlage zwischenatomare elektrische Abstoßungskräfte der Gravitationskraft entgegenwirken. Die Kugel ruht durch das Kräftegleichgewicht. Noch genauer: Es ist ein stabiles Gleichgewicht, weil jede Auslenkung zu einer zurücktreibenden Kraft führt.

Das Bild ist sehr kräftig. Offenbar können die Teilchen der Welt sich immer wieder so anordnen, dass bedingt durch ihre Wechselwirkungskräfte Gleichgewichtsmulden für sie entstehen. Die Struktur der Welt ist die ihrer Gleichgewichtsmulden. Falsch! Die Welt kann man als strukturiert beschreiben und die Struktur als Gleichgewichtsmulden. Und die Beschreibung der Welt ist nicht die Welt. Siehe das Problem mit der Speisekarte. Die Beschreibung der Welt ändert sich auch, wenn die Welt sich nicht ändert. Jedenfalls in diesem Text.

2.1.2 Potentialkurven und -mulden

Am Anfang der Welt – es war keiner dabei – war es nach ihrer aktuellen naturwissenschaftlichen Beschreibung so heiß, dass nicht einmal Atome gegen die auflösende Temperaturbewegung Bestand hatten. Bei sehr hohen Temperaturen prallen sie so heftig aufeinander, dass sie in Bestandteile zerschlagen werden. Sie waren also aufgelöst in noch kleinere „kleinste" Teilchen, die Elementarteilchen Elektronen, Protonen und Neutronen. Und die waren weiter aufgelöst in Quarks. Und die waren weiter aufgelöst in Strings. Diese Zertrümmerung ist das, was man in den großen Teilchenbeschleunigern im Labormaßstab nachstellt. Aber als es kälter wurde, begann die Verklumperei, deren Anfang hier übergangen wird, und die Quarks und Strings und was sonst noch erfunden werden wird verschwanden und leben nur in Beschleunigern und den Beschreibungen des Anfangs der Welt wieder auf. Physiker nehmen das alles ein bisschen ernster, schon um weitere Milliarden für ihre Superbeschleuniger zu kriegen. Dem möglichen Flop des neuesten drei Milliarden Euro schweren Beschleunigers vorbeugend sagt Physiker Meier, weitere Gelder locker machend: „Wir können uns nicht einfach zurücklehnen und sagen: das war's. Es geht schließlich um die wichtigsten Fragen der Menschheit." – Wirklich?

Übrig blieben Elektron, Protonen und Neutronen. Und die sind außer Begriffen in der Beschreibung der Welt heute fast Alltagsgegenstände (im Fernseher, im Kernspintomografen, in der Neutronenbombe) geworden. Deshalb reden wir auch so darüber. Was also passiert, wenn man diese Teilchen in die Welt wirft und Gott nicht weiter eingreift. Irgendwie wohnte nach dem Credo der Naturwissenschaften diesen Teilchen und den Gesetzmäßigkeiten ihres Zusammenwirkens unsere Welt inne. Das Ideal eines Physikers wäre es, die Gesetzmäßigkeiten aus reinem Denken herzuleiten, daraus abzuleiten, was passieren würde und erst anschließend bei einem Blick aus dem Fenster festzustellen, dass genau das Vorhergesagte passiert ist. In Wirklichkeit aber sind die Physiker ähnlich den Fußballfans, die nachher wissen, warum alles so kommen musste, wie es kam. Der Unterschied aber ist gewaltig: Die Sportfans werden sich nie einig, die Naturwissenschaftler haben dank objektivierender Verfahren weitgehend Einigkeit über die Nacherzählung der Welt erzielt.

Gelegentlich konnten sich Teilchen sehr nahe kommen und auf Grund anziehender Kräfte Klumpen bilden.

Das wird beschrieben durch Gleichgewichtsmulden, die hier zu Potentialmulden mutieren. Potentialkurven veranschaulichen ganz gut, was passiert, wenn Kräfte wirken, insbesondere wenn verschiedene Kräfte wirken. Ihre Erklärungskraft liegt daran, dass seit dem 19. Jahrhundert Energie einer der Schlüsselbegriffe der Naturwissenschaften geworden ist. Es ging damals darum, Dampfmaschinen zu bauen und zu optimieren, die dem Menschen körperliche Arbeit, die er seit der Vertreibung aus dem Paradies verrichten muss, z.B. das Hochtransportieren von Baumaterial, abnahmen. Kohle wurde in die Dampfmaschine rein gesteckt, Arbeit kam raus. Die Arbeit war also in der Kohle gespeichert. Gespeicherte Arbeit nennt man Energie oder Potential. Beide Begriffe bedeuten von ihrer Herkunft her Wirkungsmöglichkeit. Immer äußert sich Arbeit in Kraft, die auf einem Wegstück wirkt. Energie ist so zum zentralen Begriff zur Beschreibung der Welt geworden.

Faulheit macht erfinderisch, und so entdeckten Menschen bald, wo überall und wie Arbeit gespeichert sein kann. Sehr hilfreich ist es, wenn man zwei Speichersorten unterscheidet: Lageenergie und Bewegungsenergie (oder lateinisch: potentielle Energie und kinetische Energie). Nehmen wir an, wir hätten nur zwei Teilchen, die sich gegenseitig anziehen. Dann müssen wir im Schweiße unseres Angesichts Arbeit verrichten, um sie auseinander zu ziehen. Diese Arbeit ist anschließend in dem System der beiden Teilchen als Lageenergie gespeichert (Energie auf Grund ihrer gegenseitigen Lage). Lassen wir die Teilchen los, bewegen sie sich aufeinander zu und werden immer schneller. Die Lageenergie wird umgewandelt in Bewegungsenergie. Und das geht auch umgekehrt.

Wenn man sich die Welt aus lauter Teilchen bestehend vorstellt, muss allen Teilchen jederzeit eine Lage und eine Geschwindigkeit zukommen und deshalb eine Energie auf Grund ihrer Lage relativ zu den anderen Teilchen und eine Energie auf Grund ihrer Geschwindigkeit. Die Summe dieser Energien aller Teilchen der Welt bleibe immer gleich, glauben alle Physiker ganz fest. Diese Zahl sei quasi Teil des Schöpfungsaktes. Die Physik ist erst dann an ihr Ende gekommen, wenn der Gedanke des Schöpfers bei der Auswahl dieser Zahl ableitbar geworden ist.

In Potentialkurven wird immer nur die Lageenergie beschrieben, weil makroskopische Bewegungsenergie selten als Quelle vorkommt und statistisch verteilte Bewegungsenergie nur sehr begrenzt für die Verrichtung von Arbeit genutzt werden kann. Potentialkurven sind also eine sehr anthropozentrische Sicht der Welt, aber deshalb auch so hilfreich.

Nehmen wir an, wir hätten einen Teil aus der Potentialkurve eines Systems, eines gedanklich isolierbaren Ausschnitts aus der Welt:

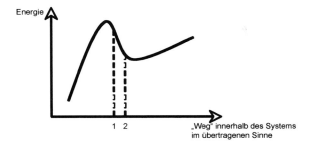

Abb. 1 Potentialkurve im Prinzip[1]

Dann weiß man: Bei der Veränderung von 2 nach 1 (das kann ein Weg im alltagssprachlichen Sinn sein, ist es meist aber nicht) muss Energie in das System reingesteckt werden. Das geht nicht von alleine, da muss jemand Arbeit verrichten, quasi Zwang ausüben. Auf dem umgekehrten Weg aber gibt das System Energie ab, verrichtet also Arbeit – was immer damit geschieht.

Nehmen wir an, zwei Teilchen bilden ein System. Dann beschreibt die Potentialkurve dieses Systems, wie sich das Potential mit dem Abstand der Teilchen verändert. Eine Veränderung des Potentials weist immer auf eine dort herrschende Kraft. Ohne Kraft keine Arbeit, also keine Potentialveränderung. Die Steilheit der Potentialkurve ist ein Maß für die dort herrschende Kraft.

2.1.3 Potentialkurven der Sonnen

Nehmen wir als erstes Beispiel – dem zeitlichen Ablauf des Urknalls folgend, allerdings Vorstufen auslassend – die Potentialkurve des Systems Proton – Neutron. Die einzige zwischen ihnen wirkende Kraft ist die Kernkraft. Sie wird größer, je näher sich die beiden kommen, bei Abständen größer als Atomkernradius ist sie aber praktisch Null. Das alles kann man an der Potentialkurve ablesen (s. Abb. 2).

Mit zunehmendem Abstand wird die Kurve immer flacher, also keine Steilheit, keine Kraft. Umgekehrt bei Annäherung: Die Kurve wird immer steiler, die Kraft immer größer. Salopp gesprochen: Proton und Neutron nehmen sich erst wahr, wenn sie sich sehr nahe sind, dann aber sehr heftig. (Das Problem des Abstandes Null wird hier ausgeklammert.)

1 Die Abbildungen fertigte Daniel Ebke

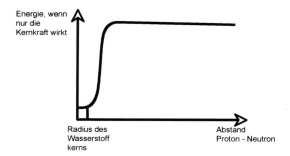

Abb. 2 Potentialkurve Proton – Neutron. (Diese und die folgenden Abbildungen veranschaulichen das Prinzip von Potentialkurven, sie sind nicht maßstäblich.)

Man kann der Potentialkurve leicht entnehmen, was die beiden Elementarteilchen tun: „Sie rutschen den Steilhang runter", d.h., sie ziehen sich an, bis sie aufeinander kleben und einen schweren Wasserstoffkern bilden. Von alleine bewegt sich alles in der Welt bedingt durch die jeweils herrschenden Kräfte zum Ort niederster potentieller Energie – wenn keine Barrieren davor stehen.

Wenn sich zwei schwere Wasserstoffkerne einander nähern, stoßen sie sich gegenseitig elektrisch ab. Potentialkurve:

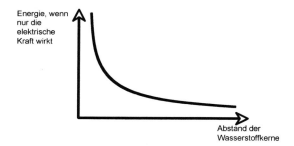

Abb. 3 Potentialkurve zweier Wasserstoffkerne

Man kann der Potentialkurve entnehmen, was die beiden Kerne tun: „Das System rutscht den Berg runter", d.h., sie stoßen sich ab, also vergrößern ihren Abstand. Wenn die beiden Kerne sich aber – von außen gezwungen – nahe genug kommen, kommt die anziehende kurzreichweitige Kernkraft mit ins Spiel. Und dann sieht die Potentialkurve so aus: (s. Abb. 4)

So wie als Einheit für die Zeit je nach Gelegenheit Sekunden, Minuten, Stunden, Jahre verwendet werden, gibt es verschiedene gebräuchliche Einheiten, die Päckchen, in denen man sich das Ganze einteilt, für die Energie. Hier wird bei einigen Beispielen die Temperatureinheit Kelvin verwendet, weil nur sie in diesem Zusammenhang wegen der destrukturierenden Wirkung der Temperatur Anschaulichkeit verspricht. Man findet das leider nicht in der Literatur.

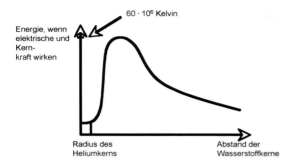

Abb. 4 Potentialkurve zweier Wasserstoffkerne mit Kernkraft

Sie bildet also eine Potentialmulde bei sehr kleinen Abständen. Soweit die Teilchen der Welt nicht umherfliegen, halten sie sich in Potentialmulden auf – wie Kugeln auf unebener Erdoberfläche; denn am tiefsten Punkt einer Potentialmulde ist die Steilheit Null, also keine heraustreibende Kraft vorhanden, und links und rechts ist die Kraft jeweils zum tiefsten Punkt zurücktreibend. So gesehen ist die aktuelle Struktur der Welt ihre Potentialmuldenlandschaft. Bei Temperaturerhöhung wechseln die Teilchen in höher gelegene Potentialmulden oder fliegen frei herum.

Vor Erreichen einer Potentialmulde muss zunächst der davor stehende Potentialberg überwunden werden. Weil man die Kerne zur Annäherung nicht mit einer Pinzette greifen kann, muss man sie mit hoher Geschwindigkeit aufeinander schießen, also sehr hohe Temperaturen erzeugen. Und die entstehen im Weltall, wenn Wasserstoffwolken sich durch die anziehende Gravitation verdichten. Die Atome ziehen sich an und werden dabei immer schneller, die Temperatur steigt. Schließlich überwinden die beiden Kerne den Potentialberg und „fallen" in die sehr tiefe Potentialmulde, sie bilden einen Heliumkern. Dabei wird die Energie, die die Kerne beim „Herunterstürzen" in Bewegungsenergie verwandeln, als Strahlung frei. Und schon wärmt uns die Sonne. Alle Sonnen dieser Welt sind Wasserstofffusionsreaktoren. Und weil da ziemlich viel Wasserstoff ist, brennen sie ziemlich lange und es entsteht ziemlich viel Helium.

Doch wie kommt dann das andere Material, z.B. der Kohlenstoff, der Sauerstoff oder das Eisen in die Welt? Nun, die Verklumperei der Atomkerne geht einfach weiter. Drei Heliumkerne verklumpen z.B. zu einem Kohlenstoffkern. Dazu bedarf es allerdings noch höherer Temperaturen, weil die Potentialberge vor den Potentialmulden noch höher sind. Das liegt an der stärkeren elektrischen Abstoßungskraft größerer Atomkerne. Die erforderlichen hohen Temperaturen entstehen im Inneren von Sonnen und teilweise erst bei ihrem spektakulären Ende als Supernova. Die Verklumpung geht mit Energiegewinn weiter bis zum Eisen. D. h., die Arbeit, die man pro Kernbaustein verrichten müsste, um den Kern in seine Bestandteile auseinander zu reißen, ist beim Eisen am größten, entsprechend die Energie am geringsten.

Wenn es kälter wird, halten sich die Teilchen mit größerer Wahrscheinlichkeit in den Zuständen auf, in denen ihre Energie am geringsten ist. So wie nach einem Unwetter oder einer Explosion am Ende alles unten liegt. Und das ist in sehr guter Übereinstimmung mit der Beobachtung, dass Eisen das bei weitem häufigste Element der Erde ist. Dass wir das an der Erdoberfläche nicht bemerken, liegt schlicht daran, dass die Erde anfangs glutflüssig war und das Schwerere nach unten gesunken ist.

Für die Bildung noch größerer Atomkerne als Eisen muss man wegen der immensen elektrischen Abstoßungskraft der zu verkittenden Teilstücke Energie aufbringen. Deshalb geschieht das seltener, deshalb kommen die schweren Elemente seltener vor.

Bei zwei einzelnen Protonen bleibt auch im Nahbereich die elektrische Abstoßung dominierend. Daraus folgt, dass es keinen Atomkern gibt, der nur aus Protonen besteht. Insofern sind Neutronen Kernkitt. Je größer die Kerne sind, umso mehr überwiegt notwendig die Zahl der Neutronen.

Wenn zur Bildung schwererer Elemente als Eisen Energie aufgewendet werden muss, dann müsste beim Zerfall eines solchen Atomkerns Energie frei werden. Genau so ist es. Bei der Rückbildung durch Kernspaltung – ob spontan oder von außen ausgelöst – wird Energie frei. Kernkraftwerke nutzen den großen Energiegewinn beim Uran oder Plutonium. Und Atombomben auch.

In der Natur kommen nur Atomkerne bis zur Protonenzahl 92, also Uran vor. Schon zwischen dem Blei (Protonenzahl 82) und dem Uran findet man nur Spuren. Jenseits nichts. Aber man kann einiges künstlich erzeugen. Das bekannteste Beispiel ist Plutonium. Die Transurane zerfallen mehr oder weniger schnell radioaktiv, weil die große Protonenmenge sich so heftig abstößt, dass sie durch noch so viele Neutronen nicht mehr zu halten ist.

2.2 Isotope und Radioaktivität

Neutronen sind der Kernkitt. Ohne sie geht außer beim Wasserstoff nichts. Wie viele Neutronen ein Kern braucht, ist nun allerdings nicht genau geregelt. Das heißt, es gibt für ein Element Atome mit unterschiedlichen Neutronenzahlen. Man nennt sie Isotope.

Nicht alle Isotope sind stabil. Bei den meisten zeigt sich, dass die Konstellation doch nicht sehr passend ist und dann zerfallen die Kerne nach mehr oder weniger langer Zeit in große oder kleine Bruchstücke unter Abgabe radioaktiver Strahlung. So verwandelt sich ein Element in ein anderes.

Unterschieden wird α-, β-, γ- und Neutronenstrahlung. α-Strahlung sind schnell fliegende Heliumkerne, β-Strahlung schnell fliegende Elektronen, γ-Strahlen energiereiche Photonen. Gemeinsam ist ihnen allen die Eigenschaft, beim Auftreffen auf Atome oder Moleküle Elektronen aus ihren Mulden (diese Mulden werden unten erläutert) schlagen zu können. Und das kann bei Körperzellen zu irreparablen Schädigungen führen.

In Kernkraftwerken nutzt man die Instabilität von Atomkernen bei ungeeigneter Neutronzahl aus. Uran ist mit 143 Neutronen sehr stabil. Fügt man ein Neutron hinzu, zerfällt der Kern unter Abgabe von zwei oder drei Neutronen, verschiedener radioaktiver Strahlung und viel Wärme in Trümmer (z.B. Barium und Krypton). Die frei werdenden Neutronen können dann den nächsten Urankern spalten. Eine Kettenreaktion setzt ein.

2.3 Dann kamen die Elemente des Periodensystems

Bisher war schon wiederholt von Atomen die Rede, aber eigentlich wurden nur die Atomkerne etwas unter die Lupe genommen. Das liegt auch daran, dass es am Anfang der Welt keine Atome gab. Denn in den Situationen, in denen neue Atomkerne entstehen, also im Inneren von Sonnen ist es immer so heiß, dass die gleichzeitig herumfliegenden Elektronen trotz der elektrischen Anziehungskraft nicht festgehalten werden können. Die Bewegungsenergie ist größer als die Potentialmulden für die Elektronen tief sind. Erst wenn es durch die Expansion des Weltalls kälter wird (bedingt durch die Ausdehnungsarbeit gegen die Gravitationskraft), kälter als ca. 100. 000 Kelvin, ändert sich die Situation. Elektronen geraten jetzt in den Bann der Atomkerne und bilden zusammen mit ihnen Atome.

Das ist auch wieder so eine Verklumpung. Aber elektrische Anziehung als Erklärung reicht nun wirklich nicht aus, um all das aus Atomen abzuleiten, was vor unseren Augen passiert. Die Welt vor unseren Augen ist z.B. sehr solide und zerfällt nicht wie ein Sandhaufen. Wie halten sich die Atome aneinander fest? Die Materialien haben unterschiedliche Farben. Sind die Atome bunt? Gase verhalten sich so, als seien die Atome harte Kügelchen. Wie machen die das, wenn sie zusammengesetzt sind? Heiße Materialien senden Licht aus. Wie soll das gehen?

Ohne die Erfindung der Atome war alles einfacher: Holz verhielt sich wie Holz, Stein wie Stein, Eisen wie Eisen, Luft wie Luft und Feuer und Wasser ganz anders. Aber jede Erkenntnis vermehrt das Nichtwissen. So auch die Erkenntnis, alles bestehe aus Atomen. Wie soll man erklären, dass 92 verschiedene Atomsorten – für das meiste um uns herum sind es noch viel weniger – zusammengesetzt aus Protonen, Neutronen und Elektronen das alles bieten, was vor unseren Augen abläuft? Ein Atommodell muss her, also ein Gedankenkonstrukt mit Eigengesetzlichkeit, aus dem sich genau das ableiten lässt, was man beobachtet.

Auch Physiker beziehen ihre Metaphern gelegentlich aus der Küche. So war der Rosinenpudding das erste Atommodell. Aber mit dem Modell konnte man nur wenig erklären, das meiste nicht. Dann kam das Planetenmodell: Die Elektronen sausten um den Atomkern wie die Planeten um die Sonne, nur viel schneller und auf kleinstem Raum. Aber auch das war nur teilweise in Übereinstimmung mit dem, was man beobachtete. Schließlich gab man auf, die Atome sich so vorzustellen wie

Dinge aus dem Alltag, nur sehr viel kleiner. D.h., man gab einen Verstehensanspruch auf. Herr Schrödinger erfand bei intensiver Analyse des Lichtspektrums, das leuchtendes Wasserstoffgas aussendet, eine Gleichung, in die man hineinsteckte, was man über die Lageenergie von Proton und Elektron wusste, und aus der Zahlen herauskamen, die man mit den Beobachtungsdaten zur Deckung bringen konnte. Die Gleichung war die gelungene algorithmische Kompression der Beobachtungsdaten. Sie steht für die Quantenmechanik. Die Gleichung funktioniert seit fast hundert Jahren für alle Atome perfekt, als sei man Gott auf die Schliche gekommen. (Schulmathematik reicht nicht, um die Gleichung lesen, erst recht nicht um sie lösen zu können. Es gibt nichts in unserem Alltag, aus dem man die Gleichung folgern oder mit dem man ihre Ergebnisse zur Deckung bringen könnte.)

Die Ergebnisse der Schrödingergleichung lassen sich wie folgt interpretieren:
- Ein Atom ist besonders stabil, wenn es gleichviel Elektronen wie Protonen hat. Deshalb nennen wir nur diese „Atome", die anderen „Ionen".
- Die Elektronen sind in Atomen nicht als Teilchen lokalisierbar. Bzw. über ihren Aufenthaltsort lassen sich nur Wahrscheinlichkeitsaussagen machen.
- Für Elektronen in der Nähe von Atomkernen gibt es viele Potentialmulden; sie können sich ausschließlich in solchen Mulden aufhalten. Es gibt kein Dazwischen. Aber das ist keine Aussage über einen Aufenthaltsort, sondern nur über die dem Elektron jeweils zukommende Energie. Man kann auch sagen, es gibt verschiedene diskrete Energiestufen.
- In jede Mulde passt nur ein Elektron. Auch das ist nur eine Aussage über Energie.
- Die Potentialmulden folgen einem klaren System, beschrieben durch so genannte Quantenzahlen, das hier nicht erläutert wird. Es ist für alle Atomsorten gleich. Die Energien der Potentialmulden sind aber charakteristisch für eine jede Atomsorte, sie sind ihr völlig eindeutiger Fingerabdruck.
- Bei hohen Temperaturen stoßen die Atome so heftig aufeinander, dass Elektronen aus den tiefsten Potentialmulden in höhere gekickt werden. Dort bleiben sie nicht lange, sie springen spontan unter Abgabe eines Lichtblitzes zurück (energetisch gesehen). Die Farbe des Lichtblitzes entspricht der Differenzenergie. Die Summe der verschiedenen Farben nennt man Spektrum. Man erhält Kenntnis von den Energiestufen durch die Lichtspektren.
- Wenn sich alle Elektronen eines Atoms in den tiefst möglichen Potentialmulden befinden, ist die Energie, die man braucht, um sie dort ganz herauszuschlagen, also vom Atom zu entfernen, deutlich größer als die thermische Bewegungsenergie bei den Temperaturen unseres Lebens. Und deshalb sind die Atome in unserer Umgebung trotz Zusammengesetztseins so stabil, wie wir das erleben.
- Und auch, dass Atome zu größeren Einheiten, Molekülen und Festkörpern verklumpen, folgt aus der Schrödingergleichung.

Heute ordnet man die Atome linear nach ihrer Protonenzahl. Bei dieser Ordnung entdeckte man eine Periodizität z.B. des chemischen Verhaltens, der Dichte, der

Schmelzpunkte. Das führte dazu, dass man zusätzlich zur linearen Ordnung sich ähnlich verhaltende Atome untereinander schrieb. Es entstand eine Matrix: das Periodensystem. Aus der Schrödingergleichung lässt sich das Periodensystem, das ohne sie erfunden wurde, ableiten.

Das physikalische und chemische Verhalten eines Elementes lässt sich heute perfekt aus der Protonen- und Elektronenanzahl und der aus der Schrödingergleichung folgenden Elektronenanordnung vorhersagen. Das Periodensystem ist also eine enorme algorithmische Kompression der Beobachtungsdaten und ist deshalb für alle Naturwissenschaften zu einer stabilen Grundlage geworden ist. Zur Zeit kann sich keiner vorstellen, wie es je durch eine andere Konstruktion ersetzt werden könnte. Für Chemiker ist es die Bibel, die als Arbeitsgrundlage in den meisten Chemielaboren als Wandtafel zu finden ist. Heute kann man Physik und Chemie unterscheiden durch das, was an der Wand hängt: das System der Atomkerne, also Isotopentafel, oder das System der Atome, also Periodensystem.

2.4 „Sonne, Mond und Sterne"

Wenn wir heute beschreiben sollen, was die Welt ist, so beginnen wir meist mit den Himmelskörpern und zählen die Erde dazu. Wir sprechen zwar noch vom Himmel, aber die Unterscheidung Himmel/Erde erklärt nichts mehr, es besteht aus naturwissenschaftlicher Sicht kein Unterschied. Wenn man das im Schulunterricht Gelernte wegdenkt, kann man sich leicht in ein Weltbild versetzen, in dem der Himmel etwas ganz anderes ist als die Erde.

Die Lichtspektren, die Materialien aussenden, wenn sie hoch erhitzt werden, sind der Schlüssel zum Weltall und zum Urknall. Alle Nachrichten, die wir über das Weltall außerhalb des Sonnensystems haben, haben wir über das Licht, das von dort kommt. An ihm unterscheiden können wir nur die Intensitäten und die Farben, also die Spektren. Und die Spektren des Weltalls entsprechen genau denen, die wir auf Erden beobachten. Von daher kommt unsere Gewissheit von der Einheit der Welt.

Alles was – materiell – ist, sind die Himmelskörper und der Staub dazwischen. Neuerdings kann man damit nicht mehr alles erklären. So kommt die „dunkle" Materie ins Spiel. Man sieht sie nicht, aber es sei immerhin Materie. Das Schöne am Zeitunglesen ist, dass man vor Überraschungen nie sicher ist. Gerade dachte man, man hätte alles verstanden, da kommt eine neue Erfindung daher. Die Himmelskörper sind Sonnen (heiß, also selbst leuchtend), ehemalige Sonnen (schwarze Löcher) und Trümmer von ehemaligen Sonnen (Planeten, kalt, also nicht selbst leuchtend).

Großräumig betrachtet streben alle Himmelskörper auseinander – wie die Trümmer nach einer Explosion. Wir schließen darauf aus der Rotverschiebung der Spektren – das Licht einer sich von uns entfernenden Lichtquelle ist ins Rote verschoben. Daraus schließen wir auf den Urknall vor ca. 14 Milliarden Jahren. Die ersten Sekunden des Urknalls sind jenseits ihrer weltanschaulichen Dimension etwas für Elementarteilchenphysiker. Nach Verklumpen der ersten Elementarteilchen zu Atomkernen war die Welt voller ungleichmäßig verteiltem Wasserstoff, wie die Astronomen aus der Ungleichmäßigkeit des Hintergrundradiofrequenzrauschens ablesen zu können meinen. Wenn man die heutige Welt ursächlich aus der am Anfang ableiten will, also die Ausrede Zufall nicht gebrauchen will, kann man die ungleichmäßige Verteilung des Wasserstoffs für das heutige Aussehen verantwortlich machen. Bei gleichmäßiger Verteilung müsste die Welt heute unstrukturiert aussehen, also ohne Sonnen und Planeten. Das eröffnet natürlich die Frage nach dem Verantwortlichen für die ungleichmäßige Verteilung des Wasserstoffs.

Gewaltige Wasserstoffwolken ziehen sich bedingt durch Gravitation zusammen. Dabei werden die Wasserstoffatome so schnell, dass sie beim Aufeinanderprallen die elektrischen Abstoßungskräfte überwinden und unter Abgabe von viel Energie zu Helium verklumpen – eine Sonne leuchtet auf.

Alle Selbstleuchter am Himmel sind solche Sonnen oder Ansammlungen von Milliarden solcher Sonnen, genannt Galaxien. Es gibt Milliarden von Galaxien; mit dem bloßen Auge sehen wir allerdings nichts von der ganzen Pracht. Außer unserer Heimat-Galaxie, der Milchstraße sehen wir eine einzige weitere Galaxie. Dem bloßen Auge erscheint sie wie ein schwacher verwaschener Stern. Dass wir eine Galaxie sehen, ist ein glücklicher Zufall. Die mittleren Entfernungen zwischen den Galaxien sind so gewaltig, dass man von den meisten Orten des Weltalls, wenn man sich denn einen Menschen dorthin denkt, mit dem bloßen Auge nichts, gar nichts sehen würde, nur schwarz. Das Weltall des naturwissenschaftlichen Weltbildes ist ziemlich leer.

Wasserstoff ist also der Lieferant der Energie, die eine Sonne abstrahlt. Irgendwann ist der Wasserstoff verbraucht, dann erlischt die Sonne. Wie das Ende aussieht, hängt von der Größe der Sonne ab. Kleine Sonnen enden eher in unspektakulären Nebeln. Große Sonnen hingegen entfalten ein spektakuläres Schlussfeuerwerk: Sie enden als Supernova. Das ist eine gewaltige Explosion, die, wenn sie sich in der Milchstraße ereignet, selbst am Tageshimmel für etwa eine Woche deutlich zu sehen ist. Nachts würde sie dem Mond Konkurrenz machen. Kurz vor und während der Explosion verklumpt Helium unter Energieabgabe zu Kohlenstoff und Sauerstoff, anschließend diese zu schwereren Elementen bis hin zum Eisen. Die Explosion schleudert das Material in den leeren Raum. Manchmal kann dabei im Zentrum ein extrem verdichteter Kern zurückbleiben, so dicht, dass die Gravitationskraft, die unter irdischen Umständen im atomaren Bereich keine Rolle spielt, so groß wird, dass die Atome „zerquetscht" werden. Es entsteht quasi aus der ganzen Materie ein Riesenatomkern. In ihm ist die Masse so verdichtet, dass selbst Licht seine Gravitationskraft nicht mehr überwinden kann, also nicht nach außen dringen kann. Es ist ein schwarzes Loch entstanden, das so heißt, weil man es nicht sehen kann, man kann nur indirekt auf sein Vorhandensein schließen. Die Bildung und Entwicklung von Sonnen bis zu ihrem Ende ist durch Beobachtung und Theorie bestens belegt.

Das bei einer Supernova in den Raum geschleuderte Material kann dank Gravitation wieder verklumpen, z.B. zu Planeten. Bei ihrer Bildung sind die Planeten glühend heiß, weil die beträchtliche Bewegungsenergie des aufeinander prallenden Materials in Wärmeenergie umgewandelt wird. So war auch die Erde anfangs glutflüssig, das Erdinnere ist es heute noch. Das schwerere Material, das Eisen, sank nach unten und bildet den Erdkern. Das leichtere Material, die Siliziumverbindungen, also die Gesteine blieben oben und bilden die Erdkruste. Das noch leichtere Material hält sich in der Atmosphäre auf.

Im großen Weltalldurcheinander – der Himmel wirkt in keinem Raumwinkel und durch kein Teleskop betrachtet geordnet – kann es vorkommen, dass Himmelskörper aufeinanderprallen. Dann gibt es Trümmer. Zwischen den Planeten fliegen ziemlich viele solche große und kleine Trümmer herum. Der Mond ist ein sehr großes Trümmerstück, das vermutlich von einem kleinen Planeten aus der frühen Erde rausgeschlagen wurde. Die kugelsymmetrisch wirkende Gravitationskraft hat anschließend Erde und Mond wieder schön rund geformt.

Ist die Bildung von „Sonne, Mond und Sternen" zufällig oder ist sie dem Weltall immanent? Selbst wenn man der Bildung einer einzelnen Sonne Zufälligkeit zuschreibt, kommt man nicht daran vorbei, dass sich immer wieder Sonnen gebildet haben und neu bilden. Also kann man sagen, Sonnen seien dem Weltall immanent. Und ebenso ist es mit den Planeten. Aber obwohl die Ursachen ihrer Bildung gleich beschrieben werden, sind die Ergebnisse so unterschiedlich, dass bis heute nicht klar ist, ob auf einem zweiten Planeten dieser Welt Bedingungen herrschen, die Leben ermöglichen. So bleibt naturwissenschaftlich gesehen offen, ob das Leben dem Weltall immanent oder eben kontingent ist.

2.5 Plattentektonik

1952 diktierte mein Religionslehrer: „Gott aber hat wirklich nur gesprochen: ‚Es werde!' Da war die ganze Welt plötzlich da: Berge, Engel, Seen; kurz: Alles." Der spätere Erdkundeunterricht vertiefte dieses Weltbild, indem ich lernte, die Berge, Seen, Flüsse und Vieles mehr zu benennen. Wahrscheinlich hätte ich damals auf die Frage nach der Herkunft der Namen geantwortet, sie seien mit den Dingen erschaffen worden. Mein Bild der Erde war also ganz und gar statisch.

Noch beim Abitur 1960 hätte ich mich nicht blamiert mit der Aussage, Gott habe auch die Kontinente im Wesentlichen so geschaffen, wie sie heute sind. Heute kommt man damit nicht mehr durch. Der Anspruch, für Alles natürliche Ursachen anzugeben, ist in der abendländischen Kultur – mir fällt keine passendere Eingrenzung ein – so dominant geworden, dass nirgends mehr ein Winkel für statische Weltansichten bleibt. Das Werden scheint offensichtlich geworden. Dass mein Religionslehrer daraus noch 1952 ein „plötzlich" machte, verrät seine mangelnde naturwissenschaftliche Bildung.

Bei dem hier eingeforderten Bildungsinhalt geht es nicht um einen Wahrheitsanspruch, der ja naturwissenschaftliche Inhalte gegen Glaubensinhalte austauschbar machen würde. Der Inhalt ist auch für den streng Bibelgläubigen nützlich, weil er nicht nur sehr erklärungsmächtig ist, sondern darüber hinaus sehr erfolgreich erlaubt, Hypothesen zu formulieren, die sich überprüfen lassen; z.B. zur Auffindung von Rohstofflagerstätten, zur Prognose von Erdbebenwahrscheinlichkeiten.

Als sich vor 4,5 Milliarden Jahren Weltraumtrümmer per Gravitation zur Erde verklumpten, war das neue Ding auf Grund der großen frei gewordenen Gravitationsenergie glutflüssig. (Ein aus etwa 300km Höhe fallender Stein würde ohne Luftreibung beim Aufprall auf harter Erdoberfläche auf einige tausend Grad aufgeheizt.) Durch Wärmeabstrahlung kühlte die Oberfläche ab und erstarrte. Darunter blieb es glutflüssig. Vulkane tun das gelegentlich kund. Die Oberfläche schwimmt also auf Magma. Und da die Flüssigkeit in Bewegung ist (im Detail ist das noch nicht ganz erforscht), bewegt sich auch die Oberfläche, aber nicht als ein Ganzes, sondern in mehreren Platten, die sich teils voneinander weg, teils aufeinander zu, teils aneinander vorbei bewegen. Heute sind wir in der Lage, die Bewegung der Platten, die zunächst nur eine Hypothese war, mit Hilfe von Satelliten und Lasern zu messen.

Die Platten schwimmen allerdings nicht auf der Glut wie Eisschollen auf dem Wasser. Dann würden wir ja zwischen den Kontinenten in die Hölle blicken können und das Meer würde brodeln. Die Gesteinsoberfläche ist geschlossen und die Kontinente bewegen sich trotzdem gegeneinander. D.h., es muss Stellen geben, an denen die Oberfläche aufreißt und gleich wieder gefüllt wird, und Stellen, an denen die Platten sich auftürmen oder untereinander rutschen oder aneinander vorbei rutschen. Genau so ist es, für alle Beispiele findet man zugehörige Landschaften.

Das Auftürmen kann man sehen. Das sind die Gebirge, die trotz ständiger Erosion nicht kleiner werden. Auch die Seitwärtsbewegung kann man sehen, z.B. am San-Andreas-Graben in Kalifornien. Nach heftigen Erdbeben sind beide Seiten des Grabens gegeneinander verrutscht. Das Rutschen einer Platte unter eine andere findet in großen Tiefen statt, also am Meeresgrund. Indonesien ist ein aktuell bekanntes Beispiel dafür. Die untertauchende Platte wird dabei wieder eingeschmolzen.

Afrika und Südamerika driften auseinander. Man hat die einstmalige Zusammengehörigkeit schon früh aus den ähnlichen Küstenlinien vermutet. Aber wo ist der Riss? Der ganze Atlantikboden ist der wieder „ausgeheilte" Riss. Doch den frischen Riss gibt es auch: Es ist eine Kette von untermeerischen Vulkanen mitten im Atlantik. Hier tritt ständig Magma aus, erkaltet, erstarrt und bildet neuen Meeresgrund. Jeder auftretende Riss wird sofort wieder ausgefüllt durch austretende und gleich erstarrende Magma. Keiner war bisher dabei, und man „weiß" es trotzdem. Die Methoden, mit denen Geologen Wissen über die Erde hervorgebracht haben, entstammen allen naturwissenschaftlichen Fächern und erinnern an die Kombinationsarbeit von Detektiven. (Es wundert unter diesen Umständen, dass Geologie kein Schulfach ist.) Eine Methode, die im vorliegenden Fall zum Erfolg führte, war die systematische Vermessung der Magnetisierung des eisenhaltigen Meeresbodens. Dabei stellte man Streifenmuster in der Polarität der Magnetisierung parallel zum mittelatlantischen Rücken fest. Nun wusste man aus anderen Zusammenhängen, dass die Polarität des Erdmagnetfeldes, das für die Magnetisierung des Meeresbodens verantwortlich ist, sich periodisch ändert. Durch Messung der Zeiten und Streifenabstände gelang eine überzeugende Zuordnung. Seit dem „weiß" man, dass der Meeresboden im Atlantik in der Breite wächst, Südamerika und Afrika um einige Zentimeter im Jahr auseinanderdriften. Die Eroberfläche ist in Bewegung. Das wiederum erklärt manches Andere, z.B., wie eine Salzlagerstätte nach Gorleben kommt, obwohl doch in der dortigen geographischen Breite nie salziges Meerwasser schneller eintrocknen kann als es regnet. Die Erdoberfläche ist in Bewegung, Gorleben „schwamm" vor vielen Hundertmillionen Jahren am Äquator.

Wenn heute in den Medien von einem Erdbeben in Japan berichtet wird, steht dabei, dass dort drei tektonische Platten aufeinander stoßen. Die Plattentektonik hat vor rund 50 Jahren in der Wissenschaft Geologie die Oberhand gewonnen und ist heute aus dem Alltag nicht mehr wegzudenken. Um die Berichte verfolgen zu können, braucht man nicht viel mehr als hier steht – außer ein paar guten Bildern, die man in dem exzellenten Lehrbuch von Press u. Siever findet und das einen eh zum Weiterlesen verführt.

Weit vor dem Durchbruch der Plattentektonik war man auf die Einsicht gestoßen, dass Erhebung und Erosion die Erdoberfläche gestalten. Die Erosion und die Rolle, die dabei das Wasser und seine Ausdehnungsanomalie spielt, bleiben in dieser Darstellung (nicht im Unterricht) ausgespart.

Unser Alltagsblick lässt uns unberührte Landschaften als natürlich schön erscheinen. Dahinter steckt das eingangs berichtete statische Weltbild. Unter einem dynamischeren Blick erscheinen insbesondere die Gebirge wie Ruinen. Es gibt einen ähnlichen Blickwechsel auf das Tierreich: den Blick der Arche Noah und den der Evolution. Unter dem Blick der Evolution überraschen einige Schönheiten, weil es dafür keinen erkannten naturwissenschaftlichen Grund gibt. Religiöse Fundamentalisten nutzen das aus. Aber sie schauen dafür gern bei dem, was uns allen wie Ruinen oder Fehlentwicklungen erscheint, weg.

2.6 Später kamen chemische Verbindungen

Die Welt wäre sehr unübersichtlich, wenn man für das System der Potentialmulden nicht eine strenge Ordnung gefunden hätte, die aus der Quantenmechanik folgt. Für den hiesigen Zweck reicht ein Merkmal der Ordnung: Die Potentialmulden für die Elektronen der Atome sind in Schalen (wie Zwiebelschalen) angeordnet. In der innersten Schale befinden sich zwei, in den nächsten beiden acht Mulden. Die weiteren Schalen lassen wir hier aus. (Die Zahlen 2 und 8 erscheinen einem Laien hier willkürlich, dem Quantentheoretiker kommen sie verstehbar vor.)

Die Chemie befasst sich mit der Verbindung von Atomen. Und die wird regiert davon, dass es energetisch günstig ist, wenn die äußeren Elektronenschalen komplett sind, also zwei bzw. acht Elektronen enthalten – notfalls durch wechselseitige Nutzung von Elektronen.

Wenn zwei Atome durch ihre statistische Bewegung bei irdischen Temperaturen aufeinander treffen, dann treffen ihre Elektronenhüllen aufeinander. Die Kerne kommen dabei nicht ins Spiel. Die Elektronenhüllen stoßen sich ab, weil sie elektrisch gleich geladen sind. Also verhalten sich die Atome wie elastische Kügelchen.

Aber bevor sie sich abstoßen, kalkulieren sie einen Moment, ob es nicht energetisch günstiger wäre, die Elektronen gemeinsam zu nutzen bzw. einer leiht sie dem anderen. Diese Überlegung ist besonders dann am Platz, wenn die äußere Elektronenschale nicht mit zwei bzw. acht Elektronen voll besetzt ist und die Elektronenschale des anderen die fehlenden Elektronen enthält.

Beispiel H_2

Wenn zwei Wasserstoffatome aufeinander treffen, ist es energetisch günstiger, die beiden Elektronen gemeinsam zu nutzen. Dann hat ein jedes zwei Elektronen in der äußeren Schale. Es bildet sich folglich ein H_2-Molekül. Dafür müssen die beiden Atome allerdings mit einer Mindestenergie aufeinander treffen, weil durch die sich abstoßenden Elektronen vor der Potentialmulde ein kleiner Berg liegt. Die Mulde hat eine Tiefe von ca. 3000 Kelvin, d.h., bei höheren Temperaturen zerfällt H_2 wieder in atomaren Wasserstoff.

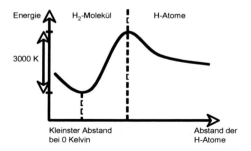

Abb. 5 Potentialkurve zweier Wasserstoffatome

Beispiel H_2O

Trifft ein Wasserstoffmolekül auf ein Sauerstoffatom (dass Sauerstoff meist molekular vorliegt, wird hier unterschlagen), wird folgendermaßen kalkuliert:

Sauerstoff hat sechs äußere Elektronen, das Wasserstoffmolekül hat zwei. Das ergäben zusammen acht. Man kann auch sagen, je ein Elektronenpaar werde gemeinsam genutzt. Das Zusammengehen von H_2 und O ist folglich energetisch erheblich günstiger, als die Bausteine getrennt zu lassen. Deshalb reagiert Wasserstoffgas mit Sauerstoffgas explosionsartig zu H_2O, Wasser. Jetzt endlich versteht man, warum der Wasserstoff so heißt wie er heißt. (Es bleibt die Frage, warum der Sauerstoff so heißt wie er heißt.) Es bedarf dazu allerdings einer Mindesttemperatur als Anstoß. Da sich elektrisch die Elektronenhüllen von H_2 und O zunächst leicht abstoßen, liegt ein kleiner Potentialberg vor der Vereinigung. Chemiker zeichnen das so, wobei ein Strich ein Elektronenpaar bedeutet:

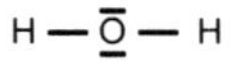

H — O̱ — H

Abb. 6 *Strukturformel des Wassers*

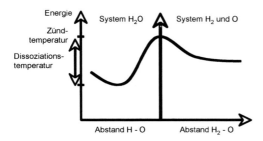

Abb. 7 *Potentialkurve des Wassers*

Aus der Heftigkeit der Reaktion, die sich in Temperaturerhöhung äußert, kann man ablesen, wie tief die Potentialmulde ist, also, wie stark die Bausteine aneinander gebunden sind.

Noch lieber zeichnen Chemiker das Wassermolekül wie folgt, weil die 3 Atome einen Winkel von 104,5 Grad bilden, was für die Eigenschaften des Wassers von größter Bedeutung ist:

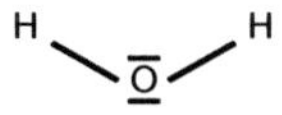

H \ O̱ / H

Abb. 8 *Die Winkligkeit des Wassermoleküls*

Bedingt durch die Winkligkeit ist die Verteilung der elektrischen Ladung unsymmetrisch. Daraus folgen die vielfältigen Eigenschaften des Wassers, die es für das Leben so bedeutend machen. Das würde ein eigenes Kapitel über das Wasser rechtfertigen. Ich verweise hier statt dessen auf das sehr informative und lesenswerte Buch „H_2O" von Philip Ball.

Beispiel NaCl

Chlor hat sieben Elektronen in der äußeren Hülle, Natrium nur eines. Und schon ist klar, was passiert, wenn sie sich treffen. Natrium gibt eins, Chlor nimmt eins. So sind beide äußeren Schalten komplett, die Atome allerdings elektrisch geladen – sie heißen dann Ionen – und ziehen sich an. Sie bilden Kochsalzkristalle.

Beispiel CO_2

Kohlenstoff hat vier äußere Elektronen, Sauerstoff sechs. Jedes Sauerstoffatom nimmt zwei, das Kohlenstoffatom gibt zweimal zwei. Wenn je zwei Elektronenpaare doppelt genutzt werden, sind alle Schalen komplett. Oder anders gesprochen: vier Elektronenpaare werden doppelt genutzt.

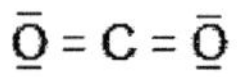

$$\overline{\underline{O}} = C = \overline{\underline{O}}$$

Abb. 9 Kohlendioxyd

Beispiele CH_4, C_2H_6, C_3H_8, ...

Die vier äußeren Elektronen des Kohlenstoffs sind zusammen mit dem einen äußeren Elektron des Wasserstoffs zu besonderer Verbindungsvielfalt mächtig. Dass vier Wasserstoffatome sich mit einem Kohlenstoffatom zu Methan verbinden, ist nach dem Voranstehenden klar. Nimmt man hinzu, dass zwei benachbarte Kohlenstoffatome ein Elektronenpaar doppelt nutzen können, so erkennt man die dem Kohlenstoff innewohnende Fähigkeit zur Bildung sehr langer Kohlenwasserstoffketten.

H-Atome können darin ersetzt werden durch Verbindungen, die noch ein zur Wechselnutzung freies Elektron übrig haben. So ergibt sich die Möglichkeit zur Bildung einer ungeheuren Vielfalt sehr großer Moleküle. Das ist die Basis der organischen, also Lebenschemie.

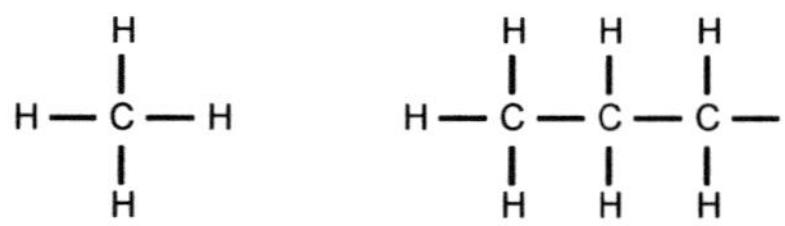

Abb.10 Kohlenwasserstoffe

Das nächste Element, mit dem sich eine ähnliche Verbindungsvielfalt ergeben könnte, wäre das Silizium mit vier äußeren Elektronen. In der Tat gibt es auch hier eine Fülle von Verbindungen: der größte Teil des Erdoberflächengesteins.

Ich weiß nicht, ob jemand weiß, warum es keine lebendigen Siliziumverbindungen gibt. Alles, was lebt, enthält Kohlenstoff als Grundbaustein. Warum der Kohlenstoff nicht Lebensstoff heißt, liegt daran, dass man die Nützlichkeit der Kohle lange vor der chemischen Zerlegung des Lebens entdeckt hatte, und dann erst verstand, dass Kohle der Rest früheren Lebens ist.

Beispiel Edelgase

Helium, Neon, Argon, Krypton, Xenon, Radon. Ihre äußere Elektronenschale ist voll besetzt, deshalb gibt es nichts zu verbessern. Deshalb verbinden sie sich mit nichts. Und deshalb heißen sie so.

2.7 Photosynthese

Bisher klang das so, als würden sich Stoffe verbinden, wenn sie dadurch in eine Potentialmulde fallen. Bei solchen Reaktionen wird Energie in Form von Wärme frei.

Oft gibt es aber auch höher gelegene Potentialmulden (eine Kuhle auf einem Berg oder am Berghang). Entsprechende Verbindungen kommen nur bei Energiezufuhr zustande. Es kommt dabei natürlich darauf an, von welchen Stoffen man ausgeht.

Wenn man von Kohlenstoff und Wasserstoff ausgeht, gewinnt man Energie bei der Bildung von Kohlenwasserstoffen. Aber der einzige Kohlenstoff, auf den eine wachsende Pflanze zurückgreifen kann, ist der im CO_2 der Luft gebundene Kohlenstoff. Und Wasserstoff steht ihr nur in Form von Wasser zur Verfügung.

Irgendwie muss der Liebe Gott vorhergesehen haben, dass, wenn spät nach dem Urknall die Erde sich bildete und an der Oberfläche erkaltete, weder freier Kohlenstoff noch freier Wasserstoff zum Aufbau des Lebens vorhanden wären – was man nur aus der Erzählung von der Entstehung der Erde verstehen kann. Er hat deshalb die Photosynthese eingeführt:

$$6\,H_2O \;+\; 6\,CO_2 \;+\; \text{Photon} \;\Leftrightarrow\; C_6H_{12}O_6 \;+\; 6\,O_2$$

Wasser + Kohlendioxid + Lichtenergie = Zucker + Sauerstoff

Das funktioniert nun allerdings nicht dadurch, dass der Wind (CO_2) über das sonnendurchflutete (Photonen) Mittelmeer (H_2O) streicht. Dann würde das Mittelmeer ja süß schmecken. Vielmehr bedarf es der Katalysatoren. Und die befinden sich im Blattgrün und in einigen Bakterien.

Die Photosynthese erzählt uns also, wie das Leben neues Material für das Leben schafft. Das heißt auch, dass es nicht reicht, wenn wir die Atome essen, aus denen wir bestehen. Wir brauchen organische Moleküle. Und ohne Pflanzen läuft da nichts.

Heute wird die Photosynthese auch gern aus der Perspektive unseres Energiebedarfs gesehen. Durch sie wird Sonnenenergie in Pflanzen gespeichert. In geologischen Zeiträumen kann daraus Kohle oder Erdöl oder Erdgas werden.

2.8 Dann bildeten sich Makromoleküle

Für die Größe von Atomen gibt es prinzipielle Grenzen, die durch die abstoßende Kraft von Protonen und die begrenzte Kittkraft von Neutronen gegeben ist. Eine solche Grenze gibt es für Moleküle nicht. Auf der Basis von Kohlenstoff lassen sich Verbindungen mit fast beliebig vielen Atomen bilden. Die größten zurzeit bekannten Moleküle sind die Desoxyribonukleinsäuren (DNA). Sie enthalten bis zu ca. $200 \cdot 10^9$ Atome.

Das Leben gestaltet sich aus vier Sorten von Makromolekülen: den Kohlehydraten, den Fetten, den Eiweißen und den DNA. Dass man ohne die ersten drei nicht leben kann, entnimmt man jedem Lehrkochbuch. Sieht man sich die chemischen Formeln der Makromoleküle an, so entdeckt man nur fünf Atomsorten: Kohlenstoff, Wasserstoff, Sauerstoff, Stickstoff, Schwefel. Das Leben braucht zwar noch ein paar Elemente mehr, z.B. Calcium für die Knochen, Natrium für die Nerven, Magnesium für die Muskeln, aber sie sind nicht in die Makromoleküle eingebaut.

Man denkt, wenn es nur fünf Bausteine sind, könne das Ganze nicht so schwer zu lernen sein. Irrtum! Da es keine prinzipielle Grenze der Größe von Molekülen gibt, eröffnet sich ein Riesenberg von Möglichkeiten, der sich dem Laien verschließt. Dem Fachmann aber nicht. Denn die Makromoleküle bestehen aus sich wiederholenden Mustern, d.h., aus sich wiederholenden kleineren Molekülen. Die wiederum gehorchen auch Mustern. Kurzum: Wenn man will, kann man das Ganze durchaus durchschauen.

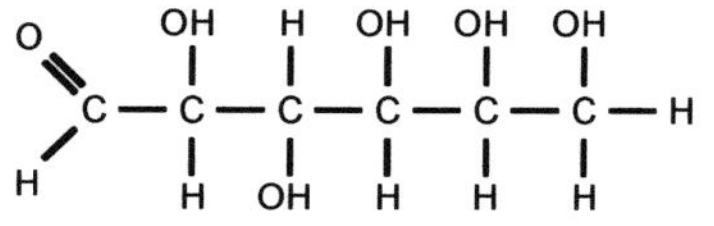

Abb. 11 Ein Kohlehydrat

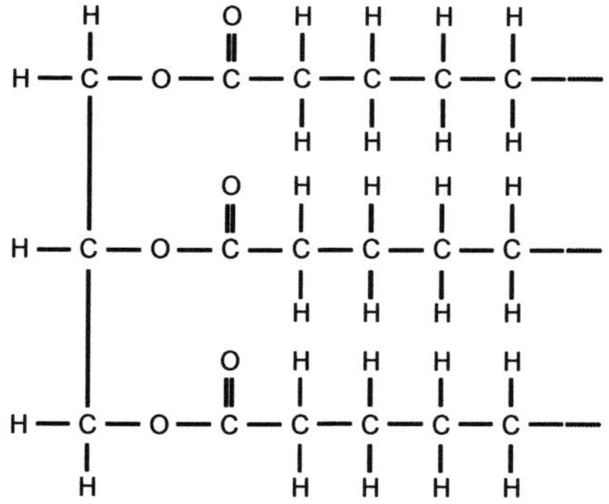

Abb. 12 Ein Fett

Kohlehydrate und Fette sind unverzichtbar für unser Leben, aber sie gestalten es nicht aktiv. Anders bei den DNA und Einweißen. Die Eiweiße regeln Form und Funktion eines Lebendigen. Die DNA regelt, welche Eiweiße gebildet werden.

Deshalb ist die Idee, die Asche von Verstorbenen ins Weltall zu schießen, aus naturwissenschaftlicher Sicht absurd. Die Asche enthält weder Eiweiße noch DNA, also nichts für den Verstorbenen Typisches.

2.9 Eiweiße

Die Eiweiße des Lebens sind zusammengesetzt aus 20 (dass das gerade 20 sind, macht einen stutzig) verschiedenen Molekülen, die man Aminosäuren nennt. Es gibt endlos viele Möglichkeiten, bis zu 20 verschiedene Aminosäuren zu einem Eiweißmolekül aneinander zu ketten. In uns sind etwa 100.000 davon realisiert. Verkettet sind jeweils bis zu 5.000 Aminosäuren. Aminosäuren haben also offenbar die Möglichkeit, Ketten zu bilden.

Bei aller Verschiedenheit haben nämlich alle Aminosäuren eines gemeinsam: Sie haben auf der einen Seite ein Kohlenstoffatom, dem zur Komplettierung der äußeren Schale noch ein Elektron fehlt, und auf der anderen Seite ein Stickstoffatom, dem es genauso geht. Es ist energetisch günstig an diesen Stellen zu verkuppeln – wie zwei Eisenbahnwaggons. Der Länge der Züge wächst so prinzipiell keine Grenze. Hier ein kleiner Ausschnitt aus einer Aminosäurenkette = Eiweiß:

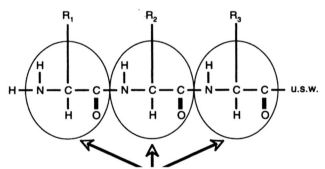

Aminosäuren – sie unterscheiden sich in den Resten R

Abb. 13 Ausschnitt aus einer Eiweißkette

Dass Eiweiße lineare Ketten aus Aminosäuren sind, wirkt etwas einfallslos, fast künstlich. Die Ketten sind so lang, dass sie entfaltet in Zellen, ihrem wichtigsten Einsatzort, keinen Platz hätten. Deshalb ist ihnen (oder dem lieben Gott) doch etwas eingefallen: Sie falten sich auf raffinierteste Weise ins Dreidimensionale, und zwar gleich zweifach. Aber nicht willkürlich, sondern an genau je Eiweiß festgelegten Stellen. Festgelegt werden die Stellen durch die Chemie. Es ist energetisch günstig, d.h., dort ist eine kleine Potentialmulde, wenn an bestimmten Stellen ein Atom des Eiweißmoleküls eine zweite Verbindung mit einem linear fern gelegenen Atom desselben Eiweißmoleküls eingeht. Eine Art Inzucht. Brücke ist ein gutes Wort dafür. Es bilden sich ganz viele, allerdings nur schwach gebundene Brücken. Wie schwach diese Bindungen sind, kann man daran ablesen, dass wir sterben, wenn wir heißer werden als 42°C. Die Potentialmulden für diese Bindungen sind nämlich nicht tiefer, also löst die statistische Temperaturbewegung sie bei 42°C auf. (So wie Eis bei 0° C schmilzt oder Wasserstoff bei 3.000° C atomar wird.) Und dann sind die Eiweiße kaputt; denn nur durch ihre Faltungen können sie ihre unendlich vielfältigen Funktionen ausüben.

Teilweise und kurzfristig ist ein solcher Schaden reparabel. Denn den Eiweißmolekülen wohnt ihr Faltungspotential ja inne. Aber da Eiweiße im Körper fast alles regeln, richtet ihr kurzfristiger Ausfall weitere irreparable Schäden an.

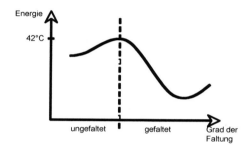

Abb. 14 *Potentialkurve einer Eiweißfaltung*
(Achtung: bei Potentialkurven machen nur die Energiedifferenzen zwischen zwei Punkten, nie die absoluten Beträge einen Sinn.)

Unter 36°C funktioniert die Chemie in unserem Körper zu langsam, über 42°C geht schon alles kaputt – ein schmaler Grat!

Physiker sagen, Materie besteht aus Atomen. Biologen sagen, das Leben besteht aus Eiweißen. Was Eiweiße im Körper alles erledigen und wie sie es tun, ist so vielfältig und raffiniert, dass ein Laie keine Chance hat, den Überblick zu behalten.

Wissen aber muss der Laie, dass Protein ein anderes Wort für Eiweiß ist. Es hat den Vorteil, dass es nicht an Hühnerei erinnert, in dessen Eigelb mehr Proteine stecken als in dessen Eiweiß. Außerdem öffnet es eher den Blick dafür, dass auch Pflanzen voller Proteine sind. Es ist noch schlimmer: Aus Sicht der DNA, die angibt, welche Proteine jeweils gebildet werden, ist zwischen Pflanzen und Tieren kein bedeutsamer Unterschied.

Möglicherweise ist aus der ersten DNA, die sich zufällig gebildet hat, alles Lebendige per Evolution hervorgegangen. Es mag sein, dass es mehrere oder viele Ansätze gab. Aber ein einziger hat alle anderen überlebt.

2.10 Zellen

Die chemischen Reaktionen, die zur Bildung von Aminosäuren, Eiweißen, Nukleinsäuren und der DNA führen, können bei ausreichendem Vorhandensein der Grundbausteine, bei Zufuhr von Energie und bei geeigneten Temperaturen (nicht zu kalt, damit sich die Bausteine häufig genug begegnen; nicht zu heiß, damit die großen Moleküle nicht gleich wieder zerstört werden) in offenen Gewässern stattfinden. Und es kann vorkommen, dass sich solche Reaktionen gegenseitig verstärken und es zu Reproduktionen kommt. Das können aber immer nur lokale Ereignisse sein, die sich schnell wieder in der um das Baumaterial konkurrierenden Umgebung auflösen. Erst wenn sich ein reproduktiver Vorgang durch zufälliges Geschehen mit einer Hülle umgibt, die ihn vor der Umgebung schützt, zugleich aber selektiven Materialtransport über die Grenze zulässt, ist der letzte entscheidende Schritt zum Lebewesen geschafft, ein Wesen, das einen Unterschied setzt zwischen sich und seiner Umgebung durch eine Zellmembran. Die Zellmembran schafft ein Innen und ein Außen.

Zellen sind die kleinsten lebenden Einheiten. Sie sind aber ohne Umgebung nicht denkbar. „Ohne Wasser macht die Qualle schlapp". Das weist daraufhin, dass wie jede Unterscheidung auch die von Zelle und Umwelt keine der Welt, sondern eine des Unterscheidenden ist. Und an der Grenze wird jede Unterscheidung fraglich. Warum gehört das einen Einzeller umgebende Wasser nicht zu ihm, wenn es doch ohne es sofort zu existieren aufhört? Trotzdem reden wir im Alltag so, als gäbe es das Unterschiedene auch ohne unser Unterscheiden. Das ist pragmatischer Alltagsrealismus, mit ihm lässt sich gut leben.

Keiner weiß bisher, wie die erste Zelle entstanden ist. Aber man kann sich heute einen Weg dorthin durch rein zufälliges chemisches Geschehen vorstellen. Dabei spielt eine wichtige Rolle, dass die Natur dafür Milliarden Jahre Zeit hatte, also viele „Fehlversuche" möglich waren. Ist ein erster Anfang einer sich selbst reproduzierenden Zelle gemacht, lässt sich per Evolution erklären, wie es zur heutigen Vielfalt des Lebendigen gekommen sein könnte.

Lebewesen sind entweder Einzeller (z.B. Bakterien) oder Mehrzeller. Mehrzeller lassen sich verstehen als in Symbiose lebende Einzeller – auch wenn das stark an unserem Selbstbild kratzt.

Sieht man sich an, was Biologen darüber herausgefunden haben, wie etwa menschliche Zellen aufgebaut sind, weiß man nicht, worüber man mehr staunen soll: über die Komplexität ihres Aufbaus oder darüber, wie die Biologen das herausgefunden haben; zumal die größten Zellen gerade mal 0,1 mm messen.

Egal, in welchem Maßstab wir die Welt angucken, sie erscheint uns ungeheuer komplex. Betrachten wir mit bloßen Augen einen sezierten Menschen, kommt uns die Komplexität ungeheuer vor. Betrachten wir eine einzige Zelle eines Menschen unter dem Elektronenmikroskop erscheint sie uns komplexer als vorher der ganze Mensch. Und ein einziger Zellbestandteil ist wieder wie eine Zelle in der Zelle. Die Komplexität hört nicht auf. Schlägt man als Laie ein Biologiebuch zum Thema Zelle auf, so wird man abgeschreckt. Wie einen in Physikbüchern die Mathematisierung abschreckt, in Chemie die hoch beladene Formelsprache, so schreckt einen in der Biologie das nicht enden wollende Unterscheiden. Man kann den Unterschied daran ablesen, dass Physik- und Chemiebücher meist gar kein Glossar enthalten, aber schon Schulbiologiebücher mit einem Glossar von mehr als 600 Begriffen aufwarten. Lernen ist zwar Erhöhung von Unterscheidungsvermögen, aber manchmal wünscht man sich auch ein Stück Theorie, aus dem man viel ableiten kann. Da kann einem in der Biologie noch nicht sehr geholfen werden.

Zum Beispiel möchte man als Laie zu der Grenzschicht einer Zelle einfach Zellwand sagen. Biologen beharren aber darauf, zwischen Zellwand und Zellmembran zu unterscheiden. Zellhaut würden sie als Zusammenfassungsbegriff akzeptieren, das führt aber einen Laien auf den Irrtum, die eigene Haut für die Haut von den Randzellen zu halten. Alle unsere Organe bestehen aus Zellen, auch die Haut. Was also ist wirklich wichtig?

2.11 Gene

Kinder sehen ihren Eltern ziemlich ähnlich. Wie kann man das erklären? Mendel fand im 19. Jahrhundert Gesetzmäßigkeiten der Vererbung, aber keinen Grund. Der Begriff Gen wurde Anfang des 20. Jahrhunderts für Erbbausteine eingeführt, ohne dass es eine empirische Evidenz dafür gab. (Atome wurden von den Griechen auch ohne empirische Evidenz eingeführt.)

Seit der Atomismus auch in die Biologie Einzug gehalten hat, sucht man die Erklärung der Vererbung auf der Ebene von Molekülen. Und wurde fündig: Das Riesenmolekül DNA ist der Grund.

Alle Lebewesen bestehen aus Zellen, Bakterien aus einer einzigen, Menschen aus zig Billiarden. In allen Zellen eines Lebewesens befindet sich das gleiche Riesenmolekül, das die gesamte Erbinformation trägt. Das Riesenmolekül liegt beim Menschen in 46 Teilstücken, den Chromosomen, vor, bildet aber informationstechnisch ein Ganzes, weshalb oft von einem Molekül die Rede ist.

Chemisch gesehen ist das Molekül eine lineare Doppelkette von kleineren Molekülen, den Nucleotiden. Jedes Nucleotid besteht wiederum aus drei kleineren Molekülen, einer Phosphorsäure, einem Zucker (die zwei bilden das überall gleiche Grundgerüst) und – darauf kommt es hier an – einer der vier Basen Adenin (A), Cytosin (C), Guanin (G) oder Thymin (T). Die Nucleotide können genau so in beliebiger Reihenfolge aneinandergekoppelt werden wie die Aminosäuren bei der Bildung von Eiweißen. Da wir die Chemie des Ganzen hier nicht erklären müssen, dürfen wir das Grundgerüst gerne vergessen und so reden als sei das Riesenmolekül eine lineare Kette der vier Basen A, C, G, T in bunter Reihenfolge. Das Riesenmolekül heißt Desoxyribo-Nucleic-Acid (-Säure), kurz DNA oder DNS.

Soweit wird das Ganze vorstellbar – vielleicht weil alle mit LEGO oder ähnlichen Stecksystemen gespielt haben. Unvorstellbar ist, dass die Länge der menschlichen DNA ca. 3 Milliarden „Buchstaben" beträgt, und das in jeder Zelle.

So viele Buchstaben stehen ungefähr in 1.500 Büchern von 500 Seiten Umfang. Vorstellbar ist wiederum, dass sich auf so vielen Seiten ein Mensch hinreichend genau beschreiben lässt.

Wie ein Mensch aussieht und wie sein Stoffwechsel funktioniert wird zunächst durch seine spezifischen Proteine bestimmt. Wenn also die DNA die Erbinformation enthält, muss sie die jeweiligen Proteine bestimmen. Und genau so ist es!

Je drei „Buchstaben" (Basen) bestimmen eine Aminosäure. Die Folge der „Buchstabentripletts" bestimmt die Folge der Aminosäure, also das Protein. TAA, TAG und TGA signalisieren „Proteinende". Eine ein Protein bestimmende Triplettfolge heißt Gen.

Hier ist nur von der Codierung die Rede, nicht vom hochkomplexen Prozess der Herstellung der Proteine in den Ribosomen unter Vermittlung eines DNA-ähnlichen Moleküls (RNA), das die Information der DNA zu den Ribosomen trägt. Die Ribosomen sind Aminosäurenverknüpfungsmaschinen, in der von der DNA vorgegebenen Reihenfolge.

Der Mensch wächst bzw. erneuert seine Zellen durch Zellteilung, aus eins mach zwei. Dafür muss auch die Erbinformation verdoppelt werden, weil jede Zelle sie enthalten soll. Dies geschieht zunächst dadurch, dass sie in jeder Zelle schon doppelt vorliegt. An die beschriebene DNA-Kette lagert sich nämlich eine komplementäre Kette mit der identischen Erbinformation an. Die DNA ist also genau besehen ein Doppelstrang. Der Doppelstrang ist spiralförmig gewunden (Doppelhelix) und die Spirale noch einmal gewunden (wie der Faden einer Glühbirne), damit die ca. 2 Meter lange DNA in einer winzigen Zelle unterbringbar ist. Bei der Zellteilung teilt sich der Doppelstrang wie ein Reißverschluss und an die beiden Hälften lagert sich in den beiden neuen Zellen durch Vermittlung von Proteinen, das in der Zelle herumschwimmende Material benutzend, je eine neue komplementäre Hälfte an.

Nun ist ein Individuum aber nicht ein Klumpen gleicher Zellen. Die Zellen eines Lebewesens sind gleich und verschieden. Sie gehen alle aus einer einzigen Zelle, der befruchteten Eizelle hervor, sind im Grundaufbau gleich und tragen insbesondere die gleiche DNA, das Vererbungsmolekül. Aber eine Eizelle unterscheidet sich erheblich von einer Leberzelle, von einer Muskelzelle, einer Nervenzelle, einer Haarzelle. Der Unterschied drückt sich immer aus in unterschiedlichen Eiweißen. Also besteht noch eine große Erklärungslücke zwischen der Codierung der Eiweiße durch die DNA und der Entwicklung des Lebendigen. Wie ist geregelt, welche Eiweiße in welcher Zelle produziert werden, welcher DNA-Abschnitt jeweils aktiv ist?

Der reduktionistische Ansatz sucht nach einer Erklärung aus lokalen Wechselwirkungen. Das heißt, die einzelne Zelle wechselwirkt – angeblich – nur mit ihrer unmittelbaren Umgebung, es gibt keinen irgendwo angesiedelten Gesamtplan, der per Fernwirkung das Geschehen in einer Zelle steuert.

Die DNA ist ohne ihre Umgebung ein toter aperiodischer Kristall. Bei tiefen Temperaturen und geschützt vor Fressfeinden kann eine DNA beliebig lange überdauern. Den Eiweißen geht es nicht anders.

Was also lebt in einer Zelle? In einer Zelle lebt nichts. Zellen sind die kleinsten lebendigen Einheiten. In einer Zelle gibt es Bewegung nur als statistische Temperaturbewegung und als Diffusion in Folge von Konzentrationsdifferenzen zur Umgebung (z.B. Nachbarzellen).

Als Folge der statistischen Temperaturbewegung gibt es Diffusion innerhalb und außerhalb der Zelle und – bei geeigneten „Toren" – durch die Zellhaut hindurch. Das führt zum zufälligen Aufeinandertreffen von Molekülen, zu chemischen Umwandlungen, eventuell zu Kettenreaktionen weiterer Umwandlungen, zu Temperaturänderungen, zu molekularen Formänderungen. Das sind die Grundelemente einer reduktionistischen Erklärung von Lebensvorgängen.

Hervorzuheben sind zwei Momente:

Ohne Temperatur und damit ohne Energie geht nichts. Wird es zu kalt, so läuft die Chemie in uns zu langsam ab. Schon weit vor dem absoluten Nullpunkt friert alles Leben ein, kann aber in besonderen Fällen wieder aufgetaut werden.

Allerdings destrukturiert Temperatur auch das Lebendige. Zum Beispiel werden ab 42° C wichtige Eiweiße in uns aufgebrochen, weil die strukturbildenden Wasserstoffbrücken zu schwach sind. Unser Körper überlebt nur in einem sehr schmalen Bereich um 36,7° C und hält diese Temperatur selbst aufrecht. Andere Lebewesen nehmen die Umgebungstemperatur an. So unterschiedlich wie die Chemie in verschiedenen Lebewesen ist die optimale Temperatur für sie.

Ohne geeignete Umgebung einer Zelle geht nichts. Ohne Wasser macht die Qualle schlapp. Ohne Luft geben wir nach einer Minute auf. Welche der durch die DNA codierten Eiweiße in einer Zelle produziert und aktiv werden, hängt davon ab, welche Ionen oder Moleküle sich in der Umgebung (d.h., auch in benachbarten Zellen) befinden und welche daran durch die Zellmembran-„tore" durchgelassen werden. Das ist der Schlüssel für die reduktionistische Erklärung, wie aus der omnipotenten befruchteten Eizelle durch wiederholte Zellteilung nach und nach spezialisierte sehr unterschiedliche Zellen für verschiedene Funktionen (z.B. Haut, Muskeln, Nerven, Leber, Blut) werden. Ihnen gemeinsam ist die DNA, die jeweils nur teilweise aktiviert ist, und zwar aufgrund ihrer Geschichte (sie tragen chemische Spuren vorausgegangener Zellen in sich) und ihrer Umgebung, die mit Ausdifferenzierung des Körpers bereichsspezifisch wird. Auch die befruchtete Eizelle ist eine spezialisierte Zelle. Sie war eine Zelle der Mutter und enthält nicht nur die DNA im Zellkern, sondern zahlreiche Eiweiße in der Zellflüssigkeit, die die nächsten Entwicklungsschritte steuern. Embryonale Stammzellen (etwa sieben Zellteilungen nach der befruchteten Eizelle) sind die Spezialisten für den Anfang, aus ihnen kann noch alles werden. Adulte Stammzellen sind die, die am Anfang der Entwicklung eines speziellen Organs stehen. Man hat sie schon in einigen erwachsenen Organen gefunden. Die Biologie ist weit davon entfernt, den Entwicklungspfad jedes Zelltyps ganz nacherzählen zu können. Aber sie befindet sich auf dem Weg dorthin.

Ein großer Teil der Entwicklung scheint der befruchteten Eizelle immanent zu sein, wie sonst sollen wir uns reduktionistisch unsere große Ähnlichkeit erklären.

Der Mensch vermehrt sich durch geschlechtliche Fortpflanzung. Der neue Mensch trägt – meist offensichtlich – Merkmale der Mutter und des Vaters. Wie funktioniert das? Die Merkmale werden bestimmt durch Proteine, also die zugehörigen DNA-Abschnitte, also die Gene. Der DNA-Doppelstrang liegt in unseren Zellen in dem Sinne noch mal gedoppelt vor, dass wir für jedes Gen einen mütterlichen und einen väterlichen „Vorschlag" in uns tragen. Wir haben die DNA zweimal, also jedes einen Teil der DNA tragende Chromosom zweimal. Manchmal ist das mütterliche, manchmal das väterliche Gen dominant bzw. rezessiv. Manchmal mischen sich auch die Merkmale.

Zur Fortpflanzung produziert die Mutter Eizellen, der Vater Samenzellen. Diese Zellen unterscheiden sich von allen anderen Körperzellen vor allem dadurch, dass sie keinen doppelten Gensatz enthalten, sondern nur einen einfachen. Dazu muss bei der Produktion dieser Zellen eine Auswahl getroffen werden: Manchmal wird für ein Merkmal das von der Mutter, manchmal das vom Vater geerbte Gen genommen. In erster Näherung kann man sich das wie eine zufällige Mischung vorstellen. Durch Vereinigung von Samenzelle mit Eizelle ergibt sich auch beim Enkel wieder ein doppelter Gensatz. Und so kann beim Enkel ein Merkmal des Großvaters wieder auftauchen, das in der Mutter von einem Merkmal der Großmutter dominiert wurde, also nicht in Erscheinung trat, aber in der DNA codiert war.

Wir tragen in uns viel mehr Erbinformation (und können sie weitergeben) als unser Körper verrät. Das legt die Unterscheidung von Phänotyp und Genotyp nahe.

Das große Wunder dieser Vererberei ist, dass sich über Jahrmillionen die meisten Merkmale, etwa unseren grundsätzlichen Körperbau betreffend, völlig stabil verhalten. Und das geht nur, wenn die DNA ein sehr, sehr stabiles Molekül ist, dem Temperaturbewegungen bis fast 100° C nichts anhaben können. Und wenn der Kopiermechanismus/Reproduktionsmechanismus ziemlich zuverlässig ist.

Trotz aller Ähnlichkeit grundsätzlicher Merkmalsausprägungen ist die Variationsbreite beim Menschen doch so groß, dass man sie nicht erklären kann, wenn am Anfang ein Menschenpaar stand und die Gene unveränderlich sind. Denn dann wäre die Zahl der Genvarianten auf höchstens vier je Merkmal beschränkt.

Beim Vervielfältigen der DNA können Fehler auftreten, d.h., ein Nucleotid wird durch ein anderes ersetzt. (Sie sind in der chemischen Summenformel sehr ähnlich.) Bei 3 Milliarden Fehlermöglichkeiten pro Zellteilung ist das nicht überraschend. Ein Großteil der Fehler wird schon in der Zelle entdeckt und durch Proteine repariert. Andere Fehler sind unbedeutend, weil sie ein rezessives Gen betreffen oder weil die Änderung das gleiche Protein codiert oder weil die Änderung ein in der betroffenen Zelle nicht aktives Gen betrifft oder weil der Fehler nur lokale Auswirkungen hat. Einige Fehler können aber auch zur Bildung von Krebszellen führen.

Grundsätzlich anders ist die Situation, wenn ein verändertes Gen in einer Eizellen oder Samenzellen produzierenden Zelle vorliegt. Dann kann die Veränderung in einer befruchteten Eizelle landen. Da alle Zellen eines Lebewesens aus der einen befruchteten Eizelle durch Kopie gebildet werden, enthalten dann alle Zellen die Veränderung. Eine Mutation liegt vor. Nun kommt es darauf an, welchen weiteren Weg diese nimmt.

Nehmen wir an, die Mutation führte zu grüner Haarfarbe. Wenn die grünen Haare für Geschlechtspartner völlig unattraktiv sind, wird es nicht viele Kinder mit grünen Haaren geben, das mutierte Gen wird langfristig wieder verschwinden. Ist es aber andersherum, wird sich die neue Haarfarbe gegenüber alten Farben durchsetzen. Mutation und Selektion sind die beiden Motoren der Evolution.

Die vorfindliche Vielfalt der menschlichen Erscheinungsformen lässt sich nur erklären, wenn man annimmt, dass viele Mutationen nur sehr schwach selektiv wirken oder sogar selektionsneutral sind. Andere Extremfälle sind, dass eine Mutation tödlich wirkt (Fehlgeburt), zu einer starken Behinderung oder zur Unfruchtbarkeit führt.

Das Humangenom-Projekt hat die Buchstabenfolge des Genoms des Menschen entziffert. Wie kann das sein, wenn Menschen doch auch Unterschiede aufweisen? Auf der Ebene des Genoms (Summe aller Gene) macht der Unterschied weniger als 0,1 Prozent der Buchstabentripletts aus. Völlig unbeantwortet durch die Entzifferung des Genoms ist die Frage, was denn die einzelnen Gene bedeuten. Zunächst bedeuten nach heutiger Biologenmeinung 90 Prozent gar nichts. Sie werden – erstaunlicherweise – immer wieder als Schrott bezeichnet, leisten aber große Dienste beim genetischen Fingerabdruck. Von den verbleibenden etwa 30. 000 Genen ist nur von einem Bruchteil bekannt, welche Funktion sie haben. Nur selten findet man einen direkten linearen Zusammenhang zwischen einem Gen und einem Merkmal. Wahrscheinlich ist, dass sich Gene auf überwiegend noch unbekannte Weise gegenseitig beeinflussen. Und die Umgebung kommt auch noch beeinflussend dazu. Das könnte die zur Zeit aktuelle reduktionistische Rückführung aller möglichen Erscheinungen des Lebendigen auf Gene schwierig machen.

2.12 Evolution

Während aus einer einzigen Eizelle – quasi vor unseren Augen – ein komplettes Individuum heranwächst, gibt es zahllose Indizien dafür, dass alles Lebendige auf dieser Erde aus einer einzigen noch primitiven Zelle auf dem Weg von Zellteilung, Mutation und Selektion hervorgegangen ist. Die Evolutionstheorie beschreibt den „Mechanismus", so wie die Biochemie die lokalen Wechselwirkungen bei der Ontogenese des Individuums beschreibt. Davon zu unterscheiden sind die konkrete Evolutionsgeschichte sowie die biologische Geschichte des einzelnen Individuums. Beide enthalten noch vergleichbar viele Lücken.

Bei der Aufdeckung der Evolutionsgeschichte ist man auf Spuren vergangenen Lebens angewiesen, und es gibt viele Gründe, warum die meisten Spuren gelöscht sind – hauptsächlich, weil organisches Material anderen Lebewesen als Nahrung dient. Über vergangenes Leben wissen wir meist durch zu Stein gewordenes organisches Material (Versteinerung) oder durch Knochen, die eher, aber immer noch selten in eine sie langfristig konservierende Umgebung geraten.

Spontan denkt man, von Milliarden Jahren Leben und Tod müssten endlos Spuren hinterlassen sein. Wenn man sich jedoch fragt, was gegeben sein muss, damit von einem Individuum nach einer Millionen Jahre noch irgendeine Spur hinterbleibt, wird deutlich, wie unwahrscheinlich Lebensspuren längst vergangener Zeiten sind.

Zugleich ist erstaunlich, wie mächtig eine gute Theorie, hier die Evolutionstheorie, gekoppelt mit einer guten Methode, hier des Aktualismus (die biologischen, biochemischen, physikalischen, geologischen Vorgänge und Gesetzmäßigkeiten von heute wirkten auch damals) bei der Deutung minimaler Funde ist. Und das liegt daran, dass nicht Zufälle die Evolution steuern. Zufälle treiben sie per Mutation an. Aber die Gene weiter vererben kann nur, was funktioniert, also angepasst ist. Ein gefundener Zahn verrät nicht nur, wie er zufällig aussieht, sondern auch, was er fressen konnte und was zu fressen da war.

Seit Erfindung des Vererbungsmoleküls DNA lässt sich der Mechanismus der Evolution einfacher beschreiben und verstehen als zu Darwins Zeiten. Bei der Verdoppelung der DNA zum Zwecke der Vermehrung (bei Einzellern also bei der normalen Zellteilung, bei Vielzellern bei der Bildung von Keimzellen) taucht manchmal spontan oder durch ein äußeres Ereignis (Auftreffen eines energiereichen Teilchens) ein Kopierfehler auf. Ein Nukleotid wird durch ein anderes ersetzt, ein Buchstabe gegen einen anderen ausgetauscht. Das verändert oft ein Gen. Der Veränderungsvorgang ist völlig unabhängig von den Folgen, er „weiß" nichts davon. Insofern wird von Zufall gesprochen. Die Folgen können groß oder klein sein. Die Evolution „bewertet" die Mutation allein danach, ob sie dem Lebens- und Fortpflanzungserfolg des Organismus dienlich ist oder nicht. Und das liegt nicht nur am Gen, sondern auch an der aktuellen Umwelt; man spricht von der Angepasstheit an die Umwelt.

Da die Umwelt sich ändert (zeitlich), kann die Angepasstheit sich ändern. Da die Umwelt variiert (räumlich), variiert auch die Angepasstheit. Die Angepasstheit ist selten ein ja/nein, meist ein mehr/weniger. So kommt es sowohl zur großen Artenvielfalt und als auch zur großen Variabilität etwa im Genpool der meisten Arten und auch des Menschen.

Der Begriff Selektion suggeriert im Zusammenhang der Evolution, es gäbe einen Selektierer. Aber nur wenige Mutationen wirken tödlich. Die meisten fördern oder behindern die Vermehrung. Ein einstweiliger Nachteil kann sich langfristig als Vorteil herausstellen – z.B. durch Umzug, Wechsel der Nahrung, Gewohnheitsänderungen. So können durch einen scheinbaren Mutationsnachteil neue Arten entstehen. Und umgekehrt kann aus einem einstweiligen Vorteil langfristig ein Nachteil werden – etwa weil sich die Umwelt ändert. Das genügt noch nicht, um zu erklären, warum es heute insbesondere bei großen Lebewesen stark voneinander unterschiedene Arten ohne jede Übergangsform gibt. Die Arten sind durch sehr viele Mutationen voneinander getrennt. Absolut viel, relativ allerdings wenig. Die Maus unterscheidet sich vom Menschen nur durch 1 Prozent der Gene. Wie aus einer Art (einer Fortpflanzungsgemeinschaft) eine neue Art hervorgeht, liegt nicht völlig im Dunklen, aber es gibt noch viel Forschungsbedarf.

Ist alles nur im Fluss oder sind dem Periodensystem bei bestimmten Umweltbedingungen bestimmte Lebensformen immanent? Die Zufälligkeit der Mutationen im Hinblick auf die Folgen ist kein hinreichendes Argument für die Zufälligkeit der aktuellen Lebensformen. Die Zufälligkeit der Lottozahlen bezogen auf den einzelnen Spieler ändert nichts daran, dass die Produktion von Millionären dem Spiel immanent ist. Die Explosion einer Atombombe startet durch den zufälligen Einfang eines Neutrons durch ein Uranatom, ihr Schrecken ist trotzdem gewiss.

Ist die Entstehung des Hirns und seiner Aktivitäten dem Lebensspiel auf dieser Erde immanent (so wie die Entstehung von Sonnen dem Wasserstoff immanent ist)? Die Evolutionsbiologie weiß darüber noch herzlich wenig. Sie ist erst dann komplett, wenn sie Vorhersagen machen kann. Dass der Vogelgrippenvirus zu einem Pandemievirus mutieren könnte, geht schon in die Richtung von Vorhersage in einem evolutionstheoretisch sehr einfachen Fall.

Bemerkenswert ist, dass die Kenntnis des Zusammenhangs von DNA und Eiweißproduktion die Aussage erlaubt, dass das heutige Leben einen einzigen Ursprung hat, denn die Codierung der Aminosäuren durch die Nukleotidtripletts ist im Wesentlichen überall, bei Bakterien, Pflanzen, Pilzen, Tieren, gleich. Rein chemisch ginge es aber auch anders.

Das führt zu der Annahme, dass die ersten sich selbst reproduzierenden Moleküle durch zufälliges Zusammentreffen der erforderlichen Atome (C, N, O, H) incl. passender Energiezufuhr in den Weltmeeren gebildet wurden. Bis zur Bildung von Aminosäuren lässt sich das im Labor nachvollziehen. Die zufällige Bildung größerer Moleküle bedarf möglicherweise größerer Zeiträume, die im Labor nicht nachbildbar sind. Das Leben hatte dafür 3 Milliarden Jahre Zeit. Wahrscheinlich gab es verschiedene solcher Lebensanfänge, denn chemisch ist Verschiedenes denkbar. Eine Molekülform erwies sich in seiner Reproduktionsfähigkeit allen anderen überlegen, benutzte andere Lebensanfänge als Material/Nahrung, blieb deshalb alleine übrig und besiedelte in immer neuen Formen, aber mit dem gleichen Grundschema DNA – Eiweiße die Erde.

2.13 Die Seelenmaschine

Am Anfang der modernen Naturwissenschaft stand die Unterscheidung Geist/Materie (je nach Kontext auch Seele/Leib oder Subjekt/Objekt genannt). Der Geist untersuchte fortan die Materie. Tiere waren reine Materie, Geist kam quasi definitorisch nur dem Menschen zu und war von Anfang an in der Welt. Am Anfang ihres Weges hatten die Naturwissenschaften nicht auf dem Plan, den Menschen im Tierreich zu finden.

Als nun aber die Evolutionstheorie den Menschen sich aus dem Reich der Tiere entwickeln ließ, entstand das neue Problem, wie man sich evolutionstheoretisch die Entstehung des Geistes vorstellen soll, um damit dann eventuell den Beginn der Menschheit datieren zu können. Oder ist der Mensch nur ein besonderes Tier?

Das kommt natürlich darauf an, welche Unterscheidungen man zu welchem Zweck treffen will. So haben Biologen keine Schwierigkeit, den Menschen in die Klasse der Säugetiere einzuordnen. Für einen Theologen ist der Mensch das Ebenbild Gottes und kann insofern nicht ins Reich der Tiere eingeordnet werden.

Unabhängig davon, wie man unterscheiden will, bleibt die Frage, wie man sich die Entstehung dessen, was man im Alltag Geist nennt, erklären kann. Naturwissenschaftler haben nur die Materie im Blick und wollen deshalb eine Erklärung des Geistes aus der Materie heraus. Oder sie erklären sich für nicht zuständig; das fällt ihnen aber schwer.

Es gab solche materiellen Erklärungsansätze immer wieder. Nach Erfindung der Quantentheorie war für viele Physiker klar, dass es nichts gebe außer Materie. Mit dem grundsätzlich unvorhersagbaren Quantensprung enthielt sie sogar ein Element, das man meinte dem freien Willen zuordnen zu können. Alles sei nur Materie, hieß für Physiker, letztlich unterliege alles in der Welt physikalischen Gesetzmäßigkeiten. Einen Messungen nicht zugänglichen Geist gebe es nicht. Das ist ein klarer Standpunkt; aber erklären kann man damit nichts von dem, was jeder an sich erlebt.

Chemiker sehen die Welt eher durch die Brille von Molekülen. Deshalb mussten sich für sie Erfahrungen in Molekülen niederschlagen. Entsprechend gab es Experimente mit Würmern, die zeigen sollten, dass Erfahrungen eines Individuums auf ein anderes durch dessen Verspeisen übergingen. Der Experimente gingen unentschieden aus und wurden irgendwann nicht weiter verfolgt (Collins/Pinch 1999). Neuerdings aber entdeckten Biochemiker, dass sich Erfahrungen in der Herstellung sehr spezifischer Eiweißmoleküle niederschlagen. Das, was uns als unser immaterielles Gedächtnis vorkommt, sei eine Bibliothek von Eiweißmolekülen. Und der Geist scheint ja mit unserem Gedächtnis in enger Beziehung zu stehen (Pert 2005). Dass der Ganzheitsapostel Fritjof Capra die Rückführung des Geistes auf die Materie im Umschlagtext als Aufhebung der „kartesianischen Trennung zwischen Geist und Körper" feiert, gibt zu denken. Er könnte ebenso gut oben und unten wiedervereinigen wollen. Oder die Individuen, die ja auch erst durch Unterscheidung voneinander aus ihrer Art entstehen. Aber auch die Arten sind nur unterschieden. Ohne Unterscheidung gibt es keine Erkenntnis.

Biologen hatten die Idee der Emergenz: Bei der Entwicklung vom einfachsten Einzeller bis zum menschlichen Mehrzeller emergiere auf jeder Stufe höherer Komplexität eine neue Eigenschaft, die in den jeweils einfacheren Bausteinen nicht vorhanden war. Das ist ein Gegenstück zum Reduktionismus.

Den Informatikern wiederum erscheint das Gehirn als besserer, aber noch weiter verbesserbarer Computer. Der Geist funktioniere wie ein Computer, der denkt, er sei ein Mensch. Im Buch „Die Metaphernmaschine" zeigt Draaisma, dass menschheitsgeschichtlich das jeweils neueste Gerät zur Informationsspeicherung als Metapher für das Gedächtnis herhalten musste. Verstehen heißt eben, sagen zu können: so wie. Die Menschen hatten jeweils tatsächlich den Eindruck, das Gedächtnis verstanden zu haben.

Neurowissenschaftler erklären den Geist aus der Aktivität und Verschaltung von Nervenzellen. Ihnen stehen insbesondere zwei physikalische Verfahren zur Verfügung, um dem Geist objektiv, d.h., durch Messung, auf die Spur zu kommen. Die Magnet-Resonanz-Tomographie (MRT) erzeugt ein dreidimensionale Bild der Protonendichte (entspricht der Wasserdichte) von Gewebe und erlaubt somit eine Landkarte des Gehirns zu erzeugen. Die Positronen-Emmissions-Tomographie (PET) zeigt an, wo mehr Blut fließt, also mehr Energieumsatz und also mehr Gehirnaktivität ist. Wenn man inzwischen einen Gedanken dank MRT und PET räumlich und zeitlich im Hirn lokalisieren kann, und zwar kurz bevor er bewusst wird, die objektive Messung also dem geistigen Akt des Bewusstwerdens vorausgeht, liegt nahe, dass die Freiheit des Wollens wie eine Illusion erscheint. Neurowissenschaftler sprechen gern von der Seelenmaschine – die Überschrift dieses Kapitels ist dem Titel des Buches von Churchland entnommen. Die Seelenmaschine hat entschieden und das Ich denkt, es war es selbst. So interpretieren die Neurowissenschaftler ihre Experimente. – Allerdings nicht sich selbst. Sie halten sich selbst nicht für eine Maschine. Nur ihre Versuchspersonen, und das auch nur während des Experimentes, nehme ich an. Dass die großen Hirnforscher unserer Zeit zwar mit Riesenansprüchen (siehe „Das Manifest" in Gehirn & Geist Nr. 6/2004) aber noch sehr hilflos und widersprüchlich durch das Gelände des Bewusstseins stapfen, kann man in dem Buch Susan Blackmore „Gespräche über Bewußtsein" besichtigen.

Durchaus auch naturwissenschaftlich kommen Ansätze daher, die das Geistige in allem Lebendigen, angefangen vom Einzeller am Werke sehen. Zellen kommunizieren miteinander belegt Koechlin in „Zellgeflüster". Das hilft, allzu mechanistische Vorstellungen über Bord zu werfen. Aber es hilft nicht, unser Bewusstsein zu verstehen.

Die Einführung der Unterscheidung Geist/Materie durch Descartes heißt nicht, dass es die beiden Seiten gäbe (Metapher für den Geist ist dann häufig eine Wolke), sondern nur, dass man zu Erkenntnissen kommen kann, wenn man an den Ereignissen der Welt versucht die entsprechende Unterscheidung vorzunehmen. Materiell würde man nennen, was daran greifbare, messbar ist. Aber das liegt nicht vorab fest. Dank des rasanten Fortschritts der Messtechnik ist heute messbar, was gestern noch unmessbar schien. Dass man Gedanken lokalisieren könne, war vor Erfindung der Kernspintomographie noch völlig undenkbar. Dass Fortschrittsgläubige erwarten, eines Tages auf den Messgeräten auch ablesen zu können, *was* einer denkt, verblüfft noch. Aber es wird weitere Fortschritte der Messtechnik geben und damit wird man sich der Grenze der Unterscheidung Geist/Materie immer mehr nähern. Und dabei wird sie sich ihn Wohlgefallen auflösen – wie jede Unterscheidung an ihrer Grenze. Man kann auch sagen, die Grenze gibt es nicht. Es gibt nur die Differenz, die Pole der Unterscheidung. Und wenn man bei einer Unterscheidung durch Erkenntnisfortschritt zu weit auf die Grenze vorgerückt ist, hilft zu weiterem Erkenntnisfortschritt nur, mit einer neuen Unterscheidung weiterzumachen. Die scheinbar so klare Unterscheidung lebendig/tot musste in der Debatte um Organtransplantationen sekundengenau definiert werden – das war vorher kein Thema – und wurde deshalb per Gesetz (nicht Erkenntnis) ersetzt durch die Unterscheidung hirntot/lebendig. Wenn man sich von der Grenze entfernt, macht das keinen Unterschied. Descartes brauchte die Unterscheidung, weil sich zu seiner Zeit keiner auch nur ansatzweise vorstellen konnte, wie man der grauen Hirnmasse Denkleistungen zuordnen könne. Die Grenze war weit weg.

Auf keinen Fall kann mit Hilfe einer Seite einer Unterscheidung die andere Seite erklären. Wenn alles Materie ist, dann ist die Unterscheidung Geist/Materie unbrauchbar und man braucht den Geist nicht zu erklären. Wenn es keine Krankheit gibt (im Paradies), ist die Rede von der Gesundheit leer.

Die Neurobiologen Maturana und Varela schlagen in ihrem Buch „Der Baum der Erkenntnis" vor, mit der Unterscheidung System/Umwelt weiterzumachen, und zeigen, welches Verstehen man damit gewinnt. Der Soziologe Luhmann griff den Vorschlag in „Soziale Systeme" auf und entwickelte ihn weiter. Für Schüler lesbar wird der Vorschlag bei Fritz Simon „Meine Psychose, mein Fahrrad und ich".

Häufig wird bei Leistungen des Menschen oder Lebendigen nach bewusst/unbewusst unterschieden. Das deutet weniger auf die scharfsinnigen als auf die selbstreflexiven Leistungen unseres Hirns. Das wiederum ermöglicht, nach dem Aufkommen des Bewusstseins in der Menschheitsgeschichte zu fahnden. Das spannende (eigentlich sollte ich sagen verrückte, es ist das verrückteste – im positiven Sinne, vom Üblichen abgerückte – Buch, das ich kenne) Buch von Julian Jaynes „Der Ursprung des Bewusstseins durch den Zusammenbruch der bikameralen Psyche" tut genau das. Die Hypothese ist, dass das Bewusstsein erst vor etwa 3000 Jahren entstanden ist, Aktivitäten einer Hirnhälfte als innere Stimmen empfunden wurden, die man Göttern zuschrieb, das Bewusstsein durch den Zusammenbruch der Zweikammer-Psyche entstand, das Alte Testament sein Entstehen schildert, dass anspruchsvolle Denkleistungen auch ohne Bewusstsein möglich sind und waren (Sprache, Schrift). Den größten Teil unserer Handlungen vollziehen wir unbewusst! Da uns nur die bewussten Momente bewusst sind, merken wir die Bewusstseinslücken gar nicht. Erst in der Beobachtung zweiter Ordnung können wir sehen, dass wir eine Handlung (auch Vorlesen, Reden, Rechnen) unbewusst vollzogen haben. Verstehen könne man das Bewusstsein nicht, weil es keine Metapher dafür gäbe und geben könne.

Die Unterscheidung Geist/Materie, bzw. Leib/Seele wird dabei unausgesprochen obsolet. Man könnte auch sagen, die Unterscheidung wird präzisiert und damit weniger wolkig. Und das, was von Neurowissenschaftlern Seelenmaschine genannt wird, könnte man als den unbewussten Teil unserer Existenz vermuten.

Das alles verletzt Religionen, vorherrschende Ansichten in Altphilologie, Anthropologie, Philosophie und Psychologie so sehr, dass das Buch zur Zeit in der Versenkung verschwunden ist. (Das kann man verstehen mit Kuhn, Die Struktur wissenschaftlicher Revolutionen.) Es wird im deutschsprachigen Raum wenig zitiert (Ausnahme Noerretranders), ist schon lange vergriffen, man kriegt es nur noch antiquarisch oder in der englischen Fassung. Auch wenn man die Haupthypothese trotz vieler Belege nicht teilen will, lohnen sich mindestens die ersten zwei Kapitel des Buches für einen Unterricht, der sich mit Bewusstsein und die Bedeutung von Metaphern befassen will.

Der Entwicklung in der Erforschung des Geistes entspricht eine Entwicklung in der Physik betreffend die Unterscheidung Subjekt/Objekt. Subjekte kommen in der Physik nicht vor. Sie sind zwar als Forscher und Ableser von Messinstrumenten unverzichtbar, aber alles ist so anzulegen, dass größtmögliche Objektivität herrscht, Subjektives außen vor bleibt. Nun aber sind in der Quantenmechanik neuerdings dank enormer Fortschritte in der Lasertechnik Experimente möglich, deren Ausgang davon abhängt, ob ein Beobachter von einem das Ergebnis nicht kausal beeinflussenden Teil „Kenntnis" haben kann oder nicht. „Kenntnis" ist aber kein physikalischer Begriff, weil er ein beobachtendes Subjekt betrifft. In Physikbüchern wird das unter dem Begriff Verschränkung oder Nichtlokalität diskutiert – aber natürlich noch ohne Subjekt. Das Experiment ist eine Variante des für die Quantenmechanik grundlegenden Doppelspaltexperimentes. Man kann sich wegen der wissenschaftstheoretischen Tragweite mit Laien darum bemühen (siehe Horgan 1992).

Im Anfang war der Wasserstoff, am derzeitigen Ende steht der Mensch. Am Anfang der Naturwissenschaften stand die Unterscheidung Geist/Materie, der Mensch war die Krone der Schöpfung, dann war er nur noch ein Tier, heute ist er nur noch eine Maschine. Maschinen sind aber von Menschen gemacht? Nun haben Menschen im Jahr 2008 erstmals das Erbgut einer Bakterie, einen DNA-Strang künstlich erzeugt, synthetisiert. Was also ist der Unterschied zwischen natürlich und künstlich?

3 Wissenschaftstheoretisches

Schule ist da, um Zeit zu sparen. Das lernt man in dem spannenden Buch „Die Zeit in der Pädagogik" von Gerhard de Haan. Es geht darum, das schwer erträgliche Missverhältnis zwischen sich ausdehnender Weltzeit (alles was war und kommen wird) und eng begrenzter Lebenszeit aufzubessern. Was muss man wissen, damit man – im Prinzip – alles weiß? Man kann nicht alles erleben. Aber wenn man weiß, was war, was ist und was sein wird, ist der Mangel erträglicher. Lernen spart Zeit, die man sonst bräuchte (aber nie hat), um alles zu erleben.

Also was repräsentiert die Welt heute am besten? Für die Schule sind hier Verdichtungsleistungen gefragt. Und die werden nur gelingen durch Beanspruchung von Metatheoretischem. Bei dem ausufernden Zuwachs an Einzelwissen muss sich die Schule zunehmend dem Metatheoretischen zuwenden, weil man von oben mehr sieht, auch wenn man die Einzelheiten nicht mehr erkennt.

Die Reihenfolge der Texte dieses Kapitels ist ungeordnet, weil sie nach und nach je nach Bedarf im Unterricht entstanden sind und ich keine lineare Ordnung weiß. Deshalb kommt es auch vor, dass sich manches wiederholt. Die Texte in Kapitel 2 und 3 wurden zunächst mit Marginalien geschrieben, die zur Orientierung hier besonders hilfreich gewesen wären, sie wurden aber vom Verlag aus Gründen der Einheitlichkeit nicht akzeptiert. Oft sind die Texte sehr kompakt geschrieben und bedürfen der Erläuterung im Unterricht.

3.1 Was ist Wissenschaft?

Nicht alles, was Wissen schafft, ist Wissenschaft. Jeder erwirbt im Alltag ständig neues Wissen. Zum Beispiel welches neue Auto der Nachbar gekauft hat, wie das neue Telefon zu bedienen ist, wer geboren/gestorben ist.

Als Wissenschaft bezeichnen wir demgegenüber meist eine gesellschaftliche Institution.

Wissenschaft ist Menschenwerk. Und daraus folgt: Es gibt auch in der Wissenschaft Irrtümer, Fehler, sogar Fälschung, Betrug, Bestechung, Unzulänglichkeiten und unterschiedliche Auffassungen darüber, wie Wissenschaft getrieben werden soll. Deshalb gibt es wissenschaftlichen Fortschritt. Die Wahrheiten von gestern werden durch die Wahrheiten von heute verdrängt.

Zur Erhöhung der Sicherheit des wissenschaftlich erarbeiteten Wissens gibt es insbesondere zwei Verfahrensweisen:
- Wissenschaft geht methodisch vor. Die Methoden sind Teil der Erkenntnisse.
- Wissenschaft ist öffentlich. Das wird erreicht durch Publizieren in Fachzeitschriften.

Methodisch ist jedes planvolle Vorgehen. Einige Vorgehensweisen haben sich sehr bewährt und werden deshalb standardisiert. Im Idealfall durch ein Messgerät. Andere Vorgehensweisen waren erfolgreich und werden deshalb von vielen angewandt. Darüber hinaus werden aber auch ständig neue Vorgehensweisen erfunden, weil neue Probleme auftauchen oder mit den alten Vorgehensweisen alte Probleme nicht gelöst werden konnten.

Kurzum: Es gibt Methoden der Fächer, aber es gibt nicht die Methoden der Fächer. Folglich gibt es auch keine Methodenlehrbücher oder Methodenhandbücher. In der Physik gibt es nur Handbücher darüber, wie dies und das bisher gemessen wurde und wie man mit Fehlern umgeht.

Viel wichtiger als ein beschränkender Methodenkanon ist für die Sicherheit wissenschaftlichen Wissens, dass Ergebnisse unter Angabe der verwendeten Methoden publiziert werden müssen. Damit im Prinzip – praktisch natürlich nicht – jede und jeder die Herleitung des Ergebnisses nachprüfen kann. Die Nachprüfung geschieht in den meisten wesentlichen Fragen tatsächlich. So ist schon viel Schwindel aufgeflogen. Manchmal dauert es etwas lange. Und manchmal erweist sich ein ganzer Wissenschaftszweig als in seinen Kontrollmechanismen sehr marode – wie jüngst der Fall des Frankfurter Anthropologen Protsch von Zieten zeigte. Er war der Platzhirsch der Anthropologen und hatte Knochenfunde – aus Inkompetenz oder Absicht – nach der Radiokarbonmethode systematisch falsch datiert, mit der Folge, dass die Geschichte des Vormenschen nun neu geschrieben werden muss.

Methodisches Vorgehen ist Kennzeichen aller Wissenschaften. Die Forderung der Überprüfbarkeit von Aussagen durch Experimente findet man hier und da auch außerhalb der Naturwissenschaften. In den Naturwissenschaften ist die Anforderung noch strenger: Jeder, der das Experiment nachvollzieht, sollte das gleiche Ergebnis erzielen, d.h., das Ergebnis muss beobachterunabhängig sein. Ein anderes Wort dafür ist „objektiv". Experimentieren lernen heißt also zu lernen, beobachterunabhängig zu beobachten. Sich selbst außen vor zu lassen. Ein Weg dazu ist zu messen.

Aber auch Messgeräte müssen von Beobachtern bedient und abgelesen werden. Und damit ist der Beobachter wieder im Spiel. Zum Beispiel, wenn Zeiten mit der Stoppuhr gemessen werden sollen, spielt die Reaktionszeit des Bedieners der Stoppuhr eine Rolle. Es gibt Tricks, das Problem zu minimieren, indem die Start- und Stoppsituation gleichartig gestaltet wird, in der Hoffnung, die subjektiven Fehler würden sich so herausheben. Oder bei der Längenmessung: Man legt nicht das Maßband an einem Ende des Messobjektes mit Null an, um am anderen Ende das Ergebnis abzulesen. Anfang und Ende werden besser gleichartig gestaltet, indem man das Maßband willkürlich über das Messobjekt legt.

Trotzdem muss noch abgelesen werden und damit geschätzt werden, sind es 1,3524 m oder 1,3525 m. Die Messtechnik ist eine Sammlung von Verfahren, wie man das Subjekt aus dem Beobachtungsvorgang weitgehend eliminiert. Objektivierung, und damit beobachterunabhängig zu beobachten bleibt ein Ziel, ein Ideal.

Der Hauptaspekt ist, dass durch die genannten Verfahren in großen, unseren Alltag bestimmenden Bereichen unser wissenschaftliches Wissen so sicher geworden ist, dass wir alle uns ständig darauf verlassen – ob beim Arzt, im Flugzeug, in großen Gebäuden oder im Lebensmittelmarkt.

Kritik bleibt das Salz der Wissenschaft. Und wo sie zugelassen wird, wissen wir morgen mehr als heute.

3.2 Erkennen heißt Unterscheiden

Wenn man den Evolutionsstammbaum des Tierreiches betrachtet und sich dabei die Primaten als Vorfahren des Menschen vergegenwärtigt, kommt man nicht umhin, die Sprachentwicklung als Teil des evolutionären Geschehens zu betrachten. Und dann fällt der Glaube schwer, die Begriffe oder gar die Wörter seien vor den Menschen in der Welt gewesen, sie hätten sie nur gefunden, bzw. es ginge bei der Sprachentwicklung darum, wie man vom ersten Stammeln zu den vorgegebenen richtigen Begriffen findet.

Das heutige naturwissenschaftliche Weltbild, das die Evolution einschließt, ist nur verträglich mit der Einsicht, die Wörter und Begriffe seien unsere Erfindungen, und der Einsicht, dass die Bedeutung der Wörter wandelbar ist. Die Frage danach, was etwas eigentlich sei, ist auf diesem Hintergrund grundsätzlich fruchtlos. Im heutigen naturwissenschaftlichen Weltbild bezeichnen die Wörter nichts außerhalb unseres Unterscheidens, sie sind unsere Erfindungen. Wir hätten auch anders erfinden können. Bei Begriffsklärungen kommt man am besten voran mit der Frage, was sollte unterschieden werden.

Erkennen heißt Unterscheiden. Wir sehen an den wolkenlosen Nachthimmel und sehen zunächst gar nichts. Dann unterscheiden wir helle Flecken vom dunklen Hintergrund, dann unterscheiden wir verschieden helle Flecken, nach nächtelangem Gucken unterscheiden wir Planeten von Fixsternen, mit dem Fernrohr unterscheiden wir dann Sonnen von Galaxien, dann lernen wir Sonnen voneinander und Galaxien voneinander zu unterscheiden, – Lernen ist die Erhöhung von Unterscheidungsvermögen. Wer mehr gelernt hat, sieht auf seinem Gebiet Unterschiede dort, wo andere nur ein Einerlei sehen – ob bei den Gräsern, den Vögeln, der Musik, der Literatur, den elektronischen Schaltungen oder was immer.

Sprache begann demnach mit der Artikulation einfacher Unterscheidungen, die auch vorsprachig dagewesen sein können. Hell/dunkel, links/rechts, oben/unten, vorne/hinten, vorher/nachher, gut/böse, lebendig/tot, Wörter markieren die Seiten der jeweiligen Unterscheidung.

Wenn man auf einer Seite einer Unterscheidung weiter unterscheidet, also das Unterscheidungsvermögen erhöht, kommt es zu komplexeren Begriffen, die nicht so aussehen, als markierten sie eine Seite einer Unterscheidung. Meist haben wir die Kette der aufeinander aufbauenden Unterscheidungen vergessen. Und so denken wir, die Wörter bezeichneten nicht Unterscheidungen, sondern Dinge oder Eigenschaften von Dingen. Wir substantivieren, bzw. ontologisieren. Erst unterscheiden wir an der Welt vorher/nachher. Dazu führen wir einen Trennschnitt in die Welt. Der

Schnitt wird sprachlich im Indogermanischen zur Zeit, die dann gleich ontologisiert wird. Und so kommt das angeblich so große Rätsel Zeit in die Welt.

Es ist schon merkwürdig, dass wir zunächst die Wörter erfinden und dann darüber philosophieren, was das eigentlich sei, was wir da gerade benannt haben.

3.3 Methoden

Methode ist etymologisch betrachtet der Weg, auf dem man zu einer Erkenntnis kommt. In den Wissenschaften ist immer ein geplanter Weg gemeint, nicht eine Feststellung im Nachhinein. Verständlich ist, dass es immer wieder Bemühungen gab und gibt festzuschreiben, was ein wissenschaftlicher Erkenntnisweg ist, wie man wissenschaftlich vorgehen müsse. Davon hat sich aber der wissenschaftliche Fortschritt nie aufhalten lassen. Praktisch beobachtet man ein „Anything goes", so der Titel eines erkenntnistheoretischen Buches von P. Feyerabend.

Angenommen die Kenntnis der Zahl der Bäume im Bayerischen Wald sei wichtig geworden. Eines Tages publiziert einer, er habe gezählt und sei auf 24. 723. 568 Bäume gekommen. Einen Monat später liest man in der gleichen Fachzeitschrift, ein anderer habe 22. 583. 416 Bäume gezählt. Wieder einen Monat später erfährt man von einer anderen Zahl. Und so weiter. Wem kann man trauen? Natürlich höchstens dem, der auch mitteilt, wie er das rausgekriegt hat, damit jemand überprüfen kann, ob er mit der gleichen Methode das Gleiche herauskriegt.

Nehmen wir an, einer schreibt, er sei von Baum zu Baum gegangen und habe mit einer Zählmaschine gezählt. Wir würden einwenden, so könne er doch nicht sicher stellen, Bäume doppelt oder gar nicht zu zählen. Ein anderer schreibt, er habe alle gezählten Bäume durch ein Farbkreuz markiert. Wir würden ihn für einen Schwindler halten, weil er das in der seit Aufkommen der Frage verstrichenen Zeit gar nicht geschafft haben könne.

Dann erscheint eine Publikation, die spricht von ca. 30 Millionen Bäumen. Und sie spricht nicht von Zählung, sondern von Schätzung auf der Basis von Zählungen. Man habe für verschiedene Gebiete beispielhaft die Baumdichte auf Arealen von 50 mal 50 m gezählt und dann hochgerechnet. Das wirkt Vertrauen erweckend.

Auch diese Methode kann man kritisieren (Wie wurden die Beispiel-Areale ausgesucht?). Aber man hat den Eindruck, man befinde sich auf einem (von vielen?) Wegen zur Wahrheit. Und diese könne mit Menschenkraft nur ungefähr bekannt werden.

Vielleicht kommt später die Einsicht auf, dass nicht die Zahl der Bäume interessiere, sondern das Holzvolumen. Dafür müssen dann neue Methoden gewonnen werden. Und wieder gilt, dass man am Ende nicht das Ergebnis, sondern nur die Methode kritisieren kann.

Nun wüsste man gern, mit welchen Methoden Naturwissenschaftler herausgekriegt haben, was heute in den Lehrbüchern steht. Das aber ist so unendlich vielfältig, dass man es nur in einer Bibliothek darstellen, aber nicht in einem Lehrbuch abhandeln kann.

Interessant ist, dass sich unser heutiges Wissen kompakter darstellen lässt als die Methoden, die zu ihm führten. Ziel ist ja in der Tat die algorithmische Kompression der Welt.

Bei aller Verschiedenheit gibt es auch
- grundlegende Methoden, die in allen Naturwissenschaften zum Standard geworden sind (z.B. Vereinfachen, Ordnen, Modelle aufstellen, Fehlerstatistik)
- Methoden, die in speziellen Wissenszweigen aktueller (d.h., es könnte morgen anders sein) Standard sind (z.B. bei der DNA-Sequenzierung)
- fertig käufliche Messgeräte (z.B. Massenspektrometer, der Standard ist Gerät geworden)
- und vieles dazwischen.

Bei jedem konkreten Forschungsprojekt wird heute eine Vielzahl von Methoden eingesetzt und zu einem Gesamtplan verbunden. Man kann sich leicht überlegen, was alles erforderlich wäre, um die Holzmasse des Bayerischen Waldes zu ermitteln. Um ein Vielfaches komplexer wird es, wenn es darum geht, die Masse zu ermitteln, die der Welt bei ihrer Entstehung beigegeben wurde. Die Welt auf eine Waage zu stellen, das wäre eine Methode. Da es aber die Waage nicht gibt, muss man zunächst Abschätzungen über das sichtbare Universum machen. Dazu muss man rauskriegen, wie Sterne funktionieren und wie man große von kleinen unterscheiden kann und wie viele es gibt. Dann geht es um den interstellaren Staub. Und wenn das Ergebnis zum Weltbild nicht passt, muss man noch dunkle Materie erfinden und eine Methode, wie man ihre Menge feststellen kann. Und das Ergebnis ohne Mitteilung aller Methoden würde keinen Wissenschaftler interessieren.

Wenn man dann in einem Physiklehrplan liest, es gäbe die Methode der Physik, fragt man sich, was gemeint sein könnte. Es kann nur gemeint sein die übergeordnete Feststellung, dass in den Naturwissenschaften nur Aussagen zugelassen sind, die durch Beobachtung/Experiment/Messung überprüfbar sind und diese Überprüfung auch durchzuführen.

3.4 Messen

Messen ist Vergleichen, das in Zahlen gefasst werden kann. Das Vergleichen muss allerdings nach Konventionen erfolgen, also gesellschaftlich genormt sein. Wer beschließt die Konventionen, wer setzt sie durch? Dieses Kapitel der Menschheitsgeschichte ist nach meiner Kenntnis bisher nicht geschrieben.

Aber der Sachverhalt ist leicht verständlich: Zunächst misst man Längen z.B. durch Abschreiten. Die Ergebnisse zweier Beobachter sind dabei nur mäßig übereinstimmend, eine kräftige Mischung aus subjektiv und objektiv. Dann kommt die Einigung auf die Schrittlänge. Dann wird ein Stock als Urmeter hinterlegt, aus dem

Schreiten wird ein Hintereinanderlegen von genormten Stöcken (Zollstöcke). Die Stöcke werden immer weiter verbessert.

Heute sind aus den Stöcken Laserstrahlen geworden. Die Entwicklung geht hin zu mehr Präzision, und d.h., zu einem höheren Maß an intersubjektiver Übereinstimmung oder mehr Objektivität. Aber nicht jeder darf machen, was er will, sondern es gibt sowohl bezüglich der Festlegung der Einheiten als auch der Messverfahren internationale Vereinbarungen, um größtmögliche Beobachterunabhängigkeit zu garantieren.

Die Bedeutung und die Folgen des beobachterunabhängigen Beobachtens und Messens kann man gut erkennen an der Relativitätstheorie: Man *denkt* z.B. aus Alltagserfahrung, dass die Geschwindigkeit des Schaffners, der in einem an uns vorbeirasenden Zug nach vorne geht, sich zu der des Zuges schlicht addiert. Man *misst* aber anderes, und das umso mehr, je näher die Geschwindigkeiten bei der des Lichtes liegen. Man *denkt*, dass die Geschwindigkeit eines im Zug nach vorne gerichteten Lichtstrahles sich zu der des Zuges addiert, zumindest größer wird. Man *misst*, dass die Lichtgeschwindigkeit immer und überall gleich ist. Diese unerwarteten Messergebnisse haben die Physik tief erschüttert. Aber Messen geht in der Physik vor Denken und deshalb erfand Einstein (der nur gedacht und nie selbst gemessen hat) die Relativitätstheorie. Aus ihr folgt, dass zwei gleiche Uhren verschieden gehen, wenn sie sich zueinander bewegen, und dass dem *Gedanken* von der Gleichzeitigkeit voneinander entfernter Ereignisse nichts *beobachterunabhängig Messbares* entspricht. Verschieden bewegte Beobachter würden verschiedenes feststellen: Der eine entscheidet, A war vor B, der andere, B vor A. Einstein ging in der Forderung nach Beobachterunabhängigkeit noch einen konsequenten Schritt weiter: Die Naturgesetze dürfen grundsätzlich nicht vom Beobachter abhängen, z.B. das Gravitationsgesetz. Das führte zur Allgemeinen Relativitätstheorie, aus der folgt, dass Uhren auf dem Berg schneller gehen als im Tal. Messungen mit Hilfe von Atomuhren konnten das bestätigen.

Messen ist gesellschaftlich genormtes Vergleichen, das in Zahlen ausgedrückt wird. Das führt zu mehr intersubjektiver Gültigkeit, ist aber nicht von Allen überall erwünscht. Im Gesundheitswesen setzen viele lieber auf subjektive Gültigkeit statt auf Schulmedizin.

3.5 Einige erkenntnistheoretische Sätze

Erkennen ist Unterscheiden, um effektiv handeln zu können.

Jede Unterscheidung ist Abstraktion und Komplexitätsreduktion. Auf jeder Seite der Unterscheidung ist wieder Verschiedenes, von dessen Unterscheidbarkeit in dem Moment abgesehen wird. (Physiker glauben immer wieder, sie kämen an ein Ende des Unterscheidens. Der Wunsch hat sich bisher aber nicht erfüllt. die Welt erwies sich stets als komplexer.)

Unterscheidungen konstruieren Konstanten. Ohne Konstanten könnten wir nichts erinnern, also auch keine Veränderungen beobachten.

Naturwissenschaften konstruieren Konstanten (Gesetze, Theorien, Klassifikationen, Erhaltungssätze).

Alles Gesagte wird von einem Beobachter gesagt. Und der operiert mit seinen Unterscheidungen/Perspektiven. Er sitzt nie auf dem Schoß Gottes, der alle Perspektiven hat.

Realismus ist die Erkenntnistheorie, die unsere Unterscheidungen für Unterschiede der Welt hält, d.h., Unterscheidungen werden ontologisiert.

Der Realismus ist im Alltag sehr vorteilhaft, weil er Komplexität reduziert und Stabilität in unsere Kommunikation bringt. Außerdem ist er naheliegend. Da wir nur in Metaphern denken und reden können und unsere Augen unser dominierendes Wahrnehmungsorgan ist, ist es verständlich, dass wir den Blick aus dem Fenster als Metapher für unser Sehen nehmen. Die Augenhöhlen sind unsere Fenster. In den Naturwissenschaften ist der naive Realismus bis heute eine sehr erfolgreiche Erkenntnistheorie.

Der Realismus ist aber mit molekular-biologischen Erkenntnissen nicht verträglich. Die Wahrnehmung erzeugt kein Abbild der Welt, sie ist notwendig selektiv und es ist unbekannt, was weggelassen wird. Man sieht nicht, was man nicht sieht (von Foerster 1993). Erst in der Beobachtung des Beobachtens kann man erkennen, dass man blinde Flecken hat. (Z.B. kann man den blinden Fleck in jedem Auge nur so erkennen.) Aber auch das Beobachten zweiter Ordnung hat wieder blinde Flecken.

Naturwissenschaft ist der Versuch, beobachterunabhängig zu beobachten. Genauer: Die Naturwissenschaft versucht durch ihre Methoden und Verfahren, die Menschheit (natürlich nur den zurechnungsfähigen Teil) als Beobachter zu installieren. Das Verfahren dazu ist, nur Aussagen zuzulassen, die – im Prinzip von allen – empirisch überprüfbar sind, und die empirische Prüfung auch tatsächlich durchzuführen.

3.6 Algorithmische Kompression

(aus: John D. Barrow: Theorien für Alles, S. 24 ff.;
© Spektrum Akademischer Verlag, Heidelberg)

„Die Naturwissenschaft hat das Ziel, der Vielfalt der Natur Sinn zu geben. Sie beruht nicht allein auf Beobachtung. Die Beobachtung hilft ihr zwar dabei, Informationen über die Welt zu gewinnen und Vorhersagen darüber zu überprüfen, wie die Welt auf neue Umstände reagieren wird; das Wesen der Naturwissenschaft liegt jedoch zwischen diesen beiden Verfahren. Bei ihr geht es eigentlich darum, in Verzeichnissen der Beobachtungsdaten wiederkehrende Muster zu finden und daraus Kurzfassungen zu erstellen. Das Erkennen solcher Muster erlaubt es, den Informationsgehalt der beobachteten Ereignisfolge durch eine Art Kurzschrift zu ersetzen, die denselben oder fast denselben Informationsgehalt hat. In dem Maß, in dem die wissenschaftliche Methode reifer wurde, sind uns diffizilere Muster bewusst geworden, neue Symmetrieformen und neue Algorithmen, die auf wunderbare Weise ungeheure Mengen von Beobachtungsdaten in kompakte Formeln zusammenfassen können. Newton entdeckte, dass sich alle Information, die er über die Bewegung der Körper am Himmel und auf der Erde gewinnen konnte, in jene einfachen Regeln fassen ließ, die er „die drei Bewegungsgesetze" und „Gravitationsgesetz" nannte.

Wir können dieses Bild der Naturwissenschaft der Deutlichkeit zuliebe weiter ausmalen. Nehmen wir an, uns würde eine Folge von Symbolen vorgelegt. Zur Veranschaulichung wählen wir hier Zahlen und nennen die Zahlenfolge „zufällig", wenn es für sie keine Darstellung gibt, die kürzer ist als sie selbst. Sie heißt dagegen „nichtzufällig", wenn es eine solche abgekürzte Darstellung gibt. Wir können zum Beispiel die Folge der Zahlen 2, 4, 6, 8, ... als die Menge aller positiven geraden Zahlen beschreiben. Schon mit einem kurzen Programm ließe sich einem Computer befehlen, die ganze unendliche Folge zu erzeugen.

Allgemein gesagt ist eine Zahlenfolge umso weniger zufällig, je kürzer sie ist. Wenn es überhaupt keine abgekürzte Darstellung gibt, ist die Folge in dem Sinn zufällig, dass keine Ordnung erkennbar ist, mit deren Hilfe wir ihren Informationsgehalt genauer erfassen können. Es gibt keine andere Darstellung als ihre volle Auflistung. Jede Folge von Symbolen, die abgekürzt dargestellt werden kann, heißt algorithmisch komprimierbar.

So gesehen ist die Naturwissenschaft die Suche nach algorithmischer Kompression. Wir geben Folgen von Beobachtungsdaten an. Wir versuchen, Algorithmen zu formulieren, die den Informationsgehalt solcher Folgen darstellen. Dann überprüfen wir die Richtigkeit unserer hypothetischen Abkürzungen, in dem wir mit ihrer Hilfe die nächsten Glieder der Folge bestimmen. Diese Vorhersagen vergleichen wir dann mit der Datenfolge selbst. Wären Daten nicht algorithmisch komprimierbar, wäre alle Naturwissenschaft eine Art stumpfsinniges Briefmarkensammeln – einfach die Anhäufung aller verfügbaren Daten. Die Naturwissenschaft beruht auf der Überzeugung, dass das Universum algorithmisch komprimierbar ist. Die moderne Suche nach einer Theorie für Alles ist letztlich Ausdruck dieser Überzeugung, einer Überzeugung also, dass es für die Logik hinter den Eigenschaften des Weltalls eine abgekürzte Darstellung gibt, die sich in endlicher Form durch Menschen niederschreiben lässt.

Das Instrument, das es uns erlaubt, auf diese Weise eine Kurzfassung des Informationsgehalts der Wirklichkeit zu geben, ist der menschliche Geist. Das Gehirn ist der beste algorithmische „Informationskompressor", dem wir bis jetzt in der Natur begegnet sind. Es reduziert komplexe Folgen von Sinneseindrücken zu einfachen, kurzen Formen, welche die Existenz von Gedanken und Gedächtnis ermöglichen. Die natürlichen Grenzen, die die Natur der Empfindlichkeit unserer Augen und Ohren setzt, verhindern eine Überlastung mit Informationen über die Welt. Sie stellen sicher, dass das Gehirn ein erträgliches Maß an Informationen empfängt, etwa wenn wir ein Bild anschauen. Würden wir alles bis in den subatomaren Maßstab sehen, müsste die Gehirnkapazität zur Informationsverarbeitung ungeheuer groß sein. Damit unser Körper rasch genug reagieren und Gefahren vermeiden kann, müsste die Verarbeitungsgeschwindigkeit viel größer sein, als es tatsächlich der Fall ist. Darüber werden wir im letzten Kapitel des Buchs mehr zu sagen haben, wenn wir die mathematischen Aspekte unserer geistigen Informationsverarbeitung untersuchen.

Dieses einfache Bild von wissenschaftlicher Forschung als der Suche nach algorithmischer Komprimierbarkeit ist zwingend, aber auch in vieler Hinsicht naiv [...]."

(Insofern als sich die Welt nur teilweise und näherungsweise als algorithmisch komprimierbar erweist.)

3.7 Chaos

(Aus: John D. Barrow: Theorien für Alles, S. 163 ff.
© Spektrum Akademischer Verlag, Heidelberg)

„Es gibt eine Form auf die Spitze getriebener Symmetriebrechung, die immer wieder beträchtliches Interesse erregt hat. Sie wird Chaos genannt. Chaotische Erscheinungen sind solche, deren Entwicklung ganz außerordentlich stark vom Ausgangszustand abhängt. Schon bei der kleinsten Veränderung des Ausgangszustands kann sich ein ganz anderer zukünftiger Zustand ergeben. Der größte Teil so komplizierter und verwickelter Erscheinungen wie Wirbel oder das Wetter haben diese Eigenschaft. Was für eine wichtige Rolle dieses Verhalten spielt, erkannte als erster James Clerk Maxwell in der zweiten Hälfte des neunzehnten Jahrhunderts. In einem Gespräch über das Problem des freien Willens, das er mit seinen Kollegen in Cambridge führte, lenkte er die Aufmerksamkeit auf Systeme, in denen schon eine winzige Unsicherheit über ihren jetzigen Zustand eine genaue Vorhersage ihre zukünftigen Zustands verhindert. Nur wenn der Anfangszustand mit hinreichender Genauigkeit bekannt wäre (was nicht möglich ist), würden die deterministischen Gleichungen eine Berechnung der Zukunft erlauben. Die Nichtbeachtung solcher Systeme, die in der Natur eher die Regel als die Ausnahme sind, hatte in der Naturphilosophie auf ganz subtile Weise zu einer Bevorzugung des Determinismus geführt. Die Gewohnheit, sich nur mit einfachen, stabilen und gegenüber Störungen unempfindlichen Phänomenen zu beschäftigen, hatte ein übermäßiges Vertrauen in einen übermächtigen Einfluss der Naturgesetze erzeugt.

Maxwell dagegen behauptet, dass sich einige dieser Fragen durch Überlegungen zur Stabilität und Instabilität erhellen lassen. Wenn der Zustand der Dinge so ist, dass eine unendlich kleine Schwankung des gegenwärtigen Zustands den Zustand zu einer späteren Zeit nur unendlich wenig verändert, wird der Zustand des Systems, ob es nun ruhe oder bewegt sei, stabil genannt; wenn aber eine unendlich kleine Veränderung des jetzigen Zustands in einer endlichen Zeit einen unendlichen

Unterschied im Zustand des Systems bewirken kann, wird sein Zustand instabil genannt.

Es wird deutlich, dass das Vorliegen instabiler Bedingungen die Vorhersage zukünftiger Ereignisse unmöglich macht, wenn unser Wissen des gegenwärtigen Zustands nur näherungsweise und nicht genau ist [...]. Es ist eine metaphysische Lehre, dass gleiche Prämissen gleiche Forderungen bedingen. Niemand könnte das leugnen.

Aber in einer Welt wie dieser, in der die Prämissen niemals gleich sind und nichts zweimal geschieht, nutzt das wenig [...]. Das physikalische Axiom, das einigermaßen ähnlich ist, besagt, dass gleiche Prämissen ähnliche Folgen haben. Hier sind wir von Gleichheit zu Ähnlichkeit übergegangen, von absoluter Genauigkeit zu einer mehr oder weniger guten Näherung. Es gibt, wie ich sagte, gewisse Klassen von Erscheinungen, in denen ein sehr kleiner Fehler in den Daten zu einem nur kleinen Fehler im Ergebnis führt [...]. Der Lauf der Ereignisse ist in diesen Fällen stabil.

Es gibt andere Klassen von Erscheinungen, die komplizierter sind und in denen es Fälle von Instabilität geben kann [...].

Maxwell war nach Newton der erste prominente Physiker, der sich stärker um die Auswirkungen der Naturgesetze kümmerte als um ihre Form. Newton hatte seinen Erfolg auf die Aufstellung einfacher allgemeiner Gesetze gegründet, die sich auf ungeheuer viele anscheinend verschiedene irdische und himmlische Phänomene anwenden ließen. Sein Einfluss auf die Entwicklung der Wissenschaften war insbesondere in England so groß, dass die Anhänger Newtons sich auch da, wo es primitiven Gesellschaften ausschließlich um Naturerscheinungen ging, immer nur für die gesetzmäßigen Erscheinungen interessierten. Der Newtonianismus ist mehr als eine wissenschaftliche Methode; er ist vielmehr eine Einstellung, die alle Zweige menschlichen Denkens betrifft.

Im Rückblick scheint es merkwürdig lange gedauert zu haben, bis die extreme Empfindlichkeit vieler Phänomene für die Anfangszustände erkannt wurde, denn wir begegnen in vielen Fällen Erscheinungen, in denen die Wirkung einer Ursache nicht angemessen und nicht offensichtlich ist.

Diese Beschäftigung mit Gleichungen im allgemeinen und nicht im besonderen hat gezeigt, dass chaotisches Verhalten eher die Regel als die Ausnahme ist. Wir haben uns deshalb daran gewöhnt, in der Natur lineare, vorhersagbare und einfache Erscheinungen als vorrangig zu empfinden, weil wir sie eher untersuchen können. Sie lassen sich am einfachsten verstehen. Jetzt jedoch müssen wir ein Geheimnis darin sehen, dass es in der Natur so viele lineare und einfache Erscheinungen gibt. Im Grunde können wir die Welt nur deshalb verstehen. Einfache lineare Phänomene lassen sich in Teilen untersuchen, und deshalb können wir an einem System etwas verstehen, ohne alles zu verstehen. Nichtlineare chaotische Systeme sind anders. Das Verständnis der Teile erfordert eine Kenntnis des Ganzen, weil das Ganze mehr ist als nur die Summe seiner Teile".

3.8 Erhaltungssätze

Auch die Physik konstruiert Konstanten. Ein schönes Beispiel dafür ist die Suche nach Erhaltungssätzen.

Die wichtigste Erhaltungsgröße ist die Energie = die Möglichkeit, Arbeit zu verrichten. Die Formulierung eines Energieerhaltungssatzes setzt voraus, dass man ganz verschiedene Dinge als gleich bezeichnet. Z.B. transportiert man einen Stein auf einen Turm und verrichtet dabei die Arbeit $W = m \cdot g \cdot h$. Lässt man den Stein fallen, hat er kurz vor dem Auftreffen eine bestimmte Geschwindigkeit. Misst man die Höhe h des Turmes und die Größe v der Geschwindigkeit, so stellt man nach ein bisschen Probieren fest, dass der Wert folgender ist

$$m \cdot g \cdot h = 0{,}5 \cdot m \cdot v^2$$

Das heißt eigentlich nur, dass die beiden Zahlen gleich sind.

Nun lieben wir die Frage „Was steckt dahinter?" Die Antwort „gar nichts" mögen wir nicht. Also nennen wir

$m \cdot g \cdot h$ Energie der Lage = potentielle Energie

und

$0{,}5 \cdot m \cdot v^2$ Energie der Bewegung = kinetische Energie

und sagen, die Energie bleibt erhalten.

Wenn nun aber der Stein auf den Boden fällt, sind beide, die potentielle und die kinetische Energie futsch. Um den Energieerhaltungssatz zu retten, haben sich die Physiker schon viele Konstruktionen einfallen lassen. In diesem Fall maßen sie die Temperatur des Aufschlagortes und stellten fest, sie war erhöht. Als man das ein bisschen genauer analysierte, stellte man fest, wenn man als neue Energie die Wärmeenergie mit $Q = c \cdot m \cdot \Delta \vartheta$ (c = spezifische Wärme, $\Delta \vartheta$ = Temperaturdifferenz) einführte, ließ sich der Energieerhaltungssatz retten.

Und so ist es bis heute geblieben. In vielen kritischen Situationen ließ sich der Energieerhaltungssatz durch Einführung eines Zusatzterms retten. Er gilt heute als ein Dogma. D. h., man ist felsenfest davon überzeugt, dass man in jedem Einzelfall der scheinbaren Verletzung des Energieerhaltungssatzes einen Zusatzterm finden wird, der ihn rettet. Z.B. erfand Einstein die in der Masse versteckte Energie, siehe seine Formel $E = m \cdot c^2$ (c = Lichtgeschwindigkeit). Pauli und Fermi erfanden ein neues Teilchen, das Neutrino, das die einzige Funktion hatte, die in Experimenten zum β-Zerfall scheinbar verschwindende Energie fortzutragen, von dem zugleich behauptet werden musste, dass es sich sonst durch nichts bemerkbar machte.

Der Energieerhaltungssatz bedeutet, dass bei der Erschaffung der Welt der Liebe Gott sich zunächst überlegt haben muss, wie viel Energie er dem Ganzen mitgeben will – und bei dieser Menge ist es bis heute geblieben.

Weitere Erfindungen sind die Erhaltung von Impuls, Drehimpuls, Ladung (wenn man die eine Sorte positiv, die andere negativ zählt), Spin, Parität, Strangeness und noch Fremdartigerem. Die Erhaltungssätze beziehen sich stets auf das Konstrukt abgeschlossener Systeme mit undurchlässigen Grenzen. Sie sind eine Art Selbstschöpfungsverbot: Von sich aus dürfe in einem System nicht neue Gesamtenergie, neuer Gesamtimpuls, Gesamtladung entstehen. Die Erhaltungssätze sind keine empirisch gewonnenen Gesetze wie das Gesetz der Federkraft, sondern Ordnungsgrundsätze. Ihre Quellen:

- Physiker sind Platonisten. Die Welt ist in ihren Augen eine Idee, in der alles Wesentliche konstant ist. (Und was ist Wesentlich? Was konstant ist. Dazu gehören noch Lichtgeschwindigkeit, Gravitationskonstante, Plancksches Wirkungsquantum und was sonst in den Tabellen der Universalkonstanten steht.) Und woher weiß man, dass diese Größen räumlich und zeitlich konstant sind? Weil man es fest glaubt. Einerseits gab es immer wieder Theoretiker, die sogar glaubten, einige Naturkonstanten müssten theoretisch ableitbar sein, also nicht empirisch gewonnen werden. Andererseits gab es auch vereinzelt Spekulationen darüber, was sich ändern würde, wenn sich bestimmte Naturkonstanten zeitlich und räumlich ändern würden. Und ob der Mensch nur möglich sei, weil die Konstanten genau so sind, wie sie sind. Das alles findet man ausführlich beschrieben in Barrow „Das 1x1 des Universums".
- Physiker sind aber auch Pragmatiker. Mit den Erhaltungssätzen lässt sich sehr praktisch arbeiten. Zum Beispiel kann man mit der Formel m·g·h = $0{,}5 \cdot m \cdot v^2$ sehr schnell ausrechnen, wie schnell ein fallender Stein ist. Ohne den Energieerhaltungssatz müsste man dazu ein Integral lösen. Das, was passiert, wenn zwei verschieden schwere und schnelle Kugeln aufeinandertreffen, ließe sich ohne Energie- und Impulserhaltungssatz überhaupt nicht bearbeiten.

Die Erhaltungssätze, die über Transformationsinvarianzen theoretisch tief fundiert sind, erwiesen sich stets als sehr nützliches Instrument.

3.9 Atomismus

Der Satz „Es gibt Atome" könnte der gemeinsame Kern der modernen Naturwissenschaften sein, wenn er nicht einem wissenschaftlich überholten Alltagsrealismus verhaftet wäre.

Atome sind Erfindungen. Der Atomismus ist geradezu ein Erfindungsprinzip, das die gesamte Naturwissenschaft durchzieht: die Zurückführung der Eigenschaften von etwas Komplexem auf die Wechselwirkungen seiner einfachen unteilbaren Teile = Reduktionismus. Oder: Etwas, was man sieht (oder zu sehen meint), wird erklärt mit etwas Dahinterliegendem, was man nicht sieht. (Als Beispiel taugen besonders alle Phänomene aus der Wärmelehre.) Noch wichtiger aber ist der Anlass für dieses Prinzip: Wir müssen Konstanten konstruieren (erfinden), um in der sich verändernden Welt etwas erkennen zu können. Ohne Gedächtnis funktioniert unser Verstand nicht, erinnern aber können wir nur Konstanten.

Die Griechen haben die Atome erfunden, nicht weil sie dergleichen zu sehen meinten, sondern weil es logisch nicht anders ging. In ihrem Denken war es so, dass das, was ist, immer nur das Gleiche bleiben kann. Was ist, kann nicht etwas anderes werden. Da sich aber in der Welt vieles scheinbar änderte, musste wenigstens dahinter etwas Unveränderliches, etwas Konstantes stecken. Sie nannten es Atom, das Unteilbare. Es begann mit der Unterscheidung von teilbar/nicht teilbar. Atome sind die Ontologisierung der einen Seite der Unterscheidung. Die Atome sind quasi die immer gleichen Schauspieler, die das Welttheater aufführen.

So konnte man sich die Welt vorstellen. Das einzig Wahre sind die Atome, die verschiedenen Schauspiele nur Schein. (Das entspricht Platons Ideenlehre.) Und so ist es bis heute geblieben. Im naturwissenschaftlichen Weltbild wird das ganze Schauspiel der Welt, der unbelebten und belebten Natur von den 92 Atomsorten aufgeführt und von sonst gar nichts. Es mag sich vieles verändern in der Welt, die Atome aber denken wir uns als konstant, alle Zeiten überdauernd, – wenn man vom Anfang und Ende der Welt absieht. (Elementarteilchen s.u. und in „Im Anfang war der Wasserstoff".)

Man müsste einschränkend sagen, alle Materie bestehe nur aus Atomen. Die andere Seite der Unterscheidung Materie/Geist besteht nicht aus Atomen.

Insbesondere Naturwissenschaftler sagen gern, es gäbe den Geist nicht, sondern nur Materie (siehe Kapitel Seelenmaschine). Aber das geht nicht. In einer Unterscheidung gibt es zwei Seiten oder es ist keine Unterscheidung. Was Materie ist, vermag man ohne Geist nicht zu sagen. Ohne böse gibt es kein gut, ohne unten kein oben, ohne links kein rechts, ohne Ganzes kein Teil. Wer Materie sagt, muss auch Geist sagen – oder er soll gleich nur von Welt sprechen.

Der Etablierung der Atome ging voraus, dass die Atome eine über das Philosophische hinausgehende Basis kriegten: Bei chemischen Experimenten fiel auf, dass das Verhältnis der miteinander reagierenden Stoffmengen typisch für die jeweils miteinander reagierenden Stoffe konstant war. Also war es nicht so wie beim Kuchenteig, wo es auf ein bisschen mehr oder weniger Zucker nicht ankommt, sondern eher wie „ein Teilchen A verbindet sich mit einem Teilchen B" oder „ein Teilchen C verbindet sich mit zwei Teilchen D".

Man kam da an dem Gedanken, Stoffe beständen aus gleichen Atomen, und bei ihren Verbindungen ergäben sich immer feste Verhältnisse der Atomzahlen, nicht mehr vorbei. Aber es waren immer noch spekulative Konstruktionen, keiner mochte von Evidenz sprechen. Die kam erst mit der Brownschen Molekularbewegung Anfang des 19. Jahrhunderts. Ab da glaubte man Atome quasi sehen zu können. In der Folge beherrschen die Atome in zunehmendem Maße die gesamten Naturwissenschaften.

Wir werden auf das Grundprinzip des Atomismus – der Konstruktion von Konstanten, der Erklärung des Ganzen aus seinen Teilen, der Zurückführung des Sichtbaren auf Unsichtbares – immer wieder zurückkommen.

Hier nur ein erläuterndes Beispiel vorweg: Als Mendel Mitte des 19. Jahrhunderts an seiner Vererbungslehre bastelte, erfand er diskrete (quasi gequantelte) „Elemente der Vererbung", ohne auch nur im Geringsten zu wissen, was das materiell sein sollte. 1909 nannte Johannsen diese Elemente ‚Gene'. Der Begriff ist bis heute geblieben, obwohl noch immer nicht ganz klar ist, was die Gene sind. Die Gene werden zur Erklärung von vielem Sichtbaren trotzdem fleißig herangezogen.

Nach der Erfindung der Atome durch die Griechen dauerte es über 2. 500 Jahre, bis man sie durch Handlungen so alltäglich in den Griff bekam, dass man in der Sprechweise zum sehr praktischen Alltagsrealismus überwechselte und sagt: „Es gibt Atome". Bei den Genen sieht es heute so aus, als dauere der entsprechende Prozess weniger als 100 Jahre.

Die Erklärung von Eigenschaften des Teilbaren aus den Beziehungen der unteilbaren Teile funktioniert zunächst sehr gut. Man kann Hypothesen bilden und sie experimentell überprüfen. Ein gutes Beispiel ist die Gaskinetik. Dann aber tauchen Probleme auf: Wie kann man mit den unteilbaren Teilchen das Leuchten der Gase bei hohen Temperaturen erklären oder die Festigkeit von Kristallen? Die Probleme führen unweigerlich auf die Anwendung des Atomismus auf sich selbst. Das heißt, das Unteilbare wird doch weiter geteilt in neues Unteilbares. Die Eigenschaften der Atome werden erklärt aus den Wechselwirkungen von Elektronen, Protonen und Neutronen. Bei ihrer Erfindung sind diese unteilbar. Aber das hält nicht lange vor. Neue Probleme tauchen auf. Und wieder kommt der Atomismus zum Zuge. Die Quarks und sonstiges Kleinzeug kommen in die Welt.

Die Frage ist, wann die Teilerei des dann doch nicht Unteilbaren ein Ende hat. Naturwissenschaftler darf man da nicht fragen. Sie fühlten sich schon oft kurz vor dem Ende ihres Weges und dann öffneten sich plötzlich neue Welten, man kann auch sagen neue Abgründe des Nichtwissens. Wenn man nicht selbst fasziniert ist von den eigentümlichen Konstruktionen der Naturwissenschaftler kommt man schneller zu dem Schluss, dass die Welt mit Sicherheit sehr viel komplexer ist als die Erfindungen der Naturwissenschaftler je sein können, die Teilerei wird also kein Ende haben.

Blickt man nicht in die Richtung der weiteren Teilerei, sondern zurück, so ergibt sich die Frage nach dem Teilen vor der Erfindung der Atome. Erkennen heißt Unterscheiden. Wir treten unterscheidend an unsere Wahrnehmungen der Welt. Wir haben immer nur unsere Wahrnehmungen, nie die Welt direkt. Wir unterscheiden dies und das. Und das können wir nur, wenn wir dies und das im gleichen Atemzug für konstant erklären, obwohl es nur unsere Wahrnehmungen sind. Da wir beim Unterscheiden nicht sehen, dass wir auch anders hätten unterscheiden können, erheben wir anschließend die beiden Seiten der Unterscheidung zu Seiendem, wir ontologisieren – und vergessen, dass wir die Schöpfer der Unterscheidung waren. Das heißt, wir erklären uns das, was wir sehen durch dahinterliegendes Unsichtbares aber Konstantes. Wir erfinden Objekte und erklären die Welt im ersten Schritt aus dem Zusammenspiel der Objekte. Das ist der Atomismus, der den Atomen vorausgeht. Erkennen heißt eben Unterscheiden.

3.10 Idee der Quantentheorie

Jede Erkenntnis in den Naturwissenschaften bringt mehr neue Fragen hervor als sie beantwortet. Modern sagt man, durch Zunahme des Wissens vergrößere sich der See des Nichtwissens. Deshalb sind die Naturwissenschaften ein expandierendes Unternehmen.

Die Erklärungsmächtigkeit der Atome in der Wärmelehre und beim Verhalten von Gasen verhalf ihrer Erfindung mit zum Durchbruch. Dadurch aber wurde unerklärlich, was vorher gar kein Problem war: Wie hält das Holzbrett eine Last, wenn es aus lauter unteilbaren Teilen besteht, die man sich ja schwerlich als mit Haken und Ösen versehen vorstellen kann?

Oder: Mit den unteilbaren Teilchen wurde das Massenwirkungsgesetz verstehbar, zugleich aber tat sich das Problem auf, wie sich unteilbare Teilchen miteinander verbinden können. Und natürlich will man dann auch eine Erklärung für die verschiedenen Aggregatzustände. Die Einführung von Atomen ist immer auch ein sehr weitgehendes Erklärungsversprechen.

Im 19. Jahrhundert wurde die Zahl der Fragen so zahlreich, dass das Erklärungsversprechen auf der Ebene der Atome nicht mehr gehalten werden konnte. Unteilbare Atome waren einfach nicht komplex genug. Um sie komplexer zu machen, muss man sie sich zusammengesetzt vorstellen - aus wiederum unteilbaren Teilchen.

Bernstein lieferte das Stichwort. Wenn man ihn an Wolle reibt, zieht er Haare, Watte, Paperschnipsel und dergleichen an. Bernstein heißt im Griechischen Elektron. Beim Herumexperimentieren mit Bernstein zeigt sich bald, dass alle Materie auf die eine oder andere Weise bernsteinig, also elektrisch ist. Beobachtet wird Anziehung und Abstoßung.

So kam es, dass sich die Atome aus (zunächst) unteilbaren Protonen und Elektronen zusammensetzten. Das warf aber erneut viele Fragen auf. Insbesondere: Wie soll man sich ein Atom, das sich mitunter wie eine elastische Kugel verhält, als aus sich anziehenden Protonen und Elektronen bestehend vorstellen. Eine Vorstellung kam von Herrn Rutherford, Atome seien wie Planetensysteme im Kleinformat. Der Größenordnungssprung ist gigantisch. Es ist ein schönes Beispiel dafür, wie Modellbildung funktioniert, dass Metaphern beliebig springen können.

Wir haben uns ja daran gewöhnt, dass Satelliten antriebslos um die Erde kreisen, dass die Gravitation sie auf Kreisbahnen zwingt. Das Kettenkarussell macht es uns anschaulich. Genauso sollen also die Elektronen in einem Atom um die Protonen kreisen. Bahndurchmesser 10^{-10} m! Und zwar 1. 020 mal pro Sekunde. Und das ganze Gebilde sei auch noch recht stabil, normale Stöße machten ihm gar nichts aus. Denn in Gasen verhalten sich die Atome wie elastische Kügelchen. Die Materie als superfeinstmechanisches Kunstwerk?

Schon bei seinem Vorschlag wusste Rutherford, dass es so nicht wirklich funktionieren kann. Trotzdem half sein Vorschlag weiter.

Alle Bemühungen, sich Atome vorzustellen wie irgendetwas sehr Kleines, das in Übereinstimmung ist mit unseren alltäglichen Denkgewohnheiten, scheiterten.

Im Alltag kommt uns die Welt kontinuierlich vor. Wenn wir einen Gegenstand erst am Ort A beobachten, später am Ort B, dann muss er zwischen den Beobachtungen dazwischen gewesen sein – auch wenn das keiner beobachtet hat. Da wir nicht wirklich kontinuierlich beobachten können, sondern schon unsere Bewusstseinsereignisse diskret sind, ist die Annahme, ein Gegenstand bewege sich kontinuierlich auf einer Bahn von A nach B, eine Phantasie, aber kein Beobachtungsresultat. Sollen physikalische Theorien auf Beobachtungen, genauer, Messungen aufbauen, müssen sie die Welt diskret beschreiben. Beobachten können wir nur, dass die Welt ihre Zustände wechselt und dabei von Zustand zu Zustand springt. Es gibt nichts dazwischen. Die Welt erscheint uns gequantelt, sie macht Quantensprünge, die die Quantenmechanik beschreibt.

Angewandt auf Atome: Ein Atom als Verklumpung von Protonen, Neutronen und Elektronen kann sich in verschiedenen diskreten Zuständen befinden, die als Lösung der Schrödingergleichung erscheinen. Die Zustände sind vor allem unterschieden durch ihre Energie. (Es kommen energiegleiche Zustände vor, die aber beim Wechsel äußerer Umstände – elektrisches oder magnetisches Feld – in verschieden energetische Zustände aufspalten).

Nachricht von diesen verschiedenenergetischen Zuständen haben wir durch Zustandswechsel, die mit der Absorption oder Emission eines Lichtblitzes charakteristischer Energie, also Farbe, verbunden sind. Aber es gibt keine Bahnen zwischen den diskreten Zuständen, sondern es vergeht etwas, es entsteht etwas. Ein Lichtblitz ist der Bote. (Viele kurze Lichtblitze in schneller Folge ergeben Licht, wie wir es kennen. Licht steht hier für das gesamte Spektrum elektromagnetischer Wellen, also auch das nicht sichtbare Spektrum).

Ist die Welt kontinuierlich oder diskontinuierlich? Weder noch. Es ist immer das Gleiche: Unsere Unterscheidungen sind nicht Teile der Welt. Und eine Unterscheidung macht nur dann Sinn, wenn nicht eine ihrer Seiten leer ist. Mit welcher Unterscheidung auch immer wir an die Welt herantreten, wir werden auf beiden Seiten fündig.

Sieht man sich das Licht einer Wasserstoffentladungsröhre durch ein Prisma an, erkennt man klar voneinander getrennte farbige Linien, die man ohne Prisma nicht einmal erahnt. Sieht man auf eine Quecksilberentladungsröhre, sieht man ganz andere farbige Linien. Das ist ein sehr eindrucksvoller Hinweis darauf, dessen Vorführung man im Unterricht auf keinen Fall versäumen darf, dass die Energiezustände der Atome gequantelt sind. (In der Entladungsröhre werden Elektronen beschleunigt, treffen auf Elektronen der Atome, kicken sie in einen höheren Energiezustand, beim spontanen Rücksprung gibt es den Lichtblitz).

Sieht man sich mit dem gleichen Prisma das Sonnenlicht an, erkennt man ein kontinuierliches Spektrum, die Regenbogenfarben, obwohl die Sonne überwiegend aus Wasserstoff besteht. Das ist die Wärmestrahlung, die bedingt durch die statistische Temperaturbewegung der Teilchen entsteht. Die translatorische Bewegungsenergie ist nicht gequantelt, hier kommen alle Energien vor. Daraus folgt ein kontinuierliches Spektrum.

Nur unter dem Einfluss einer Kraft, also wenn sich das Potential von Ort zu Ort ändert, ist die Energie eines Teilchens gequantelt. Und umgekehrt: keine Kraft, kein Potential, keine Quantelung.

3.11 Zufall

Schon das Wort Zu-Fall drückt die Beobachterabhängigkeit aus. Was dem einen zufällt, mag ein anderer geplant haben.

Wir sagen Zufall, wenn wir das Warum nicht wissen. Manchmal denken wir auch, ein Ereignis sei zufällig, wenn es gar keinen Grund dafür gibt. Da wir wiederum glauben, alles habe seinen Grund, können wir nichts für zufällig halten. Im Strafrecht akzeptieren wir keinen Zufall, immer ist jemand schuldig. Bei den Lottozahlen sind wir großzügiger.

Zu den Lottozahlen könnte man sagen, die Lottomaschine sei ein chaotisches System. Die Zahlen seien zwar durch das Anfangssetting determiniert, aber unendlich kleine Schwankungen darin führten zu ganz unterschiedlichen Ergebnissen, sodass keiner das Anfangssetting kontrollieren könnte.

Die Ereignisse jedoch wissen nichts davon, ob sie zufällig oder notwendig sind. Wir schreiben ihnen je nach Bedarf diese Eigenschaft zu. Der Zufall hängt vom Beobachter ab.

Eine Ausnahme bildet die Quantenmechanik: Wann ein radioaktives Atom zerfalle sei beobachterunabhängiger, also objektiver Zufall. Es sei durch nichts in der Welt, auch nicht durch etwas noch Unbekanntes bestimmt. Einstein mochte das nicht. Er sagte „Gott würfelt nicht". Kann die Welt intellegibel sein, wenn alles mit allem zusammenhängt und es beobachterunabhängige Zufälle gibt?

3.12 Ordnen und das Periodensystem

Wie viele Elektronen ein Atom in der äußeren Schale hat, kann man aus dem Periodensystem ablesen. Was ist das?

Wir unterscheiden an der Materie Stoffe nach ihren physikalischen Eigenschaften. Beobachtungen der chemischen Eigenschaften, also des Verbindungsverhaltens führen zu den reinen Stoffen oder Elementen, die schließlich als aus gleichen Atomen bestehend gedacht werden. Man findet viele verschiedene davon.

In einer solchen Situation (es gibt verschiedene Atome, verschiedene Pflanzen, verschiedene Tiere, verschiedene Steine, ...) versuchen Naturwissenschaftler, eine Ordnung zu erfinden. Sie tun das nicht, weil sie ordnungsliebend wären (auf ihren Schreibtischen und in ihren Laboren kann es durchaus chaotisch aussehen), sondern weil eine gelungene Ordnung viele Hypothesen für weitere Forschung auswirft, d.h., sehr anschlussfähig ist.

Für jede Ordnung braucht man Ordnungskriterien. Wenn einem gar nichts einfällt, nimmt man das Alphabet. Es ist leicht einzusehen, dass die Ordnung der Atome, Pflanzen, ... nach dem Alphabet zwar Ordnung und damit Übersicht, aber keine brauchbaren Hypothesen produziert. Und trotzdem ist es besser als keine Ordnung. Sowie das Telefonbuch besser ist als kein Telefonbuch. Die Sterne hat man zunächst nach subjektiver Helligkeit geordnet. Dabei fielen kleine Sonnen und Galaxien in einen Topf. Und trotzdem half das weiter. Ordnen ist eine wichtige grundlegende Methode der Naturwissenschaften. (Die Ordnung des Lebendigen, insbesondere der – kontingente – Versuch von Linné und was durch die Brille der Evolution und DNA daraus geworden ist, gehört unbedingt hierher).

Die Atome ordnete man zunächst – nicht besonders theoriegeleitet – linear nach ihrer Masse. Nun entdeckte man bei dieser Ordnung eine Periodizität des chemischen Verhaltens, der Dichte, der Schmelzpunkte, ... Das führte dazu, dass man zusätzlich zur linearen Ordnung sich ähnliche verhaltende Atome untereinander schrieb. So entstand eine Matrix: das Periodensystem. Diese Ordnung war ungeheuer hypothesenschwanger.

Am bedeutsamsten wurde die Suche nach einer Erklärung für die Periodizität. Sie führte schließlich dazu, die Unteilbarkeit der Unteilbaren = Atome aufzugeben und neue Unteilbare einzuführen, also sich die Atome aus Protonen und Elektronen zusammengesetzt vorzustellen, die Reihung nach Masse durch die nach Protonenzahl zu ersetzen (was an der Reihenfolge fast nichts ändert, nur an der Darstellung). Das physikalische und chemische Verhalten eines Elementes lässt sich heute perfekt aus der Protonen- und Elektronenanzahl vorhersagen. Dadurch wurde das Periodensystem für alle Naturwissenschaften zu einer so stabilen Grundlage, dass sich heute keiner vorstellen kann, wie sie je durch eine andere Konstruktion ersetzt werden könnte. (Aber vor der Relativitätstheorie war das mit Newtons Mechanik genauso.) Das Periodensystem ist zur Zeit die gelungenste Ordnung der Naturwissenschaften. Die Ordnung haben Menschen erfunden. Man kann sie auch verstehen als eine algorithmische Kompression der Stoffe. Und die Schrödingergleichung komprimiert weiter: alle Stoffe, eine Gleichung! Da reine Atome in der Welt nur selten vorkommen, ist der Gedanke die Ordnung sei eine Eigenschaft der Welt eher befremdlich.

Praktisch nutzen lässt sich diese Ordnung ohne sie zu verstehen. Verstehen lässt sich diese Ordnung nur mit Hilfe der Quantenmechanik. (Einige sagen, das Periodensystem sei die Menge der Lösungen der Schrödingergleichung.)

Das klassische Periodensystem, angereichert um die aus der Quantenmechanik folgende Elektronenanordnung ist bis heute die Bibel der Chemiker.

3.13 Urknall vs. Schöpfung

Die Erzählung, Gott hätte die Welt in ein oder mehreren Tagen erschaffen und seit dem hätte sie sich im Wesentlichen nicht verändert, ist ganz hübsch, aber sie ist schwer mit unserem heutigen naturwissenschaftlichen Weltbild in Übereinstimmung zu bringen. Dies legt die Vorstellung eines Urknalls nahe, aus dem sich alles Weitere als rein materielles Geschehen gesteuert von elementaren Gesetzmäßigkeiten und Zufällen entwickelt hat. Selbst die Erschaffung des Lebens und des Menschen wird gesehen als eine kontingente Hervorbringung des Tanzes der Atome und der Evolution in Folge des Urknalls.

Im vorerst letzten Schritt des naturwissenschaftlichen Vorgehens wird die Unterscheidung von Geist und Materie, die uns einen besonderen Platz unter allem Lebendigen sichern sollte und die die Idee vom rein materiellen Geschehen erst hervorbrachte, durch die aktuelle Hirnforschung obsolet. Auch der Geist sei rein materielles Geschehen. Aber wenn es Geist nicht gibt, was ist dann Materie? Alles?

Naturwissenschaftler übersehen außerdem gern, dass sie in den Urknall durch die Hintertür unausgesprochen einen Schöpfungsakt einbauen: Die Gesetze der Natur, insbesondere die der Physik sollen nämlich von Anfang an gegolten haben. Sie seien zeitlos und steuerten die Selbstentfaltung der Welt. Die Naturgesetze als das Absolute der Welt. Wo kommen sie her?

Wenn bei anderer Betrachtungsweise die Naturgesetze unsere Erfindungen im Nachhinein sind, unsere algorithmischen Kompressionen der unendlichen Datenflut der Welt, was steuerte dann die Entfaltung der Welt?

Die Schöpfungsgeschichte der Bibel steht wörtlich genommen im Widerspruch zu Urknall und Evolution. Daraus machen Kreationisten ein Unterrichtsverbot für die Evolutionstheorie.

Nüchtern betrachtet sind Übereinstimmungen bemerkenswert: Auch Naturwissenschaftler sprechen von einem datierbaren Anfang und nicht vom ewigen Universum. Und auch für sie war die Erde anfangs wüst und leer. Und das Leben hat einen Ursprung. Und die Menschheit hat einen Ausgangspunkt.

Der eigentliche Unterschied ist, dass naturwissenschaftliche Aussagen sich der Kritik durch Beobachtung und Experiment stellen. Es gibt phantasierbare Knochenfunde, die die Evolutionstheorie in sich zusammen stürzen lassen würden. Der Kern der Naturwissenschaften ist das demokratische Verfahren der Überprüfbarkeit von Aussagen durch – im Prinzip – alle. Weder ein überlieferter Text noch eine Autorität entscheidet – im Prinzip – über die Richtigkeit von Aussagen. Kreationisten sind immun gegen Kritik. Es gibt keine phantasierbare Beobachtung, die ihre „Theorie" widerlegen könnte.

3.14 Momente naturwissenschaftlicher Vorgehensweise

Nicht alles, was Wissen schafft, ist Wissenschaft. Jeder erwirbt im Alltag ständig neues Wissen. Zum Beispiel welches neue Auto der Nachbar gekauft hat, wie das neue Telefon zu bedienen ist, wer geboren/gestorben ist. Als Naturwissenschaft bezeichnen wir demgegenüber eine gesellschaftliche Institution.

Gleichwohl gibt es keine Regierung der Wissenschaft, nicht einmal ein Wissenschaftsparlament. Es ist nirgends geregelt, was Wissenschaft ist. Es gibt die Gemeinde der Wissenschaftler. Heute sind das meist die, die ein entsprechendes Examen absolviert haben. Die Examina unterteilen die Wissenschaft in Fächer. Wissenschaftler der Fächer organisieren sich in Verbänden, die wiederum Dachorganisationen wie die deutsche Forschungsgemeinschaft bilden. Aber weder die Fach- noch die Dachverbände geben Regelwerke für wissenschaftliches Vorgehen heraus. Es wird durch die Kommunikation unter Wissenschaftlern geregelt, was dazu gehört und was nicht. Und in Randbereichen bleibt das mitunter unklar.

Wissenschaft ist Menschenwerk! Und daraus folgen auch Fehler und unterschiedliche Auffassungen darüber, wie Wissenschaft getrieben werden soll.

Eine Regel hat sich bei diesem demokratisch zu nennenden Verfahren als unverzichtbar durchgesetzt: Das Ergebnis wissenschaftlicher Erkenntnisgewinnung muss veröffentlicht werden. Das führte zur Herausbildung von Fachzeitschriften, die sich am Markt behaupten müssen. In Ermangelung von anderen Regelungsinstanzen entscheiden die Redaktionen der Fachzeitschriften darüber, was dazu gehört und was nicht.

Im Bereich der Naturwissenschaften gibt es heute neben sehr vielen spezialisierten Zeitschriften die die Naturwissenschaften übergreifenden Zeitschriften Science und Nature. Sie konkurrieren um zahlende Leser und interessante Veröffentlichungen. Man könnte sagen, zur Naturwissenschaft gehört, was in Science oder Nature steht oder dort akzeptiert werden würde, wenn es denn nicht allzu speziell wäre, wie die bei weitem meisten Veröffentlichungen, die in dem eng spezialisierten Zeitschriften landen.

Man kann also Science und Nature entnehmen, was heute Merkmale naturwissenschaftlicher Vorgehensweise sind.

Das wichtigste Merkmal ist, dass gefundene Erkenntnisse über die Natur im Prinzip alle Menschen teilen können sollen. Und das nicht, weil irgendeine Autorität das verordnet, sondern weil alle die Erkenntnisse nachvollziehen können und alle sich darauf einigen können.

Manchmal wird gesagt, Naturwissenschaft sei objektiv. Richtig ist, sie möchte es sein im Sinne der Erzielung von möglichst viel intersubjektiver Übereinstimmung. Das Ideal wird nie erreicht. Auch die Zeitschriften Science und Nature landeten Flops, mussten gedruckte Artikel widerrufen. Naturwissenschaft ist nicht objektiv, sondern bemüht sich um Objektivierung. Das heißt, die Wahrheit findet man unabhängig vom erkennenden Subjekt im Objekt. Das Subjekt untersucht das Objekt so, als habe dieses eine vom Subjekt unabhängige Existenz. Hierin steckt der Ausgangspunkt der modernen Naturwissenschaft, die Unterscheidung von Geist und Materie.

Das unverzichtbare Mittel zur naturwissenschaftlichen Objektuntersuchung ist, Erkenntnisse aus Erfahrungen, also empirisch, zu gewinnen und nicht aus reinem Denken, Phantasieren, Lektüre überlieferter Texte, Orakeln, aus den Aussagen von Autoritäten. Über die Gültigkeit einer Aussage entscheidet eine empirische Beobachtung, im strengsten Sinn ein Experiment.

Das genügt aber noch nicht, damit ist das Subjekt als Beobachter noch nicht hinreichend aus dem Spiel. Vergleicht man mitunter Zeugenaussagen eines Verkehrsunfalls, so erstaunt man, wie verschieden verschiedene Personen dasselbe Geschehen gesehen haben. Das wirksamste Mittel dagegen ist, Beobachtungskonventionen einzuführen, im strengsten Sinn zu messen. Als Messung gilt ein Vergleich nach Vorschrift, der in Zahlen gefasst werden kann. Außer für reine Abzählvorgänge braucht man dafür immer ein Messgerät.

Das Messgerät muss abgelesen werden. Und wieder ist ein Subjekt im Spiel, das, weil es ein Mensch ist und kein Gott, Fehler macht oder Ungenauigkeiten einbringt. Experimentieren muss man lernen. Man kann das als ein Training darin verstehen, möglichst beobachterunabhängig zu beobachten. Die Fortschritte in der Experimentierkunst sind enorm. So stimmen die Forscher weltweit heute etwa in der Zeitmessung bis auf 1 sec in 1 Million Jahren überein.

Ein weiteres zwingendes Merkmal naturwissenschaftlichen Forschens ist methodisch vorzugehen. D. h., zunächst nur planvoll vorzugehen. Und die Vorgehensweise muss bei Veröffentlichung der Resultate mit veröffentlicht werden. Meist ist die Mitteilung der Methoden der eigentliche Kern einer Veröffentlichung. Ohne Methode ist sie geradezu wertlos. Denn es geht ja um Erzielung intersubjektiver Übereinstimmung. Also muss man jedermann (natürlich nur bei Verfügung über ein geeignetes Labor) die Möglichkeit geben, ein Experiment genau so wie veröffentlicht nachzuvollziehen. Schon oft war dies der Weg Irrtümer aufzudecken. Immer wieder sehen Forscher trotz ihrer aufwändigen Messapparaturen das, was sie sehen wollen. Bevor Beobachtungen in Lehrbuchwissen übernommen werden, müssen deshalb viele in der Beobachtung übereinstimmen.

Das legt zugleich ein Merkmal naturwissenschaftlicher Aussagen fest: Sie müssen durch ein Experiment, eine empirische Beobachtung widerlegbar sein. Nicht widerlegbare Aussagen haben keinen Platz in den Naturwissenschaften.

Das naturwissenschaftliche Erkenntnisgewinnungsverfahren dominiert heute weltweit über andere Erkenntnisverfahren. Man kann das auf seine Erfolge bei der Anleitung zu effektivem Handeln zurückführen. Auf der Gegenseite wird auf die Vernichtung von Lebensgrundlagen durch naturwissenschaftliches Handeln hingewiesen.

Insofern liegt der eigentliche Grund für die Globalisierung der Naturwissenschaften vielleicht eher in dem Grundansatz der Erzielung intersubjektiver Übereinstimmung. Das Ziel, für alle Menschen zu gelten, ist weitgehend erreicht.

Der Erfolg hat seinen Preis. Um zu Regeln für effektives Handeln zu kommen, wird die „Welt" zunächst drastisch vereinfacht. Besonders radikal in der Physik. In der Himmelsmechanik z.B. wird die hoch komplexe Erde zunächst zu einem ausdehnungslosen Massepunkt, dann zu einer homogenen Kugel. Fast alles, was die Erde für uns interessant macht, ist dabei weg. Aber wenn man mit der Sonne genauso verfährt, erlaubt genau das die ausreichend präzise Berechnung und Vorhersage der Bahn.

Ein ähnlicher methodischer Kniff ist, die Komplexität zu verkleinern, in dem man sich bei seiner Beobachtung auf wenige Elemente beschränkt. Z.B. werden in der Himmelsmechanik die anderen Planeten, erst recht Planetoiden, zunächst einfach weggelassen. Ein Ökowissenschaftler beschränkt sich bei der Erfassung von Gesetzmäßigkeiten eines Ökosystems auf wenige Pflanzen und Tiere.

Noch grundlegender ist die Methode des Reduktionismus. Man versucht das Verhalten eines Größeren aus der Wechselwirkung seiner Teile, die man zuvor erfinden muss, zu erklären. Der Atomismus ist der radikalste Reduktionismus. Aber auch die Rückführung auf Moleküle, Zellen, Organe, Gene, Triebe gehören dazu. Dagegen wird im Einzelnen oft polemisiert. Aber es sieht so aus, als könnten auch die Umweltwissenschaftler zu Erklärungen nur über die Wechselwirkung von Teilsystemen kommen.

Das wiederum liegt möglicherweise daran, dass allen Naturwissenschaften der feste Glaube zugrunde liegt, dass alles einen Grund habe. Das führt zum Denken in Ursache-Wirkung-Beziehungen, wobei die Ursache zeitlich vor der Wirkung liege. Deshalb sind alle Erklärungsversuche vom Ziel her (teleologisch) verpönt. Und deshalb könne das Ganze nicht Ursache für die Wechselwirkung der Teile sein.

Es gibt heute Beobachtungen, die den Grund, den alles habe, als sumpfiges Gelände erscheinen lassen. Das erinnert daran, dass der Grund doch auch nur eine Metapher ist: Es ist der Ackerboden (das durch Erosion Zermahlene), ohne den nichts wächst.

Der Glaube der Naturwissenschaftler geht noch weiter: Alles habe einen natürlichen Grund – außer eventuell dem allerersten Anfang. Darin steckt nun wieder, dass man die Welt für intellegibel, mit dem Verstand erfassbar, hält. Das war nach den ersten großen Erfolgen der Astronomie, von Newtons Mechanik, der Maxwellschen Elektrodynamik sehr verständlich. Wenn man von dem Meisten in der Welt absah, schien fast alles erklärbar.

Die Chaostheorie brachte ans Licht, dass man das Nichterklärbare unabsichtlich schlicht ausgeblendet hatte. Und da man nicht sieht, was man nicht sieht, und unsere Erfolge in der Erklärung von Weltphänomenen immens sind, gehen wir bis heute von einer intelligiblen Welt aus. Man könnte auch sagen, wir haben gar keine andere Wahl.

Man kann den gleichen Sachverhalt verständlicher ausdrücken: Wir haben von der Welt unsere Beobachtungsdaten. Die Frage ist, ob es zu den Daten einen Algorithmus gibt, aus dem alle heutigen und zukünftigen Daten ableitbar sind, kurz: ob die Welt algorithmisch komprimierbar ist. Naturwissenschaft kann man als den Versuch beschreiben, die Welt algorithmisch zu komprimieren, eine Kurzfassung der Welt zu erstellen. Jedes Naturgesetz ist eine solche Teilkurzfassung. Stephen Hawking endet in seiner Kurzen Geschichte der Zeit: „[...] wäre das der endgültige Triumph der menschlichen Vernunft – denn dann würden wir Gottes Plan erkennen".

Übersehen wird gern, dass wir, bevor wir zu algorithmischen Kompressionen kommen, Unterscheidungen in die Welt einführen müssen. Die Welt enthält Unterschiede, die wir nicht kennen, aber keine Unterscheidungen. Wenn der Mensch anfängt zu sprechen, findet er keine Wörter, sondern erfindet sie. Wörter markieren Seiten von Unterscheidungen. Menschen/Tiere, Tiere/Pflanzen, lebendig/tot, gut/böse, oben/unten, kristallin/amorph. Erkennen heißt unterscheiden. Die Unterscheidungen müssen sich im Alltag bewähren. Erkenntnisfortschritt ist mit der Präzisierung, dem Hinzufügen oder dem Wechsel von Unterscheidungen verbunden. Lebendig/tot wird beim Menschen durch die Definition des Hirntodes präzisiert. Der Unterscheidung des Lebendigen durch Tiere/Pflanzen reicht der Biologie heute nicht mehr. Die Unterscheidung Menschen/Tiere wandelt sich in Menschentiere/andere Tiere.

Das Einführen von Unterscheidungen kann man auch lesen als die Konstruktion von Konstanten. Nach unserem Augenschein verändert sich die Welt. Unser Gehirn sagt uns, dass etwas, was ist, nicht etwas anderes werden kann. In diesem Dilemma konstruieren wir Konstanten hinter dem Augenschein.

Das entspricht ganz Platons Ideenlehre. Aber es geht dabei nicht nur um Abstraktionen wie Tier- und Pflanzenarten, Populationen, Ökosysteme, Charaktere, sondern auch um die Erfindung von Atomen als konstante Schauspieler der Welt, der wohl erfolgreichsten und folgenreichsten Konstantenkonstruktion in der veränderlichen Welt.

Freilich, dass sich etwas verändert, kann man nur feststellen vor dem Hintergrund von Konstantem und umgekehrt. Man kann die beiden Seiten einer Unterscheidung nur gleichzeitig einführen, aber ungleichzeitig markieren.

Bei der Erfindung der Naturgesetze, zunächst als Gottes Verordnungen für die Welt, wird deren Gültigkeit für alle Zeiten und Räume dieser Welt vorausgesetzt. Das ist gewiss kein Erfahrungssatz. Man kann es als eine Methode, den Universalismus auffassen, ohne die es nicht möglich wäre, in nicht direkt zugänglichen Zeiten und Räumen naturwissenschaftlich zu forschen.

3.15 Reflexion über naturwissenschaftliche Arbeitsweisen

Beobachten ist subjektiv. Man kann bei der subjektiven Beobachtung der Natur zu mancherlei Erkenntnissen (Unterscheidungen) kommen – ein jedes für sich. In der gesellschaftlichen Kommunikation ist der Gedanke, wenn man Gleiches beobachte, müsse die gleiche Erkenntnis herauskommen, nicht ganz abwegig. Dem ist aber nicht so, die Beobachtungen weichen voneinander ab. Ein hierfür oft genanntes Beispiel sind krass widersprüchliche Zeugenaussagen von Verkehrsunfällen. Es ergibt sich dann regelmäßig das Problem, wer der entscheidende oder oberste Beobachter ist. Der König, der Papst, der Schamane, der Medizinmann?

Irgendwann kommt der Gedanke auf, alle Menschen seien gleich, oder eher gleichberechtigt. Frauen historisch zunächst noch ausgeschlossen. Dann sind auch alle Beobachter gleichberechtigt. Dann ist das Ideal einer Beobachtung beobachterunabhängig zu sein. Das ist natürlich paradox – und wird gleichwohl zum Programm der Naturwissenschaften. Wenn es dennoch Abweichungen voneinander gibt, wird der König abgelöst durch den Mehrheitsentscheid (innerwissenschaftlicher Diskurs).

Das ist unbefriedigend. Die Beobachtungen müssen beobachterunabhängiger gemacht werden. Folge ist die Fassung der Natur in Zahlen. Darüber lässt sich – Messen ist das Mittel – eher Verständigung erzielen.

Dieser Ansatz der Naturwissenschaften führt – offenbar auch weil sich viele von Autoritäten abwenden wollen – zu ihrer Globalisierung. *Gültig für alle Menschen* ist quasi ihr Programm. Unterstützt wird das durch die von dieser Naturwissenschaft vorangetriebene Technik. Durch sie ergeben sich Vergesellschaftungsmittel, die sich wie Selbstläufer über die Erde verbreiten. Zunächst Transportmittel wie Eisenbahn, Auto, Flugzeug. Dann Informationsmittel wie Telefon, Funk, Fernsehen. Zuletzt Handy und Internet. Es bedurfte keiner Reklame dafür, dass jeder Mensch für jeden Menschen erreichbar sei. Wenigstens technisch. Der Zug zum Globalen ist dem Ansatz der Naturwissenschaften immanent.

Den Naturwissenschaften wohnt ein zweites Moment inne: nicht nur das der beobachterunabhängigen Erkenntnis, sondern auch der Beherrschung der Natur durch jedermann.

Ein Gärtner mag durch persönliche Erfahrungen und einfühlsamen Umgang mit Pflanzen und Tieren einen Weg gefunden haben, der ihn von seinem Garten leben lässt. Unabhängig von eigenen Beobachtungen beherrscht jedermann seinen Garten mit Hilfe der durch naturwissenschaftliche Forschung generierten Produkte der chemischen Industrie.

Zwar will der Einzelne in der Natur nie der Gefressene sein, dennoch folgt daraus noch nicht der Anspruch auf Unterwerfung der Natur. Diesen Anspruch aber erhebt die Naturwissenschaft, und zwar eingeleitet durch ihre Gründungsunterscheidung Geist/Materie, wobei Geist nur dem Menschen zukommt. Mit der so entseelten und empfindungsfrei gemachten Materie darf man machen, was man will. Erst recht, wenn es dem durch die Unterscheidung geadelten Menschen vordergründig verspricht dienlich zu sein. Die negativen Folgen dieser Herangehensweise sind weltweit zu besichtigen.

Nennenswerte Konsequenzen für die Arbeitsweise der Naturwissenschaft kann ich bisher nicht beobachten. Aber man sieht nicht, was man nicht sieht.

4 Aktuelle gesellschaftliche Kommunikation

Alles, was wir heute über die Welt erfahren, erfahren wir durch die Massenmedien. Gesellschaftliche Kommunikation ist heute weniger der Marktklatsch als das, was sich in den Massenmedien abspielt. Und die bilden nicht einfach ab, was ist, sondern entscheiden unter Auflagen- und Quotendruck und in Konkurrenz zueinander, was wie aufgegriffen wird. Sie produzieren quasi eine Wirklichkeit. Man muss sich demgegenüber eine eigene Urteilsfähigkeit erarbeiten, um Zeitungen und Funkmedien nicht gläubig, sondern mit kritischer Distanz aufzunehmen. Darum bemüht sich der Kurs.

Mein Ausgangspunkt ist dabei die gesellschaftliche Kommunikation und sind nicht die so genannten Schlüsselprobleme. Letztere sind Erfindungen von Pädagogen, die sich Sorgen um die Welt machen, glauben die Schlüssel für die Rettung der Welt zu kennen und – überspitzt gesagt – die Schülerinnen und Schüler zur Bearbeitung ihrer Sorgen benutzen. Eine Schule, die das, was die Lehrenden für die Probleme der Welt halten, in den Vordergrund stellt, ist nicht besonders freudvoll und nahe bei den Jugendlichen, die ihr Leben gestalten und nicht die Welt retten wollen. D. h., ich suche mir für den Kurs nicht Probleme heraus, denen ich Schlüsselcharakter gebe, sondern beobachte, was in der Zeitung steht und im Fernsehen läuft. Dass die Medien wiederum gerne Katastrophenmeldungen verbreiten, ist ein anderes Problem. Immerhin jagen sie jede Woche „eine andere Sau durchs Dorf", was die Möglichkeit zur Distanznehmung verbessert. Selbst die ganz großen Themen unterliegen einem bemerkenswert schnellen Wandel, der weniger aus dem Wandel naturwissenschaftlicher Erkenntnisse, als aus den chaotischen Winkelzügen der Kommunikation folgt. Die Blitzkarriere des Themas Erderwärmung durch Autoabgase in den letzten beiden Jahren ist ein jüngstes Beispiel.

Weil die gesellschaftliche Kommunikation sich so schnell wandelt, schreibe ich hier nicht auf, was ich, während die Kurse liefen, für die großen Themen gehalten habe. Man muss sich stets neu orientieren. Dabei kommt man nicht um das Sammeln von Zeitungsartikeln herum. Dabei stößt man bald auf das Problem des Ordnens, ohne das man schnell den Überblick verliert. Ich schlage folgende Gruppierung vor:
- Berichte aus der Forschung
  Beispiele: Entschlüsselung der menschlichen DNA, Nachrichten vom Urknall,
- Neue auf naturwissenschaftlichen Erkenntnissen basierende Techniken
  Beispiele: Gentechnologie, Nanotechnologie, Lasertechnologie, Reproduktionsmedizin, pränatale Diagnostik

- Probleme unserer Versorgung mit Nahrung, Wasser und Energie
  Beispiele: gentechnische Veränderung von Lebensmitteln, Fusionsreaktor, Energieeffizienz, Ausbreitung der Wüsten
- Eingriffe des Menschen in die Umwelt, Nachhaltigkeit
  Beispiele: Treibhauseffekt, Medikamente im Grundwasser, Elektrosmog, Überfischung
- Katastrophen
  Beispiele: Tsunamies, Erdbeben, Meteoriteneinschläge, Epidemien

5 Starter

Jede Unterrichtsstunde begann mit einem „Starter", den man sich vorstellen kann wie einen kleinen Appetitanreger vor dem Essen. Starter waren von mir oder von Schülerinnen und Schülern eingebrachte aktuelle Beobachtungen aus Medien oder Fragen, auf die jemand im Alltag gestoßen war. Manchmal betrafen sie schon Verhandeltes, manchmal noch zu Verhandelndes. Wir bemühten uns jeweils um Verständnis oder notierten eine Frage für später.

Manchmal waren die von mir eingebrachten Starter gezielt Einführungen in das Thema der Stunde, oft waren sie ohne solchen Zusammenhang. Es kam vor, dass ein Starter die geplante Unterrichtsstunde umwarf. Das nahm ich in Kauf, weil uns die Starter im alltäglichen Leben verankerten. Die Starter sind nicht so sehr die großen Themen der gesellschaftlichen Kommunikation, sondern öfter der alltägliche Kleinkram.

Um sich das Prinzip der Starter besser vorstellen zu können folgt eine ungeordnete und unvollständige Liste von Startern. Meist verbirgt sich hinter den Startern ein kurzer Zeitungsartikel. Oft sind die Sätze Überschriften von Zeitungsartikeln. Wo ich das für erforderlich hielt, steht in Klammern ein erläuternder Satz. Meist geht es um Erklärung oder um das spätere Erklärungsversprechen des Angesprochenen, um die Beantwortung der Fragen, oft um kritische Reflexion.

- DNA-Analyse verrät den Mörder von Moshammer. (Wie funktioniert das?)
- Europas Himmel mit Farben verzaubert. Rote und grüne Polarlichter sind auch in den kommenden Nächten zu sehen.
- Warum erfrieren die Füße von Pinguinen nicht?
- Planet eines „nahen" Sterns entdeckt. (Der Himmel und das Auflösungsvermögen von Augen und Fernrohren.)
- Bericht über die gescheiterte Wiederherstellung des tasmanischen Tigers aus konserviertem Embryomaterial.
- Nobelpreise für Physik und Chemie
- Bericht aus Sibirien: heißes Wasser „explodiert" beim Verschütten in Luft von minus 50°C. (Entwurf eines Experimentes zur Überprüfung. Ausdehnungskurve von Wasser.)
- Zeitungsbesprechung des Bestsellers „Die Vermessung der Welt". (Alexander von Humboldt nahm auf seine Südamerikaexpedition 100 Messinstrumente mit. Bedeutung des Messens.)
- Zeitungsmeldung zum Geburtstag von Derrida: „Die Bedeutung der Begriffe ist wandelbar". (Zur Verständigung notwendige Unschärfe der Begriffe im Alltag. Festlegung durch Definition in Wissenschaft, durch Messvorschrift in Physik, Beispiel: Arbeit.)

- Wohin verschwinden Atome beim radioaktiven Zerfall?
- Das Hit-Orakel von Barcelona. (Ein Computerprogramm kann das Chart-Potenzial erkennen. Die algorithmische Kompression des Geschmacks.)
- Warum macht Wasser beim Erhitzen Krach?
- Ablenken eines der Erde gefährlich nahe kommenden Asteroiden durch Raketenbeschuss?
- Warum sind die Sommerferien länger? – Weil sich fast alles bei steigender Temperatur ausdehnt.
- Domino-Rallye. (Schloss sich an an eine am Vorabend gelaufene Domino-Rallye. Erörtert wurde, ob das eine gute Metapher für die Welt ist, diese also determiniert ist. Aber ist die Domino-Rallye determiniert? Ich versprach später die Verfilmung einer Kunstinstallation „Der Lauf der Dinge" zu zeigen)
- Nehmen Wassermoleküle Teegeschmack an?
- Erstaunlicher Sternenstaub. Nasa-Wissenschaftler schreiben die Kometengeschichte um.
- Warum braucht man bei elektrischen Eierkochern für mehr Eier weniger Wasser? (Daraus wurde ein Referat.)
- Delfine benutzen Namen.
- Die Spur des Geldes. Dollarnoten zeigen Forschern, welchen Weg gefährliche Seuchen auf der Welt nehmen. (Methodenkreativität und -offenheit.)
- Baby hatte zwei Geschwister im Bauch. (Daraus wurde später ein Referat zu Zwillingen.)
- Vollbremsung im Venus-Orbit. Europäische Raumsonde meistert schwieriges Manöver.
- Der Eisbär kommt ins Schwitzen. In der Arktis machen steigende Temperaturen und Schmelzwasser auch den Forschern zu schaffen.
- Gentests für jede Lebenslage. Und: Es ist höchste Zeit für ein Gesetz gegen den Wildwuchs bei Gentests.
- Tauwetter in Sibirien. Beschleunigung des Treibhauseffektes durch Freisetzen von Methan und Kohlendioxid.
- Eine Ausnahme für die Prinzessin. Nabelschnurblut der ... wird bei minus 200 Grad aufbewahrt.
- Erdbeeren am Endlager. ... setzten auf Richter, um Atommüll in Schacht „Konrad" zu verhindern.
- Werber setzen auf Hirnforschung. (Determiniertheit des Menschen.)
Elefantenschießen im Krügerpark. (Nichts Genaues weiß man nicht.)
- Europas Zentralheizung läuft bereits schwächer. Der Wärmetransport durch den Golfstrom hat deutlich abgenommen.
- Eine Studie der Deutschen Physikalischen Gesellschaft befürwortet längere Laufzeiten von Kernkraftwerken. (Umgekehrt wäre es eine Nachricht gewesen.)
- Das Gottesgen. Und: Ein Gen ist schuld an Rechtschreibschwäche. (Die Reduktion auf Gene.)

- Sprunghafte Verlässlichkeit. Womöglich sind Naturkonstanten doch nicht konstant.
- Zu Staub kehrst Du zurück. Schweden sollen künftig gefriergetrocknet unter die Erde.
- Nanogerüst lässt zerstörte Nervenfasern wachsen.
- Der schwarze Tod. Modernisierungsschübe durch die Pest.
- „Knochen lügen nicht. Jetzt neu: Der beinerne Ehering".

Wegen der Außerordentlichkeit dieser Nachricht in der Wochenzeitung „Die Zeit" vom 23.3.2005 steht sie hier in voller Kürze:

„Der Ehering. Als Zeichen der Liebe und Treue erinnert er täglich an das einst geleistete Versprechen: Ich bin dein, du bist mein – gar bis aufs letzte Knöchelein! Jetzt können sich Braut und Bräutigam – der modernen Biotechnik sei Dank – den Partner selbst an den Finger stecken, beinern in Ringform gegossen. Ian Thompson, Bioingenieur am Londoner King's College, hat eine Methode entwickelt, mit der sich ein Ring aus Knochen züchten lässt. Man entnimmt nur ein paar Knochenzellen, die dann im Labor in einer passgerechten Matrix heranwachsen – fertig ist der Trauring für alle, die einander mehr als nur das Herz bieten wollen. Nach dem Eheversprechen sollte das „Liebespfand", wie der Volksmund weiß, nie mehr abgelegt werden: Wird der Ring kalt, kühlt die Liebe ab. Für den umgekehrten Fall – die Liebe ist noch heiß, aber die geliebte Hand erkaltet – weiß das Schweizer Unternehmen Algordanza Abhilfe. Es bietet seit kurzem an, die Asche des Verstorbenen zu einem blau leuchtenden Diamanten zu pressen. Was läge nun näher als eine britisch-eidgenössische Firmenfusion für den unübertroffenen Witwenschmuck: Mit ihm kann man den Liebsten auch über den Tod hinaus stets bei sich tragen – sein Feuer, gefasst im eigenen Gebein".

Wie man Leute verkohlt:
Auch andere Zeitungen druckten Entsprechendes. In einem Fall wurde die Verwandlung eines Lieblingspferdes in einen Diamanten in Aussicht gestellt. Es fanden sich wohl auch Kirchenvertreter, die das großartig finden.
Es stellt sich zuerst die Frage „Geht das?" Die Frage mobilisiert: Leben als Kohlenstoffchemie, den chemisch-geologisch-physikalischen Weg vom Organischen zu Kohle, Graphit, Diamant, den Kohlenstoffzyklus mit Photosynthese und Verbrennung. Das lässt dann auch Laien schlussfolgern, dass der Zweck der Verbrennung ist, die Kohlenstoffverbindungen gen Himmel zu schicken. Der Kohlenstoff Eingeäscherter trägt also als Kohlendioxid zur Klimaerwärmung bei. Ein wärmender Trost. Die Asche enthält noch ein paar unbrennbare Knochengerüste (Kohlenstoffkarbonate) und etwas Ruß, wenn bei der Verbrennung nicht genügend Sauerstoff zugeführt wurde. Wie man daraus Graphit gewinnen will, konnte mir bisher keiner sagen. Und Algordanza verrät es auch nicht. Verstorbene müsste man wohl eher Verkohlen (Austreibung von Wasser, Stickstoff und Sonstigem unter Luftabschluß) als Verbrennen, um daraus Kohle, dann Graphit, dann Diamanten herzustellen.

Vermutlich nimmt Algordanza also anderweitig besorgtes Graphit, in dem eher die Atome tierischer Vorfahren unserer Urururahnen stecken, und mischt ein paar Atome des aktuell Verstorbenen bei.

Damit stellt sich die zweite Frage „Was treibt die Leute zu solchen Geldausgaben für einige Atome ihres Geliebten?" Ist unsere Sehnsucht zu überdauern, unsere Sehnsucht nach Konstanz so groß, dass nicht nur einige Zeitungen die Sensation gläubig abdruckten, sondern selbst der Spiegel einen entsprechenden Artikel ohne jede Recherche oder Kritik brachte. Schließlich enthalten die Atome keinerlei Informationen mehr über den Verstorbenen, sie sind beliebig austauschbar. Quantenphysikalisch streng gibt es keine Möglichkeit festzustellen, woher ein Atom kommt. Deshalb kann man Algordanza auch keinen Betrug nachweisen. In jedem Fall enthält ein Haar eines Verstorbenen mehr von ihm als ein Diamant von Algordanza. Dass Diamanten länger überdauern (an welche Zeiträume denkt da einer?), könnte eine Täuschung sein: Diamanten sind brennbar, wie Kohle.

6 Beispiele für die Behandlung von Medienmeldungen

Immer wurde der jeweilige Zeitungsartikel verteilt und gemeinsam oder einzeln gelesen. Es sollten jeweils die im Kurs schon erworbenen Kompetenzen mobilisiert und vertieft werden. Gelegentlich wurden einige Informationen ergänzt.

6.1 Supernova

Den nachfolgenden Zeitungsartikel habe ich leicht gekürzt vorgelegt. Er ist nicht leicht zu entwirren. Das liegt möglicherweise daran, dass der Autor nicht ganz verstanden hat, was er beschreibt. Das wiederum ist durchaus typisch für Medienberichte aus der Küche der Naturwissenschaften. Das erhöht die Anforderung an den Laienleser und im Unterricht den Spaß an der Entwirrung. (Diesen Artikel habe ich in einer Klausur – s.u.- verwendet. Das Ergebnis war unbefriedigend. Deshalb folgt er hier als Unterrichtsbeispiel.)

Der Urknall der Menschheit

Einige Physiker glauben, eine Supernova habe vor fast drei Millionen Jahren die menschliche Evolution vorangetrieben (FR 28. 12. 2004)

VON GERD PFITZENMAIER

Der Tod gebar neues Leben: Eine gigantische Sternenexplosion stand Pate bei der Evolution des Menschen. Das glauben Wissenschaftler der TU München jetzt nachwiesen zu können. Der große Knall schleuderte vor rund 2,8 Millionen Jahren interstellares Material Richtung Erde. Das veränderte dort das Klima und zwang die ersten Hominiden in Afrika, sich neue Überlebensnischen zu suchen. Nur die Anpassungsfähigsten meisterten die Krise; das machte sie fit für ihren evolutionären Siegeszug.

Der Mann mit der weißen Einstein-Frisur schwärmt von seiner Apparatur: gut 60 Meter lang, ein Gewirr aus Vakuumröhren und Hochleistungsmagneten. Besuchern, die er entlangführt, rät er ständig, den Kopf einziehen: „Hier eckt man überall an." Der Nebenraum ähnelt der Schaltzentrale eines Kraftwerks, und an Rechnern im Erdgeschoss des Instituts sitzen Studenten vor Monitoren, auf denen sie im Griesel winziger Pixel nach genau jenen Punkten fahnden, die Gunther Korschinek sucht.

Dies ist das Reich des Physikers. Korschinek jagt auf dem Campus der Technischen Universität München in Garching Materialproben durch den Teilchenbeschleuniger. „Wir haben eine der modernsten Anlagen", betont er stolz, wenn an der letzten Station des Rohrlabyrinths jene Moleküle aufschlagen, nach denen er seit Jahren sucht. „Nur mit solch genauen Messmethoden war unsere Forschung überhaupt machbar."

Seit 1999 sucht Korschinek im Beschleunigerlabor nach einem Stoff, den es auf der Erde eigentlich gar nicht gibt: radioaktives Eisen-60. Jetzt ist er endlich fündig geworden. „Wir konnten nachweisen", sagt Korschinek, „dass in einer Mangankruste, die uns Geologen aus rund 5000 Meter Tiefe vom Grund des Pazifik holten, das Element lagert." Sein logischer Schluss: „Es muss also mit kosmischer Strahlung auf die Erde geregnet sein", erklärt Korschinek, „denn es wird nur bei einer Supernova erzeugt."

Extreme Energie
Solche Explosionen massereicher Sterne gehören zu den seltenen, aber energiereichsten Ereignissen im Universum. Nur etwa alle 30 Jahre gibt es in unserer Galaxie solch einen finalen Superknall. Er setzt in wenigen Sekunden fast soviel Energie frei, wie sie unsere Sonne in den Milliarden Jahren ihres Lebens erzeugt. Unter diesen Extrem-Bedingungen entsteht radioaktives Eisen-60 mit einer Halbwertszeit von 1,5 Millionen Jahren. Der jetzt von Korschinek in der jüngsten Ausgabe der Zeitschrift Physical Review Letters publizierte Fund des Elements in der Erdkruste lässt sich demnach nur durch den Fall-out einer Sternenexplosion erklären.

Mehr noch: Weil Korschinek eine Manganknolle untersuchte, die mit einer „Geschwindigkeit" von lediglich 2,5 Millimeter pro einer Million Jahre Schicht um Schicht aufbaute, konnte er seinen Fund exakt datieren. Der Stern, dessen Todesstaub Korschinek auf dem Pazifikgrund fand, hauchte sein Leben wahrscheinlich 100 Lichtjahre entfernt vor etwa 2,8 Millionen Jahren aus.

Der richtige Riecher
Der Münchner Forscher hatte den richtigen Riecher, als er schon vor Jahren in Tiefsee-Material zu schnüffeln begann. Die Knollen vom Pazifikgrund wurden eigentlich zu ganz anderem Zweck einige Hundert Kilometer südöstlich von Hawaii aus dem Wasser gefischt. Materialforscher wollten seit den 80er-Jahren in den Manganknollen ergiebigen Erzvorkommen auf die Spur kommen. Geplant war, sich die Schürfrechte zu sichern und die Erze zu vermarkten. „Die Knollen liegen überall auf dem Grund herum", sagt Korschinek und lächelt, „unsere Forschung ist also wohl eher das Nebenprodukt eines ursprünglich rein wirtschaftlichen Ansatzes."

Dem Münchner Wissenschaftler, der im Verbund mit seinem Wiener Partner Ernst Dorfi und Astrophysiker Brian Fields von der University Illinois arbeitet, gelang nun jedoch nicht nur der Nachweis, dass sich kosmischer Staub aus einer Supernova auf der Erde wiederfindet. Seine Forschungsergebnisse korrelieren frappierend mit Erkenntnissen von Evolutionsforschern, dass zu jenem Zeitpunkt die Entwicklung der Menschheit einen regelrechten Schub bekam. Und mit Erkenntnissen von Klimaforschern. Die wissen aus Messungen von Sauerstoff-Isotopen, dass just vor 2,8 Millionen Jahren die Erde regelrecht vereiste. Korschinek arbeitet gerne interdisziplinär. Der Physiker liest in Büchern der Evolutionsbiologen und bemüht sich, die Kurven der Klimakundler in seine eigenen Erkenntnisse einzurechnen.

So zu arbeiten ist nicht immer einfach. „Wenn wir Forschungsgelder brauchen", sagt Korschinek, „stellt sich immer die Frage, in welcher Disziplin wir die nun beantragen."

Das nimmt er in Kauf. Der Austausch mit den Kollegen ist anregend und beflügelt den Physiker. In seinem kleinen Büro blättert er, während er von den Teilchen, die durch seine Röhren flitzen, erzählt, ständig in einem der unzähligen Bücher, kramt Schaubilder hervor, legt Tabellen auf den Tisch oder schlägt mitten im Satz in einem Grundlagenwerk der Biologen nach, um seinem Gesprächspartner noch eine anschauliche Verdeutlichung seiner eigenen Aussagen mitzugeben. „Natürlich gibt es verschiedene Theorien über den damaligen Klimaumschwung", gibt Forscher Korschinek vorsichtig zu bedenken.

Die Auffaltung des Himalajas könnte dies ebenso gut bewirkt haben, wie eine vor Indonesien geänderte Meeresströmung. Doch er baut auf seine Hypothese. Berechnungen seines Wiener Kollegen Ernst Dorfi belegen zwar, dass für einen Zeitraum von mehr als 100000 Jahren gut 15 Prozent mehr galaktisch kosmische Protonenstrahlungen auf die Erde prasselten als dies in den vergangenen 100000 Jahren der Normalfall war. „Die Strahlung aus dem All", weiß der Physiker, der an umfangreichen Forschungen nach dem Atombombenabwurf auf Hiroshima beteiligt war, „war auf keinen Fall so stark, dass sie bei den Erd-Organismen Mutationen erzeugt und dadurch die Evolution angetrieben hätte."

Korschinek glaubt da eher, dass die Wechselwirkung mit dieser Strahlung in der Erdatmosphäre zu erhöhter Wolkenbildung führte, was den Klimawechsel einleitete. „Der wiederum erzeugte unter den Hominiden einen starken Evolutionsdruck", meint Korschinek. Die Aufenthaltsorte der Frühmenschen trockneten aus. „Sie mussten von ihren

Bäumen klettern und sich anderswo Nahrung suchen", erklärt der Physiker ungewohnt salopp für einen Forscher.

Und dann bekommt er auch ein wenig Bauchgrimmen, wenn sein Nachweis der galaktischen Explosion in der Anfangszeit der Menschen nun sehr aktuell erscheint. „Das Problem mit der Klimadebatte ist doch", sagt Korschinek, „dass sie heute niemand mehr unideologisch führen kann." Da bekommt er dann ein wenig Angst, dass seine Theorie zur Beschwichtigung in der laufenden Diskussion um die menschliche Einflussnahme auf das Erdklima missbraucht werden könnte. „Egal welche Schuld wir an den heutigen Wandlungen des Klimas tragen, wir sollten den vom Menschen verursachten Teil nicht leugnen und versuchen, zu retten, was wir noch retten können."

Abb. 15 Artikel (Frankfurter Rundschau vom 28.12.2004) mit freundlicher Genehmigung des Autors

Nach einigen Mühen kamen wir zu folgender Zusammenfassung:
- Im Artikel ist die Rede davon, dass Spuren darauf hinweisen, dass vor 2,8 Millionen Jahren eine 100 Lichtjahre entfernte Supernovaexplosion stattfand, dass andere Spuren darauf hinweisen, dass vor genau dieser Zeit eine starke Klimaveränderung stattfand, dass wiederum andere Spuren auf einen Evolutionsschub der Menschheit zur gleichen Zeit hinweisen. Es werden die drei zunächst unabhängig erscheinenden Ereignisse in einen Kausalzusammenhang gestellt: Die Supernova führt zu erhöhter Protonenstrahlung in der Erdatmosphäre, das führt zu erhöhter Wolkenbildung, was den Klimawechsel einleitet. Folge ist eine Veränderung des Nahrungsangebotes. Menschen mit durch Mutation verbesserter Denkfähigkeit können sich dem besser anpassen. Diese Mutationen werden also positiv selektiert. Der Evolutionsschub scheint so groß gewesen zu sein, dass er als Urknall der Menschheit bezeichnet wird.
- Zu den Spuren:
  - Wieso weist jetzt gefundenes Eisen-60, ein radioaktives Isotop des Eisens, auf eine jüngere Supernova? – Am Anfang war nur Wasserstoff. In Sonnen wird daraus Helium. Die schwereren Elemente entstehen daraus durch Kernfusion bei Temperaturen, die erst beim Todeskampf von Sternen, Rote Riesen, entstehen. Ganz schwere Elemente wie Eisen entstehen nur beim Todeskampf sehr großer Sterne, bei ihrer Explosion als Supernova. Insofern besteht das gesamte Material der etwa 4,5 Milliarden Jahre alten Erde aus Resten von Sternen. Da die Erde überwiegend aus Eisen besteht, fragt sich, wieso Eisen-60 auf eine viel jüngere Supernova hinweisen soll. Die Erde enthielt auch bei ihrer Entstehung radioaktives Eisen-60. Aber wenn man dessen Halbwertzeit von 1,5 Millionen Jahren zum Alter der Erde in Beziehung setzt, stellt man fest, dass bis heute 3000 Halbwertzeiten vergangen sind, also von der Ausgangsmenge nur noch der Bruchteil $0,5^{3000}$ vorhanden ist, also fast nichts. Das heute gefundene Eisen-60 muss also jüngeren Entstehungsdatums sein.
  - Wie alt ist es? – Man kann am Meeresboden Schichtbildungen durch Ablagerung gut beobachten. Aus Erfahrungen über Ablagerungsgeschwindigkeiten kann man den Schichten Zeiten zuordnen. Wenn in einer bestimmten Schicht

Eisen-60 auftritt, in anderen aber nicht, weiß man also, wann es dorthin gekommen ist.
- Das Klima hinterlässt viele Spuren, manche sind schwer verständlich. In diesem Fall weist das Auftreten eines bestimmten Sauerstoffisotops in datierbaren Schichten (Eis?) auf eine Vereisung der Erde vor 2,8 Millionen Jahren.
- Die Spur, die auf den Evolutionsschub des Menschen hinweist, wird im Artikel nicht erörtert. Es können Funde von Knochen oder Werkzeugen sein. Der Scharfsinn, mit dem in der Anthropologie aus wenigen, oft nur kleinen Fundstücken auf die Geschichte des Menschen geschlossen wird, ist erstaunlich und könnte als Beispiel für Methodenvielfalt dienen. Allerdings sind die Erkenntnisse noch in schnellem Umbruch befindlich. Deshalb wurde auf eine genauere Befassung im Kurs verzichtet.

- Inwiefern ein starker Klimawandel einen Evolutionsschub in Richtung verbesserter Denkfähigkeit auslösen kann, wurde an dieser Stelle auf der Basis des unter Evolution Gelernten ausführlich diskutiert und half beim besseren Verstehen dieser Theorie.
- Man kann den Text noch hernehmen für die Thematisierung der Bedeutung von Messungen in den Naturwissenschaften und die Rolle, die die Verfeinerung der Messtechnik bei ihrem Fortschritt spielt. Von einer 100 Lichtjahre entfernten Supernova kann nicht viel Eisen-60 auf die Erde gelangt sein. Woran erkennt man winzige Spuren davon? Der Artikel verrät nur, dass große Apparaturen erforderlich sind. Es handelt sich wohl um ein fortschrittliches Massenspektrometer, dessen Prinzip ein Laie mit Gewinn (weil das häufig in Berichten eine Rolle spielt) verstehen kann. Ergänzt werden sollte die – radikal vereinfachende – Erläuterung durch einen Blick auf eine Isotopentabelle, um zu sehen, dass es keine zwei Isotope gleicher Masse gibt, wenn man auf sieben Stellen genau misst. Also sind Massenspektrometer ideale Instrumente des Atomismus. Sie zerlegen den jeweiligen Weltausschnitt in einzelne Atome, ja sogar Isotope.
- Schließlich gibt der Artikel Anlass, über den spekulativen Charakter der Naturwissenschaften zu sprechen. Die aus wenigen Beobachtungen aufgestellten Hypothesen entbehren ja nicht großer Kühnheit. Sie können schnell an weiterer Forschung scheitern. Aber diese Kühnheit treibt Wissenschaft an. Sie ist untermauert von dem festen Glauben, die Welt sei intellegibel.
- Die Frage, ob die Welt intellegibel ist, ist nicht entscheidbar. Naturwissenschaftler verhalten sich aber so, als ob sie intellegibel wäre. Die Rekonstruktion der Supernova, des Klimawandels und des Evolutionsschubes vor 2,8 Millionen Jahren jedes Ereignis für sich genommen ist schon eine hoch erstaunliche intellektuelle Ordnung der Welt. Die Inbeziehungsetzung der drei Ereignisse steigert das noch einmal. Gleichwohl bleibt: Man sieht nicht, was man nicht sieht. Es könnte sein, dass die Welt hier und da so geordnet aussieht, weil unsere zeitliche, räumliche und sonstige Perspektive das so erscheinen lässt

6.2 Intelligent Design

Ein Schüler, dessen Eltern „Die Zeit" abonniert haben, bringt nachfolgenden Artikel in den Unterricht und will wissen, was er davon halten soll.

Gott pfuscht auch
Warum Intelligent Design religiös motivierter Unsinn ist

VON STEVE JONES

„Nach einer aktuellen Meinungsumfrage glaubt mehr als die Hälfte der Amerikaner (und zwei Drittel der Wähler, die für George W. Bush gestimmt haben), dass »Gott den Menschen in seiner heutigen Gestalt irgendwann in den vergangenen zehntausend Jahren erschuf«. Noch mehr US-Bürger sehen keinerlei Anlass zum Widerstand, wenn in den Schulen im Fach Biologie der Kreationismus unterrichtet würde – eine religiös inspirierte Lehre, nach der die Vielfalt des Lebens nicht durch die Evolution, sondern nur durch das Wirken eines allmächtigen Schöpfers zu erklären ist.

Als Autor mehrerer populärwissenschaftlicher Bücher über Evolution ist es mir herzlich egal, wenn die hundert Millionen oder mehr Bekenner dieses Glaubens meine Bücher verbrennen – solange sie sie zuvor gekauft haben. Doch leider werden sie meine Schriften in den Regalen liegen lassen, weil wissenschaftliche Texte für Gläubige belanglos sind. Ihre Doktrin beruht auf »höheren« Wahrheiten und benötigt keinerlei Beweise. Unstimmigkeiten werden beiseite gewischt. In *God's Own Country* mögen Adam und Eva eine große Nummer sein, doch gibt es noch Dutzende anderer Schöpfungsmythen auf der Welt. Die Chinesen kennen eine Geschichte von einem Riesen, dessen Fliegen und Läuse zu Mann und Frau wurden, eine normannische Legende berichtet, sie seien aus zwei Baumstämmen entstanden, die das Meer an den Strand warf. Selbst wenn eine dieser vielen Geschichten stimmen sollte, können sie nicht alle wahr sein. Das irritiert die wahrhaft Gläubigen nie. Diese entschlossene Ignoranz macht nicht nur Wissenschaftlern Sorgen, sie irritiert auch die aufgeklärte Öffentlichkeit.

Der Erfolg der Kreationisten beruht auf Denkfaulheit und Arroganz

Es gab viele Anläufe, den Adam-und-Eva-Mythos in den amerikanischen Schulunterricht zu pressen, allein mehr als fünfzig Versuche, die Biologie-Lehrbücher zu ändern. Oder sie mit Warnhinweisen zu versehen: »Dieses Buch könnte die Evolution behandeln, eine kontroverse Theorie, die einige Wissenschaftler als Erklärung anführen für die Existenz allen Lebens, wie Pflanzen, Tiere und Menschen. [...] Niemand war dabei, als das Leben auf der Erde begann. Daher muss jede Aussage über seine Entstehung als Theorie und nicht als Tatsache betrachtet werden.« Zum Glück konnten alle diese Versuche mit Hilfe der amerikanischen Verfassung, die eine strikte Trennung von Religion und Staat festschreibt, abgewehrt werden. Nach Ansicht der Gerichte ist Kreationismus eine religiöse Überzeugung, die in den Schulen nicht gelehrt werden darf (das übernehmen dafür Kirchen und TV-Sender).

Nun hoffen die Kreationisten, ihre Idee mit einem geschickten Trick zu verbreiten, ohne dass die Justiz einschreitet. Sie nutzen ein anderes Etikett: »Intelligent Design« (ID) behauptet, das Leben sei zu komplex, als dass es durch die Evolution entstanden sein könne. Es müsse durch eine Art allmächtigen Designer konzipiert worden sein (wer das sein soll, wird nie gesagt, um Ärger mit der Richterschaft zu vermeiden). »Unterrichtet Darwin, wenn es sein muss«, sagen sie, »aber auch Intelligent Design, denn es ist ebenso eine wissenschaftliche Hypothese.« Schon jetzt unterrichten manche Schulen in den Vereinigten Staaten ID als Alternative zum Darwinismus.

Vergangene Woche sprach Präsident Bush: »Wenn Sie mich fragen, ob die Menschen mit den verschiedenen Ideen konfrontiert werden müssen, lautet die Antwort: Ja. Nur so können sie verstehen, worum es in der Debatte geht.« Die Kreationisten wissen solche Hilfe zu schätzen. Das Discovery Institute, selbst an vorderster Front an der Entwicklung der ID-Idee beteiligt, jubelt: »Wir interpretieren, dass der Präsident seine Kommandoposition nutzt, um die Freiheit der Forschung und die freie Rede über die Frage des biologischen Ursprungs zu unterstützen. Das kommt genau zur rechten Zeit, weil viele Wissenschaftler diskriminiert werden, sobald sie mit der darwinistischen Orthodoxie brechen.« Richard Land von der Southern Baptist Convention klagt, dass die Evolution zu oft als faktisch gelehrt wird: »Lehrt sie als Theorie, und lehrt zudem noch eine andere Theorie – jene, die am meisten Unterstützung unter Forschern besitzt.«

Es ist ein raffinierter Trick, und sie haben damit eine Menge Erfolg. Ich nahm vor kurzem an einer Sendung in der BBC mit einem Vertreter des Discovery Institute teil. Nach einer übellaunigen Diskussion beendete der Moderator die Sendung mit den Worten: »Also, die Kontroverse geht weiter.« Da empfand ich Verzweiflung. Es gibt nämlich keine Kontroverse, nicht im Mindesten. Das Geschäft des Discovery Institute ist nicht die Entdeckung der Wahrheit, sondern ihre Verschleierung. Ich werde meine Genetik-Vorlesungen nicht mit der Theorie beginnen, dass der Storch die Kinder bringt. Dennoch haben die ID-Anhänger in der Öffentlichkeit den Eindruck erzeugt, dass ihre Ideen die gleiche Aufmerksamkeit verdienen, wie jene, die von den Biologen akzeptiert werden.

Intelligent Design ist keine wissenschaftliche Theorie. Sie speist sich aus Denkfaulheit und Arroganz: »Ich bin ein kluger Kerl, und ich kann nicht verstehen, wie das alles durch Evolution entstehen konnte. Also konnte es nicht durch Evolution entstehen.« Jeder Beweis, dass die Evolution an einer Stelle am Werk ist, wird sofort gekontert: Die nächste Ebene von Komplexität in einem biologischen System sei aber nur durch Design zu erklären. Wird den Kreationisten auch das widerlegt, gehen sie wiederum einen Schritt weiter und deuten Intelligenz als Ausdruck des Schöpferplans. Es ist ein endloses Spiel – und wie so viele Spiele reine Zeitverschwendung. Wissenschaftler interessieren solche Spiele nicht, ihre Zunft arbeitet an Hypothesen, die getestet werden können. Solche Hypothesen hat ID nicht zu bieten, nur leere Worte.

Die Auffassung, dass die Natur zu komplex ist, um ohne einen übersinnlichen Designer entstanden zu sein, war schon Darwin bekannt. In einem Kapitel von *The origin of species,* in einem Abschnitt unter dem Titel *Organs of extreme complexity and perfection* machte er sie gründlich zunichte. Sein Argument ist einfach und überzeugend, umso mehr, seit wir die Biologie besser verstehen. Er benutzte ein bekanntes Beispiel: das Auge. Bis heute ist es eine perfekte Widerlegung der Design-Idee. Zwar sind Augen komplexe Systeme, und wir verstehen nicht in allen Details, wie sie funktionieren – aber die Evidenzen, dass sie ohne bewusste Intervention entstanden sind, sind überwältigend.

Evolution ist eine Serie erfolgreicher Fehler. Sie beruht auf natürlicher Selektion, auf erblichen Unterschieden und auf der Fähigkeit zur Reproduktion. Sie braucht Variation und kann nur mit dem arbeiten, was zufällige Mutationen ihr bieten. Das Resultat sieht oft nach Perfektion aus, ist aber das genaue Gegenteil. Augen verschiedener Art haben sich 50-mal oder mehr unabhängig voneinander in den verschiedenen Tiergrupppen entwickelt. Und das Problem, dem Licht Informationen über die Umwelt zu entnehmen, wurde auf einem Dutzend verschiedener Wege gelöst. Alle Augen in der Natur sind gerade nur so kompliziert wie nötig. Tatsächlich ist ihre nur scheinbare Vollkommenheit ein Argument gegen Intelligent Design, denn jede Augenkonstruktion hat ihre eigenen großen Schwächen.

Viele Tiere haben Linsenaugen, um das Licht auf eine Ebene aus Zellen zu fokussieren, die es in Nervensignale umwandeln können. Menschen, Würmer, Tintenfische, Schnecken und Spinnen erledigen diese Aufgabe auf sehr ähnliche Weise. Je größer die Linse ist, desto besser kann das Auge sehen; Mäuse zum Beispiel haben relativ zu ihrem Körperumfang größere Linsen als wir selbst.

Alle Augenkonstruktionen sind das Ergebnis der Umwelt-Anforderungen in ihrer evolutionären Vergangenheit. Auch das menschliche Auge ist gerade nur komplex genug: mit hundert Millionen Stäbchen für das Sehen bei schwachem Licht und drei Millionen Zapfen, die für das Farbensehen zuständig sind. Jeder Zapfen enthält Tausende Proteine, die Licht in biochemische Signale verwandeln. Drei Pigmente registrieren die blauen, grünen und roten Anteile des Bildes – und machen so nur einen Ausschnitt der Farbwelt »sichtbar«. Die Welt ist voller weißer Blüten – aber nur für uns. Bienen sehen im ultravioletten Licht, deshalb sind für sie die Blüten verziert mit uns verborgenen Details. Unsere Augen sind alles andere als perfekt, zum Glück sind uns ihre Mängel nicht bewusst.

Das Geheimnis der Schöpfung ist eine Serie erfolgreicher Fehler
Die Evolution hat alle biologischen Systeme immerwährend modifiziert, aber keines perfektioniert. Ihre Fähigkeiten sind begrenzt. Auch unser Auge ist ein Sklave dieses nicht zu beugenden Gesetzes. Es begann in der Evolution als ein Fleck lichtempfindlicher Zellen auf der Haut, die sich später zu einer becherartigen Vertiefung und dann zu einer primitiven Lochkamera umformten. Bevor das Licht in unseren Augen auf die Sensoren in der Netzhaut trifft, muss es jedoch erst die Schicht der Nervenfasern passieren, die die visuelle Information zum Gehirn leiten. Das entspräche einer Kamera, bei der die lichtempfindliche Seite des Films auf der falschen Seite liegt. Im Geschäft wäre diese Konstruktion ein Ladenhüter.

Insekten sehen die Welt anders als wir. Ihre Augen haben nicht eine, sondern Hunderte von Linsen, von denen jede das Licht auf einen Sensor fokussiert. So ein Facettenauge, aus vielen kleinen und einfachen Kameras zusammengesetzt, ist ein prächtiges Beispiel dafür, was die Evolution kann – und was sie nicht kann. Insektenaugen sind spezialisiert auf den großen Rundumblick, sehen aber Details sehr schlecht. Obwohl diese Augenkonstruktion nur begrenzte Leistungen erlaubt, hat die natürliche Selektion alle Möglichkeiten genutzt, die das Sehen von Insekten verbessern. Nachtfliegende Insekten haben besonders große Linsen, die die Lichtempfindlichkeit um das Hundertfache steigern, Libellen besitzen Facettenaugen mit sehr vielen Einzelkameras, um ihre Beute im Flug gegen den Himmel zu erspähen. Wenn es darum geht, ein eigentlich schwächliches Design zu verbessern, tut die Evolution ihr Bestes. Doch ihr Bestes ist nicht besonders beeindruckend. Die Augen der Libellen sehen heute so aus, wie sie aussehen – nicht weil ihre Konstruktion so überzeugend ist, sondern weil die Konkurrenzentwürfe noch schlechter waren. Für das Sehvermögen der Insekten oder uns Menschen und alle anderen biologischen Systeme ist Exzellenz ein relativer Begriff, weshalb wir Brillen, Teleskope und Mikroskope konstruieren mussten.

Für die Evolution ist Perfektion nicht notwendig. Sie kennt dieses Konzept eben so wenig wie das der Komplexität. Beides entsteht erst im Auge des Betrachters. Auch wenn die Kreationisten Beispiel auf Beispiel häufen für das, was sie als Design ansehen – die Evidenz spricht gegen sie. Das evolutionäre Lied von den Augen hat viele Dissonanzen. Es ist nicht das Werk eines großen Komponisten, sondern eines Arbeitstiers ohne Bewusstsein. Kein grandioser Ingenieur hat Augen und alles andere in der Welt des Lebens geschaffen. Es war ein Kesselflicker. Ob es einen großen Designer da draußen gibt, ist nicht Gegenstand der Wissenschaft. Wenn es ihn geben sollte, beweist die Evolution vor allem eins: Er erledigt seinen Job miserabel."

Abb. 16 Artikel aus DIE ZEIT vom 11. August 2005 (mit freundlicher Genehmigung des Autors)

Nach der Lektüre wird Folgendes zusammengetragen:
- Eine wissenschaftliche Theorie ist ein Konstrukt, aus dem gemachte Beobachtungen abgeleitet werden können. Stehen Beobachtungen im Widerspruch zu Aussagen der Theorie, beginnt die Theorie einzustürzen. Eine durch Beobachtung nicht einstürzbare Theorie ist nicht wissenschaftlich. Intelligent Design ist nicht einstürzbar, weil ein Text – die Bibel – nicht einstürzen kann. Der wichtigste Unterschied zwischen Glaubensinhalten und wissenschaftlichen Behauptungen ist, dass letztere sich durch Beobachtungen im Prinzip widerlegen lassen. So gibt es denkbare Knochenfunde, die das Gebäude der Evolution in Frage stellen würden. Gefunden wurden sie bisher nicht. ID ist keine wissenschaftliche Theorie, weil sie durch keine Beobachtung widerlegt werden kann.

  Es kommt ein wichtiges, im Artikel nicht Erwähntes hinzu: Ein Text ist nie eindeutig, also könnte man über seine Auslegung streiten. Wissenschaft ist demokratisch. Jeder kann Beobachtungen machen, Theorien aufstellen und sie interpretieren. Er muss sich damit bei den Anderen argumentativ durchsetzen. Für Kreationisten ist die Bibel eindeutig, Autoritäten legen fest, was darin steht.
- Gleichwohl bleibt der zitierte Satz der Kreationisten „Daher muss jede Aussage über die Entstehung des Lebens als Theorie und nicht als Tatsache betrachtet werden" richtig. Es wäre eine lohnende Aufgabe die Wissenschaft mit ihren angeblichen Tatsachen von gestern zu konfrontieren. Tatsachen gehören in den Alltag. In der Wissenschaft halten sich auch noch so oft bestätigten Hypothesen für spätere Widerlegungen bereit. Grundsätzlich. Das Abweichen von diesem Grundsatz macht einen zum gläubigen Wissenschaftler.
- Die Evolutionstheorie ist heute faszinierend erklärungsmächtig. Aber sie erklärt nicht alles, es bleiben noch viele Fragen offen und damit Platz für weitere Forschung. Das ist ähnlich wie bei der Newtonschen Mechanik. Noch um 1900 konnten sich nur wenige ihr Ablösung vorstellen. Die kam dann doch durch die Relativitätstheorie und die Quantenmechanik.

  Es ist erstaunlich, wie ein so bekannter Wissenschaftler wie Steve Jones in die Falle der Verabsolutierung des derzeitigen Forschungsstandes tappt. Das ist aber bei Naturwissenschaftlern häufig zu beobachten.
- In der Evolutionstheorie gibt es nur die Kriterien Überleben und Fortpflanzen. Und dabei spielt immer die Umwelt mit. Wenn die lange genug stabil bleibt, könnte man erwarten, dass es per Evolution zu einer immer besseren Anpassung kommt. Dann wirken Lebewesen auf uns wie intelligent designt. Bevor sie sich gegen Kreationisten wehren mussten, haben Naturwissenschaftler z.B. auch den Menschen gern als hervorragend designtes Wunderwerk dargestellt. Wer in Einzelheiten des Stoffwechsels unseres Körpers herabsteigt, etwa nur die unendlich komplizierten, aber sich zuverlässig wiederholenden Funktionsweisen einer einzelnen Zelle betrachtet, gerät ins Staunen. Ob man die DNA für eine phantastische Erfindung zum Überleben des Lebens trotz sich dramatisch wandelnder Umstände oder für ein Zufallsprodukt hält, ist wohl nicht der entscheidende Unterschied.

- Einen pfuschenden Gott hält die Evolutionstheorie nicht bereit. Die Information von Steve Jones, am menschlichen Auge könne man durch Vergleich mit den Augen anderer Lebewesen seine Evolutionsgeschichte rekonstruieren, ist hilfreich. Der Gedanke, das Ergebnis sei Pfusch, bringt einen auf die Suche nach den Kriterien für Pfusch. In der Evolutionstheorie gibt es nur das Kriterium: Überleben und Fortpflanzen. Woher Steve Jones Kriterien für perfekteres Design beziehen will, sagt er nicht, er spricht hier suggestiv. Sieht er nicht klar genug? Will er gleichzeitig wie ein Insekt, ein Adler, ein Frosch und eine Fledermaus sehen können? Und was würde er machen mit all den Informationen, die das Superauge liefern würde? Vielleicht merkt Jones nicht, dass er mit der Idee vom perfekten Auge auf einer Linie mit den Aposteln der künstlichen Intelligenz liegt, die den Nach-Menschen künstlich schaffen möchten – ohne Pfusch am Auge. In ihrer Selbstwahrnehmung sehen diese Leute die Welt nicht perspektivisch, sie haben den vollen Durchblick. Sie sitzen auf dem Schoß Gottes. (Kürzlich fand ich einen Forschungsbericht, dass der Blinddarm, den wir auch für so einen Pfusch gehalten haben, eine wichtige Funktion im Körper ausübt. Man muss immer vorsichtig sein, denn: Man sieht nicht, was man nicht sieht)
- In den letzten Monaten gab es in diesem Zusammenhang irritierende Äußerungen der Hessischen Kultusministerin und nachfolgend heftige Reaktionen von verschiedenen Seiten. All das ist für den Unterricht im hier vertretenen Sinne bestens geeignet. Dabei sollten in diesem Kurs erworbene Kompetenzen die Trennung von Schöpfungsgeschichte und Evolution in Religionsunterricht und Biologie verhindern. Das Spannende ist der Vergleich der Weltbilder! Und nicht nur das Augenverschließen einiger Gläubigen, sondern auch die „Tatsachen-Gläubigkeit einiger Naturwissenschaftler.
Dass es in der Naturwissenschaft nur Vernunft und keinen Glauben gäbe, ist ein Märchen, dem ein bisschen Wissenschaftstheorie aufhelfen könnte. Ist es nicht verblüffend, dass auch die Wissenschaft auf nur einen einzigen Ursprung des Lebens kommt, und auf nur einen Urknall? Es sind Menschen, die Religion und Wissenschaft betreiben. Gibt es da nicht mehr gemeinsame Wurzeln als die so aufgeklärten Verfechter der Trennung wahrhaben wollen?
- Das Titelbild hat ein ZEIT-Redakteur dem Aufsatz hinzugefügt. Was wollte er damit sagen? Für einen naturwissenschaftlich Belesenen gibt es da mehrere Möglichkeiten.

6.3 Rassismus

In einer Tageszeitung erschien der nachfolgende Artikel „Gericht verwirft Schwarzen-Quote". (Der Artikel erschien erst nach meinen Kursen. Ich füge das fiktive Unterrichtsbeispiel trotzdem hier ein, weil es hervorragend geeignet ist zu zeigen, um welche Kompetenzen es mir geht. Es ähnelt natürlich tatsächlichen Abläufen.)

Gericht verwirft Schwarzen-Quote

US-Behörden dürfen Kinder nicht nach Rassen an Schulen aufteilen / Demokraten empört

Das Oberste US-Gericht hat Programme für unzulässig erklärt, die Schüler auf Grund ihrer Rasse bestimmten öffentlichen Schulen zuteilen. Kritiker nannten den am Donnerstag mit fünf zu vier Stimmen gefällten Richterspruch einen Schlag gegen die Integration. Befürworter hatten dagegen erklärt, der Staat dürfe Rasse nicht als Kriterium nehmen.

„Die Diskriminierung auf Grund der Rasse beendet man dadurch, dass man die Diskriminierung auf Grund der Rasse beendet", schrieb der Oberste Richter John Roberts für die Mehrheit. Auch Clarence Thomas, der einzige schwarze Richter des Gremiums, schloss sich der Entscheidung an. In einer getrennten Begründung schrieb er, die Verfassung sei „farbenblind". Für die Minderheit schrieb Richter Stephen Breyer, in den vergangenen 50 Jahren seien in den Vereinigten Staaten zwar große Fortschritte gegen den Rassismus erzielt worden. Jedoch bestehe noch keine Gleichheit. „Dies ist eine Entscheidung, die das Gericht und die Nation noch bereuen wird."

In einigen Schulbezirken in Seattle sowie in Louisville im Bundesstaat Kentucky hatten die Behörden gezielt versucht, eine Mischung aus verschiedenen Rassen in den Schulen sicherzustellen. So wurden in Louisville die Schüler so zugeteilt, dass der Anteil von Schwarzen zwischen 15 und 50 Prozent lag. Dagegen hatten weiße Eltern protestiert, deren Kindern der Zugang zu den Schulen mit Verweis auf die Quote verweigert worden war. Das Oberste Gericht der USA hatte die Rassentrennung an Schulen 1954 für verfassungswidrig erklärt.

Demokratische Bewerber für das Präsidentenamt verurteilten das Urteil. „Das Gericht hat unter gen die Rassendiskriminierung nicht gegeben hätte, wäre sein Leben anders verlaufen. Die Bürgerrechts-Organisation Aclu nannte den Richterspruch einen „schweren Rückschritt". Eine Sprecherin der Pacific Legal Foundation hielt dagegen: „Nun müssen etwa 1000 Schulbezirke aufhören, Kindern eine falsche Botschaft zur Rasse zu übermitteln."

Das Oberste Gericht hatte noch 2003 entschieden, dass Unis sehr wohl die Rasse eines Bewerbers als Kriterium für die Aufnahme benutzen können. Jedoch hat seitdem der als konservativ geltende Richter Samuel Alito den Sitz von Sandra Day O'Connor übernommen, die oft eine gemäßigte Position einnahm. Beobachter sehen einen Rechtsruck in den Entscheidungen des Supreme Court, seitdem ihm die von Präsident George W. Bush ausgesuchten Richter Alito und Roberts angehören.

rtt/fr

RASSENTRENNUNG

Der Oberste Gerichtshof der USA verwarf in einem Urteil vom 17. Mai 1954 die Rassentrennung an öffentlichen Schulen. Einstimmig entschieden die Richter, getrennte Bildungseinrichtungen seien „von Natur aus ungleich".

„Brown v. Board of Education" wird der Fall genannt, weil die Klage auf Esther Brown, eine Weiße, zurückging. Sie war vom schlechten Zustand der Schulen für Schwarze empört.

Roberts erneut seine Bereitschaft gezeigt, zentrale Garantien der Verfassung zu schwächen", sagte Senatorin Hillary Clinton. Ihr Kollege und Mitbewerber Barack Obama aus Illinois, Sohn eines schwarzen Vaters und einer weißen Mutter, kritisierte die Entscheidung ebenfalls. Wenn es die Kämpfer

Abb. 17 Artikel aus Frankfurter Rundschau vom 30. Juni 2007 (© FR)

Sie haben Spaß zusammen: Kinder einer Schule in Washington.   KEVIN LAMARQUE/RTR

Abb 18 Photo zu dem vorstehenden Artikel (© FR)

Vor dem Eintauchen in die politische Debatte, was aktuell zu tun ist, sollten Probleme der Verwendung des Rassebegriffs herausgearbeitet werden, ohne dass der Begriff selbst zu den inhaltlichen Kernthemen des Kurses gehörte.

Ein guter Einstieg ist die Frage „Gibt es Rassen?" Auf die schnelle Antwort „Das ist doch offensichtlich" hin könnte man einen Auszug aus dem Buch „Der Tanz der Gene" von Armand Marie Leroi (S. 256-258) zu lesen geben, der die Absurditäten der Rassentrennung in Südafrika bedingt durch die Unterscheidungsschwierigkeiten aufzeigt. Das sollte helfen das Offensichtliche zu hinterfragen. So könnte idealerweise folgendes zusammengetragen werden (Die Ordnung der Punkte entspricht nicht dem möglichen Unterrichtsablauf, sondern einer Zusammenfassung danach. Zum Teil müssen Informationen, die nicht Unterrichtsgegenstand waren, nachgereicht werden.):

- Ordnen ist eine Methode der Naturwissenschaften.
  - Aussehen und Verhalten der Menschen sind aus unserer Sicht sehr verschieden. Will man den Menschen erforschen, muss eine Ordnung der Menschen her. Dazu müsste man zuvor geklärt haben, wer dazu gehört. Dass das nicht klar ist, sieht man nicht nur an dem Begriff „Unmensch" und daraus abgeleiteter Verhaltensweisen, sondern auch an der Evolutionsbiologie des Menschen, in der die Abgrenzungsschwierigkeiten thematisiert werden. Geordnet wird Gleiches.
  - Eine unbefriedigende Ordnung ist besser als keine Ordnung. Wenn einem nichts Besseres einfällt, nimmt man als erste Annäherung das Alphabet. Man kommt so wenigstens zu auf Vollständigkeit überprüfbaren Listen und kann weitermachen. Siehe auch Periodensystem, Linné, ...

- Die meisten Naturwissenschaftler halten das Ordnen nicht für eine Methode, sondern glauben, sie seien der Ordnung der Welt auf der Spur. Für sie gibt es Rassen, oder eben nicht – je nach aktuellem Stand der Wissenschaft, für andere ist es eine Ordnungskategorie.
- Dem Ordnen liegen Unterscheidungen zu Grunde.
  - Biologische Ordnungskriterien wären groß/klein, dick/dünn, männlich/weiblich, weiß/schwarz, ...
  - (Zusatzinformation: Es gab zu keinem Zeitpunkt einen allgemein anerkannten konsistenten Rassebegriff, also eine Aufzählung von Unterscheidungsmerkmalen, die zu immer eindeutigen Zuordnungen führten.)
- Erkennen heißt unterscheiden.
  - Man kann nicht einfach nicht unterscheiden.
  - Wenn man, weil alle Menschen vor dem Recht gleich seien, keine Unterscheidungen einführt, kann man auch zu keinen Erkenntnissen kommen. Man kann keinen eine Erkenntnis ausdrückenden Satz über einen Menschen sagen, der keine Unterscheidung enthält. (Zusatzinformation: Der Rassebegriff taucht etwa gleichzeitig mit der Proklamation der Menschenrechte auf. Unterschieden werden kann nur Gleiches.)
- Alle Unterscheidungen sind kontingent.
  - Man kann immer auch anders unterscheiden und damit ordnen.
- Eine Unterscheidung ist nie falsch, allenfalls nicht nützlich.
  - Die Unterscheidung nach Rassemerkmalen ist nicht falsch, sie ist nur mit Unterscheidungen nach Genen nicht zur Deckung zu bringen (Zusatzinformation) und deshalb für die heutige Molekularbiologie wenig nützlich. Man kommt damit in der aktuellen Forschung nicht weiter.
- Wenn man an die Grenze einer Unterscheidung geht, löst sie sich als unscharfes Kunstprodukt auf; immer.
  - Die Unterscheidung nach Rassemerkmalen kam auch ohne Genetik an ihre unscharfe Grenze, nämlich in Südafrika. Dort mussten quasi alle Bürger alltäglich entscheiden, ob schwarz oder weiß, weil darüber strengstens geregelt war, wer auf welcher Bank sitzen oder in welchem Bus fahren durfte, ... Die unklaren Fälle häuften sich offenbar bis ins Groteske. Das ist ein sehr lehrreiches Beispiel dafür, dass alle Unterscheidungen nur mit einem gewissen Abstand zu ihrer Grenze funktionieren. (Wie die Gegner des Gerichturteils diese bei ihrer Forderung ständig auftauchende Grenzberührung vermeiden wollen, habe ich nirgends erfahren können.) Ebenso würde es mit der scheinbar klaren Unterscheidung männlich/weiblich gehen, wenn wir davon das Sitzrecht auf Parkbänken oder in Bussen abhängig machen würden. Auch die Unterscheidung lebendig/tot löste sich im Rahmen der Transplantationsmedizin an ihrer Grenze auf und musste juristisch, nicht biologisch, durch das Konstrukt Hirntod fixiert werden.

- Aus den Beispielen folgt weder, dass es Rassen, noch dass es Männer und Frauen, noch dass es Lebendige und Tote nicht gibt. Es sei denn man sagt, es gibt alles nicht, nur unsere Unterscheidungen.
• Mit dem Fortschritt der Wissenschaften verschwinden alte Unterscheidungen und neue tauchen auf, die dann gleich verabsolutiert werden.
  - Die Unterscheidung von Rassen wird in der Humanbiologie ersetzt durch molekulargenetische Betrachtungsweisen, die noch sehr im Werden sind. Die Unterscheidung von Menschen nach Genen wird aber wahrscheinlich nicht gemütlicher als die nach Rassen.
  - Anders im Alltag: wir glauben auf der Straße an der Hautfarbe und wenigen anderen Merkmalen erkennen zu können, wo einer herkommt – und haben meist Recht. Wir sind offenbar gut orientiert (Orientierungswissen). Hier von Rassen zu sprechen, ist nicht das Problem. Auch in der Tierzucht kommt man mit dem Rassebegriff gut klar. Der Rassebegriff des Alltags ist so unscharf wie alle Alltagsbegriffe. Das kann man wiederum als Exempel dafür thematisieren, dass Verständigung im Alltag nur mit unscharfen Begriffen möglich ist.
• Die Versuchung ist oft sehr groß, an eine Unterscheidung eine andere kausal anzuhängen, wofür selten ein Wirkzusammenhang benannt werden kann.
  - Rassismus ist der Vorsatz, an einen Unterschied andere anzuhängen. Schwarze sind dümmer als Weiße und so. Wissenschaftlicher Rassismus ist, dafür biologische Ursachen zu suchen. Im Alltag lieben wir dieses Spiel sehr. Beliebt sind Bücher des Typs „Warum Frauen nicht rückwärts einparken können". Wie häufig wir an Religionszugehörigkeit, Körperumfang, Parteibuch, Kleidung, Frisur Weiteres anzuhängen versuchen, ist leicht zusammenzutragen. Die Ursache dafür ist gemeinsam: Wir halten unsere Ordnungen für die Ordnung der Welt. Und dort müsse ja alles mit allem zusammenhängen.
• Wenn die Menschheit nur einen Ursprung hat, wie nicht nur die Bibel, sondern auch aktuelle Forschung behauptet, wie ist dann vorstellbar, dass es zu Verschiedenheiten kommt, die uns zum Rassebegriff veranlassen? Auch ohne die aktuelle Geschichtsschreibung der Menschheit zur Kenntnis zu nehmen, lässt sich mit Hilfe der Kenntnisse der Evolution und des heutigen Menschheitszustandes Folgendes in gewaltsamer Kürze zusammentragen: Auf Grund von Nahrungsknappheit wandern Nachfolgen der ersten Menschen in verschiedene Richtungen. In voneinander isolierten Gebieten mit unterschiedlichen Lebensbedingungen kommt es durch Mutationen zu genetisch relativ stabilen Ausdifferenzierungen. Beim Wiederaufeinandertreffen nun verschieden aussehender Menschen halten sie sich mitunter für verschiedene Arten und bringen sich gegenseitig um. Da die Menschen inzwischen alles auf dieser Erde besiedelt haben und die Flugzeuge sie wieder beliebig zusammenbringen können, zeigt sich, dass die Rassen keine verschiedenen Arten sind. Sie können Nachwuchs miteinander zeugen und tun das auch. Außerdem werden die Lebensbedingungen durch technische Entwicklungen beherrschbarer. Auf die Zeit der lokal zu ortenden Ausdifferenzie-

rung folgt die Zeit der Vermischung und der Verschiedenheiten, die man lokal nicht mehr zuordnen kann, in der mit der Unterscheidung nach Rassen immer weniger angefangen werden kann – unabhängig von biologischen Erkenntnisfortschritten.

Auf die politische Debatte, die im Kurs natürlich auch geführt werden soll (einschließlich der Erweiterung auf die Parallelen, z.B. der Forderung nach Frauenquoten), will ich hier bewusst nicht eingehen. Vielleicht ist aber klar geworden, dass man sich ohne ein bisschen „naturwissenschaftlicher Belesenheit" in so einem Fall heillos verstricken kann.

7 Überprüfungen des Gelernten

In den folgenden Kapiteln dokumentiere ich an Hand von Referatsthemen, Klausuraufgaben und Prüfungsthemen, wie die Kursteilnehmerinnen und Kursteilnehmer über mündliche Beiträge in den Unterrichtsstunden hinaus zeigen mussten, was sie gelernt hatten. Meine Schlussfolgerung insbesondere aus den mündlichen Abiturprüfungen ist, dass der Kurs funktioniert, dass die Kursziele erreichbar sind. Ich hatte allerdings aus dem Kursgeschehen und einer an anderer Stelle berichteten Befragung der Kursteilnehmerinnen und -teilnehmer den Eindruck, dass überwiegend überdurchschnittlich an Naturwissenschaften Interessierte den Kurs gewählt hatten. Die Kursankündigung klang fordernd und anspruchsvoll.

7.1 Themen von Referaten

- Ist das Wetter algorithmisch komprimierbar?
- Zum Weltbild des Vatikanphysikers George Coyne.
- Die Herstellung des Menschen nach Maß.
- Grüne Gentechnik
- Pränatale Diagnostik
- Wann ist der Mensch tot? Die Kontingenz von Unterscheidungen.
- Intelligent Design vs. Evolution
- Die Unterscheidungen Phylogenese/Ontogenese/Epigenese
- Therapeutisches Klonen
- Alles zur Vogelgrippe
- Das Problem der Lagerung radioaktiver Abfälle
- Der Treibhauseffekt
- Der Tanz der Gene, nach dem gleichnamigen Buch von Leroi
- „Warum ist nicht nichts?", „Welt in Fesseln", „Ist das Universum seine eigene Mutter". Reflexionen zu Zeitungsartikel an den Grenzen (oder im Herzen) der Physik.
- Das Projekt „Seilbahn ins All"
- Das Energieproblem
- Elektrosmog
- Methoden der Altersbestimmung
- Gefahren aus dem All
- Der schmale Temperaturgrad des Lebens
- Wasser, seine Eigenschaften und Bedeutungen für Erdoberfläche und Leben
- Kernspinresonanztomographie
- Einige Beispiele aus der Nanotechnologie

7.2 Klausur aus dem ersten Teil der Sequenz

- Gemeinsames Weltbild aller Naturwissenschaftler ist, dass alle Materie aus Atomen besteht. Was sind
  - Atome?
  - Moleküle?
  - Isotope?
  - Ionen?
  - das Periodensystem?
- Was bedeutet die physikalische Gleichung: $G = \gamma \cdot m_1 \cdot m_2 / r^2$?
- Chemiker sprechen eine andere Sprache. Was bedeutet die chemische Gleichung: $6\, CO_2 + 6\, H_2O +$ Lichtenergie $\rightleftarrows C_6 H_{12} O_6 + 6\, O_2$.
- Kosmologen stellen sich vor, dass nach dem Urknall zunächst ein großes Durcheinander von Elementarteilchen bei sehr hoher Temperatur herrschte. Durch Ausdehnung kühlte das Weltall ab.
  - Durch welche drei Kräfte kommt es beim Abkühlen zu Verklumpungen bzw. Strukturbildung?
  - Welche Kräfte führen zu welchen Klumpen?
  - Was wirkt der Verklumpung entgegen, was löst Strukturen auf?
- Woher kommt die Energie, die die Sterne zum Leuchten bringt?
- Die Menschheit verbrennt zur Zeit jährlich so viel Kohle, Öl und Gas wie in ca. 500. 000 Jahren der Erdgeschichte – beginnend etwa vor 500 Millionen Jahren – entstanden sind.
  - Woher kommt die Energie dafür? Was fällt Dir sonst dazu ein? Welche Fragen hast Du dazu?
  - Verstößt unser Energie"verbrauch" gegen den Energieerhaltungssatz?
  - Warum ist die ungeheure mikroskopische statistische Bewegungsenergie, die in den Weltmeeren steckt, trotz Energieerhaltung für uns nutzlos?
  - Was ist eine Wärme-Kraft-Maschine? Was begrenzt ihren Wirkungsgrad?
  - Ein Gegenstand, der abkühlt, verliert Energie. Warum ist Kühlen in unserem Alltag trotzdem energieaufwendig?
- Das globale Klima ist die Folge der Balance von Einstrahlung und Ausstrahlung.
  - Was daran verändert der sogenannte Treibhauseffekt?
  - Einige Wissenschaftler vermuten, dass durch das Abschmelzen des Grönlandeises durch globale Erderwärmung soviel Süßwasser ins Meer fließt, dass der Golfstrom zum Erliegen kommt, es folglich bei uns kälter wird. Erläutere kurz, warum der Golfstrom zum Erliegen kommen könnte?
- Erosion, Ablagerung, Vulkanismus und Erhebung gestalten die Erdoberfläche. Schildere diese Vorgänge mit einigen Worten.
- Einige Atomkerne sind nicht stabil. Sie zerfallen in Bruchstücke unter Abgabe von radioaktiver Strahlung.
  - Was bedeutet Halbwertzeit?
  - Welche Arten radioaktiver Strahlung kannst Du unterscheiden?

- Welche dadurch bedingten Gefährdungsarten kannst Du unterscheiden?
• Was entscheidet bei Naturwissenschaftlern letztendlich über die Richtigkeit einer Aussage?
  - die Aussage einer Autorität (Aristoteles, Papst, ...)
  - der Ausgang eines Faustkampfes
  - die Herleitbarkeit aus einer Theorie
  - ....
• Nenne Merkmale der naturwissenschaftlichen Perspektive auf die Welt?
• Naturwissenschaftler (andere Wissenschaftler auch) gehen methodisch vor. Was fällt Dir dazu ein?
• Eine Erkenntnismethode insbesondere der Geologen ist das Prinzip des Aktualismus. Erläutere das Prinzip, am besten an einem Beispiel. Ein ähnliches Prinzip benützen die Kosmologen, wenn sie Aussagen über die unerreichbar entfernten Sterne und Galaxien machen. Wodurch haben sie Daten über das Weltall, wie werden sie interpretiert?
• Erläutere: Man sieht nicht, was man nicht sieht. Was man sieht, ist nicht (so) da. Nun kommt die schwerste/leichteste Frage der Klausur: Wodurch sieht man, dass man nicht alles sieht, also jede Beobachtung blinde Flecken hat?

7.3 Klausur aus dem zweiten Teil der Sequenz

In der Anlage findest Du einen Zeitungsartikel zu den vermuteten Folgewirkungen einer Supernova. Fasse die Kernaussage des Artikels zusammen. Erläutere eingehend Supernova, Evolution und warum das gefundene Eisen-60 nicht aus den früheren Supernovae stammen kann, aus denen das Material der Erde entstand. (Der Artikel enthält die Antwort darauf nicht. Er enthält auch weitere Erklärungslücken, zu denen Du Fragen stellen kannst.)

Erläutere – auch am Beispiel dieses Artikels – Merkmale naturwissenschaftlicher Vorgehensweisen.

Prüfungserwartungen zur Klausur

• Vor 2,8 Millionen Jahren verursachte der Fall-out einer Supernova starke Klimaveränderungen auf der Erde. Das veränderte Lebensgrundlagen der Vormenschen und trieb damit die Evolution des Menschen an.
• Supernovaexplosionen sind das Endstadium ausgebrannter Sterne. Kurz vor und bei der Explosion entstehen die Elemente mit höherer Ordnungszahl als Helium, so auch das radioaktive Eisen-60, durch Verklumpungen von Wasserstoff und Helium und werden dann ins Weltall geschleudert, wo die Trümmer durch Gravitation zu Planeten verklumpen.
• Evolution wird die Weiterentwicklung des Lebendigen durch Mutation und Selektion genannt. Mutationen entstehen meist durch den Einfluss energiereicher

Strahlen. Dadurch wird in der DNA ein Nukleotid gegen ein anderes ausgetauscht. Das bewirkt meist die Codierung einer anderen Aminosäure und damit die Veränderung eines Proteins. Das verändert irgendwas am Körper. Selektiert wird eine Veränderung, die zu weniger Nachkommen führt. Bleibt die Umwelt lange konstant, wird die Angepasstheit groß, und es gibt nur noch wenige Mutationen, die zu besserer Anpassung führen. Verändert sich die Umwelt rasch, gibt es viele Mutationen, die zu besserer Anpassung führen. Besonders Mutationen, die eine Verbesserung der Denkfähigkeit bewirken, führen zu einer besseren Anpassung an wechselndes Klima.

- Bei allen Supernovae bildet sich auch radioaktives Eisen-60, also auch bei den Supernovae, aus denen sich die Erde bildete. Nur ist das 4,5 Milliarden Jahre her. Das ist 3.000 mal mehr als die Halbwertszeit von Eisen-60, d.h., es ist davon praktisch nichts mehr übrig – nämlich der $0,5^{3000}$te Teil. Das jetzt gefundene Eisen-60 muss also „frischer" sein.
- Folgende Merkmale können dem Artikel zugeordnet werden, die Hälfte wird erwartet:
  - alles hat einen natürlichen Grund
  - Ursache- Wirkungsdenken
  - Universalismus, Aktualismus
  - Objektivierung durch Messung, um beobachterunabhängig zu beobachten
  - mathematisieren
  - vereinfachen, Komplexität reduzieren
  - methodisch vorgehen
  - Hypothesen bilden
  - veröffentlichen
  - Atomismus
  - Konstanten konstruieren
  - unterscheiden
  - algorithmische Kompression

7.4 Einige Aufgabenstellungen in mündlichen Abiturprüfungen

- Präsentiere Deinen Leistungsnachweis (LNW) zur Radioaktivität. Konzentriere Dich dabei auf die für Laien wichtigen Unterscheidungen und gehe auf die Frage ein, ob die Entdeckung weiterer Strahlungsarten möglich ist.
  - In der Anlage findest Du einen Zeitungsartikel zu neueren Forschungsergebnissen zur Ein- und Ausschaltung von Genen durch persönliches Verhalten (rauchen, gesund ernähren, ...). Fasse die Kernaussagen des Artikels kurz zusammen, erläutere eingehender DNA und Gen und vergleiche mit der Beeinflussung durch radioaktive Strahlen. Reflektiere, welche Weltbildveränderung sich ergibt, wenn die Hypothesen in weiterer Forschung bestätigt werden.

- Erläutere – auch am Beispiel dieses Artikels – Merkmale naturwissenschaftlicher Vorgehensweise.
- In der Anlage findest Du zwei Zeitungsartikel zum Klima in Mitteleuropa.
  - Was ist jeweils die Kernaussage? Widersprechen sie sich?
  - Suche zwei Ursache-Wirkungs-Beziehungen heraus, die Du näher erläutern kannst.
  - Erkläre an Hand der Texte und Deines LNW den Begriff dynamisches Gleichgewicht, die Wirkung von positiver und negativer Rückkopplung, die Modellmethode und was ein chaotisches System ist.
  - Erläutere – auch an Hand der Texte – Merkmale naturwissenschaftlicher Vorgehensweise.
- Präsentiere Deinen LNW über die Unterscheidung lebendig/tot. Berücksichtige dabei besonders die Kontingenz von Unterscheidungen, die Unterscheidung lebendig/tot aus naturwissenschaftlicher Sicht und inwiefern diese Sicht heute zu einem Problem geworden ist.
  - In der Anlage findest Du eine Zeitungsmeldung über Häufungen von Missbildungen bei Neugeborenen an der Nordseeküste. Erläutere die im Artikel genannten fünf Vermutungen, insbesondere den Zufall. Wie gehen Naturwissenschaftler zur Klärung des Sachverhaltes (ist es überhaupt einer?) vor?
  - Erläutere - auch unabhängig von obigen Beispielen – Merkmale naturwissenschaftlicher Arbeitsweise.

Prüfung für einen außerordentlich interessierten, regelmäßig Zeitung lesenden Schüler:
- Präsentiere Deinen LNW zu den Spiegel-Artikeln „Welt in Fesseln" und „Neue Ära der Physik", indem Du auf die Frage eingehst, was ein physikalischer Laie diesem abstrakten Gerede über verborgene Dimensionen entnehmen kann. Wie viele Dimensionen hat die Welt nun „wirklich" oder „real"? Lässt sich dazu eine naturwissenschaftlichen Kriterien genügende Aussage machen?

In der Anlage findest Du fünf Zeitungsartikel:
- Die Würde des Affen – unantastbar? (Menschenrechte für Affen?)
- Der Urknall der Menschheit (s.o.)
- Detailzeichnung aus Wasserstoff (Kernspinresonanz)
- Gott pfuscht auch (Evolution vs. Intelligent Design)
- Der Kannibale (der aktuelle Fall eines Menschenfressers)

Du sollst die Artikel nur überfliegen und kurz erläutern, um was es geht. Dann sollst Du den Artikeln Merkmale naturwissenschaftlicher Arbeitsweise – positiv oder negativ – begründend zuordnen und das jeweils reflektieren.

8 Beschreibung des Kurses durch Kompetenzen

Der Begriff Kompetenz scheint z.Zt. wie ein frischer Wind durch die Bildungslandschaft zu fegen. Endlich meinen wir den Punkt gefunden zu haben, um den es geht. Aber der Wind wird sich, wenn sich die Wellen gelegt haben, als laues Lüftchen herausstellen.

Kompetenz ist von der sprachlichen Herkunft her zunächst die „Zuständigkeit", noch früher das „Recht auf Einkünfte". Wir wollen in unserer Gesellschaft, dass klar geregelt ist, wer zuständig ist – für das Bauen von Brücken, für Elektroinstallationen, das Prüfen von Autos, das Heilen, das Unterrichten, …..Wir wollen nicht erwürfeln, wen wir für zuständig erklären, sondern wollen sicher sein, dass er das, wofür er zuständig ist, auch kann. Wir regeln das durch zugelassene Ausbildungsgänge und Prüfungen. Und das klappt ja auch nicht schlecht: Die meisten Brücken stürzen nicht ein, unser Auto kommt meist fahrtüchtig aus der Werkstatt, in vielen Fällen kommen wir geheilt aus dem Krankenhaus. Und so kommt es, dass die Bedeutung des Begriffes kompetent von zuständig auf Können überspringt.

Dennoch: Oft sind wir enttäuscht vom Können der Zuständigen und lästern darüber (besonders in der Politik), dass die Inkompetenten zuständig sind und die Kompetenten nichts zu sagen haben. Abgesehen davon, dass in diesem Lästern die sprachliche Herkunft von kompetent völlig vergessen ist, verbirgt sich dahinter das Problem, wie man sicher sein kann, dass jemand immer eine gute Performance abliefert.

Es gibt mehr Pfusch, als wir tolerieren wollen. Eigentlich wollen wir, dass kompetente = zuständige Menschen in ihrem Zuständigkeitsbereich wie triviale Maschinen (der Ausdruck kommt von Heinz von Foerster) reagieren, d.h.: Auf einen bestimmten Input folgt der immer gleiche Output. Das ist das Ideal einer Maschine. Wehe unser Auto würde sonntags bei einem Tritt aufs Bremspedal beschleunigen, weil es sonntags in Lobet-den-Herrn-Stimmung ist. Gelegentlich machen Maschinen solchen Murks. Sie sind dann nicht trivial genug und werden verbessert. Es ist offenbar nicht leicht, wenn nicht gar unmöglich, eine vollständig triviale Maschine herzustellen. Noch schwieriger ist es, dieses beim Menschen zu erreichen und dann noch den Grad des Idealseins durch eine Messung, also einen beobachterunabhängigen Vergleich, der in Zahlen ausgedrückt werden kann, zu bestätigen.

Die Umstellung der Schule auf Kompetenzen, also von Wissen auf Können soll daran etwas ändern. Doch ganz neu ist das nicht: In Mathematik muss man nur wenige Regeln wissen, es geht dort immer um eine gute Performance. Dort streitet man sich, ob man das eher durch Üben oder durch Verstehen erreicht. Mir ist nicht bekannt, ob der Streit wissenschaftlich geklärt wurde. Wahrscheinlich nicht; denn als Lehrer erfährt man, dass einige es nur durch Übung schaffen, andere durch eine gute Erklärung.

Das Können, die Fähigkeiten sollen „dingfest" gemacht werden, sie werden dazu ontologisiert. Und wenn man in einer namhaften Zeitschrift von „Untersuchungen zur Entwicklung naturwissenschaftlicher Kompetenzen" liest, befällt einen kein Zweifel, dass es diese Kompetenz als ein Etwas in jedem Menschen gibt, ob als Hirnareal, als Vernetzung von Nervenzellen, als Eiweißmoleküle oder was immer. Man muss es nur noch messen. Wenn man nun in der genannten Untersuchung liest, dass zu erheblichen Teilen die Kompetenz durch Unterricht abgenommen habe, ist entweder die Schule abzuschaffen oder die Frage der Messbarkeit zu untersuchen.

Also wie kommt man zur Garantie einer gelungenen Performance? Unsere Alltagserfahrung sagt uns, wenn einer mehrere gute Performances hatte, ist die Wahrscheinlichkeit, dass es auch beim nächsten Mal klappt, größer als bei dem, der noch keine gelungene Performance hinlegte. Nun könnte es sein, dass der Mensch nicht weiter trivialisierbar ist und wir mit Wahrscheinlichkeitsangaben zufrieden sein müssen. Dann ergibt sich auch kein Erklärungsbedarf bei einer misslungenen Performance. Erklärungsbedarf entsteht nur aus der Metapher des Habens. Wenn einer die Kompetenz hat, sie aber nicht zur Geltung bringt, kommen beliebige Nebenkriegsschauplätze wie schlechte Laune oder das Wetter ins Spiel.

Man könnte noch eins draufsetzen und Unterscheidungen einführen, in welchen Bereichen die Wahrscheinlichkeitsaussagen besser funktionieren, in welchen nicht. Dabei wird allerdings nichts herauskommen, was nicht schon lange vertreten wird: Nicht alle schulischen Leistungen lassen sich messen. Schule sollte das nur endlich akzeptieren.

Bewerten müssen wir doch nur, wo Zuständigkeiten verteilt werden. Dabei geht es immer um den beruflichen Bereich. Wir wünschen, dass sich jemand über seinen Beruf hinaus auch als freier Bürger in einer demokratischen Gesellschaft behauptet, also gebildet ist. Aber das zu bewerten ist für nichts gut. Ja, es ist sogar gut, dass es sich nicht messen lässt. Wir wollen keine trivialen Mitbürger.

Auf einer Tagung zum Kompetenzbegriff sagte Prof. Altrichter, eine Theorie zum Kompetenzbegriff stände noch aus. Ich meine, eine solche Theorie hat für den Schulunterricht nur dann eine Chance, wenn sie von der Zuständigkeitsbedeutung ausgeht und dann nicht mit der Unterscheidung kompetent/inkompetent operiert, sondern auslotet, in welchen Bereichen sich größere Sicherheit für den Zusammenhang von Zuständigkeit und guter Performance herstellen lässt und wie man das erreicht und in welchen Bereichen das nicht funktioniert.

Ich behaupte, für große Teile der in diesem Kurs angestrebten Scientific Literacy lässt sich ein solcher Zusammenhang nicht sichern. Und das ist auch nicht erforderlich!

Da aber das Umsteigen auf Kompetenzen quasi regierungsamtlich erzwungen wird, beschreibe ich hier den Kurs per Kompetenzen. Ich folge dabei im Aufbau und bei einigen Formulierungen den EPA Biologie. Das hat zur Folge, dass das Anforderungsprofil genau so wie bei den EPA Biologie völlig überzogen ist. Auch mir fällt immer noch Zusätzliches ein. Selbst der vorangegangene Text löst nicht ein, was im Folgenden steht. In einigen Punkten soll er noch ergänzt werden.

8.1 Kompetenzbereich Fachkenntnisse

Wissen als Kompetenz wird hier funktional im Sinne der Anwendung von Kenntnissen verstanden und nicht als bloße Kenntnis von Fakten. Der Anwendungszusammenhang ist für Laien aus dem Leitbild des freien Bürgers abzuleiten. Es geht um Orientierung im Rahmen der gesellschaftlichen Kommunikation und um gesellschaftliche Teilhabe. Die zu erwerbenden Kenntnisse werden durch diesen Zusammenhang spezifiziert und beschränkt.

8.1.1 Physik

- Atomismus: die (sich wiederholende) Idee der kleinsten Teilchen, um Konstantes in die veränderliche Welt zu bringen
- Atommodelle: die Idee der Quantentheorie
- Periodensystem: die Ordnung der Atome und der Spektren
- Ansatz der Mechanik: Ursache/Wirkung, Berechenbarkeit der Welt
- Chaos: nichts ist langfristig berechenbar und trotzdem alles determiniert
- Kräfte/Temperatur: Drei Kräfte strukturieren die Welt, Temperatur destrukturiert die Welt
- Energie: wir müssen „im Schweiße unseres Angesichtes" arbeiten, Energie nimmt uns das ab
- Entropie: die Unordnung nimmt zu und Energie wird praktisch verbraucht
- Strahlen und Wellen: Licht, Funk, Radioaktivität, die Ausbreitung von Energie, Information und Gefahr
- Idee der Relativitätstheorie: Naturgesetze sollen beobachterunabhängig sein.

8.1.2 Chemie

- Verbindungen: Potentialmulden und Temperatur
- Reaktionsabläufe: die Idee des dynamischen Gleichgewichtes
- Säuren/Basen: Dissoziation und die Polarität des Wassers
- Kohlenwasserstoffketten: die Lebensmoleküle.

8.1.3 Biologie

- Zellen: die Atome des Lebendigen
- Stoffwechsel: Leben ist Stoffwechsel
- Photosynthese: Eigenproduktion der Lebensenergie und des Lebensmaterials

- Wasser: seine Bedeutung für das Leben
- Arten: die Atome von Flora und Fauna als Konstantenkonstruktion
- Evolutionstheorie: die Alternative zur Schöpfungsgeschichte
- Gene: die Atome der Vererbung und die Mechanik des Lebendigen.

8.1.4 Geologie

- Erosion und Erhebung: die Weltmaschine
- Wasser: seine Bedeutung für die Gestaltung der Erdoberfläche
- Schichten und Fossilien: Fingerabdrücke der Zeit
- Aufbau und Entstehung der Erde: wie sieht man, was man nicht sieht
- Plattentektonik: die Erdoberfläche ist in Bewegung.

8.1.5 Umweltwissenschaft

- Öko-Systeme: die Idee des dynamischen Gleichgewichts
- lokales Klima: die Verteilung des Wassers
- globales Klima: das störbare Gleichgewicht von Einstrahlung und Ausstrahlung.

8.1.6 Neurowissenschaften

- Die Seelenmaschine: Ende der Unterscheidung Geist/Materie.

8.1.7 Astronomie

- Der Urknall und das Universum: die Alternative zur Schöpfungsgeschichte.

8.2 Kompetenzbereich Methoden

Die Prüflinge verfügen über ein Bewusstsein methodischen Vorgehens in den Wissenschaften und können naturwissenschaftliche von anderen Methoden unterscheiden.

8.2.1 Fachspezifische Kompetenzen

Die Prüflinge werden zwar im Unterricht auch fächerspezifische Methoden angewandt haben, aber als Laien müssen sie in der Prüfung ebenso wenig wie in ihrem Alltag über fächerspezifische Methoden verfügen und sie selbstständig anwenden können.

8.2.2 Naturwissenschaftliche Kompetenzen

- Fragen ansatzweise naturwissenschaftlich angehen können
- Problem eingrenzen
- Vereinfachungen vornehmen
- ordnen
- Hypothesen formulieren
- objektivieren
- messbar machen
- für ein Experiment präparieren
- ein Experiment
  - planen
  - durchführen
  - protokollieren
  - auswerten
  - interpretieren
- die Modellmethode unter Berücksichtigung der Modelleigenschaften
  - Ersatzobjekt
  - Analogie
  - Eigengesetzlichkeit (einschließlich Abundanz)
  - Einfachheit
  - Anschaulichkeit
  anwenden können
- erläutern können, dass Naturwissenschaften methodisch vorgehen
- die naturwissenschaftliche Grundmethode (eingrenzen, vereinfachen, messbar machen, intersubjektive Übereinstimmung erreichen) anhand vorgelegter Beispiele identifizieren können
- Ordnen als Methode beschreiben können
- die produktive Kraft von Ordnungen (Klassifizierungen) an Beispielen aus verschiedenen Fächern erläutern können, das Gütekriterium Anschlussfähigkeit benutzen können
- den Reduktionismus anhand von Beispielen aus verschiedenen Fächern beschreiben können
- den Atomismus als Variante des Reduktionismus beschreiben können
- erläutern können, warum die Konstruktion von Konstanten ein notwendiges Erkenntnisprinzip ist, das auch dem Atomismus zugrunde liegt
- die Konstruktion von Konstanten überall im Alltag und den Wissenschaften wieder entdecken können
- Aktualismus/Universalismus als Methode an Beispielen aus verschiedenen Fächern erläutern können.

8.2.3 Allgemeine Kompetenzen

Im Einzelnen können die Prüflinge:
- Informationsquellen erschließen und nutzen
- Texte analysieren und interpretieren
- Informationen auswählen, Kernaussagen erkennen und diese mit dem erworbenen Wissen verknüpfen
- systematisieren und kategorisieren
- moderne Medien und Technologien nutzen, z.B. zur Dokumentation, zum Messen, zur Analyse, zum Berechnen, zur Modellbildung, zur Simulation.

8.3 Kompetenzbereich Kommunikation

Die Prüflinge können in unterschiedlichen Kommunikationssituationen ihre laienhaften Kenntnisse zur Gewinnung weiterer Orientierung (Weiterlernen) und zur Entscheidungsfindung bei anstehenden persönlichen oder gesellschaftlichen Problemen einbringen.

Im Einzelnen können die Prüflinge:
- ihre Kenntnisse in verschiedenen Situationen mobilisieren
- verständlich, übersichtlich und strukturiert darstellen und diskutieren
- ihre Darstellungen auf das Wesentliche reduzieren
- Materialien kritisch auswählen und zielorientiert einsetzen.

8.4 Kompetenzbereich Reflexion

Laien müssen nicht naturwissenschaftlich handeln, aber zur Orientierung und gesellschaftlichen Teilhabe ist erforderlich, dass sie das naturwissenschaftliche Geschehen mit Abstand beurteilen und in das übrige gesellschaftliche Geschehen einordnen können. Dazu gehört auch, zur Anwendung naturwissenschaftlicher Forschung Stellung beziehen zu können. Das geschieht am besten von einer metatheoretischen Position aus, anders ausgedrückt: durch die Beobachtung, wie Naturwissenschaft beobachtet.

Im Einzelnen können die Prüflinge:
- die Unterscheidung Geist/Materie als Ausgangspunkt der modernen Naturwissenschaft beschreiben und erläutern
- erläutern, inwiefern durch die Erfindung der Evolution und die aktuelle Hirnphysiologie die Nützlichkeit der Unterscheidung an ihr Ende gekommen ist
- Naturwissenschaften als den Versuch beschreiben, beobachterunabhängig zu beobachten und erläutern, welchen Beitrag Messen dazu leistet

- erläutern, inwiefern alles Gesagte von einem Beobachter gesagt wird, der mit seinen Unterscheidungen/Perspektiven operiert und nicht auf dem Schoß Gottes sitzt, der alle Perspektiven hat
- erläutern, inwiefern die Wahrnehmung kein Abbild der Welt erzeugt, sondern selektiv ist
- andere davon und von der Tragweite überzeugen, dass man folglich nicht sieht, was man nicht sieht, und folglich was man sieht, nicht da ist
- die Nützlichkeit der Beobachtung zweiter Ordnung beschreiben, die möglicherweise die blinden Flecken der Beobachtung erster Ordnung aufheben hilft
- die Kontingenz aller Unterscheidungen und Ordnungen erläutern
- den Realismus als die Erkenntnistheorie beschreiben, die unsere Unterscheidungen für Unterschiede der Welt hält, also die Unterscheidungen ontologisiert
- den Realismus trotzdem als im Alltag und in der Forschung vorteilhaft beschreiben, weil er Komplexität reduziert und Stabilität in unsere Kommunikation bringt
- an Beispielen erläutern, dass auch Naturwissenschaftler nur in Metaphern denken und reden können, es also keine alltagsfreie Naturwissenschaftssprache gibt;
- mit der Unterscheidung Natur/Kultur kritisch operieren
- zu den politisch relevanten Fragen der Anwendung naturwissenschaftlicher Forschung begründet Stellung beziehen
- sich dazu äußern, dass durch Zunahme des Wissens auch das Nichtwissen zunimmt und welche Bedeutung das für Entscheidungsfindungen hat.

Literatur

Zunächst nenne ich die Titel, die im Text explizit erwähnt werden.
Dann nenne ich eine Reihe von Büchern, aus denen ich Gedanken übernommen habe, ohne dass ich das noch im Einzelnen zuordnen kann, und die ich dem Leser empfehlen kann. Reine Fachbücher führe ich nicht auf, weil sie austauschbar sind.

Atkins, P. (2006): Galileos Finger. Die zehn großen Ideen der Naturwissenschaft. Stuttgart: Klett-Cotta

Ball, Ph. (2003): H$_2$O. Biographie des Wassers. München: Piper

Barrow, D.B. (1992): Theorien für Alles. Die Philosophischen Ansätze der modernen Physik. Heidelberg: Spektrum Verlag

Barrow, J.D. (2004): Das 1x1 des Universums. Die Naturkonstanten oder was die Welt zusammenhält. Darmstadt: Wissenschaftliche Buchgesellschaft

Blackmore, S. (2007): Gespräche über Bewußtsein. Frankfurt a.M.: Suhrkamp

Bryson, B. (2004): Eine kurze Geschichte von fast allem. München: Goldmann

Churchland, P.M. (1997): Die Seelenmaschine. Eine philosophische Reise ins Gehirn. Heidelberg: Spektrum Verlag

Collins, H./Pinch, T. (1999): Der Golem der Forschung. Wie unsere Wissenschaft die Natur erfindet. Berlin: Berlin

De Haan, G. (1996): Die Zeit in der Pädagogik. Vermittlung zwischen der Fülle der Welt und der Kürze des Lebens. Weinheim: Beltz

Ditfurth, H.v. (1981): Im Anfang war der Wasserstoff. München: DTV

Fischer, E.P. (2001): Die andere Bildung. Was man von den Naturwissenschaften wissen sollte. München: Ullstein

Draaisma, D. (1999): Die Metaphernmaschine. Darmstadt: Primus

Foerster, H.v. (1993): KybernEthik. Berlin: Merve

Ganten, D. (2003): Leben, Natur, Wissenschaft. Alles, was man wissen muss. Frankfurt a.M.: Eichborn

Jacquard, A. (2002): Was wir wirklich wissen müssen, um die Welt zu verstehen. Hamburg: Rogner & Bernhard

Jaynes, J. (1988): Der Ursprung des Bewusstseins durch den Zusammenbruch der bikameralen Psyche. Hamburg: Rowohlt

Horgan, J. (1992): Quanten-Philosophie. In: Spektrum der Wissenschaft 9/1992, S. 82–91

Koechlin, F. (2005): Zellgeflüster. Streifzüge durch wissenschaftliches Neuland. Basel: Lenos

Leroi, A.M. (2004): Tanz der Gene. Von Zwittern, Zwergen und Zyklopen. München: Spektrum

Maturana, H.R./Varela, F.J. (1987): Der Baum der Erkenntnis, die biologischen Wurzeln des menschlichen Erkennens. Bern: Scherz

Noerretranders, T. (1997): Spüre die Welt. Die Wissenschaft des Bewußtseins. Hamburg: Rowohlt

Pert, C.B. (2005): Moleküle der Gefühle. Körper, Geist und Emotion. Hamburg: Rowohlt

Schrödinger, E. (1987): Was ist Leben. Die lebende Zelle mit den Augen des Physikers betrachtet. München: Piper

Schwanitz, D. (1999): Bildung. Alles, was man wissen muss. Frankfurt a. M.: Eichborn

Simon, B.F. (1993): Meine Psychose, mein Fahrrad und ich. Zur Selbstorganisation der Verrücktheit. Heidelberg: Carl-Auer-Systeme

Bayertz, K. (2005): Die menschliche Natur. Welchen und wie viel Wert hat sie? Paderborn: mentis

Buchanan, M. (2001): Das Sandkorn, das die Erde zum Beben bringt. Dem Gesetz der Katastrophen auf der Spur oder warum die Welt einfacher ist, als wir denken. Frankfurt a. M.: Campus

Dawkins, R. (1978): Das egoistische Gen. Berlin: Springer

Diamond, J. (1998): Der dritte Schimpanse. Evolution und Zukunft des Menschen. Frankfurt a. M.: Fischer

Glaubrecht, M. (2005): Seitensprünge der Evolution. Machos und andere Mysterien der Biologie. Stuttgart: Hirzel

Gould, St.J. (1990): Die Entdeckung der Tiefenzeit. Zeitpfeil und Zeitzyklus in der Geschichte unserer Erde. München: Hanser

Gould, St.J. (1999): Illusion Fortschritt. Die vielfältigen Wege der Evolution. Frankfurt a. M.: Fischer

Hoffman, D.D. (2000): Visuelle Intelligenz. Wie die Welt im Kopf entsteht. Stuttgart: Klett-Cotta

Lakoff, G./Johnson, M. (1998): Leben in Metaphern. Konstruktion und Gebrauch von Sprachbildern. Heidelberg: Carl-Auer-Systeme

Mazlish, B. (1996): Faustkeil und Elektronenrechner. Die Annäherung von Mensch und Maschine. Frankfurt a. M.: Insel

Wright, R. (2006): Eine kurze Geschichte des Fortschritts. Hamburg: Rowohlt